全国高等学校"十三五"规划教材·艺术疗法系列
安徽省"十三五"重点规划教材
安徽省高等学校质量工程一流教材
安徽省高等学校质量工程规划教材

艺术疗法概论

YISHU LIAOFA GAILUN

主编◎叶培结 余 瑾

北京师范大学出版集团
BEIJING NORMAL UNIVERSITY PUBLISHING GROUP
安徽大学出版社

图书在版编目(CIP)数据

艺术疗法概论 / 叶培结，余瑾主编. —合肥：安徽大学出版社，2019.7(2025.5重印)

ISBN 978-7-5664-1757-2

Ⅰ. ①艺… Ⅱ. ①叶… ②余… Ⅲ. ①艺术－应用－精神疗法 Ⅳ. ①R749.055

中国版本图书馆 CIP 数据核字(2019)第 023593 号

本教材为安徽省高等学校省级质量工程一流教材建设项目成果（项目编号：2018yljc170）、安徽省高等学校省级质量工程规划教材项目成果（项目编号：2023ghjc056）

艺术疗法概论

叶培结　余瑾 主编

出版发行：	北京师范大学出版集团 安 徽 大 学 出 版 社 （安徽省合肥市肥西路3号 邮编230039） www.bnupg.com www.ahupress.com.cn
印　　刷：	江苏凤凰数码印务有限公司
经　　销：	全国新华书店
开　　本：	787mm×1092mm　1/16
印　　张：	25.75
字　　数：	468 千字
版　　次：	2019 年 7 月第 1 版
印　　次：	2025 年 5 月第 6 次印刷
定　　价：	62.00 元

ISBN 978-7-5664-1757-2

策划编辑：刘婷婷		装帧设计：李伯骥　孟献辉	
责任编辑：刘婷婷　邱　昱		美术编辑：李　军	
责任校对：马晓波		责任印制：陈　如　孟献辉	

版权所有　侵权必究

反盗版、侵权举报电话：0551－65106311
外埠邮购电话：0551－65107716
本书如有印装质量问题，请与印制与运营中心联系调换。
印制与运营中心电话：0551－65106311

《艺术疗法概论》编委会

（排名不分先后）

顾　问：林　彬　　汪卫东　　高也陶　　汪科元
　　　　　魏　卓　　鲁新华　　张　勇　　曾威汉

主　编：叶培结　　余　瑾
副主编：张小兰　　侯　艳　　游杰舒　　李　莉　　周凤武
　　　　　沙　莎　　杨恒文　　卞小艺　　蔡　婕　　宋柳叶

编　委：于　晶　　李　燕　　马伟洪　　夏　芃　　方学森　　韩来国
　　　　　马增强　　张一萱　　丁延丽　　钱　洁　　张永芳　　图　雅
　　　　　史一丰　　徐　冉　　蔡锦媚　　刘丽纯　　吕　丹　　周　焕
　　　　　张小文　　陈　晓　　吴阳林　　朱建军　　尹向前　　熊　霸
　　　　　谭兴举　　李志林　　安华文　　曹晓燕　　万弋琳　　周国强
　　　　　王佳鑫　　罗玳红　　岳建兴　　张　聪　　陈　燕　　钟丽萍
　　　　　苏楷歆　　池响峰　　许　沁　　徐　磊　　王梓宸　　尚小安
　　　　　古琨如　　姬爱东　　张国雄　　杨冬榕　　姜　瑜　　伦婷婷
　　　　　王文娟　　茆欣荷　　余芳菲　　陈钧杰　　陈燕宜　　谭雪莲
　　　　　林法财　　陈继银　　张廷建　　连俊杰　　肖宇阳　　肖雅兮
　　　　　廖若凡　　张晓彤　　张益丽　　周燕娜　　周俊亮　　傅伟辉
　　　　　师春梅　　李根新　　候　乐　　李小绪　　鹿文琪　　张子悦
　　　　　郑琳玉　　丁　群　　强琦琦　　叶骐致　　周弘毅　　汪　焱
　　　　　陈观莲（香港）　鲍瑞英（澳门）　萧青松（美国）
　　　　　王一安（德国）　伦　新（香港）　陈雪梅（香港）
　　　　　黄耀光（香港）　朱　武（澳大利亚）

前言

党的十九大报告指出,我国社会主要矛盾已经转化为人民日益增长的美好生活需要和不平衡不充分的发展之间的矛盾。随着社会经济水平的提高,人们开始不断追求健康美好的幸福生活。千百年来,人们有意或无意地运用艺术特有的生理心理效应,通过音乐、舞蹈、绘画、戏剧以及文学创作等多种专门设计的艺术行为来创造各种艺术活动,体验和感知艺术、表达情绪、抚慰身心,从中获得创作与宣泄的双重效果,激发了主观能动性,调节了身心状态,促进了身心健康。艺术疗法的诞生符合人类追求健康的需求。

20世纪50年代,美国运用艺术表达作为治疗的模式,使艺术治疗成为一种心理疗法。20世纪70年代开始,英国、法国、加拿大等国家相继建立了比较完善的艺术治疗体系。我国艺术治疗方面以《乐记》音乐理论和《黄帝内经》的五音学说为代表,形成了早期的中医音乐艺术疗法的思想体系基础。

2017年科学出版社出版"十三五"规划教材《中西医结合康复医学》正式提出"中医状态观"的思想,指出人体生命状态与意识能动性的变化规律,对于以"心身状态"为导向的传统医学方法和艺术治疗的系列方法具有指导意义。艺术治疗作为综合交叉的边缘学科涉及多个学科门类,是未病先治和心身疗愈的必修课程,目前国内有不少高校,包括医学院校、艺术院校和综合性大学开设了艺术治疗专业或设置了相关课程。

艺术疗法是现代医学的一个重要分支,已成为心身治疗与康复的技术之一。《艺术疗法概论》旨在让学生掌握艺术疗法的概念、原理、方法与应用等知识,认识艺术疗法与康复医学、临床医学、艺术学、心理学等交叉学科的相互关系,树立未病先治和心身疗愈的现代康复理念,培养适应卫生事业发展需求的复合型专业人才。20世纪80年代以来,虽然在我国出现了不少艺术治疗学术论文、专著或译著,但至今国内尚缺乏科学系统的艺术疗法专业教材。由安徽大学出版社出版的"十三五"规划教材《艺术疗法概论》可以说是填补了国内空白,有益于艺术治疗领域的探索,推动了艺术治疗的学科建设。

新编教材《艺术疗法概论》作为全国首本高等教育和社会应用的系统教材,以"人体状态观"理论为指导,根据艺术形式特点,通过人类感官从音声、触动、色光、嗅味、意言等五大方面,捕捉与挖掘、感受与分析、整合与运用"六感"获得的内容,包括声音、文字、画面等,系统归纳艺术疗法。音声部分包含音乐疗法及歌唱疗法、中医五音疗法;触动部分包含舞动疗法、沙盘疗法、传统运动疗法等;色光部分包含绘画疗法、书道疗法等;嗅味部分包含中国茶疗、中国香疗等;意言部分包含戏剧疗法、诗歌疗法、叙事疗法、正念疗法等。教材一共分为音乐疗法、歌唱疗法、戏剧疗法、诗歌疗法、绘画疗法、沙盘疗法、书道疗法、舞动疗法、传统运动疗法、中国茶疗、中国香疗、正念疗法等十四个章节,教材内观本源,六感归心,既具学术性,又有趣味性。

2017年,教材编写组成立后很快就吸引了来自全国的20多位学科带头人、专家学者,涉及思想政治教育、心理学、艺术学、管理学、中西医学、养生学等各个领域。他们了解国内外高校艺术疗法的专业设置和课程结构体系,具有深厚的理论功底和科研能力,在艺术治疗方面有一定的研究成果。同时,编写组还吸纳了欧美国家及港澳地区相关专业学者及业界学术权威,组成了实力强大的编写团队,学缘结构广,研究基础深。丰富的教学经验和高超的临床实践能力,保证了艺术疗法学科建设研讨会的顺利召开和教材编写进度的如期推进,在此向各位参编的专家学者致以深深的谢意!

新时代的艺术疗法亟需继承中华传统文明,吸收多方面的营养,如中医"心身合一"整体观和"意识心能"状态观,认识艺术疗法与自然科学和社会科学的内在关联,使艺术治疗本土化成为必要。值得欣喜的是,2019年,《艺术疗法概论》顺利获批安徽省高等学校省级质量工程一流教材建设项目。后续,我们计划继续编写艺术疗法系列教材:《音乐疗法》《中医五音疗法》《歌唱疗法》《绘画疗法》《书道疗法》《沙盘疗法》《戏剧疗法》《诗歌疗法》《叙事疗法》《舞动疗法》《传统运动养生疗法》《中国茶疗》《中国香疗》《园艺疗法》《正念疗法》等,为艺术疗法的学科建设添砖加瓦。

本教材由蚌埠医学院叶培结、广州中医药大学余瑾策划、统筹并组织编写,由国内高校和相关机构的艺术治疗专家、学者共同完成,编委会专家各有分工。在此,谨向大力支持本教材编写的各位专家同仁和社会各界特别是安徽大学出版社表示衷心的感谢。编写过程中,全体编委共同努力,尽量完善本教材在艺术疗法的概念、原理、方法、应用及案例等方面内容,以符合教学规律和实际需要,但因编写时间仓促、编者水平有限等原因,本教材尚有诸多不足之处,恳请各位读者和同行朋友提出宝贵意见,以便再版时修订提高。

《艺术疗法概论》编委会
2019年3月18日

目 录

前言 …………………………………………………………………………………… 1

绪论 …………………………………………………………………………………… 1

第一章 音乐疗法 …………………………………………………………………… 9
    第一节 音乐疗法概述 ………………………………………………………… 9
    第二节 音乐疗法的理论基础 ………………………………………………… 13
    第三节 音乐疗法的方法 ……………………………………………………… 18
    第四节 音乐疗法的应用 ……………………………………………………… 26

第二章 歌唱疗法 …………………………………………………………………… 35
    第一节 歌唱疗法概述 ………………………………………………………… 35
    第二节 歌唱疗法的理论基础 ………………………………………………… 38
    第三节 歌唱疗法的方法 ……………………………………………………… 44
    第四节 歌唱疗法的应用 ……………………………………………………… 50

第三章 五音疗法 …………………………………………………………………… 55
    第一节 五音疗法概述 ………………………………………………………… 55
    第二节 五音疗法的理论基础 ………………………………………………… 61
    第三节 五音疗法的方法 ……………………………………………………… 74
    第四节 五音疗法的应用 ……………………………………………………… 79

第四章 戏剧疗法 …………………………………………………………………… 84
    第一节 戏剧疗法概述 ………………………………………………………… 84

第二节　戏剧疗法的理论基础 …………………………………………… 90
第三节　戏剧疗法的方法 …………………………………………………… 100
第四节　戏剧疗法的应用 …………………………………………………… 112

第五章　诗歌疗法 …………………………………………………………… 119

第一节　诗歌疗法概述 ……………………………………………………… 119
第二节　诗歌疗法的理论基础 …………………………………………… 126
第三节　诗歌疗法的方法 …………………………………………………… 132
第四节　诗歌疗法的应用 …………………………………………………… 142

第六章　叙事疗法 …………………………………………………………… 149

第一节　叙事疗法概述 ……………………………………………………… 149
第二节　叙事疗法的理论基础 …………………………………………… 154
第三节　叙事疗法的基本方法 …………………………………………… 156
第四节　叙事疗法的应用 …………………………………………………… 160

第七章　绘画疗法 …………………………………………………………… 171

第一节　绘画疗法概述 ……………………………………………………… 171
第二节　绘画疗法的理论基础 …………………………………………… 178
第三节　绘画疗法的方法 …………………………………………………… 189
第四节　绘画疗法的应用 …………………………………………………… 192

第八章　沙盘疗法 …………………………………………………………… 202

第一节　沙盘疗法概述 ……………………………………………………… 202
第二节　沙盘疗法的理论基础 …………………………………………… 211
第三节　沙盘疗法的方法 …………………………………………………… 215
第四节　沙盘疗法的应用 …………………………………………………… 232

第九章　书道疗法 …………………………………………………………… 237

第一节　书道疗法概述 ……………………………………………………… 237
第二节　书道疗法的理论基础 …………………………………………… 241
第三节　书道疗法的实操方法 …………………………………………… 247
第四节　书道疗法的应用 …………………………………………………… 252

第十章 舞动疗法 ... 261
第一节 舞动疗法概述 ... 261
第二节 舞动疗法的理论基础 ... 267
第三节 舞动疗法的方法 ... 272
第四节 舞动疗法的应用 ... 283

第十一章 传统运动疗法 ... 292
第一节 传统运动疗法概述 ... 292
第二节 传统运动疗法的理论基础 ... 296
第三节 传统运动疗法的主要功法 ... 298
第四节 传统运动疗法的应用 ... 316

第十二章 中国茶疗 ... 320
第一节 中国茶疗概述 ... 320
第二节 中国茶疗的理论基础 ... 328
第三节 中国茶疗的方法 ... 331
第四节 中国茶疗的应用 ... 336

第十三章 中国香疗 ... 344
第一节 中国香疗概述 ... 344
第二节 中国香疗的原理与功效 ... 353
第三节 中国香疗的方法与应用 ... 357

第十四章 正念与守神疗法 ... 363
第一节 正念疗法 ... 363
第二节 守神疗法 ... 385

参考文献 ... 395

绪论

远古时期，人类已经开展了各种艺术活动，在艺术活动中表达情绪，抒发感情，举办庆贺、祈福、祝愿、祭祀等活动。这些艺术活动产生了一定的疗愈效果，调节了心身状态，促进了健康。千百年来，人们在生活中广泛举办各种不同形式的艺术疗愈活动，它们发挥着潜移默化的作用。人们通过音乐、舞蹈、绘画、戏剧的形式以及文学创作的方式来抚慰心灵，并从中获得创作与宣泄的双重体验。

一、艺术疗法的概念

艺术疗法又称艺术治疗（art therapy），是指通过音乐、绘画、舞蹈、电影、雕塑等多元艺术媒介或活动经验，协助来访者提升运用意识能动性的能力，指在持续放松、意识专注的状态中进行意识状态转化，提升适应内外环境水平的能力的一类疗愈方法。艺术疗法可以针对各种心身疾病和亚健康状态等，在认识、情感、行为等方面对其加以改善，从而使人们获得身心健康。

英文 Art（艺）：指代创造性表现的作品，也指一门技巧、后天习得的技术。它源自拉丁语 ars，大意为"技巧"，现在不仅保有原意，而且衍生出更广的含义，几乎涵盖了所有与人生密切相关的创造性学问。

艺术可以指宏观概念，也可以指个体现象，通过捕捉与挖掘、感受与分析、整合与运用（形体的组合过程、生物的生命过程、故事的发展过程）以感受（看、听、嗅、触碰）得到的形式展示出来的阶段性结果。它的表达形式包括声音、文字、语言、绘画、眼神、呼吸、肢体动作等。

"艺"是广义的概念，"艺术"是狭义的概念，仅是"艺"的内涵之一。目前所谓八大艺术包括文学、绘画、音乐、舞蹈、雕塑、建筑、戏剧与电影。以学域的涵容度而言，上述八大艺术门类的知识，都足以单独建立对应的学科。其中设计、摄影、视频游戏（电子游戏）以及实验艺术等一些新兴艺术学域，也逐渐被学术界和大众接受而被列为单独的学科，许多艺术学院已经开设了相关的专业。迄今艺术还没有公认的分类标准，各个艺术理论的派别有不同的分类方式,艺术分类在时间轴上越靠近现代,就越显得繁复而且具有争议。根据表现手段和方式的不同,艺术可分为表演艺术(音乐、舞蹈、戏剧等),视觉艺术(绘画、雕塑、建筑等),语言艺术(文学等),综合艺术(电影、电视、歌剧、音乐剧等)。根据时空性质则可将艺术分为时间艺术、空间艺术和综合艺术等。

根据对"艺术"的不同理解,对艺术疗法的定义大致有两种倾向,即"艺术即治疗"(Art as Therapy)和"艺术为治疗"(Art for Therapy)。"艺术即治疗"强调艺术过程,认为艺术的创作过程本身便具有治疗的效果。"艺术为治疗"则强调对艺术过程的诠释,认为艺术是治疗的工具,治疗才是目的,要想达到治疗的目的,还需要用来访者的艺术作品配合活动,比如联想和诠释。这两种倾向导致不同职业机构对艺术治疗所作的定义有不同的侧重点。如美国国家创造性艺术治疗联合会(National Coalition of Creative Arts Therapies Associations,简称NCCATA)认为艺术治疗是指"在治疗、康复、社区或教育情景中,有意识地运用艺术形式和创作过程进行干预,以促进健康、交流和表达;这种方式可以改善身体、情绪、认知和社会功能,提高自我觉察力,促进人格转变"。尽管该定义在艺术治疗的运用情境和治疗目的上的观点是兼容并蓄的,但是从实践上来看,该定义更强调将艺术治疗理解为一个过程,且这个过程本身就能够起到治疗的作用。

美国国家表达艺术治疗协会(National Expressive Therapy Association,简称NETA)则侧重于艺术表达,认为无论何种艺术形式都是心灵向外的一种表现,来访者能够通过艺术形式将内心的想法表现出来,这对于促进个体心理健康是至关重要的。

美国艺术治疗协会(American Art Therapy Association,简称AATA)则将艺术治疗定义为"在专业关系中,面对疾病、创伤和生活挑战而寻求自我成长的人对艺术的治疗性运用。通过艺术品的创造及对艺术品和整个创作过程的反思,人们可以提高对自我的觉察力和对别人的觉察力,可以缓解症状、压力与经历创伤体验,提高认知能力,享受制造艺术品给生活带来的快乐体验"。这里,艺术治疗的定义非常明确地涵盖了"艺术即治疗"(Art as Therapy)和"艺术为治疗"(Art for Therapy)两种不同的倾向,兼容两种不同运作形式的存在。

英国艺术治疗协会(British Association of Art Therapy,简称BAAT)认为:"艺术疗法,就是在受过专业训练的艺术疗法师的引导下,运用艺术材料实现自我表达及反思的活动。疗法师对来访者的意象,不做审美或者诊断性的评价,在一个安全接纳的氛围中借助于艺术材料促进来访者的状态转变。"艺术疗法师的主导作用就在于为来访者提供促进创造性表达过程完成的情境,包括引入技术、媒介等要素,建立安全、信任与保护的治疗关系,并以音乐、绘画、沙盘游戏、舞蹈、戏剧等形式,促使来访者的心身状态转变,促进健康。

法国的PROFAC应用心理学中心则强调身体记忆和个体创造力、集体创造力在艺术心理治疗中的作用,认为艺术治疗"是基于艺术表达的一种方法,但是它不排斥口头语言。它提供另外一种获得良好关系的途径,米歇尔·勒度称之为'身体记忆'。在治疗过程中很多媒材都可以考虑运用其中,包括意象、舞蹈、黏土……艺术治疗既要调动个人的创造力,又要调动集体的创造机制"。

综合分析各个国家和职业机构对艺术治疗的定义,可知艺术治疗的各种定义都包含共同的元素:媒介、治疗关系、创作过程和艺术作品。艺术治疗的各种定义都具有独特的理论价值和现实价值,值得参考借鉴。艺术治疗的媒介众多,形式各异,在具体的艺术治疗过程中,可根据实际需要,选择适当的治疗方法。

艺术治疗适用于治疗发展迟缓(如认知发展迟缓)、情绪障碍、自闭症、多动症及有生理或心理创伤经历(如生重病、受虐、遭遇天灾或承受巨大精神压力等)的儿童。在医院就诊儿童以多动症儿童、自闭症儿童居多,而有创伤经历的儿童多转至社会机构接受辅导。由于每个儿童所出现的问题不同,艺术治疗没有固定的治疗方式。疗法师必须根据儿童的问题、情绪、兴趣等,用包容、开放的态度,鼓励其自发地接触不同的艺术材料和活动,并从其创作过程中透视其内心世界,以达到治愈的效果。

二、艺术疗法的发展

艺术疗法在西方国家已经得到广泛应用,成为心理咨询和治疗的技术之一。它能够让疗法师灵活地运用不同的表现性技法,与来访者进行心灵上的沟通。以言语为媒介实施现代心理治疗并不能解决一切心理问题,艺术方法在处理以情绪困扰为主要症状的心理问题时就显得无能为力。

发达国家的艺术教育课程多种多样,在开设艺术课程的同时,人们发现其具有一些心身疗愈作用,比如可发展手部的操作技能;发展动作模式;发展社交沟通的能力;能从控制媒介和工具的使用上获得掌握环境的能力;鼓励人们观察、识别环境,激发想象;鼓励自我认同,强调创意和提供有意义的经验。艺术在本质上具有一定的治疗价值,灵活地运用艺术技巧可以促进心身健康,这无疑促进了治疗取向艺术课程的发展。

艺术教育方式,除了满足儿童的心理需要,还能帮助儿童发展出其所缺乏的能力,促进心身成长。艺术疗法基础理论认为,儿童能在从事创造性、表达性艺术的创作过程中,通过参与音乐、绘画、陶艺、书法等艺术活动,获得心身调节和疗愈效果。尤其是有创伤经历的儿童,可通过创作作品回顾、整理过去的创伤过程,收到修复创伤、重整心身的效果。

艺术疗法作为专业出现在 20 世纪初,系统的专业化的艺术心理治疗的发展历史尚不足百年。艺术疗法最早实践于英国和美国,艺术疗法奠基人之一的纳姆伯格在 20 世纪 30 年代明确提出了"艺术治疗"这一概念,并强调疗法师要鼓励来访者自由绘画,并开展自由联想式的阐释活动,进而表达和疏导内心动力,这是艺术治疗的正式肇始。一开始,艺术疗法与心理学联系紧密,在纳姆伯格、弗洛伊德等人的积极推动下,艺术疗法在美国逐渐发展起来,并且被迅速推广至欧美许多发达国家,得到了广泛的应用。

1966年,美国成立专门的艺术疗法组织——美国艺术治疗协会(AATA),艺术治疗取得了社会行业地位。20世纪60年代至90年代艺术治疗获得了长足的发展,在欧美等发达国家逐渐发展成为一项专业化的治疗技术,并与心理学紧密结合,形成了心理动力取向、行为—认知取向、存在—人本取向等艺术心理治疗学派。目前,艺术疗法已被广泛运用于医学、教育与心理治疗等领域,是医院、学校、培训中心、养老院和监狱等机构普遍采用的一种心理治疗方法。良好的心身疗愈效果,显示出了艺术疗法独特的治疗价值与意义。

20世纪八九十年代,艺术治疗悄然登陆中国大陆并迅速发展起来,一些在国外接受过正规艺术治疗教育的学者集中在音乐治疗、美术治疗和沙盘游戏治疗等领域,积极推动艺术治疗学科的发展。艺术治疗诞生于美国,以欧美文化为土壤发展起来。目前,国内对艺术治疗的研究尚处于起步和探索阶段,我国社会人群对艺术治疗的接受程度还比较低,即便是为其提供理论支持的现代心理学,由于东西方文化的差异,应用的深度和广度还远远不够,市场潜力还有待进一步发掘。

2016年7月,中国表达性艺术治疗协会(国际表达性艺术治疗协会中国分会)在武汉成立,标志着中国艺术治疗的旗帜树立起来了。随后中国各地都举办了国际表达性艺术治疗大师班,比如国际表达性艺术治疗协会米切尔主席"表达性艺术治疗工作坊"、凯特—唐娜秀大师的"梦修工作坊——创伤疗愈工作坊"和欧洲表达性艺术学院保罗大师夫妇的"艺术疗愈心身系列工作坊"。一批中国艺术治疗学者深入体验学习先进的艺术疗愈文化,并将其与中国传统医学文化进行交互,进而产生新的思想火花,快速推动了中国特色艺术疗法体系的发展。而2017年"状态观"的提出,对于艺术疗法理论和实践的发展来说具有一定的时代意义。

三、艺术疗法与中医心身合一"状态观"

艺者,意也,"艺"通"意",艺术疗法可以从"意"术方向来加以理解,是一种调动人体意识状态和意识能动性来进行身心疗愈的方法。生命的"状态""功能"与"结构"的新划分,以及生命以心身状态为主要导向,对于发展中国特色的艺术疗法体系,具有重要的理论意义和实践价值。对此,我们要把握核心定位,有针对性地开展相关学科建设,以更好地发挥艺术疗法的功效。

艺术在人类心身疗愈活动中的运用历史十分悠久,可追溯到先民们绘制的岩洞壁画,以及包含在祭祀、巫术等部落或国家行为仪式中的各种艺术活动。出土的距今七八千年的新石器时代的文物中的一些图案中已有音乐、舞蹈行为,中医称之为"导引"。所谓"舞蹈,舞而导之",其中含有明确的中医治疗含义。《吕氏春秋·古乐篇》云:"昔陶唐之时……民气郁闷而滞着,筋骨瑟缩不达,故作舞以宣导之。"尧舜时代,人们已经开始通过舞蹈运动治疗关节毛病,原始歌舞实际上就是一种心身状态运动疗法,对舒解郁气、畅达筋脉、调理心身确有好处,而且容易普及施行,在部落群体中被广泛应用。这些歌舞至今依然能见于各少数民族活动中。

中国文明历史悠久,从未间断并不断发展,艺术文明和医学文明到秦汉时期发展到一定高度。随着中华文明的全面发展,中国音乐的保健治疗功效得到了完善和发展。以《乐记》音乐理论和《黄帝内经》的五音学说为典型代表,形成了早期的中医音乐艺术疗法的思想基础体系。《黄帝内经》博大精深,融合了整体的五行体系,结合导引、五音五味、药香嗅疗、触动按摩、五色疗法、话疗等疗法,强调以"守神治神"为核心的治疗原则,明确了精神心理因素的地位。中医特色艺术疗法已经具备独特理论。

1973年出土的长沙马王堆3号汉墓中的彩色帛画,又名《帛书导引图》或《马王堆汉墓导引图》,为公元前3世纪末的作品。图中用彩图描绘了不同年岁的男女的体操动作40多个,旁边还附有简单的文字说明,图上男女数量大致各半,其中有一些模仿动物动作的导引,如螳螂、熊经、猿呼、鹞背等,还有一些标明"引"治某种疾病的术式,如引聋、引膝痛、引温病等,用于调节治疗各种心身疾病,属于中国中医特色艺术治疗范畴。艺术与中医的结合,具有内在观念的一致性,明显具有"形神兼备"的心身合一整体特点。医学发展的模式正从单纯的"物质—结构"模式,向着更全面的"物质结构—功能能量—状态信息"的复合模式前进,也促进了"形神或结构意识"的心身模式的演化。

2017年2月,科学出版社出版的"十三五"规划教材《中西医结合康复医学》一书正式提出"中医状态观",旨在传承传统中医,提炼内经"上守神""精神内守"以及历代中医经典的核心思想,在现代系统科学和生命科学理论的指引下,提出以"状态观"为核心指导思想的中医康复学创新体系,进一步提炼出"状态科学思想—心能学"之理念,研究人体生命状态与意识能动性的变化规律。状态和状态调节的核心指向是"生命信息调控系统"。"状态观"的"状态"特指心身共同呈现的过程和形式,"状者形之网,态者心之能",启动心身网络,激发心身能量的"状态观"理论将指导音乐治疗、舞蹈治疗、美术治疗等系列艺术治疗方法的应用。

生命的"状态""功能"与"结构"的清晰划分,对于艺术疗法以及以"心身状态"为导向的传统医学方法具有理论价值和实践意义,有利于确定疗愈目标,更好地发挥艺术疗法的功效。

四、艺术疗法与自然科学发展

艺术与自然科学都是人类智慧的产物,虽然经历了分化和发展阶段,但在未来两者有相互融通的机遇。自然科学的发展经历了三个基本阶段。

(一)物质科学与非生命科学阶段

物质能量科学是自然科学的基本形式之一,是整个自然科学向高级和复杂形式发展的基础,数学、物理及化学等基础物质科学的产生和发展推动了人类研究自然界物质与能量系统化进程的发展,是人类文明的重大进步。

(二)信息科学与生命科学阶段

物质科学注重的是实体和结构,信息科学则注重关系和功能。更确切地说,信息科学注重的是程序系统中各种信息在不同部分体现的对应关系以及信息在整个程序系统中的运行和作用。计算机是信息科学得到发展和应用的显著标志。信息科学成为今天自然科学的带头学科之一。随着物质科学与信息科学的发展,它们的综合就促使生命科学产生,这表现在20世纪50年代随着以核酸蛋白质研究为核心的分子生物学的产生和迅速发展。

(三)意识科学与状态科学阶段

随着人工智能AI的出现和快速发展,意识本源研究越来越受到人们的重视,研究人意识本质和规律的意识科学由此诞生。人的意识是在神经信息基础上产生的以概念、命题和命题系统等形式存在的运动形式,意识科学则是信息科学更高级的发展形态。从某种程度上来说,人工智能机器是意识科学的标志,是意识机器。随着心理学、脑科学和认知科学的发展,脑信息网络工作原理机制不断地被揭示,这些学科成果的最终汇集推动了意识科学的成熟与发展。

生命科学发展催生的意识科学在快速地发展着。2018年4月,本书主编在美国亚利桑那大学参加第25届国际意识科学大会(始于1994年)时,深切地感受到了科学家们探索研究意识的高涨热情,展望了意识科学未来发展壮丽的远景。新时代属于信息时代,心的时代,意识的时代。要想研究复杂的生命现象,尤其是生命运动的最高形式——意识这一复杂的系统,我们必须重视"意识在生命运动中的核心调控作用"和"意识本身具备的巨大能动性",重视生命各种"状态"的本质和规律。在物质科学、生命科学和信息科学的基础上,在系统科学思维的指导下,我们还应积极开拓意识科学研究新领域——状态科学,为未来医学的发展寻找新的方向。

人为万物之灵,意识是人类所特有的属性。而状态是人心身的整体呈现模式,是人体存在的形式,"意识能动性—心能"是状态的核心。生命科学推动意识科学的发展,揭示"状态"存在和运动本质规律的科学就是状态科学。状态观是从意识状态角度来观察外部世界的一种观念,人体状态学是研究人体生命状态特征和变化规律的一门学问。人体功能状态是一个整体处在具有双向波动性的内稳态中的多元化体系,其核心是双向波动性和动态平衡的中间状态存在,具有低耗散优化状态(Low – Dissipation Optimization State,LDOS)的特征,即低能耗和高有序化。人体可以在意识能动性的调控下,提升整体功能状态的协同化程度及适应能力,如生物可以通过精准的信息调控来减少自身的消耗并提升自我的有序度来增强其适应性(如冬眠、夏眠等),以躲避危机。

信息时代的到来,外界与人们交互信息越发频繁,交互的信息也越来越复杂海量。

这容易导致人体的信息处理器官——大脑常处在高耗散状态,出现熵增,使人体从有序向无序转变,导致各种身心疾病频发,精神心理问题增多。未来医学发展的导向之一,即以意识状态的能动性为核心来展开研究,以促进大脑进入低耗散优化状态,而"守神"就是进入此状态的关键之一。因此如何利用各种治疗手段帮助人们守神,帮助人们进入低耗散优化状态是未来医学研究的重要突破方向之一。

想象力一直是人类文明发展的动力之一,人类的一切文明和创造都离不开人类的想象力。艺术意识的觉醒、灵动的想象力是人体意识能动性的一个重要标志,各种丰富的艺术形式都是高级意识能动性活动的产物。合理地运用想象力,激活意识能动性,调节心身状态,优化生命的存在,促进健康是艺术疗法产生疗效的关键。研究艺术疗法心身耦合机制将推动意识状态科学的研究与发展,为人类健康新质生产力的发展提供动力。

五、艺术疗法的学科结构

本书以最新指导思想"人体状态观—心能学"理论为主线索,根据人类感官和艺术形式的特点,大致可将艺术疗法分为音声、触动、色光、嗅味、意言等五大部分。

音声部分:音乐疗法、歌唱疗法、五音疗法。

触动部分:舞动疗法、沙盘疗法、传统运动疗法等。

色光部分:绘画疗法、书道疗法等。

嗅味部分:中国茶疗、中国香疗等。

意言部分:诗歌疗法、叙事疗法、戏剧疗法等。

眼(视觉)、耳(听觉)、鼻(嗅觉)、舌(味觉)、身(触觉)、意(直觉)六感归心,各种感官活动和互动,都回归于生命的意识大海中,通过意识的各个层次,对生命整体运动—状态产生作用,因此,本书还特别增添了"正念疗法和守神"部分。导向归一艺术属于意识演化的高层次。意识的深层次源头是意识大海。正念守神,内观本源,宁静致远,返璞归真,恰为艺术疗法最终导向的健康源头。万化归无,无中生有,"无"具有无穷创造力。守神是指持续性放松、意识专注的状态,是一种独特的艺术形式。独立守神归一处,心能心海心之源。正念守神为艺术疗法古老的传承与未来的创新,提供了新的渠道和发展方向。

艺术治疗作为综合交叉的边缘学科涉及多个学科门类,包含艺术学、心理学、教育学和医学等学科。艺术疗法师不仅要具备以艺术能力和心理治疗能力为核心的能力,还必须经过专业的艺术心理治疗培训,要具备一定的医学背景和医学临床基础,这样才能承担治疗复杂的心身疾病的重任,承担学科发展的重任。艺术治疗本土化是必要的,结合西方学科发展思路,引进现代学科新思维,建设有中国特色的现代学科任重道远。

艺术疗法的实践和发展,需要"双重超越"的创新思维,一方面需要超越传统模式,另

一方面也必须超越当代自然科学和医学科学的常规思维,进行创新性发展和创造性转化。意识运动和状态调节,为意识科学和状态科学提供大量生动的素材和基础研究支持,推动医学和自然科学的创新与改革。

艺术疗法需要吸收多方面的营养,中国数千年的文化底蕴,经久不息的文明智慧之光一直照耀着艺术疗法工作者们的心。中国特色社会主义新时代已到来,新时代中国社会的主要矛盾已经转化为人民日益增长的美好生活需要和不平衡不充分的发展之间的矛盾。保健养生治未病是人们美好生活的需要之一,这体现了人们心身全方面发展的需求,也体现了高层次的精神文明建设的要求。发展中国特色社会主义艺术疗法,为人们的心身健康服务,把握意识能动性,以心能(Mind Meta)为核心符合人机文明时代调节下新人类发展的新需求,是一种新质健康生产力的体现。

第一章

音乐疗法

内容简介 音乐疗法融医学、心理学、音乐、美学、生物学知识为一体,是一门跨学科的治疗方法。它利用音乐的美与和谐,调节人的心理和生理功能,使人摆脱烦恼,改变认知和行为,是一种行之有效的辅助治疗方法。本章分别从音乐疗法的概述、原理、方法、应用等方面进行了阐述,并提供相应的学习案例。

学习目标 通过对本章各知识点的学习,读者对音乐疗法会有较科学的了解,初步理解音乐疗法的理论框架,并为深入研究音乐疗法打下良好基础。

第一节 音乐疗法概述

一、音乐疗法概念

音乐疗法是一门新兴的,集音乐、心理学和医学知识于一体的交叉性学科,近代音乐疗法源于西方。随着社会的发展,越来越多的人认识并接受了音乐疗法。

广义上的音乐疗法是指将音乐充分运用于治疗、康复、教育、保健等活动之中,以音乐作为治疗技术的一种方法。严格意义上的音乐疗法则是指综合性地利用音乐特性,有方向、有目的、有计划地将其运用于某些疾病的治疗和机能的改善之中。音乐疗法之所以被称为"疗法",是因为音乐对人体的生理和心理活动可产生重要影响。运用音乐这一媒介,辅以相应的方法,能够缓解、解决人的某些生理或心理问题。从目前的理论及实践来看,音乐疗法属于辅助性疗法的一种。

在音乐疗法的众多定义中,美国天普大学教授布鲁夏在其《定义音乐治疗》(1989年)一书中对音乐疗法所下的定义较为科学,即音乐疗法是一个系统的干预过程。在这个过程中,疗法师运用各种形式的音乐体验,以及在治疗过程中发展起来的作为治疗动力的治疗关系,来治疗来访者以达到帮助其获得健康的目的。

在这个定义里,布鲁夏强调了三个方面的内容。

第一,音乐疗法是一个科学系统的治疗过程。音乐疗法并不是简单、单一、随意和无计划的音乐活动,而是一个科学的、系统的干预过程。在实施音乐疗法时,疗法师会根据具体情况对来访者进行三个阶段的工作,这三个阶段分别为评估、干预和评价。这三个阶段环环相扣,层层递进,互为依据、前提和保障。其中评估是基础,是干预的依据,决定着干预的方式和深度。评价是对干预效果的总结,它根据干预数据及来访者的情况判断干预是否有效,从而科学、合理地调整接下来的干预步骤。

现在社会上有一些简单、单一、随意和无计划的"音乐疗法",即让来访者听听音乐、唱唱歌、跳跳舞。也许这些音乐活动对某些人来说能够引发一些音乐上的共鸣,使人的心理产生一定的变化。虽取得了一定的效果,但这些方法并不是真正意义上的音乐疗法,不具有任何临床的治疗意义。真正意义上的音乐疗法必然是一种在专业音乐疗法师有目的、有计划的引导下而产生改变,从而达到治疗目的和效果的治疗形式。

第二,音乐疗法主要通过音乐的体验来引起改变,从而达到治疗目的。

音乐疗法是一种以音乐为媒介的治疗方法,以音乐为媒介是其区别于其他形式的心理疗法的根本所在。在实施音乐疗法时,疗法师运用与音乐相关的活动作为治疗手段,如听、唱、演奏、表演、创作、跳舞等,使来访者通过感受音乐,改变其认知,从而达到治疗的效果。

音乐疗法对音乐的界定是非常广的。它不仅包括我们常说的乐音,也包括噪音和大自然的各种声音,如动物的声音、海浪的声音等。同时,在实施音乐疗法时所选用的音乐是非常个性化的,它是由来访者的音乐喜好和音乐感受所决定的,而这些又与来访者个人的性格、爱好、经历等诸多因素有关。因此,音乐疗法中的音乐不可能"处方"化。我们在市面上看到的所谓"减压音乐""催眠音乐"等都不是真正的治疗音乐。

第三,音乐疗法必须包括音乐、音乐疗法师和治疗对象三个要素。

音乐、音乐疗法师和治疗对象是音乐疗法不可或缺的三要素,缺少任何一个要素都不能将其称为真正、专业、正规的音乐疗法。音乐疗法一定是以音乐为媒介的一种治疗方法,无论作为治疗中的音乐还是作为治疗的音乐,音乐在治疗中都有着至关重要的地位。音乐疗法并不是人们想象中的简单地听听音乐、唱唱歌,而是以音乐为媒介对人的心理进行干预,以及对认知进行调节。这个过程必须由经过专业训练的疗法师进行引导和控制,使治疗朝着预期的方向发展,从而达到治疗的目的。没有治疗对象,治疗就如无源之水,无本之木。

二、音乐疗法溯源

音乐疗法可以追溯到远古时期。巫医、祭司借助于音乐与天、与神明的沟通影响人的生理、心理,以缓解或稳定来访者的病情,可将其视之为一种早期的音乐疗法。有人曾认为,人类文明发展的历程就是一部音乐疗法史。古希腊神话中,阿波罗就是一个同时掌管音乐和医药的神。亚里士多德是相信音乐疗法力量的著名希腊人,他认为音乐具有促进情绪宣泄的价值。柏拉图则把音乐描述为心灵的药物。

在中国,音乐疗法古已有之。先秦时期,《白虎通·礼乐》中"调和五声以养万物"之说,体现出当时人们对音乐疗法的应用和对音乐疗法功效的认识。汉代《史记·乐书》中记载道:"音乐者,所以动荡血脉、流通精神而和正心也。"晋代阮籍在《乐论》中提道:"天下无乐,而欲阴阳调和。灾害不生,亦已难矣。乐者,使人精神平和,衰气不入。"

唐代诗人白居易的《好听琴》中写道:"本性好丝桐,心机闻即空,一声来耳里,万事离心中;清畅堪销疾,恬和好养蒙,尤宜听三乐,安慰白头翁。"诗句强调了音乐调节人的心理的功能。宋代《欧阳文忠公集》中曾记载道,文学家欧阳修因忧伤政事而形体消瘦,虽屡进药物却无效。后来,他抚琴排忧,每天听古乐《宫声》数次,心情逐渐从忧郁、沉闷转为快乐、开朗。为此,欧阳修深有感触地说:"用药不如用乐也。"

元代四大名医之一的张子和在用针灸法治疗悲伤过度的病人时,同时让一些乐手在一旁吹笛抚琴,配以歌声,来转移病人的注意力。这一做法取得了良好的治疗效果。为此,他在其撰写的《儒门事亲》中指出"好药者,与之笙笛不辍",提倡让病人学习器乐,通过音乐来缓解疾病所带来的痛苦。

明代著名医学家张景岳在《类经附翼》中提到"十二律为神物,可以通天地而和神明",说明音乐对人的精神世界的影响。清代名医吴师机不仅擅长膏药疗法,而且非常重视音乐疗法。他在《理论骈文》中写道"七情之病,看花解闷,听曲消愁,有胜于服药也",点明了音乐对身心的益处。

三、音乐疗法在美国的发展

音乐疗法作为一门独立的学科最早出现在美国。至今,美国仍然是音乐疗法最先进的国家,在世界音乐疗法的发展中占据主导地位。世界上最权威的音乐疗法机构是美国音乐治疗协会(AMTA)。

1789年,发表在美国《哥伦比亚杂志》上的题为《音乐的生理思考》的未署名文章,被认为是最早的研究美国音乐疗法的文献。在这篇文章里,作者通过案例向大家阐述了两个至今仍在使用的音乐疗法的基本原则,即音乐可以作为一种有效的治疗媒介来影响人的情绪,从而促进人的身体健康,以及建议受过正规训练的专业人员在疾病治疗中有技巧地使用音乐。此后在美国,音乐疗法论著、音乐疗法师和音乐疗法机构等相继涌现。其中在音乐疗法领域最有影响的人物之一是埃娃·维萨留斯,她在1913年出版的《音乐与健康》杂志上发表了个人观点,她认为实施音乐疗法的目的是让病人从不协调的情感反应回到协调的情感反应中,并针对用于治疗失眠和发热以及其他疾病的音乐疗法给予了具体指导等。同时,音乐疗法也在医学领域得到了发展,表现为一些医生主动在相关领域实施音乐疗法,取得了一定的成效。这些成就为美国音乐疗法的发展提供了理论基础及现实依据。

随着音乐疗法的发展,美国的音乐疗法组织相继成立。20世纪40年代,美国国家音乐教师协会音乐治疗学会成立。1950年7月,美国国家音乐治疗协会成立,并于1964年发行了音乐疗法期刊,大大促进了音乐疗法的研究与发展。1971年,美国音乐疗法协会成立。1998年元月,美国国家音乐治疗协会和美国音乐治疗协会合并成一个统一的组织——美国音乐治疗协会。至今,美国音乐治疗协会一直在行业中处于世界领先地位,并对世界各国音乐疗法的发展起着重要的指导作用。

四、音乐疗法在中国的发展

20世纪80年代,美国亚利桑那州立大学华裔教授刘邦瑞在中央音乐学院开展音乐疗法讲学后,诸多学者对音乐疗法展开了研究。1984年,北京大学的张伯源等人发表了《音乐的身心反应研究》实验报告,报告指出了试验者在聆听欢快音乐和安静抒情音乐时会产生不同的生理反应。这是中国学者第一次发表音乐疗法相关研究报告。1986年高天发表了《音乐对疼痛的缓解作用研究》;1994年普凯元出版了专著《音乐疗法》;1995年何化君、卢廷柱出版了专著《音乐疗法》;2007年高天编写了《音乐疗法学基础理论》;等等。

学科建设方面,多所高校开设了音乐疗法专业,如中央音乐学院、江西中医药大学、上海音乐学院、沈阳音乐学院、四川音乐学院、武汉音乐学院等,还有高校正在进行专业申报。开设音乐疗法课程的高校就更多了,如北京外国语大学、天津音乐学院、哈尔滨师范大学、广州中医药大学、南京中医药大学、武汉科技大学、湖北中医药大学等近20所高校。香港大学也开设了音乐疗法基础课程,台湾省也有很多高校开设了音乐疗法课程。

五、音乐疗法的意义

音乐疗法越来越多地受到人们的欢迎,其意义表现如下。

(一)音乐疗法促进了生理、心理科学的发展

音乐疗法借用音乐与来访者共情,导出来访者的不良情绪,并通过音乐疗法师有目的、有计划的音乐安排使来访者的生理、心理回归稳态。大量相关的实验结果证明,音乐疗法中的音乐能引发来访者神经系统、内分泌系统、免疫系统等人体其他系统的良性反应。在系统的音乐疗法的干预下,这些生理、心理反应激发了来访者的良性情绪。音乐疗法中的大量例证为相关生理、心理学研究提供了鲜活的素材,使有关研究能以更广、更深的视角对人的生理、心理现象进行解读。

(二)音乐疗法扩大了精神医疗的边界

常见的心理咨询、心理分析、催眠疗法都属于精神医疗,音乐疗法也属于这一范畴。心理咨询、心理分析、催眠疗法的治疗方法和理论都较成熟。这易使其治疗途径不免落于窠臼。音乐疗法的提出,则为精神医疗提供了新的视野,使疗法师能以全新的、不同的方案解决问题。在实践中,音乐疗法还与心理咨询、心理分析、催眠疗法结合使用,多种疗法的共同协作运用可以产生意想不到的治疗效果。由此,音乐疗法开辟出新的、不同的应用方法,使精神医疗的边界大大拓宽。

(三)音乐疗法是中西医疗法的有益补充

音乐疗法还是中西医疗法的有益补充。它是非接触性的、有暗示作用的,来访者对这种非侵入式的治疗有很好的接纳性。音乐治疗能有效地调动来访者的积极情绪,双向调节人的神经系统、内分泌系统、免疫系统等,使来访者得以康复。音乐疗法中的音乐、疗法师只是治疗过程中的媒介和引导者,其真正的作用是激发来访者的潜能,让其实现真正意义上的自我修复。这种自我修复是人各项生理、心理活动综合调节的结果,有效地避免了传统中西医以药物、手术对人体进行侵入式治疗而对人的生理、心理造成附带伤害。同时,音乐疗法可以减轻人体对药物治疗、手术治疗等传统医疗方式的排斥感,从而增强中西医结合治疗的效果。

第二节 音乐疗法的理论基础

一、音乐疗法中音乐的定义

音乐是一种反映人类现实生活情感的艺术。所谓音乐是指有旋律、节奏、和声的人声或乐器音响等相互配合所构成的一种艺术。我们常说的音乐是由乐音组成的,分为声乐和器乐两大类型,声乐和器乐又可以大致分为古典音乐、民间音乐、现代音乐(包括流行音乐)、原生态音乐等。音乐可以让人心情愉悦,并给人们带来听觉享受。同时,音乐也可以提高人的审美能力,净化心灵。我们可以通过音乐来抒发情感,改善情绪。

音乐疗法中所使用的音乐不仅仅是我们传统认识中的音乐,还包括大自然中所有的声音,如大海的声音、草原的声音、小溪的声音、动物的声音等。当然,实施音乐疗法时使用的音乐也可以是一些单纯的节奏、音响甚至是与来访者生活、职业相关的一些声响,如机器的响声、树叶被风吹动的声音等。可以这么说,只要是被来访者所喜爱或接受的声音,都可以作为治疗中的音乐,为音乐疗法所用。

二、音乐疗法中音乐的角色

音乐疗法是以音乐为媒介的特殊治疗方法。在整个治疗过程中,作为媒介的音乐,扮演着什么样的角色,将决定着音乐疗法的深度。换言之,音乐在治疗中的角色定位可以是基本的、主要的,也可以是辅助的、次要的。

根据布鲁夏的理论,音乐在治疗中的角色可以分为两大类,即治疗中的音乐和作为治疗的音乐。所谓"治疗中的音乐"泛指在治疗中所使用的音乐,在这里音乐只是治疗的辅助手段,对治疗效果起到促进和加强的作用。如在一些歌曲讨论活动中,疗法师会让来访者播放一些现阶段自己爱听的歌曲,让其通过体验和感悟音乐来了解自己的心理,改变认知,从而改善情绪。又如,有些疗法师为了让来访者能够进入一种情境状态,在咨询中会选择播放一些音乐来帮助来访者进入治疗的某种状态。例如,在帮助一些参加过革命的老红军重塑自信时,疗法师在活动中给他们播放了一些革命年代的歌曲,老红军们听着音乐,回忆起当年的点点滴滴,激动之情溢于言表。

所谓"作为治疗的音乐"是指将音乐运用到治疗中,结合音乐的特殊性直接对来访者进行治疗。在这里,音乐是治疗中唯一的、基本的手段,发挥了它的主导性。如在音乐引导想象中,疗法师根据来访者的情况和需求,制定治疗方案,并选择相应的音乐。来访者在疗法师的引导下通过音乐进行想象和体验,从而改变认知,调节情绪。

三、音乐疗法中音乐的作用

音乐在音乐疗法中的主要作用有四种:生理/物理作用、人际/社会作用、心理/情绪作用和审美作用。音乐的这四种作用使音乐疗法区别于其他心理疗法,它们是音乐疗法所特有的,为音乐疗法的发展奠定了基础。

(一)生理/物理作用

相关科学研究成果证明,音乐除了会对人类的心理产生一定的影响外,同时还会引发人体一系列的生理反应,如自主神经系统的反应、激素反应、免疫反应、肌肉反应乃至大脑高级功能反应等。音乐的生理/物理作用主要表现在三个方面:引发人的生理反应,起到明显的镇痛作用,增强人体免疫系统的功能。

长期的紧张、焦虑等状态会对人体造成严重的损害,导致一些生理上的疾病的产生,如心血管疾病(心脏病、高血压等)、肠胃系统疾病(胃溃疡、十二指肠溃疡等)、皮肤疾病(荨麻疹、神经性皮炎),甚至是癌症。大量的相关研究成果证实音乐可以引发和改变人的各种生理反应,如心率的变化、血压的降低或升高、皮肤电反应、肌肉和运动的反应、脑波的反应等。恰当的音乐可以显著改善人体的内稳态,减少紧张、焦虑等情绪,促使人体放松,使人的生理、心理反应朝着有利于促进健康的方向调整和发展。

音乐可以镇痛,这是音乐在音乐疗法中又一重要的生理作用。内啡肽又称安多芬或脑内啡,是一种内成性(脑下垂体分泌)的类吗啡生物化学合成物激素。它是脑下垂体和脊椎动物的丘脑下部所分泌的氨基化合物(肽),它能与吗啡受体相结合,产生与吗啡、鸦片剂一样的效果,有止痛和让人愉快的作用,相当于天然的镇痛剂。特殊的音乐可以使人血液中的内啡呔含量增加,从而产生明显的镇痛作用。同时,在人体大脑结构中,由于大脑皮层的听觉中枢与痛觉中枢相邻,音乐在刺激人的听觉中枢使之兴奋的同时可以有效地抑制相邻的痛觉中枢,从而达到明显减轻疼痛的效果。因此,大量的实验和临床报告证实,使用音乐疗法可以使手术中麻醉药的使用剂量以及术后恢复期的镇痛药使用量减少,从而减少其副作用。音乐的镇痛作用,使得音乐疗法被广泛地运用于现在的无痛分娩及部分手术中。

另外,音乐还可以增强人体免疫系统的功能。免疫球蛋白 A 存在于人体的唾液等分泌物中,是人体免疫的第一道防线。20 世纪 80 年代末,国外的一些医学家就已经通过研究发现,音乐可以显著增加人体内免疫球蛋白 A 的含量。

(二)人际/社会作用

人是群居性动物,个人价值需要在社会中得到实现,人需要在社会交往中获得满足感和幸福感。音乐作为一种社会性非语言交流的艺术形式,其活动本身就是一种社会交往活动。人们在音乐活动中进行人际交往,产生人际关系。人们通过社会人际交往获得信息,产生关系,建立联系。如果这些方面的交流和沟通不足就会影响人的心理健康。一些患有精神疾病、心理疾病等疾病的病人以及长期住院的慢性病患者,由于不能及时与他人进行有效的交流与沟通,因而认知能力逐渐降低,出现了不同程度的社交功能障碍。音乐可以从两个方面改善这种状况:一是音乐为交流沟通提供良好的环境,二是音乐可使病患在交流沟通中建立应有的自信心。

一方面,音乐的特性决定了音乐活动本身就是一种能够给来访者提供愉快、安全、令人放松的环境的形式。如在合唱、器乐合奏、跳舞等集体性的音乐活动中,人们可以通过学习提高自己的表达能力、沟通能力、协调能力、与他人合作的能力等。另一方面,随着音乐活动的不断增加以及人们在交往中自身能力的不断增强,人们越来越喜欢和敢于参与到人际交往的活动中去,变得越来越自信。

案例一

张同学,大二女生。由于家庭经济困难,需要通过勤工助学来贴补学习和生活费用。她来自农村,生性腼腆且自卑,与不熟悉的人讲话会脸红、不好意思,因而一直找不到合适的助学岗位。刚来参加合唱活动的时候,她总是站在队伍的最后,不好意思发声,表演也不自然。经过一段时间的训练以后,一方面,她和合唱团的同学都熟悉了,并成了朋友;另一方面,经过了训练、演唱和表演,她慢慢地克服了腼腆与自卑的心理。面对舞台,她的自信溢于言表,表演越来越自然。过了一段时间,她非常高兴地告诉我说,她找到了一个助学岗位。我感到非常欣慰。

(三)心理/情绪作用

心理是人的一种感性认识,它有时可能是正确的,有时可能是错误的。情绪是人的一种主观认识,它是多种感觉、思想和行为综合作用产生的心理和生理状态。

人们对音乐的感受和体验过程是生理和心理相统一的过程,也是心理和情绪相统一的过程。一首乐曲,无论它用于治疗还是欣赏,给人的第一感觉一定是人对音响的感知,即感受音高、节奏、力度、音色以及音乐主题、旋律等。在感知音乐的同时,人们也会被音乐表达的情感所影响。音乐是情感的流露,《乐记》曾记载,"乐者音之所由生也,其本在人心之感于物也"。音乐对心理的影响主要是通过对情绪的影响而实现的,简言之就是指音乐可直接引起人们的情绪发生变化。情绪变化的大小与欣赏能力的强弱成正比,对曲调熟悉程度的深浅影响欣赏程度的深浅。如舒缓、平稳的音乐能使人心情放松,动感、快节奏的音乐能使人心潮澎湃,忧伤的音乐能让人情绪低落,开心的音乐能使人愉悦。同一首音乐,不同的人因为性格、经历的不同,会产生不同的欣赏体验。即使是同一首音乐,相同的人在不同的时间欣赏,感受也会不同。因为心境不同,体验也就不同了。可见,音乐对人的情绪有着巨大的影响。

在心理学领域,人们常常以语言为媒介来调整人的情绪。然而在现实生活中,我们常常遇到这样的情况:道理人人都懂,可要真正用它来说服自己,很难。在治疗中,当用言语已无能为力的时候,音乐疗法的优势便显现出来了。早在古希腊时期,亚里士多德就曾指出音乐具有促进情绪宣泄的作用。根据这一原理,人们尝试着用一些充满悲伤、痛苦、难过、抑郁之情甚至充满矛盾冲突的音乐来激发个体的悲伤情绪体验,帮助他们尽可能地将各种消极的情绪宣泄出来。人们发现,当消极、悲伤的情绪宣泄到一定的程度以后,积极、乐观、快乐的情绪就可能会慢慢显现出来,从而帮助人们摆脱悲伤,调整情绪,改变认知。亚里士多德所说的这个作用,符合音乐疗法的"同步原则",即要想影响和改变人的不良情绪,首先要使用与来访者当前情绪状态同步的音乐,让音乐表达的情绪与来访者的情绪产生共鸣,然后才能通过逐渐改变音乐来达到逐渐改变来访者情绪的目的。

案例二

王某,30岁,某企业中管,结婚一年半,夫妻恩爱。不幸妻子因车祸去世,他无法接受妻子已不在世的事实。根据他的情况,我对他进行了治疗。在第一次的治疗中,我给他播放了一些悲伤的音乐。被催眠的他感受着音乐,想象着自己走在悬崖边,大风吹过来,就像刀子一样落在他身上,弄得他满身伤口,有血流出来。他的心很痛,痛得他都无法呼吸了……他哭得非常伤心……第二次治疗开始时,我还是给他播放了一些悲伤的音乐,他想象自己来到了悬崖边上,悬崖边的风很大,大到他无法承受,感觉自己仿佛随时都会被风吹到悬崖下面,他很害怕、很无助、很难过……他依然哭了……第四次治疗,我还是选择在治疗开始时给他播放一些悲伤的音乐,他依然想象着自己站在悬崖边上,然而悬崖边的风小了。他望向天空,看见乌云正慢慢地消散,阳光一点一点地从云层中透射出来,光线虽然很弱,但清晰可见。他低下头,看向远方,远方是一片草原,草原上好像有人在唱歌、跳舞……这表明王某已经开始慢慢接受妻子去世的事实了。第六次治疗后,王某就没有再来了,我相信他已经开始了新的生活。

(四)审美作用

审美是一种人类理解世界的独特的方式,是人与世界(社会和自然)形成的一种无功利的、形象的情感关系。审美是在理智与情感、主观与客观上认识、理解、感知和评判世界的存在。审美即"审""美",在这个词组中,"审"作为一个动词,它表示有人在"审",有主体介入,"美"表示有可供人审的"美",即审美客体或对象。审美现象是以人与世界的审美关系为基础的,是审美关系中的现象。美是属于人的美,审美现象是属于人的现象。

相比于文学、绘画、舞蹈等其他艺术形式,音乐是唯一一个无法在现实生活中找到原型的艺术形式,这也就决定了音乐可以不受现实因素的限制和影响,可以完全依据人内心世界的需要而变化。音乐能以各种形式存在,不论声音的高低、节奏的快慢、悲伤或快乐、高雅或低俗、原始或现代,只要人们能感受到其中的美,它就有存在的价值,就是美的。中国著名美学家李泽厚先生曾这样说:"美是人的本质力量的对象化。"即一个人如果体验到了美,那他就体验到了自己生命的本质力量。也就是说,如果一个人能经常在自己的生活中体验到美,那么他的生命就会是美的,他的生命就会是积极向上、充满生机的;如果一个人很少甚至从未在自己的生活中体验到美,那么他的生命就会是消极退缩、颓废不堪的。

音乐疗法以音乐为媒介,让来访者感受音乐,体验音乐,将音乐的美通过治疗的方式传递给来访者,帮助来访者调整情绪,从而改变认知。正如人们面对美好事物都会产生好的情绪一样,当人们听到自己喜欢的、令人开心的、节奏感强的音乐时,身体会随着音乐摇摆、舞动,人会感到开心和快乐。同时,身体会本能地产生一种良好的、健康的、积极的情绪,从而改变自己的认知和行为。

第三节 音乐疗法的方法

音乐疗法以音乐为媒介,对人的心理、生理进行疏导。而音乐的独特性也决定了音乐疗法与其他心理治疗方法的不同。

目前常用的音乐疗法大致可以归纳为三种,分别是接受式音乐疗法、再创造式音乐疗法和即兴演奏式音乐疗法。

一、接受式音乐疗法

接受式音乐疗法(Receptive Music Therapy)又称聆听式音乐疗法,主要通过聆听特定的音乐调整来访者的身心,以达到祛病健身的目的。有关脑电波的研究发现,正面、积极的音乐可以激活人大脑的深层,如丘脑、豆状核等区域的反应。上述脑区包含多巴胺能神经元,其分泌的多巴胺作为脑内重要的神经递质,参与了运动、认知、情感、正性强化以及促进内分泌调节正向平衡等多种生理活动。

音乐疗法师根据来访者的具体情况选择合适的音乐进行干预式聆听,让来访者通过聆听音乐时所感受到的各种刺激来调整自己的认识和心理。这种遵循心理暗示原理的治疗方法,在音乐疗法实践中得到了广泛应用。由于文化传统不同,所以各国音乐疗法的发展处于不同阶段和水平,在采用接受式音乐疗法的过程中,运用的聆听形式也各不相同,接受式音乐疗法常见的方法有歌曲讨论、音乐回忆、音乐同步和音乐想象四种。

(一)歌曲讨论

歌曲讨论是接受式音乐疗法中最常用的方法,多用于集体音乐疗法中。它的主要方法是把人们集中在一起,以欣赏和聆听音乐的方式让来访者体验音乐,接受心理引导,以达到治疗的目的。从原理上看,歌曲讨论也就是让来访者们在欣赏完一段音乐后,结合音乐及歌词带给自己的感觉进行讨论而引发的一种心理干预。歌曲讨论中的音乐由来访者自己选定,其要求是所选音乐必须是来访者现阶段较为喜欢听的歌曲。音乐体验反映出听者的心理状态,深刻的音乐体验能帮助来访者认识和了解自己,从而调整自己的心理状态,实现身心和谐。

歌曲讨论一般以10人为宜。在歌曲讨论活动中,大家围成圈坐在一起,每个人将自己现阶段较为喜欢听的音乐选出来与大家一起分享,并与大家一起来讨论聆听音乐后的感受。其间,音乐疗法师会鼓励大家对音乐进行感受和思考,引导大家去理解和发现,但不会做出任何消极评价。在活动最后,疗法师会根据每位来访者的表现做一个相对客观的总结,帮助来访者更全面、更理性、更客观地了解和认识自己。

歌曲讨论的目的不是让大家去欣赏音乐,而是引发小组成员间语言和情感的交流,并帮助歌曲提供者客观地认识和了解自己喜欢这首音乐的原因,使其正确识别和判断自己思维和行为的正确性及合理性,以便客观地了解和认识自己。

案例三

陈女士,一个一岁多孩子的母亲。在一次歌曲讨论活动中,她给大家播放了一首近段时间她非常喜欢听的歌曲——《向天再借五百年》。大家聆听完这首歌曲后进行讨论、分析,觉得这首歌曲有一种振奋人心的力量,同时也有着一种无奈感。陈女士在听到大家的讨论后,非常激动,突然领悟到了自己一直非常喜欢听这首歌曲的真正原因。原来,在生活中,她其实是一个非常有抱负的人,但由于自己的家庭等原因,如孩子还小需要她照顾、家里有很多琐碎的事情需要她处理等,使她不能有足够的时间和条件去做自己想做的事,实现自己的抱负。所以一直以来,她都陷在这种矛盾当中,无法自拔。

同时,治疗对象对某种音乐风格、形式,或某首歌曲、乐曲的喜爱和认同往往能反映出其深层次的心理需要或人格构成特点,疗法师可通过深入分析、体验和探讨歌曲或音乐来了解和发现来访者的深层次心理需求和需要解决的问题,从而对其进行有目的的心理辅导和治疗。

案例四

王艳(化名)在歌曲讨论活动中给大家播放了周杰伦的《菊花台》并告诉大家:其实一直以来她都非常不喜欢周杰伦的歌,可不知道为什么,第一次听到《菊花台》她就非常喜欢这首歌,每每听到这首音乐她都会有一种亲切、舒服的感觉。当疗法师问她与父母关系如何时,她告诉疗法师,她与母亲关系不好,却和父亲无话不谈。这让疗法师了解到这位来访者在情感上存在缺失,而《菊花台》会给人一种祥和的感觉,对等的节拍好像是母亲的心跳,温柔的旋律给人安全和温暖的感觉。这为后来疗法师对这位来访者进行治疗提供了方向。

由于歌曲讨论的形式和方法相对简单,因此它既可以用于较浅支持层次的心理干预,即引导治疗对象简单地讨论欣赏音乐的体验,又可以用于认知层次上的心理干预,即引导治疗对象对歌曲中表达的思想观念进行讨论,从而达到认识或改变错误认知的目的。当然,歌曲讨论也可以用于更深层次精神分析的心理干预中,通过讨论音乐体验来发掘治疗对象潜意识中的情感矛盾,以达到治疗的目的。

(二)音乐回忆

在人类社会中,音乐渗透于我们社会的各个领域,每个人在生活的特殊时期或重要年代里往往有其特定的音乐回忆。如一首抗战歌曲可以引发一位经历过抗战的老人对战争年代的回忆；一首《小芳》可以引起20世纪五六十年代人们的共鸣，引发对往事的回忆……

　　音乐回忆借音乐引发来访者的情感和回忆从而达到治疗的目的。音乐的特点决定了使用音乐回忆方法的可行性。脑电波研究结果也表明，适当的音乐介入，可以激活人大脑中的双侧海马，从而使其发挥记忆功能，将瞬时的音乐信息组织成一个整体，或在音乐信息和有关过去事件的复杂背景信息之间建立联系，在听到不同特点和风格的音乐时能回忆起相应的事件，从而在认知和情感上产生共鸣。

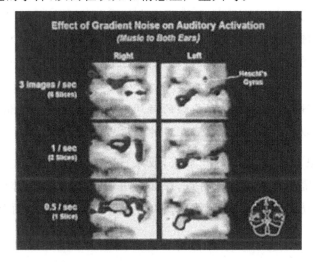

大脑部位被音乐激活

　　在进行音乐回忆治疗时，疗法师会要求治疗对象选择一首或数首歌曲、乐曲在小组中播放（这些歌曲或乐曲是治疗对象在自己生活经历中特别喜欢或对其特别有意义的）。音乐回忆既适用于集体音乐疗法，又适用于个体音乐疗法。在集体治疗中运用音乐回忆，可以使小组成员相互倾诉往事，宣泄情绪，从而小组成员相互之间获得支持和安抚，以达到促进相互理解和沟通情感的目的。

案例五

　　有一次，疗法师为某单位员工做一系列关于团体意识的培训。在做完调查后，发现该单位员工经常会因为一些琐事而争吵，员工关系不太和谐。同时还发现，其大部分员工来自农村，有着相似的成长环境和成长经历。于是，疗法师将他们聚集在一起，选择一些农村题材的音乐，希望能唤起他们思想和情感上的共鸣。为此，疗法师播放了《谁不说俺家乡好》《外来妹》《欢天喜地》《越来越好》《开门红》《欢乐中国年》等歌曲。大家在欣赏音乐的过程中，回忆着自己的家乡及成长经历，慢慢地聊起来，聊着聊着，他们发现大家有着共同的成长经历。共同点越来越多,话题也越来越多,彼此之间的陌生感渐渐没有了,好感渐渐产生,场上的气氛也越来越融洽。这时疗法师抓住这种时机,又为大家播放了《朋友》《相亲相爱》等歌曲。在音乐的熏陶下,大家的情绪越来越高涨。这时,疗法师要求大家做一个活动,即跟自己曾经有过冲突的人说一句话。这时,一个员工走到另一个员工面前,拉着对方的手说:"昨天是我太急躁了,说话太冲了,希望你能原谅我。"对方也赶忙说:"我也不好,不该因为一点小事就跟你急,也请你原谅。"话刚说完,全场响起了热烈的掌声。

在个体治疗中,疗法师可以通过引发治疗对象的音乐回忆来达到了解和熟悉治疗对象生活经历和情感事件的目的,从而为治疗方案的确定提供方向。

案例六

养老院里有一位老人,他在一次工作中不小心伤到双腿,残废了。如今年事已高,行动很不方便,而且一变天,伤口处就会奇痒难耐。这让老人非常自卑,而子女对他不管不问更让他很悲观,他甚至有自杀倾向。养老院的工作人员不得不二十四小时轮流照顾着老人。音乐疗法师陈某与老人进行交谈后,了解到老人曾经是一名军人,参加过抗美援朝。针对这一情况,以后每次去养老院疗法师都会给老人播放一些战争题材的音乐,如《游击队之歌》《我是一个兵》《到革命后方去》等。老人刚开始听音乐时,只是随着音乐的节奏轻微地摆动身体。随着不断地播放音乐,他也开始跟着音乐唱起来,有时甚至还坐在轮椅上动起来,情绪逐渐高涨,笑容也慢慢回到他的脸上了。经过一段时间的治疗,老人开始和其他老人说话和交流了。老人告诉疗法师,这些音乐让他想到了以前美好的时光,他是一名军人,要对得起军人这个称号,就算有再多的困难,他也会克服。

(三)音乐同步

音乐同步是指疗法师使用录制好的音乐或即兴演奏音乐来与治疗对象的生理和心理状态实现同步。其原理是当治疗对象与音乐产生共鸣后,疗法师逐渐地改变音乐,引导治疗对象的生理、心理和情绪状态向预期的方向发展变化,以达到治疗的目的。例如,疗法师在给有焦虑症状的来访者进行心理指导时,可以先给来访者播放或演奏一段与他的情绪状态相一致的音乐,当治疗对象的情绪与音乐表达的情绪产生共鸣后再逐渐改变音乐。也就是说可以先使用节奏欢快、亢奋,情绪积极的音乐,待治疗对象与音乐产生共鸣后,使用节奏较为明快、情绪较为积极的音乐,再使用较为抒情的音乐,最后使用优美抒情的音乐。当然,对于来访者而言,其音乐的安排应选择与此相反的顺序。但需要提醒的是,在音乐同步中所使用的音乐是疗法师在对来访者进行深入了解后,根据来访者的具体情况而制作或选定的音乐。

我们都知道音乐对人情绪的影响是非常大的,只要真正做到音乐与人同步,就可以使人随着音乐的改变而改变自身的生理和心理状态。但在这里必须注意,在音乐的选择上,一定要符合来访者的审美要求,也就是音乐必须是来访者所喜爱的,至少是他所能接受的,否则无法达到音乐回忆的治疗目的。当然,在这里我们还必须要注意个案性,也就是治疗对象生活经历的特殊性所造成的音乐特异性。例如有一位治疗对象陈芳(化名),在童年时期,她的父母经常吵架,而每次父母吵架时为了不惊动邻居就会在家里播放很欢快的音乐。因而,每当听到欢快的音乐时,她都会有一种心烦意乱的感觉。所以,疗法师在为来访者选择音乐前,一定要尽可能多地对来访者进行了解,从而尽可能地避免引发来访者因生活经历而产生的音乐特异性。

(四)音乐想象

所谓音乐想象是指来访者在疗法师的引导下进入放松状态,从而能在为其特别编制的音乐背景里产生自发的自由想象。它的原理与精神分析学派的心理疗法有相似之处,即弗洛伊德精神分析观点,以心理动力学理论为基础,认为病人的心理障碍是压抑在"潜意识"中某些幼年时期所受的精神创伤所致。通过内省的方式,用自由联想的方法将这些痛苦的体验挖掘出来,让焦虑的情绪得到发泄,并对病人所提供的谈话内容进行分析解释,使病人领悟自己,从而改变原来的行为模式,重建自己的人格,从而达到治疗目的。

音乐疗法下的自由想象并非无意义,因为这种想象往往与治疗对象深层的内心世界和潜意识有着密切的关系。想象通常是生动的视觉联想,有时也会伴随着强烈的情绪反应。因此,在进行音乐想象治疗时,来访者必须要在专业的音乐疗法师的指导下进行想象。如安全岛就是来访者在疗法师的引导下,通过音乐想象建立起来的。所谓"安全岛",简单地说就是一个自己感觉最安全、最舒适的地方。这个地方可以在来访者内心深处,也可以是来访者曾经到过的某个地方(如家中的沙发、床,户外的丛林、海岛等曾经让自己感觉安心惬意的地方),甚至可以是任何一个来访者能想象到的地方。当一个人遇到灾难、突如其来的事故或情感挫折时,脑海里可以不断回想自己身处安全岛时的心情,想象自己并不是在经历痛苦,而是处在一个具有保护性的、充满爱意的、安全的地方,这样一来焦虑、惊慌、压抑等情绪可以得到一定程度的缓解。来访者首先在疗法师的引导下进入放松状态,接着疗法师会播放一些相对抒情的音乐作为背景音乐并引导来访者想象自己来到自己觉得最美丽、最舒服、最安全的地方,从而使来访者的心得到放松,这样安全岛就建立完成了。但需要注意的是,在建立安全岛的过程中,接受专业的音乐疗法师的指导是非常重要的一个环节,这也是安全岛建立成功的关键。安全岛技术实质上是一种用想象法改善自己情绪的心理学技术。当压力造成负面情绪产生时,能够在内心最深处找到一个如世外桃源一般的地方暂避,这是音乐疗法中常用的一种心理放松技术。

在个体音乐疗法中,疗法师与来访者在音乐想象的过程中应保持语言交流。这样可以让疗法师随时了解和掌握来访者想象的内容和其当时的情绪状态,及时做好对来访者想象的引导和推动,以帮助推动治疗的展开。而对于集体治疗中的音乐想象,疗法师与来访者进行语言交流是来访者在听完音乐之后,自己向疗法师告知想象的内容,双方共同探讨想象的内容的意义,疗法师帮助来访者了解自我,体验自己的内心情感世界。在整个讨论过程中,疗法师绝不会对来访者的音乐想象作出任何对错评价,相反会鼓励他们尽可能地想象。因此,来访者可以没有任何负担地说出自己内心的真实感受。

需要强调的是,接受式音乐疗法中所选用的所有音乐都是根据来访者的具体情况而定的,没有固定的音乐,疗法师在对来访者的各方面进行了解后,根据来访者的特定需求选定。

二、再创造式音乐疗法

与接受式音乐疗法不同,再创造式音乐疗法(Recreative Music Therapy)强调来访者的参与性,而非仅仅要求来访者聆听音乐。它利用特定的音乐变化与感情变化的复杂对应关系,让来访者参与一些音乐活动,使他们投身于音乐表演及创作中,感受音乐,并通过歌曲欣赏和音乐想象等方法,使其心理在音乐活动中被同化和感染,从而达到身心和谐的目的。再创造式音乐疗法的常用方法有两种,分别是演奏演唱法和音乐技能法。无论演奏演唱法还是音乐技能法,都是在帮助来访者学习音乐的前提下,让其将自己内心的情感通过音乐宣泄出来,从而达到治疗的目的。

案例七

任琴(化名),女,国企出纳。她刚来合唱团时非常霸道,不懂得与人相处。在起初进行合唱排练时,因为大家相互之间不太熟悉,所以别人对她还很客气,也尽量容忍和包容她。可对于自己的"刺",任琴却一点也不觉得有什么不好。然而相处了一段时间后,大伙开始慢慢地不能容忍和接受她的无理与傲慢,开始排斥她,为难她,到最后没人愿意与她做搭档。而她总是苛责别人,宽宥自己,时间一长,她越来越被团队所排挤。渐渐地,她意识到这样下去是不行的。于是,她开始审视自己——她是独生女,从小就像公主一样备受家人的关心和呵护。由于人长得漂亮,学习成绩一直非常好,学业和工作都很顺利,交往的男朋友也将她捧在手心,因此,她养成了跋扈、骄横、自私的个性。在和他人相处时,她从不在乎别人会怎么想,习惯于自得其乐。其实,她也知道自己在处理人际关系方面存在问题。也正因为如此,她才来参加合唱团,希望能改变自己)。她学着放低自己的姿态,与他人交往时,体谅、迁就和包容他人。渐渐地,大家开始重新接受她,她又再次回到合唱团这个大集体中。

采用演奏演唱法治疗时,对来访者在音乐知识和技能上没有过高的要求。在治疗过程中,来访者只需参与到音乐活动中,依据自己对音乐的理解,去想象、去体验即可。演奏演唱法的再创造式音乐疗法特别适合帮助他人建立正确的人际关系,树立自信。在该类音乐疗法活动中,来访者在音乐疗法师的引导下,经由他律(音乐活动中注意观察周围人的反应)、自律(以自我为中心,对自己音乐活动的沉浸)、融合(通过观察自身,逐步理解、融入周围人的音乐活动,并形成一种自觉的团体意识)各个阶段的体验,开始逐渐融入集体生活,找到属于自己的位置,增强自尊心及自信心,学会正确评价自我,最终提高人际交往能力。

音乐技能法可采用以音乐学习为目的的治疗形式,也可以采用不以音乐学习为目的的治疗形式。以音乐学习为治疗目的时,治疗的中心集中在音乐行为的结果上,来访者需要克服自身的生理或心理障碍,努力学习音乐技能,最终获得音乐上的成功。学习音乐技能的过程同时也是体验音乐的过程。在此过程中,治疗对象要不断解决问题、克服困难,才能获得成功。音乐技能法可以使治疗对象强化学习动机,提高承受挫折的能力,最终把自己在学习音乐的过程中所获得的成功经验运用到日常生活中去。

案例八

陈某,男,17岁,因为腿部有生理缺陷而严重自卑。音乐疗法师发现他有很好的音乐天赋和嗓音条件,决定教他歌唱表演。刚开始学习时,他能很快、很好地学习和模仿演唱的技巧,但由于自卑,完全不敢在人前表演,一表演就非常紧张,流汗、发抖。于是,每当他在学习上取得一点进步时,疗法师就鼓励他,给予他充分的肯定和表扬。一段时间后,他可以慢慢地在少数人面前进行短时间的表演了。经过一年多的学习和训练,陈某成为一名出色的演唱者,校内外的多次演出均获得成功,还成功举办了个人独唱音乐会,成为同学们崇拜的对象,从此摆脱了自卑,恢复了自信。

音乐技能学习通常以个体治疗的方式进行,而演奏、演唱虽然可以用于个体治疗,但更多地运用于集体治疗之中。如现在非常流行的合唱音乐疗法就是一种演奏、演唱音乐疗法。其对参加合唱的人员的歌唱技术没有硬性的要求,只要愿意就可以参加,至于歌唱技能可以在活动中不断学习。合唱活动是一项集体活动,需要每一位来访者相互理解与配合才能完成。采用合唱音乐疗法的真正目的并不仅仅是让来访者学习歌唱技能,而是以合唱活动为媒介和平台帮助来访者认识自我,重塑自我,建立自信,协调人际关系,从而达到身心愉悦的目的。

合唱音乐疗法产生作用的原理就在于音乐有着强大的潜在力量,它可以影响人的情感,使人的情绪产生波动;它可以沟通人际关系、增进社会交往;它可以帮助个体实现自我，完善人格。音乐对人的作用实际在于个体行为上的改变。可以说，音乐疗法是一门"行为"科学，它可以激发人的情绪并改变人的行为，可以满足人的情感需要和审美要求，并引导人培养良好的行为方式。这些正是音乐疗法的目的。

案例九

冯俊（化名）在一家外资企业上班，由于性格内向、表达能力差以及工作魄力不足，所以他虽然非常有能力却总在工作中觉得很自卑。为了调整自己，他向自己发起挑战，来到合唱团。起初他不好意思唱歌，但经过一段时间的练习后，疗法师发现他歌唱得很不错，于是将他安排在男高音声部，让他担任男声声部部长一职。起初他总是不好意思与别人讲话，更不好意思给别人分配工作和任务，有些调皮的队员甚至"欺负"他。但在一次合唱训练中，疗法师要求每个队员单独把歌曲演唱一遍，当冯俊唱完时，队员们都非常佩服他的唱功，他最终用实力向大家证明了自己的能力。从那以后，大家都非常配合他的工作，这使他的自信心得到了很大的提高，在工作中也越来越得心应手，最后成为合唱队的队长，带领大家进行训练和比赛。在合唱音乐疗法的作用下，冯俊的能力得到了很大的提高，人也变得越来越自信，在工作中越来越有主见、有魄力。

三、即兴演奏式音乐疗法

即兴演奏式音乐疗法（Improvisational Music Therapy）在欧美国家非常常见，在一些欧洲国家，音乐治疗甚至就是指即兴演奏式音乐疗法。它所采用的乐器大多较为简单，以奥尔夫乐器为主，不需要经过训练就可以演奏具有节奏性、旋律性的音乐，如各种鼓、铃鼓、木琴、三角铁、铝板等。来访者可以在不需要学习的前提下根据自己的喜好演奏各种节奏，而疗法师多数情况下会选用钢琴或吉他与其一起演奏。

即兴演奏式音乐疗法的原理是人们对和谐音乐的体会及对不和谐音乐的趋避。我们都知道，旋律是音乐的基础，是人们接受音乐的主要形式。研究表明，人的大脑颞叶上回负责旋律的识别和再认，同时也能辨别和谐与不和谐的旋律并对其进行转换，寻找和体验和谐音乐。

即兴演奏可分为有标题性和无标题性两种。所谓有标题性即兴演奏是指由疗法师或来访者先确定一个主题，然后来访者按照各自对主题的理解和思路进行演奏；所谓无标题性即兴演奏是指来访者在完全无主题的情景下进行自由演奏。

即兴演奏的过程一般分为和谐、杂乱、和谐三个阶段，这三个阶段持续时间的长短由整个治疗小组的人际关系状态决定。因为每一个成员都会在刚开始的合奏中保持自己应有的社交礼貌，克制自己的个性而表现其友好的一面，在演奏时较为克制自己的冲动和表现欲,注意配合其他人,所以这样的演奏会使音乐听起来相对和谐。然而这种和谐只是暂时的,随着演奏的不断深入,个人的特点、个性以及人际关系矛盾会逐渐显露出来,音乐就会慢慢变得杂乱无章,难听刺耳。而这种矛盾、不和谐的音乐效果又是每一个成员不愿意听到的,于是大家在无法继续忍受的情况下,又会因为要改变这种杂乱无章的音乐效果而不得不改变自己,以适应他人,最后再一次达到和谐。值得注意的是,在每次合奏完之后,疗法师都要引导治疗对象们进行讨论,让每个人都说出自己的感受和对他人演奏的感觉。这样每个人在小组活动中的行为表现都能直接、及时地得到反馈,这是学习适应社会生活和人际关系最好的机会和环境。通过小组成员的相互评价,可以使每个人了解自己,学会在这样的环境中确定自己的位置,从而改变自己不当的社会行为,学会与别人和谐相处。而疗法师要在理解的基础上对治疗对象的情感进行分析指导,以达到治疗的目的。

随着音乐疗法在心理治疗领域中不断深入地发展,"音乐处方"概念也越来越多,实际上,音乐疗法中没有所谓"音乐处方"之说。音乐疗法虽然也属于治疗领域,但它与其他治疗方法截然不同。音乐疗法的特点和治疗对象的特异性决定了音乐疗法领域没有所谓绝对的"音乐处方"。我们都知道,人由于性格、性别、地区、心情、经历和成长环境不同,欣赏同一音乐时的感受也是不同的。例如,同样是欣赏《春节序曲》,常年生活在城市里的人,音乐可能会使他联想到人们在过年时吃年夜饭、发压岁钱的情景;而常年生活在农村的人,在欣赏这首音乐时他联想到的可能是过年家家户户放炮竹、贴窗花、打年糕、串门的情景。即便是同一个人,由于心境的变化,在欣赏音乐时的感受也会不一样。例如欣赏贝多芬的《月光》,当一个人处在热恋期时,他会觉得这首音乐很美、很抒情;而当他失去恋人时听这首音乐,则会觉得凄凉、悲惨。这其实就是音乐带给人的不同感受。因此,选择音乐进行音乐治疗时不可能像我们平时生病到医院看病一样,感冒了吃感冒药,胃痛了吃治胃痛的药,而是要根据来访者的性格、心情、经历、成长环境等特点以及来访者当时的具体情况,有针对性地选择音乐。

音乐的特性决定了音乐疗法的与众不同和有效性,音乐疗法正以其独特的方式和方法在帮助解决人类心理领域的各种问题中发挥着独特的作用。

第四节 音乐疗法的应用

作为音乐、心理学和医学相融的交叉性学科,音乐疗法与很多知识相关。从音乐的角度看,音乐疗法与音乐心理学、音乐社会学、音乐人类学、音乐美学、音乐神经生理学、音乐教育学、音乐史、乐理、音响学、音响心理学、美术、舞蹈、戏剧、诗歌等知识密切相关。

从治疗的角度看,音乐疗法又与心理学、心理治疗与心理咨询、精神病学、社会工作、宗教心理及体验、工娱治疗、药物治疗及手术治疗、职能治疗及物理治疗、语言治疗、听觉治疗、特殊教育、艺术治疗等知识联系密切。

随着音乐疗法的发展越来越深入,其在临床上的应用也越来越多样化,所涉及的领域也越来越广。在美国及西方其他一些发达国家中,音乐疗法被广泛应用于医院、学校、诊所、社区、老人院、托儿所、监狱、特殊教育机构等场所。在音乐疗法发达的美国,国家注册音乐疗法师的工作分布在艾滋病、精神病、帕金森病、语言障碍、青少年犯罪、外科手术、临终关怀、家庭治疗、儿童心理治疗等领域。

此外,音乐疗法也被应用于健康人群的治疗,如精神减压、产妇分娩、疼痛控制以及个人的自我成长等方面。

一、音乐教育领域中的应用

音乐疗法在音乐教育领域中的应用包含奥尔夫音乐疗法、达尔克洛兹音乐疗法和科达伊音乐疗法等,其中应用最广泛的是奥尔夫音乐疗法。奥尔夫音乐疗法方法是在奥尔夫音乐教育理论体系的基础上发展而成的,被广泛地应用在儿童音乐教育领域,也被应用于治疗智障和自闭症儿童。

卡尔·奥尔夫

1926年,德国著名音乐家卡尔·奥尔夫创立奥尔夫音乐教学法。奥尔夫音乐教学法主要是针对儿童音乐教育设计的,其使用的工具包括嗓音和以各种打击乐器为主的一整套乐器。在整个音乐教学的发展历程中,奥尔夫本人并未有意识地将自己的音乐教学法与音乐疗法相结合。奥尔夫的音乐教育方法主要针对的是正常的儿童群体,并不是针对有特殊问题的儿童群体。然而,从20世纪60年代起,德国的音乐疗法师格特鲁德、卡罗尔和耶加德依据卡尔·奥尔夫的音乐教育思想,经过不断的探索与实践,逐步发展并最终开创了系统化的奥尔夫音乐疗法方法。

(一)奥尔夫音乐疗法理念

奥尔夫音乐疗法的核心理念的创立基于两个假设:一是每个人都有能力参与音乐活动;二是在学校教学中使用的音乐在本质上一定具有音乐的基本要素。儿童无论有无能力都能够参与到奥尔夫的音乐活动中来,活动可以运用说话、歌唱、乐器演奏或舞蹈等各种音乐形式。在整个活动中,疗法师充当引导者的角色,把每个孩子安排在一个他可以胜任的演奏位置上。

20世纪80年代,科拉列·斯内尔从9个方面总结了奥尔夫的基本观点:

1. 教育应视个人的能力、潜力和特殊需要而定,为个体提供全面发展的机会与体验;
2. 创造力是所有人类具有的先天特点;

3. 每个人都具有表达的潜能,且会在适当条件的刺激下作出反应;
4. 愉快的体验可以强化学习过程,并为学习过程提供持续的动力;
5. 与其他学习相同,音乐学习应该成为参与式体验的结果,并通过其引发学习过程;
6. 音乐对人的成长至关重要;
7. 对乐理的学习应直接产生于参与奥尔夫音乐学习的体验之中;
8. 儿童学习音乐最好的途径是通过重复过去的、在人性的本能中获得音乐性的过程;
9. 团体是重要的,而个体在团体中的作用是独特的。

在临床上,奥尔夫音乐教学法将音乐发展的探索、模仿、即兴演奏和创造运用于其中,让儿童能在每次活动中充分体验音乐,用音乐的方式来思考、反映和表达自己。

"整体艺术"是奥尔夫音乐疗法的核心思想。它是一种把音乐、舞蹈、节奏、语言融合在一起的音乐行为教育法,其主要的特点为原本性、整体性、节奏性和交流性。

奥尔夫认为"音乐感觉"是每个儿童与生俱来的能力,音乐活动应该在自然环境下进行,符合儿童生活经验并遵循其天性。即便儿童不具备相应的专业技能,也不影响其在感受音乐后,根据自己内心的想法,用肢体、歌声、语言等抒发情绪、表达自我。在音乐活动中,奥尔夫不再将获得专业的音乐技能作为学习治疗的目标,而是希望儿童能通过参与简单易操作、贴近生活、丰富有趣的音乐游戏活动,获得多重的感官刺激,产生参与的兴趣,从而进行对外部世界的探索。为了让儿童在活动中获得成功的体验结果,人们在设计有关音乐活动时,应该从儿童自身的特点和水平出发,设计与各阶段儿童发展水平相适应的活动,从而推动儿童进行新的尝试与发现。

奥尔夫认为,作为多元化的行为体验,音乐活动使儿童在音乐中获得音乐感知、身体律动、演奏体验和言语表达等各种行为体验。这些体验为儿童提供了听觉、触觉、视觉等多重感官刺激,使其在愉快的氛围中积极参与。先对音乐原本性的内容,如节奏、听觉感知等进行一定的学习和训练,更有助于其他内容的学习。

在素材和乐器的使用上,奥尔夫遵循儿童的发展规律,倡导"循序渐进"的核心思想。其所选用的歌曲内容都非常贴近儿童的生活,例如民间的童谣、民歌等。歌曲中旋律、节奏等音乐要素,乐器的选择也都与儿童的发展水平相适应,由浅入深,逐步推进。

案例十

对　　象:某市某幼儿园大班学生

活动目的:培养孩子们的自信心

形　　式:团体辅导

方　　法:奥尔夫音乐疗法

乐　　器:奥尔夫乐器

第一次团体辅导：

孩子们走进教室，看到乐器都非常好奇，有些胆大的孩子还拿起乐器开心地玩。当音乐疗法师让孩子们每个人拿一种乐器的时候，有的孩子快速地跑到自己感兴趣的乐器面前，拿起了乐器；有的孩子跟着其他孩子一起拿乐器；有的孩子站在原地，不知道该拿什么乐器，直到别人都拿完了，他才拿起剩下的最后一件乐器。音乐响起，当疗法师让孩子们跟着音乐舞动自己手上的乐器时，有的孩子便很自然地随着音乐的节奏舞动着手里的乐器；有的孩子刚开始并不知道怎么舞动手里的乐器，或不知道怎么跟上节奏，看到疗法师和其他小朋友如何舞动时，才学会了舞动自己手上的乐器，跟上了音乐的节奏。

第二次团体辅导：

孩子们走进教室，选择自己的乐器，有的孩子会选择音量大的乐器，有的孩子会选择音量小的乐器。当音乐响起的时候，拿大音量乐器的孩子会跟着音乐和节奏用力地舞动着自己手中的乐器，旁边的小朋友会对他投去不高兴的目光，拿小乐器音量的小朋友会相对自然地舞动自己手中的乐器。

……

第四次团体辅导：

所有的小朋友都可以跟着音乐节奏舞动自己的乐器，小朋友们露出了开心的笑脸。

……

第六次团体辅导：

疗法师让小朋友们站成圆圈。音乐响起后，疗法师让每个小朋友依次单独跟着音乐舞动自己手中的乐器，在表演时有的小朋友表现得比较自如，有的小朋友表现得比较紧张（上次拿大音量乐器的小朋友依然拿了原来的那种乐器，只是在舞动的时候，动作温柔了很多）。

……

第十次团体辅导：

当音乐响起的时候，不论处在哪一节段，几乎所有的小朋友都能准确无误地跟随音乐节奏舞动自己手中的乐器。在活动中，小朋友们的笑声越来越多，也越来越大了，他们的脸上露出了自信的笑容。

（二）奥尔夫乐器

奥尔夫乐器主要以打击乐器为主，由有固定音高的乐器和无固定音高的乐器组成。有固定音高的乐器包括木质的高、中、低音木琴和金属（或钢片等合成金属）的高、中、低音铝板琴，还有声音更高更清脆的小钟琴。奥尔夫乐器编制中也有少量的弦乐器，主要指像大提琴那样的只有两板弦的低音弦乐器。无固定音高的乐器一般以四大类乐器为基础,即木质类、散响类、皮革类和金属类乐器,它们在组合编制上也并不是无章法地随便编制在一起的。

无固定音高的乐器分类及特点	
种类	乐器及特点
木质类	单、双响筒,木棒、木鱼、蛙盒等,声音清脆、明亮,无延绵音
散响类	沙锤、串铃,声音特点是音量小、声音散,可持续奏长音
皮革类	各种鼓类乐器,一般有共鸣声,声音低沉,音量较大
金属类	三角铁、碰铃、10孔口琴、碰钟等,最大特点是有延绵音,声音清脆

二、音乐疗法在心理治疗领域中的应用

音乐疗法在心理治疗领域中的应用包括邦妮的音乐引导想象、鲁道夫—罗宾斯音乐疗法、心理动力学流派的音乐疗法以及行为学派的音乐疗法等,其中邦妮的音乐引导想象是音乐疗法在心理治疗领域中最常见的应用模式。

音乐引导想象(Guided Imagery and Music)由美国著名音乐疗法家邦妮所创立,简称 GIM。美国音乐与联想协会(AMI)认为,GIM 是"以音乐为中心的,对意识进行探索且用特定排列组合的西方古典音乐来持续地刺激和保持人内心体验动力的一种方法"。

(一)GIM 技术的发展

GIM 技术的诞生,最早可以追溯到 20 世纪 70 年代美国马里兰州精神病研究中心的一项研究。该研究中心试图在毒品依赖者身上使用一种被称为"LSD"的药物,以制造一种类似于毒品所带来的高峰体验。从而替代毒品。音乐疗法家邦妮博士从自己演奏小提琴时所体验到的高峰体验中获得灵感,试图用音乐与放松相结合的方法来增强 LSD 所带来的高峰体验,此后,音乐便在 LSD 治疗过程中被一直使用。很快,人们便注意到音乐可以促进被治疗者集中注意力,从而使被治疗者能更多地注意自己的感受和体验。后来由于某些原因,LSD 的实验被美国政府禁止了。研究者们又开始把研究的焦点集中到对音乐作用的探索上,他们通过研究得出了音乐本身就有引导被治疗者获得高峰体验的结论,并且通过实验还证实了音乐也可以引导被治疗者进入较深的意识层次从而引发高峰体验。截至 1974 年,GIM 治疗所使用的音乐组合和治疗程序已基本形成(Burn & Woolrich,2004)。

现在世界上最权威的音乐引导想象机构是美国 GIM 行业协会——AMI。它的主要任务是负责 GIM 疗法师的资格认证和项目培训。该协会有着非常严格的培训机制和培训过程,要想获得 GIM 疗法师的资格通常需要花费 3 年至 4 年的时间。

(二)GIM 技术的理论基础

人本主义和超个体心理学(Transpersonal Psychology)是 GIM 技术的基本理论,其

目的是强调个体的自我意识和音乐对自我发展的影响,其方法也根植于人本主义和超个体心理学理论基础之上,以增强个体对自我体验和了解。

人本主义心理学的早期理论以著名心理学家马斯洛(Abraham Maslow)所提出的被称为"自我实现的金字塔"理论为基础。该理论认为人的需要发展过程是由基础的生理需要逐步发展到复杂的自我实现的高层次需要的过程,而自我实现则是一种试图达到人类最大潜能的自发的动机体系。人本主义心理治疗就是试图帮助个体在体验中完成这一过程(Maslow,1968),即"在意识的转换状态中通过聆听音乐引发内省式的高峰体验,进而帮助来访者达到自我实现的目的"(AMI,2003)。

超个体心理学是20世纪60年代末至70年代初在美国兴起的一个心理学流派。它被认为是人本心理学充分发展的结果,也被认为是人本心理学的派生物——"超现实心理学",其目的在于探求人类心灵与潜能的终极本源,关注人类幸福、人生价值、自我超越的途径、超越中的心理健康和意识状态等问题。

促使来访者释放自己内部的资源是超个体心理学的主要目的之一。超个体心理学认为自然的自愈能力和独立成长是所有来访者都具有的潜力,疗法师的作用不是替来访者解决问题,而是引导和帮助他们通过内省获得对自我的了解和认识,从而找到问题及解决问题的方法,自己解决自己的问题。

促使来访者超越自我是超个体心理学体验的最终目的。超个体心理学认为当来访者理解自己并不是完全孤立的,而是与其他事物相联系,且通过联系成为紧紧联系在一起的这个世界的一部分时,就会认识到自己存在于这个世界中想要达到的目的和应负的责任。一旦来访者了解了自己和这个世界关系后,他们就会获得个体自由,内心会出现方向感和责任感(Vaughan,1979)。

(三)GIM 中的音乐

在音乐引导想象中,其主要的治疗方式是使用音乐组合来帮助被治疗者进入自我的内部体验,继而关注自身内部体验,最终达到治疗的目的。GIM 中所使用的音乐并不是某一首音乐,而是特定系列的音乐组合,并且这些音乐不是随意地组合在一起的,而是根据专业的治疗要求进行选择及组合搭配的,且所选音乐必须能够引导来访者在治疗过程中完成所需要的联想。为此,邦妮发展出了一系列包含各种情绪特点的以西方古典管弦乐队作品为主的系列音乐组合,专门用于 GIM 的治疗。随后,其他音乐疗法专家也提出了自己的 GIM 系列音乐组合。这些都为 GIM 的发展提供了更为广阔的空间和基础,同时也为 GIM 的进行提供了更多的选择和体验。

在 GIM 的治疗中,音乐疗法师对音乐的正确选择成为治疗成功的关键因素。治疗情景和联想的体验由音乐建构,想象体验的运动方向也是由音乐所引导的。这就要求疗法师在治疗的过程中一定要选出适用于被治疗者的正确的音乐来。"同步原则"(ISO-Principle)便是音乐选择中的一个重要原则。这个原则要求音乐片段的情绪要与被治疗者的主要情绪相统一。选择音乐时,疗法师必须既要能明确音乐所传达的情绪,同时又要了解被治疗者的内部心理,了解和分析其矛盾斗争和情绪特点。为此,疗法师的投射和反移情也会进入治疗的情景中去,与被治疗者共情(Burns & Woolrich,2004)。

(四)GIM 的治疗过程

邦妮在 GIM 的发展中,逐渐总结出了 GIM 治疗中的四个基本组成部分,它们分别是预备性会谈、诱导、音乐聆听和后期总结。

预备性会谈是治疗的基调,它是疗法师了解来访者,与来访者建立关系的一个重要途径。在会谈中,疗法师将对来访者的既往史和主要问题进行评估。根据来访者的个体情况,会谈也有可能不止一次。在第一次会谈中,疗法师要给来访者解释 GIM 的实施过程和可能出现的联想体验。

在完成对被治疗者既往史的资料搜集,确立治疗目标后,疗法师开始对来访者进行下一个阶段——诱导阶段的治疗。诱导包括两方面的训练:一是放松,二是注意力的集中。邦妮在 GIM 的早期发展阶段就发现了放松对于来访者进入联想状态的必要性。通常放松的方法有两种:肌肉渐进放松和自主放松。这两种方法有其各自的特点,疗法师在预备性会谈中需要根据来访者自身的特点来确定哪种方法更适合来访者。当来访者在进入治疗室的时候表现出较强的焦虑状态时,疗法师可以采用肌肉渐进放松训练方式;而当来访者表现出较强的心理防御状态时,疗法师则应该采用自主放松训练方式,让来访者逐渐地在自我控制中体验到舒服的感觉。

在放松训练结束之后,疗法师为被治疗者描绘一个开放式的想象情景,我们把这称作"桥梁"。它的目的是方便来访者在随后聆听音乐的时候,选择方向或目标。如来访者在进行自主放松训练时联想到的是一片美丽的大草原,在进入音乐聆听时,疗法师就会引导其想象大草原上有一条小路直通远方。

在"桥梁"之后,疗法师开始播放预先选好的音乐片段组合,这一阶段即音乐聆听阶段。音乐聆听的时间通常在 30～40 分钟。在此期间,疗法师会要求来访者在聆听音乐的同时向自己口述其所联想到的内容,而疗法师则鼓励和引导来访者的联想,并通过提问的方式使来访者有机会探索所有联想可能带来的体验。在此阶段中,疗法师使用的是语言咨询技术。

这里需要注意的是,无论在音乐联想期间还是之后,疗法师对来访者所联想的内容都不作任何分析和诠释。但是疗法师必须通过对联想内容的澄清、语言鼓励和共情来保持与被治疗者的沟通和联系(Bonny,1978)。

整个音乐聆听联想阶段可分为三种状态,分别是先导、桥梁和核心。先导的特点是联想事物的快速变化。它们可能是对音乐变化的反应,也可能是来访者自身一系列联想的变化。这些联想可能是图像的运动、电视画面、自然景色、几何图形、色彩条纹等,也可能是情绪等,没有明显的规律可循。

GIM的后期总结阶段在每次的音乐聆听结束之后进行,表现为疗法师与来访者就音乐联想的体验作一些回顾和探讨。在这个阶段,疗法师并不会给来访者提供任何有关联想材料的分析和诠释,而会鼓励来访者自己找出联想材料与现实生活的联系,使其获得独立思考、辨别的能力和自信心,并进行自我审视。

随着音乐疗法运用的深入,GIM治疗技术也被越来越广泛地运用于其他领域,但需要注意的是,GIM治疗过程可以促使治疗对象深度了解和探索内部矛盾斗争,因此,GIM技术并不适用于每一个人,特别不适用于精神病来访者。对于自我感知脆弱的人,也需要格外谨慎使用。随着音乐疗法的不断完善和普及、音乐疗法师队伍的不断壮大,相信中国的音乐疗法一定会迎来自己的春天。

案例十一

小玲是一个2岁零4个月的小女孩,被诊断为"精神发育迟滞",并患有"儿童孤独症"。她平时几乎不和人说话,不认识常见的小动物、水果,甚至分不清颜色。叫小玲名字时,小玲偶尔会回头看一眼叫她的人,但大多数时候都沉浸在自己的世界里。小玲喜欢撕纸,喜欢跑来跑去,晚上睡觉总是哭闹,情绪很容易崩溃。妈妈带她去医院时,她总是紧紧抓着妈妈不松手。

针对小玲的情况,医生建议小玲的妈妈尝试使用音乐治疗中的"颂钵疗法"来治疗小玲的病情。第一次治疗时,小玲一进治疗室就大哭大闹,根本不愿意靠近那个发光的金属"大碗"(颂钵)。治疗师没有强迫小玲,而是让妈妈陪在小玲身边,一边播放舒缓的五行音乐,一边轻轻敲击颂钵。小玲起初捂耳朵、躲开,但听着听着,小玲的哭声渐渐变小,好奇地盯着颂钵看。

在接下来的几次治疗中,治疗师想了个办法,让颂钵离小玲远一点。治疗师把颂钵放在小玲的脚边,轻轻敲击着钵体,让小玲感受震动和声音。一开始小玲会踢开颂钵,但治疗师很有耐心,每次治疗时都试着把颂钵挪得离小玲近一点。到了第五次治疗时,小玲已经能安静地坐着了,她甚至允许颂钵贴着她的腿移动。两周后,小玲不再需要妈妈陪在身边。她能让自己躺在垫子上,让治疗师把颂钵放在她的肚子和胸口上敲击。更神奇的是,小玲经常在治疗中途睡着,晚上也不再频繁夜醒。

一个月后,小玲的变化让全家人惊喜:她进治疗室时不再哭闹,甚至会主动躺好等待治疗。妈妈说她白天情绪稳定多了,发脾气少了,上其他康复课时也配合得更好。虽然小玲还不会说话,但她会用眼神和动作表达需求,撕纸的刻板行为也减少了。

思考与练习

1.如何将接受式音乐疗法运用于亚心理健康人群?

2.针对自闭症儿童,应该如何运用音乐疗法?

推荐书目

1.高天.音乐治疗学基础理论[M].北京:世界图书出版公司,2016.

2.高天.接受式音乐治疗方法[M].北京:中国轻工业出版社,2015.

3.[英]朱丽叶·阿尔文.孤独症儿童的音乐治疗[M].上海:上海音乐出版社,2008.

4.高天.音乐治疗临床应用研究[M].北京:科学出版社,2018.

5.[奥]格特鲁德·奥尔夫.奥尔夫音乐治疗中的关键概念[M].北京:中国传媒大学出版社,2014.

第二章 歌唱疗法

内容简介 本章介绍了音乐治疗中歌唱疗法的概念、唱法及其在治疗中的运用,简述了歌唱疗法的概念、历史、原理,并对歌唱疗法的适应症及治疗方法等作了具体阐述。

学习目标 1.学习歌唱与歌唱疗法的概念;
2.了解歌唱疗法的原理与作用;
3.掌握两三种歌唱疗法的方法。

第一节 歌唱疗法概述

一、歌唱的概念

歌唱(唱歌),是指人类通过发声器官发出音乐性声音的过程,与说话相似。歌唱产生的音乐称为声乐,专业从事歌唱的人称为歌手。歌唱通过唱腔、音高、音色、音程、音量、旋律、节奏、表现力等来阐释音乐作品,艺术性地表达情感。歌唱按表演形式可分为独唱、齐唱、伴唱、重唱、领唱、对唱、合唱、表演唱、轮唱、小组唱、大联唱等。

二、歌唱疗法的概念

歌唱疗法是指疗法师运用歌唱发声的各种手段,与来访者建立起良好的治疗关系,促使来访者获得身心健康的一种治疗方法。这个概念包含音乐治疗的三个要素:歌唱呼息、位置、共鸣、咬字吐字等系统的与音乐相关的训练方法;来访者(即被访疗者);经过系统培训的音乐疗法师。

三、歌唱疗法溯源

在远古时代,人们相信音乐的力量可以对躯体和精神健康产生影响。歌舞乐一体,音乐通常与超自然的力量相联系,祭祀中的歌曲拥有无法解释的力量,被用来乞求神给予帮助。

古埃及的医生喜欢把音乐作为心灵的药物。他们通常把歌唱治疗作为医学活动的一部分。

在古希腊,人们认为音乐对思想、情绪、躯体健康具有特殊的力量。音乐和专职唱圣歌的人成为治疗情绪紊乱来访者的处方。

在中世纪,许多人相信唱赞美诗能够有效治疗某些呼吸疾病。

现代意义上的歌唱治疗的起源,与第二次世界大战中的伤兵演唱他们家乡的歌曲降低了死亡率有关。

四、三大唱法与歌唱疗法

(一)美声唱法的特点及其在歌唱疗法中的运用

美声唱法是指喉头在保持吸气位置状态下,呼出气流吹动声带,使打开的共鸣腔体能够完全、均匀共鸣的歌唱方法。

歌唱呼吸是发声的动力,是歌唱的基础。美声区别于其他唱法的最主要的特点就是,美声唱法是混合声区唱法,即真假声按音高比例的需要混合使用。美声唱法使用胸腹式联合呼吸法,即运用胸腔、横膈膜与两肋、腹部肌肉共同控制气息。这种呼吸法是近代中外声乐界公认而普遍采用的科学的、合乎生理机制的呼吸方法。它有许多优点:控制气息的能力强,呼气均匀有节制,能储存较多的气,有明显的呼吸支点,能扩大音域,并使高、中、低三个声区协调统一。

练习方法:

1. 快吸慢呼:急速吸气,略停顿后,缓缓呼出。可以这样想象:一位久别好朋友,突然出现在你面前,你惊讶地倒吸一口气,几乎喊叫出来,接着就停顿在这种状态上。几秒后,仿佛有一股外部的力量将小腹向后推压,在小腹与这股外来力量的对抗中,缓缓呼出气息。这时横膈膜有力地起着支撑作用。

2. 慢吸慢呼:缓缓将气吸入,略停顿后再缓缓呼出。吸气一定要像闻花时一样自然、平静、柔和;呼气时一定要均匀,有节制。可以通过缓缓吸一口气后,一下子把蜡烛吹灭的方法练习慢吸。

我们在歌唱疗法的实践过程中,训练来访者呼吸是一种非常好的治疗方法。它对于那些长期卧病在床的来访者或长期坐轮椅的来访者非常有帮助,可以很快地改变他们的生活状态,使他们重新焕发生命的活力。

"唱巫疗法"是从美声唱法演变而来的,它要求演唱者全身产生共鸣,通过唱巫("U")发出的声音去沟通人体经络系统,通过身体的共振达到中医"通"的效果。中医认为通则不痛,痛则不通。人体经络通了,身体自然就好了。

(二)民族唱法的特点及其在歌唱疗法中的运用

民族唱法是我国各族人民按照自己的习惯和爱好,创造并发展起来的歌唱艺术。民歌和民歌风格的歌曲带有浓郁的地方特色,演唱时如用方言则更能表达其内容与感情色彩,演唱风格有鲜明的民族特色,是人们不可缺少的精神食粮。

中国民族声乐的起源,可以追溯到六千多年前的母系氏族社会。它源于劳动人民的生产劳动和生活实践。远古时期的《候人歌》、唐诗、宋词、元曲、明清的民歌及中国戏剧、说唱等各种艺术形式都离不开民族声乐。因此,应该把声乐的起源、萌芽以及后来形成的各种戏曲、杂剧、诗词等纳入古代民族声乐艺术研究的范畴。远古时期,最原始的音乐是声乐,它是人类劳动与自然斗争的结果。语言和发达的人脑,为音乐的产生准备了条件。

民族唱法的特点是演唱时,声音听起来很甜美,吐字清晰,讲究气息,音调多高亢。民间歌曲源于人民,是我们民族宝贵的文化财富。中国有56个民族,不同的民族习惯,不同的民族语言,促使丰富多彩的民歌形成,其表现形式主要包括戏曲、民歌、曲艺、歌剧等。

歌唱语言是民族唱法声乐训练中的重要部分。歌唱语言就是将音乐化的人声与语言相结合。它能直接揭示歌曲的文学内容和思想内容,能突出作品风格,能直接展现歌曲图像和意境。咬字时字头必须咬准,但又不能咬死;当咬住字头后,应当自然及时地过渡到字腹;吐清字腹后,应当适时地收声归韵。一定要注意做好三者的衔接,过渡自然,一气呵成,声情并茂,字正腔圆。

在歌唱疗法的实践中,民族唱法的方方面面都可以应用在治疗中,比如民族唱法的咬字和吐字,五音(唇齿牙舌喉)、四呼(开口呼、合口呼、齐齿呼、撮口呼)、十三辙等,应用到有构音障碍、失语症等问题的来访者身上就非常有效。戏曲里面的"四功五法"唱念做打、手眼身法步等也能变成歌唱疗法强有力的手段。歌唱疗法属于心身疗法的范畴。在运用歌曲讨论个人音乐历史、音乐引导想象、音乐回忆、音乐与运动等治疗心理疾病的方法时,民族唱法的歌曲内容、生活场景等都可以变成治疗的素材。

(三)通俗唱法的特点及其在歌唱疗法中的运用

通俗唱法亦称流行唱法,在我国始现于20世纪30年代并得到广泛流传。其特点是演唱声音自然,近似于说话,中声区使用真声,高声区一般使用假声,很少使用共鸣,故音量较小。演唱时须借助于电声扩音器,演出形式以独唱为主,常配以舞蹈动作,追求声音自然甜美,感情细腻真实。这种唱法具有大众化、生活化、创造性和多样性等特点,同时简单明了、直抒胸臆,旋律和节奏都非常鲜明,内容、题材多以爱情、亲情、励志为主,以不同风格抒发当代人的自我感受和心理体验。

通俗歌曲中的语言以质朴为本,与社会生活联系紧密。许多歌曲直接反映社会生活中不同层次人物的生活、思想和感情,多以平白如话、直抒情怀的方式出现,一般不做过多的修饰。散文式甚至口语化歌词的出现,为通俗歌曲的演唱艺术增添了新的样式。但是,绝大部分歌词仍具有一定的规范性、文学性。

通俗歌曲的歌词,一般都比较生活化、口语化,即使是诗情画意、意蕴较深的歌曲,也都从歌曲的总体氛围上来刻画、追求这种意境,而歌词本身也尽量做到口语化、生活化,因而要注意歌词的通俗性。许多优秀的通俗歌曲表达的意境十分深远,但歌词仍十分通俗易懂,不刻意雕琢。

质朴自然的内容与形式使通俗歌曲表现出广泛性和平民化,其演唱者也众多,大部分未受过专业声乐训练的人员拥有质朴本色的声音。现代社会,许多通俗歌手已把通俗唱法推到了前所未有的高度,但仍十分小心地保持着通俗唱法这一重要的艺术特征,从而使之既有别于已形成全套科学理论体系的美声唱法,又有别于饱含着丰厚文化积淀的各种类型的民族唱法。

韵味独特亦是通俗唱法重要的艺术特征。大部分业余歌唱爱好者并未接受过声乐训练,嗓音条件一般,但演唱通俗歌曲时,仍颇具艺术感染力,这正缘于通俗唱法的平民化与广泛性所造就的韵味。这种韵味可以是歌曲演唱风格质朴率直的体现,也可以是其独特的声音技巧,包括声音的控制与放开、强烈与轻柔的对比以及气声、哑声、撕裂声、喊唱声等声音技巧的灵活运用,是一种天然的本色意韵。

通俗唱法除完成歌曲节奏、音准及吐字等一般要求之外,还常常运用声音或形体动作的夸张表演来表现情感,即往往借助于夸张的表演、电声乐器的强力伴奏,把这种表演形式推至极致。这种表演所形成的氛围,已不仅仅源于歌唱者自身的投入,还对观众具有极强的煽动性。这也正是众多的青年为之倾倒的缘故。

在歌唱疗法的实践中,最能体现通俗唱法作用的就是它与现代年轻人固有的情感联系。在音乐心理治疗中,如果疗法师不具有演唱时下最流行的歌曲的能力,那么与年轻人的沟通和交流就会显得相对困难。

第二节 歌唱疗法的理论基础

唱歌像体育运动一样,偶尔进行一次效果有限。只有长期坚持,才能由内而外改善身体素质。研究发现,歌唱家、常年爱唱歌的老人比从来不唱歌的人更加健康长寿,而每天唱歌比起每天跑步、游泳或者健身,更容易让人坚持下去。

一、歌唱的健康功能

在艺术价值之外,唱歌还具有很大的健康价值,是让我们保持身心健康的"天然良药"。唱歌时气息在身体内部循环,相当于做了一次有节奏的体内按摩。这是任何运动都替代不了的。唱歌让全身都参与其中,一般人不用达到专业水平,有空时随便唱唱歌也能使心情愉悦、身体健康。

(一)增进感情

研究已经证明,人们在唱歌时大脑会释放出一种名为催产素的荷尔蒙。刚生下孩子的妈妈在给宝宝喂母乳时,大脑会释放出这种荷尔蒙;恋人含情脉脉地相互凝视时,他们的大脑中也会释放出这种荷尔蒙。这种荷尔蒙能增进人们之间的感情。

(二)增强心肺功能

唱歌能促进血液循环,是一项非常有利于锻炼心肺功能、增加肺活量的活动。据统计,一般成年人的肺活量在3500毫升左右,而歌唱家的肺活量常在4000毫升左右。心肺功能强大的人,患病的概率更小。

(三)增强记忆力

唱歌是最合适的"动脑"方法之一。唱歌时,你需要开动脑筋去记忆曲调和歌词,所以唱歌是一种强效的脑力活动。行云流水般的旋律和优美动听的歌词能使人进入歌曲的意境之中,抒发出打动人心的真情实感,并使听众产生共鸣。因此,歌唱可以集中思想、增强记忆力。

(四)增强免疫力

据医学专家测试,唱歌时大脑会生成和释放类似于吗啡的脑内激素。它能促使免疫球蛋白与抗压力激素增加,从而增强身体的免疫力。美国加州大学的研究人员发现,唱诗班的成员在每次排练后,他们体内的一种名为IgA的免疫球蛋白含量增加了150%;而在一次公开演出后,这种免疫球蛋白含量更是增加了240%。坚持唱歌的人吃药和去医院看病的次数更少。

(五)改善肠胃健康状况

忧愁沮丧的负面情绪会导致人体胃酸分泌过多,长此以往,胃部健康状况不容乐观。而唱歌却能帮人们改善情绪,唱忧伤的歌能使人发泄不良情绪,唱快乐的歌能使人找回好心情。心情好了,胃口自然好。同时,唱歌时腹部肌肉得到锻炼,能促进肠胃蠕动,有助于促进消化。

(六)减肥瘦身美体

发声练习唱歌,每分钟能让60公斤体重的人消耗2000卡热量,理论上讲唱一首歌就相当于跑了100米。唱歌的基本呼吸方法是腹式呼吸法。这种方法让腹部的肌肉得到充分利用,可以促进新陈代谢,锻炼腹部肌肉,促使体内脂肪燃烧,帮助女性成为纤瘦美人。

(七)锻炼口齿

唱歌需要读字准确,让听众明白歌词的内容,促进情感的表达,是个人与外界沟通的桥梁。读字就是唇齿舌运动、配合的过程。唱歌时按照字头、字腹、字尾的顺序读字是为了把歌曲的旋律唱得优美,用唇齿舌把每个字"画"出来。唇齿舌运动可以带动眼、耳的运动。因此,经常唱歌的人年老之后仍然口齿清晰、耳聪目明。

(八)调节情绪

唱歌能有效调节情绪,唱忧伤的歌有助于宣泄不满、压抑等不良情绪,唱轻快的歌能给人带来快乐,唱老歌还能唤起人们对青春岁月的回忆,增添朝气,使人们对生活充满希望。因此,心情不好时哼哼曲儿,有条件的话参加歌咏队,不仅有益身心健康,还能增强自信心,有助于养生。

二、歌唱疗法的原理

歌唱是一种强有力的感觉刺激形式和多重感觉体验。它包含身体的内外运动、听觉刺激、视觉刺激等。演唱歌曲可以长时间吸引和保持注意力,并且伴随着愉快的感觉,促进注意力集中。

歌唱可以使人的生理,如心率和脉搏、血压、皮肤电位、肌肉电位和运动反应、内分泌和体内活性物质(内腓酞等)以及脑电波等产生不同的反应。歌唱能帮助来访者发展其听觉、视觉、运动、语言交流、社会、认知以及自救能力和技巧。

歌唱是一种独特的交流形式,歌词也可以传达一些具体的信息。它可以让那些逃避现实的人回到现实,建立与外部世界的联系。歌唱是一种良好的自我表达媒介,能丰富自我情感,促进自我成长。

合唱作为一种音乐性群体活动,是健康个体建立正确人际环境的良好手段。无论身体方面还是心理方面有问题的来访者,都不同程度地存在人际交往方面的障碍,合唱是建立良好人际关系的一把金钥匙。

三、以歌唱为基础的歌唱疗法

歌唱疗法是音乐治疗再创造式治疗的一种方式,又是一种相对独立、便于操作的治疗形式,是以互动为特征的一种治疗方法。无论发展美好的声音还是治疗嗓音疾病,都需要学习一整套科学的行之有效的歌唱方法。

(一)歌唱发声的进展规律

第一阶段以中声区训练为基础,掌握基本的发声方法,调节和锻炼肌肉以适应歌唱技术的需要。无论哪一个声部,都应该从中声区开始训练,男女高音从 $d^1—e^2$ 开始;男女中(低)音低了一个小三度即 $b—e^2$,中音区的音练得相对巩固后再逐步扩大音域。在未打好牢固的发声基础前,切勿急于追求唱得响亮、拔高音、唱大歌。在第一阶段的练习中,无论气息的练习,还是乐句的练习,都应该遵循从简单到复杂、从易到难、从短到长、从慢到快、从平稳到多变循序渐进的原则进行训练。

第二阶段在中声区的基础上,适当扩大音域,加强气息与共鸣的配合训练,做好过渡声区(换声区)的训练,为进入头声区的训练打好基础。这是关键的一环,要沉得住气,不要急于唱高音。等音域巩固后,再进入高声区练习。

1. 用母音转换的办法,适当调节口腔状态,把中声区的(a)母音,渐渐地随着音高变成口腔内部"啊"加上"奥"(a+ao)的状态,为进入头声区"啊"加"呜"(a+u)的状态做准备。

2. 音高向上扩展时喉头位置不变,气息支点要稳固,不要向上移动,声音位置的感觉相对集中在眉心处,使声音加强上部共鸣的振动。

3. 注意唱过渡声区的音高时,要像唱中声区的音高一样自如。声带的位置像在胸口,要保持唱中声区的音高时的喉头位置和用力感。只有在加强气息的控制及喉头稳定不着力的基础上,才可使声音顺利渡过换声区,实现圆润统一。

第三阶段即高声区的练习,可以在巩固前两个阶段的基础上加强音量音高的训练,进一步扩大音域,做较复杂的发声练习,以达到理想的音高范围。这一阶段的练习要特别注意高、中、低三个声区的统一,音的过渡不要产生裂痕和疙瘩。重点加强头声区的训练,获取高位置的头腔共鸣,从而达到统一声区的目的。这样,歌唱发声的"乐器"基本制造完毕,就可以唱难度较大的歌曲了。还可以依据声部特点,继续进行技巧性更高的练习,演唱相应难度的歌曲,全面加强音乐修养,使声音向着更完美、更优美、更富有表现力的"自由王国"发展。

(二)歌唱的起声

开始进行发声练习的时候,必然会遇到如何起第一个音的问题,第一个音被称为歌唱时的"起音"或者"起声"。歌唱的起声可以分为激起声、软起声、舒起声。

激起声是当吸气完毕后,胸腔保持不动,声带先自然闭合,然后再以恰当的气息冲击声带使之振动发声。这样发出来的声音结实有力。在顿音、跳音的练习中也常常使用这种起声,也可用这种起声纠正声带漏气的毛病,此时与之相应往往采用急吸急呼的呼吸方法。

软起声是声带在开始闭合时,气息也同时往外送,开声门与气息振动声带同时进行。用这种方法发出的气息的冲击力比"激起声"柔和,发出的声音比较平稳、舒展。软起声的发音方法常常应用于练连音和长音,同时也用来纠正喉音的毛病,与之相应往往采用缓吸缓呼的呼吸方法。

舒起声是声门先开,然后用气息振动声带。它的特点是先出气而后发声,像叹气一样。在劳动号子中,常常用到这种起声法。在发声训练中,这种方法可用来纠正声音过于僵硬的毛病,在通俗唱法中使用较多,较口语化。

总之,歌唱时首先要精神饱满,然后再根据不同类型的练声曲例来确定起声的方法。

(三)发声练习曲

练习曲的练习,是发声歌唱重要的基础训练。练习曲可以用各个母音、混合母音或子母混合音来练唱,也可以用音阶的音名来练唱,或者在练习曲上安排歌词来练习,即带词练习。发声练习曲有多种类型。这些不同类型的练习曲有着不同的目的和功能。发声练习是以声音效果和发声器官肌肉适度的标准去调整发声器官的机能和状态的。由于每个人的发声器官的构造、嗓音条件、声音类型、发声习惯各不相同,因此,并不是每种类型的练习曲都必须唱,而是要有计划、有针对性地选择进行练习。而且不同的学习阶段,选择的发声练习曲也是不同的,但开始练习时总是要选择元音和比较平稳的音阶。

下面是一些练习曲选段及相关练习方法:

(1) 1 2 | 3 4 | 5 4 | 3 2 | 1—||中速

    n

闭口哼鸣。在哼唱时,上下牙齿略分开,舌尖轻抵上门齿背,舌面平放靠近上腭,口腔像含着半口水一样,把声音"逼"向鼻腔通道以产生共鸣。

(2) 5 4 | 3 2 | 1—||中速

    n

哼鸣音练习。轻松开口和闭口的情况下哼唱,也可咀嚼哼鸣。这时体会声音的点和气息的连贯支持。

(3) 5 6 | 5 4 | 3 2 | 1—||中速　连贯

    yu

声音下行过程中不要提高音量,保持住发假声的喉头的位置,混入真声成分,尽可能地使声音均衡不脱节。

(4) 5 4 | 3 2 | 1—||中速　连贯

    mi　ma　mi

唱"mi"时,气息支持要积极,笑肌抬起。唱开口音"ma"时,后腔体打开,完全放松地运用气息进行歌唱。注意演唱要连贯、流畅,一气呵成。

(5) 1 2 3 4|5 4 3 2|1 2 3 4|5 4 3 2|1—||中速

    yi　　ao　　li　　ao　　yi
    yu　　e　　yu　　　　yu

每拍时值要饱调,声音圆滑、连贯,气息均匀。开口音放松打开,闭口音面带微笑唱出来。

(6) 1 3 | 5 i | 5 3 | 1 - ‖ ； 1 3 5 3 | 1 3 5 3 | 1 — ‖ ；
     e   a   e   a   mi   ma   mi

5 3 1 | 5 3 1 ‖
    i   a

分解和弦的声音训练,要强调气息的运用规律。练习跳音主要是为了锻炼声音的灵活性和流畅性,也能起到扩展音域和统一声音的作用,有时还能克服声音"滞重"的毛病。

(7) 1 3 2 4 | 3 5 4 2 | 1 - ‖ （闭嘴用后咽壁哼）
    i e   a e   i

统一声音状态,气息沉稳,思想走在声音前面。

(8) 1 3 2 4 | 3 5 4 2 | 1 - ‖ （闭前开后）
    i e   a e   i

声音状态统一,气息沉稳,后咽壁拉住,保持后咽壁空间。

(9) 1 3 5 3 | 1 3 5 3 | 1 0 ‖
    mi ma   mi ma   mi

状态统一,高位置。咽壁打开,保持。

(10) 1 5 5 5 | 5 4 3 2 ： 1 - ‖
     mi hi hi hi hi hi hi hi ha
     ma ha ha ha ha ha ha ha

进行这一练习时,要注意一字一音的灵活性和连贯性。这个练习的主要作用是配合协调气息、发声、共鸣,锻炼横隔膜的功能和弹性,从而逐步实现用横隔膜控制呼吸。唱跳音、顿音时,感觉气息的支点在两肋横隔膜处,每唱一个音都要使腰部肌肉弹跳起来;每个音断开来唱,肌肉的振动有点像轻微咳嗽的感觉,喉咙的空间形状一定要保持住,不能因为跳而改变。这样才能使声音透明、灵活、轻巧。

(11) 1 2 3 4 5 - ᵛ | 5 6 7 1 2 - ᵛ | 2 1 7 6 5 - ᵛ |
     mi   ya   mi   ya   mi   ya

5 4 3 2 1 - ‖
mi   ya

唱连音时,要求气息均匀,有支持点,自然而深沉,声音连贯圆润,即从一个音到另一个音,要像串珍珠一样衔接得连贯自然,没有痕迹。圆润的连音听起来就像所有的音都在同一个水平面上均匀地流出一样,非常流畅平稳。所以,唱连音时一定要注意保持喉头的稳定,保证声音上下统一,位置不变。练习连音时还可以选用熟悉的歌曲旋律,以加强歌唱性和音乐性,收到事半功倍的效果。

第三节　歌唱疗法的方法

倾听美妙的音乐,随时随地发出你想要发出的声音,聊天、朗诵都是很好的声音治疗方法。还有一种更为有效而有趣的方法可以治疗我们的疾病,那就是歌唱。歌唱不仅可以降低血压、增加肺活量,还可以刺激全身的穴位、打通全身经络、促进气血循环。

一、歌唱疗法的准备

歌唱要掌握正确的方法,用胸腹联合式呼吸法,否则会伤害喉咙;要持之以恒,只有每天坚持,才会有好的疗愈效果。

歌唱时间:清晨早饭之前。清晨的歌唱练习将会为你一天的工作提供充足准备。吃晚饭之前歌唱可以使身体得到放松,让你度过一个令人愉快的夜晚。

歌唱地点:最好是在一个安静舒适的房间里。那样你的内心将会在唱歌之前变得温柔,充满感情。房间里不要有太多东西,最好有一个窗子,能让新鲜的空气和阳光透进来,宽敞的房间最好。如果是合唱,要注意选择隔音效果好的场所。

练习强度:发声练习时间长短不一定,要自然进行。可以先进行一段3～5分钟的发声练习,然后歌唱10分钟,再休息默念。如果时间允许可以循环这一过程。

衣着打扮:最好穿宽松一些的衣服。皮带不要系得很紧,以便腹部能够自由地做动作,早上可穿睡衣;最好不要化妆,但要保持清洁。

发声姿势:最基本的发声姿势就是双脚分开站立,与肩膀同宽,膝盖稍稍弯曲。这样你可以有脚踏实地和放松的感觉,发声之前双臂自然下垂,手放在身体两侧。在身后放一把椅子,在轻唱的时候可以坐下。如果不能正常站立,就坐在一个舒适的有直靠背的椅子上。一定要保持背部直立,防止声音受阻。以一个短的颤音练习开始,之后做几分钟的呼吸练习,发声结束,保持安静。

发声的时候,感受一下声音在体内的位置,把手轻轻贴在声音产生的地方。发声的同时注意保持情绪饱满,并在内心坚定治愈心身的信念。这种态度很重要,将引发出深远的共鸣。尽可能地释放出全部的声音,不要让身体紧绷而阻碍声音的发出,发声的长度很重要,要尽力去呼吸。

二、歌唱疗法的放松

歌唱疗愈时要求身体在感觉上是放松的,并具有柔韧性。良好的姿势有助于歌唱:

双脚稳固地站立,脚后跟分开,将注意力集中于双腿上,感受地面的支撑感;膝盖、臀部、肩膀放松,感觉犹如搭在躯干上一样;头部连接在脊柱之上,像是颈部在延伸,四周有很大的空间可以活动,不要向后压,也不要皱眉头。

身体放松练习与歌唱方法直接有关。这种关系可以是动作上的,也可以是感觉上的。比如:挥手说再见;尽力扔出石头或者皮球;向四周尽力转动头部;想象身体是一个铃铛,以脊柱为中轴,前后左右转动上半身;以腰部为中心来回摆动身体;放置一个重物在头顶上进行搬运;想象尽可能地伸展身体去采摘水果;想象在一条直线上行走,尽力保持平衡。

三、基础音的探索

每个人都有自己的震动频率。这个频率与一个基础音一致。正是这个音将交感神经的震动传送到全身。基础音对朗诵和发声练习有着重要的作用,例如发 O 母音的时候,选择一个适合自己的音比随便选一个音对身体更有好处。

找到合适的基础音需要有毅力和耐心。即使每天练习,也至少需要两个星期的时间才能找到。将自己置于深度放松的状态之中,可以使用任何放松方法,比如做瑜伽、进行深呼吸练习等。这样你就比较容易找到适合自己的基础音。

体操和游戏活动作为歌唱的准备工作应该得到推广。这样的活动有助于保持歌唱时所需的弹性和松弛状态,还能提高身心的感受力以及增强协调性。这些活动使横膈膜及腹部等呼吸肌群得到加强的同时,也会帮我们打开身体的共鸣腔,比如:用力地伸展;身体仰卧,紧贴地板,摊开放松;做搅拌动作;四肢爬行;坐在椅子上前后晃动;等等。

另外,还需要用一件乐器来判定你发出的是什么音。小型的电子琴比较方便,可以随身携带;也可以用手机下载一个钢琴软件。舒适地躺下,用枕头支撑头部或膝部。为了更好地感受体内音调的共鸣,把一只手放在胸部,另一只手放在腹部。这样可以帮你判断你的基础音是什么音。

接下来将嘴做出发元音 O(噢)的口型,深深吸一口气,然后呼气。呼气的同时,从身体深处发出一个音,感觉你自己像是一种正在演奏的乐器。接下来,只呼气不出声,坚持两分钟,把握好时间。过一会你会感觉到发音的紧迫性,这时候让声音爆发出来。

发音的同时,按照确定音域的做法,寻找键盘上和你所发的音相对应的音,把它记录下来。或者用声音扫描的方法发 O 这个音,以发任意音开始,逐渐升高和降低音高,仔细寻找那个身体会随之共振的音。坚持两个星期,直到你最终找到基础音为止。它会让你感到体内有共鸣,让你感到快乐。

四、歌唱疗法的方法

(一)五音与六字诀

1.五音

杨升庵曰:"合口通音谓之宫,开口吐声谓之商,张牙涌唇谓之角,齿合唇开谓之徵,齿开唇聚谓之羽"。

樊腾凤《五方元音》曰:"喉音土脾宫,如烘、荒、呼、昏、欢是也;齿音金肺商,如春、窗、初、搀、抄是也;牙音木肝角,如经、坚、交、加、姜是也;舌音火心徵,如丁、当、都、低、端是也;唇音水肾羽,如崩、班、包、奔、波是也。"

刘向《五经通义》云:"闻宫声使人温良而宽大,闻商声使人方廉而好义,闻角声使人恻隐而好仁,闻徵声使人恭俭而好礼,闻羽声使人乐养而好施。"

《白虎通》云:"宫者,容也、含也;商者张也;角者跃也;徵者止也;羽者舒也。此通乎性情也。"

宫调式音乐,以宫音为主音,《医宗金鉴》谓:"如舌居中,发音自喉出者,此宫之正音也;其声极长、极下、极浊,有沉洪雄厚之韵,属土入通脾。"商调式音乐,以商音为主音,《医宗金鉴》谓:"开口张颚,音自口出者,此商之正音也;其声次长、次下、次浊,有铿锵清肃之韵,属金入通于肺。"商调式音乐有利于人体从自然界吸收精微物质。角调式音乐,以角音为主音,《医宗金鉴》谓:"内缩其舌而成音者,乃角之正音也;其声长短、高下、清浊相和,有条畅中正之音,属木入通肝。"角调式音乐有助于治血化淤、条达情志。徵调式音乐,以徵音为主音,《医宗金鉴》谓:"以舌点齿成音者,乃徵之正音也;其声次短、次高、次清,有抑扬咏越之韵,属火入通于心。"徵调式音乐能促进中枢神经机能活动。羽调式音乐,以羽音为主音,《医宗金鉴》谓:"撮口而发,音自唇出者,此羽之正音也;其声极短、极高、极清,有柔细尖利之韵,属水入通于肾。"羽调式音乐可使精神健旺。

2.六字诀

六字诀养生法,是我国古代流传下来影响较广的一种养生方法。南朝梁时陶弘景在《养生延命录》中记载:"纳气一者谓吸也,吐气六者谓吹、呼、嘻、呵、嘘、呬,皆为长息听气之法。时寒可吹,时温可呼,委曲治病。吹以去风,呼以去热,以去烦,呵以下气,嘘以散滞,呬以解极。"

隋朝佛教天台宗创始人智顗大师在《童蒙止观》(《修习止观坐禅法要》)中也提出六字诀治病的方法,并作颂:"心配属呵肾属吹,脾呼肺呬圣皆知,肝脏热来嘘字治,三焦壅处但言嘻。"

唐代药王孙思邈按五行顺序,配合四时之节,编写了《卫生歌》:"春嘘明目夏呵心,秋呬冬吹肺肾宁,四季常呼脾化食,三焦嘻出热难停。"

明代御医龚延贤在《寿世保元》中说:"以六字诀治五脏六腑之病。其法以呼字而自泻去脏腑之毒气,以吸气而自采天地之清气补气。当日小验,旬日大验,年后百病不生,延年益寿。"

金对应肺,养生字诀为"呬",五音中对应为"徵"(唱名为 sol)。从五行相生来讲,土生金,金生水;从五音相生来讲,宫(唱名为 do)生徵(唱名为 sol),徵生商(唱名为 re)。整个《金曲》主要用音为宫、徵、商(唱名分别为 do、sol、re)。

《金曲》谱例

《水曲》谱例

《木曲》谱例

《火曲》谱例

$3\ -\ 3\underline{7}\ \underline{6\ 7}\ |\ 3\ -\ -\ -\ |\ 6\ -\ \underline{6\ 3}\ \underline{7\ 6}\ |\ 6\ -\ -\ -\ |\ 3\ -\ 3\underline{3}\ \underline{7\ 6}\ |$
呵　　　　　　　　　　呵　　　　　　　　　　呵

$3\ -\ -\ -\ |\ 7\ 3\ -\ 7\ |\ 6\ -\ -\ -\ |\ 3\ 7\ -\ 6\ |\ 3\ -\ -\ -\ |$
呵　　　　　　　　　呵

《土曲》谱例

$1\ -\ 3\ 1\ |\ 5\ -\ -\ -\ |\ 3\ -\ 5\ 3\ |\ 1\ -\ -\ -\ |$
呼　　　呼　　　　　呼　　　呼

$5\ -\ 3\ 5\ |\ 1\ -\ -\ -\ |\ 5\ -\ 1\ 5\ |\ 3\ -\ -\ -\ |$
呼　　　呼　　　　　呼　　　呼

《金曲》所用的这三个音，完全符合中医理论辨证施治的原则。宫为脾，脾化生水谷精微物质充肺；商为肾，肾纳气利肺司呼吸之功能；主音徵直接与肺对应。用此三音汇成曲自然有助于肺部经络畅通。水对应肾，养生字诀为"吹"，五音中对应"商"。根据五行相生的道理，这首《水曲》所用三个音为徵、商、羽（唱名为分别 sol、re、la）。《木曲》《火曲》《土曲》也是按照同样的道理进行创作的。

(二)唱巫疗法

为什么要唱巫（"U"）？巫的上面一横代表天，下面一横代表地，中间一竖代表通，两边的人代表能通天地的人。有了这个想象，唱巫时就仿佛通天地了，畅通自身也就不在话下。

唱巫疗法的理论来自美声唱法，要求全身心地歌唱（发出 U 的声音，全身共振）。唱巫时，头部是振动的，胸部是振动的，甚至腰部、腹部也是振动的，两手心也有微振的感觉。声带振动产生的声波，传到大脑及五脏六腑，传遍全身。在产生共鸣、扩大声音的同时，也带动全身运动让全身通畅起来。

唱巫有什么好处？口中一发巫声，你的喉头既下沉又稳定，这就会放松你的喉肌群。它们会带动与发声有关的平滑肌（不随意肌）如声带找到一种最佳发声状态：不松不紧。唱巫还能下由喉管、气管等将声波传到胸部、腹部，上由口腔将声波传到咽腔、鼻腔、头腔。简单地说，唱巫容易在身体里建立通道，同时让声波作用于整个身体。

(三)咽音疗法

咽音是意大利传统美声唱法的秘方，从 voce faringgea 这个词直译过来，叫作"咽部的声音"，简称"咽音"。其在意大利被一些声乐权威垄断，后来失传。我国声乐科学家林俊卿博士经过几十年的科学研究及歌唱艺术实践,创立了一整套源于意派又高于意派的有步骤有科学论据并且方法新颖的练声体系——"咽音"学派。

咽音练声主要能提高人的发声机能,纠正及治疗错误发声方法所造成的各种嗓音问题,如声音嘶哑弱细、空虚、苍白、发抖,真假声打架,喉音及鼻音重,艺术表现力差,慢性咽喉炎,声带充血、疲劳水肿、肥厚、闭合不全,声带小结萎缩、麻痹,息肉切除,失声,倒嗓等。在实际的治疗过程中,咽音疗法用在辅助治疗脑瘫后遗症(构音障碍、肌张力过高)等方面疗效显著。其具体方法包括:

1. 用抬头的方法张口

放松下巴,不让它上下移动,用头后上部的力量使头抬起,以促使口自然向上张大。由于这样张口与普通说话的张口方法不同,初学者不容易改掉天生的张口习惯,往往一想到要张口,下巴就往下移动。而下巴往下移动,下巴的肌肉就会紧张。所以要使张口时下巴不紧张,必须用一种特别的方法进行练习。美国著名的声乐教师维那德氏常常给学生做震摇下巴练习,目的就是训练学生在发音过程中放松下巴。

2. 伸舌头练习

把舌头自然地伸出口外,舌头伸出不可造成下巴肌肉紧张。如果下巴肌肉紧张,就说明下巴肌内在拉动舌头,这是不正确的。舌头伸出之后,舌骨后部的位置必然提得很高,这是正确的。这一点非常重要,做练习时可随时用手指携舌骨的后部来检查。如果在抬头的同时微笑,可让咽部促使舌骨后部提高而解除下巴紧张,这是一个很好的纠正方法。

练习时,头部与颈部以后脑勺为轴心转动,不可离开此轴心左右乱动,这样下巴和伸出的舌头都能放松。大幅度地左右甩动头部,如果甩动时头部也跟着摆动,就说明颈部的肌肉用力不够,这是不正确的。而这样摆动头部往往会引起头晕,所以在教学中如果学生觉得做完练习后有头晕现象,就要注意纠正其错误的头部摆动动作。做此练习时要做到甩动时下巴和舌部完全放松,每秒钟能甩动两下而头不晕才算合格。

这一练习有解除下巴与舌部紧张的功效,对那些长期挤压喉咙来歌唱以致歌唱能力逐渐消退的歌唱者来说,确实是一味很"对症"的良药。嗓音科学家们一致认为:歌唱时下巴与舌部有明显的紧张现象,是使用喉头挤卡的错误发音方法来歌唱的一个"症状"。

3. "蛤蟆气"练习法

身体站稳,慢慢地吸气。吸到胸腔饱满时,一方面尽力维持胸廓饱满状态,另一方面则利用横膈膜与腹肌相对抗,不断地作短而轻微的"呼出""吸入"的动作,到实在无力继续时才可停止。开始练习时动作可比较慢,每秒钟大约一呼一吸两次,以后动作逐渐加快,直至能够很稳劲灵活地每秒钟约一呼一吸四次,一口气连续快呼快吸3分钟以上才算合格。

嗓音科学家们研究歌唱气息问题，大多观摩研究一些应用天然发音方法进行歌唱活动的歌唱家。咽音的发音机能与天然的发音机能是大不相同的，特别是在发高音的时候，应用咽音于歌唱的气息控制方法当然也就与应用天然发音方法于歌唱的气息控制方法大不相同。用天然方法发高音是使声带按音高的需要有比例地张紧，而用猛强的气息来吹，发音时声带始终作整体振动。应用咽音方法发高音则完全不同：两声带虽然也张紧，但不做整体振动，而于咽下部形成有一个细小的"发音管"；呼气吹动这"发音管"发音时，由于遇到"发音管"的阻力，力量会被减弱，同时气息还会被这细小的管约束归纳成为一股细小（同"发音管"一样细小）的气柱，这股气柱经过喉腔的时候，因为细小，所以只吹动两声带的边缘部分来参加发音。

如上所述可知，要应用咽音于技术性较高的歌唱活动，必须训练呼吸肌肉，使之有超乎一般的控制气息的能力。一般应用天然发音方法来歌唱，在中音区能力范围之内，只需训练呼吸肌肉能根据声带发高低、强、弱音的不同需要，激起一股始终稳劲而有一定强度的气息即可。应用咽音于歌唱的要求可就远远不止如此：在歌唱中，呼吸肌肉要很细致地控制每个音所需要的气息来与发音管和声带的发音情况密切配合，共同进退。发音越高越需把气息集中于细小的气柱上，对呼气的排量和强度做更精细的调节。这是一种很复杂而难度很高的技巧。

咽音疗法还有其他系列练习，如推舌骨练习、舌头成直沟练习、气泡音练习、吐唇哼音练习、振胸练习，用咽音成分浓的丽、鸟、绿、亮等字音做发声练习等，在此不一一赘述。

第四节 歌唱疗法的应用

第二次世界大战期间，音乐治疗在美国开始发展。人们发现音乐对于士兵疗伤具有重要作用，特别是唱家乡歌曲可以使伤者的心灵得到抚慰。歌唱疗法可以对来访者身心各个层面产生干预，也可以作为一种行为疗法，改变来访者某方面的行为，对其身心产生影响。歌唱疗法在西医如神经科疾病、内科疾病、儿科疾病、外科疾病，中医的气虚、血虚等症，产后、术后身体虚弱，久病卧床等症，以及声音美容、养嗓护嗓、嗓音职业病的预防、治疗嗓音疾病等方面作用巨大。

一、歌唱疗法在心理疏导方面的应用

歌曲音乐由节奏、旋律、和声等要素构成，会刺激大脑神经使人产生一系列的生理反应和情绪反应，但在实际运用中要因人、因地、因时而异。如《亲爱的小孩》这首歌，就比较适用于学生宣泄负面情绪。

案例一

失恋的女孩

一天上午大课间,一个女孩跑进我的办公室,眼泪像瀑布一样倾泻而下。我赶紧让她坐下,递上纸巾、茶水,默默地看着她。我们就在一张张递过去的纸巾中无声交流着。过了十分钟左右,她抽泣着告诉我,昨天自己的初恋男友决绝地提出了分手,分手毫无征兆,没有商量的余地。她感觉到天要塌下来了,世界末日也不过如此。

我感觉女孩子的内心已经绝望到了极点。那么,怎样使她的情绪变得积极呢?我决定用音乐试试。

我说:"这里乐器很多,有你喜欢的吗?"

她环顾一眼,指着吉他说:"老师,你会弹吉他吗?"

"会。"

"给我弹唱一首歌吧。"

这个要求让我感到特别意外和安心。意外的是她没有自己找某种乐器玩;安心的是,这个要求正合我意,我就是想弹一首歌曲给她听。

拿起吉他,柔和的琴声响起,我开始轻轻地弹唱:"亲爱的小孩,今天有没有哭,是否朋友都已经离去,留下了带不走的孤独……聪明的小孩,今天有没有哭,是否遗失了心爱的礼物,从风中寻找,从清晨到日暮……"在此过程中,她的眼泪不停地流。没关系,我就是想让她把自己的委屈通通宣泄出来。但我知道,这之后就需要我去激发她内心的安全感,让她感到自己并不孤独。于是,我接着唱:"亲爱的小孩,快快擦干你的泪珠,我愿意陪伴你,找到回家的路。"这一段,我唱了两次,并把分解和弦改为了扫弦的方式伴奏,增加了力量,融入了勇气,让她获得陪伴的感觉。在第三次重复这段歌词时,我又回到了分解和弦上,以一个深情、平和的收尾结束这首歌。

一曲唱罢,面前的纸巾抽得少了,哭泣声也小了。于是我说:"现在你是想换乐器,还是想继续听我唱呢?"

面对这些乐器,她突然问:"老师,我可以找一种乐器来与你合奏吗?我觉得吉他太好听了。"

"没问题,不过我想先问你,你喜欢去哪里旅游呢?"

"我喜欢大海。"

"好,那我推荐你选海洋鼓吧!"

她把海洋鼓拿了过来,我简单地示范了一下它的用法。

"现在让我们创造一个早晨的柔和海滩的景象,你可以把眼睛闭上,好好感受海滩的美。"

我们开始合奏《爱的罗曼史》。刚开始时,她的鼓声很不稳,而且声音大得与吉他声不协调。我明显感觉到她内心的不平静。

"没关系,我们慢慢来。"

第一遍合奏结束,她自己也察觉到氛围不对,不好意思地笑了,说:"老师,好像海水声音太大了。"

"那你打算怎么做?"

"我们再试一次吧!"

"好啊!"

于是,我们开始了新的配合。在进行第三遍弹奏时,当琴声和海洋鼓完美地融合在一起时,我们都感觉到了彼此内心的平静,都看到了我们共同描绘的一幅美景。我偷偷瞄了她一眼,她的眼泪已经不再流了,脸上取而代之的是沉浸在美好的想象中的愉悦表情。

至此,这次陪伴即将结束。临别时,我告诉她:"下周的这个时候你再来找我吧!"她却说出了一句让我特别意外的话:"你用音乐疗愈了我。"

二、歌唱疗法在构建自信心方面的应用

安全岛在音乐治疗里的作用主要是帮助来访者缓解焦虑、紧张等负面情绪,增加内心的安全感,直至来访者拥有足够的稳定自我情绪的能力。在音乐治疗里,如果可以使来访者完成"宣泄负面情绪—增加积极情绪—建立安全岛"这一过程,让来访者的心情渐渐平静下来,建立一个属于自己的安全岛。那么来访者就能真正地强大起来,自信起来,治疗目的也就达到了。当来访者自信心不足时,可以多用鼓乐,因为鼓乐能让人增添力量和勇气,如果把高考比作战场,那就要擂响战鼓。

案例二

打算放弃高考的男生

一个上高三的男生,自感压力太大,打算放弃高考。班主任不同意,认为他如果正常发挥的话,成绩可以进入班级前几名。而远在外地的单亲妈妈更不愿意看到这一幕,孩子是她所有的寄托。一听孩子不高考了,她在家急得每天哭,天天打电话请班主任无论如何也要让孩子参加高考。班主任沟通几次无效后,找到了我。

一天中午,男生来了。

"老师好。"一个高大帅气的小伙子在门口打招呼。

"你好,请坐吧。听说你不想参加高考了?"我直言不讳。

男生:"嗯。"

我:"什么原因呢?"

男生:"怕考不好。"

我:"你怕高考?"

男生:"我怕考不好,妈妈会伤心。"

我:"哦,怕妈妈伤心,所以就不考。"

男生:"……也不是。"

我:"那是什么?"

等待……

男生:"我想参加高考。"说这句话时,男生使劲低着头,然后突然抬头看着我说:"可我太害怕考不好!"

他说这句话时焦虑、紧张和害怕从眼神中迸发出来。怎么办?这时一个念头从我脑海中闪过:鼓!

对,鼓!

我:"你怕是不是?"

男生:"嗯。"

我:"你其实是想战胜它,但是却无能为力吧?"

男生:"是。"

我:"来,我们拍鼓吧!"

我们各自拿一个鼓,我先拍,大声、有力。轮到他拍时,声音小、闷而且无力。

我鼓励他:"没关系,像我这样拍,拍下之后马上拿起。"

他断断续续地、不自然地开始拍着。我带着他,鼓声由小渐大。他慢慢与我配合。从他的鼓声里,我听到了宣泄,犹豫变成了果断、从容,并慢慢"听"到了勇气。

他说:"老师,当我拍出这种感觉的时候,我好像看到了我曾经一直崇拜的古代英雄人物。以前,我常常幻想我也能像他们一样有那种气魄。可生活中,我却是一个优柔寡断的人。现在,我突然有一种久违的感觉,觉得自己就如他们那样充满了力量。"

我知道,效果出来了。

二十分钟后,他离开我的办公室,打破了我若干年来最短的咨询时间的纪录。模拟考试成绩出来的当天,我收到他的班主任发来的信息:"某某同学考了班上第八名,谢谢老师。"

第三次模拟考试,他考了班上的第一名。高考前四天,我们又碰了一次面,说了一些有关考试的准备工作,还问他需要我做些什么。他说:"谢谢老师,我会努力的!"

今天,当我在此写他的故事的时候,他正在高考考场里奋笔疾书。我不知道他最后的成绩怎样。不过,正如他说过的:"成绩可能不一定有多大的突破,但我的心态却越来越好,这是我人生最大的收获。"

三、歌唱疗法在脑康复领域的应用

歌唱疗法除了适用于改善人际关系、构建自信、健康养生等方面外,在脑康复领域的应用也很广泛。近二十年来,歌唱疗法对儿童脑病康复做的有效的探索与实践证明,其疗愈效果良好。

案例三

宋玉焕(化名)与驻唱歌手张玉华(化名)结婚不久,在一次不幸中,成为了植物人。高昂的医疗费与沉重的家庭负担压在了丈夫张玉华身上。他每天除了在外工作赚钱还要回家照顾妻子,医生都觉得他妻子苏醒无望,但他仍然不愿放弃。在妻子床头做得最多的事,就是唱歌给她听。他每天都要唱妻子最喜欢的歌,有时候一天能唱50多遍,三年多的时间内不曾间断。后来在很平常的一天里,正在病床前唱歌的张玉华发现妻子不仅手指有了反应,眼角也悄悄流出了泪水。张玉华难以相信自己的眼睛,擦去眼泪继续唱歌,直到妻子最终睁开那熟悉的双眼。三年来不离不弃,张玉华用歌声唤醒了沉睡的妻子。

思考与练习

1. 不同的唱法在治疗上有何不同?
2. 歌唱疗法中的五音和六字诀方法有什么区别?
3. 列举歌唱疗法的方法。

推荐书目

1. 国医年鉴[M].北京:中医古籍出版社,2016.
2. 赵世民.唱"巫"的秘诀音乐也能祛病[M].北京:世界图书出版公司,2013.

第三章

五音疗法

内容简介 本章介绍了传统五音疗法的概念、起源发展以及作用和意义;理解和品析五音内涵;阐述了五音疗法的五行归类,详述了五音疗法的主要传统形式、状态导向创新形式和基本理论对于临床实践操作的重要指导意义;列举了五音疗法在未病先防、既病防变以及疗后防复中的应用,并分享了相关案例。

学习目标 1.理解和掌握传统五音疗法、状态导向五音疗法的概念;

2.了解五音疗法的起源和发展概况;

3.理解、品析五音的含义和分析心身状态;

4.熟悉和掌握五音疗法的主要形式,并能在生活中运用。

第一节 五音疗法概述

一、五音疗法的概念

中医音乐疗法是在中国传统医学文化理论指导下,"乐药同源"、以乐为药、辩证施乐,调理心身状态、平衡健康状态的疗法。"五音"是中医临床辩证施乐的基础和特征之一。五音疗法,则是基于阴阳五行理论之"五音通五脏"学说,根据宫、商、角、徵、羽五音表现,以声音疏通经络,调节脏腑的生理节律和功能特性,调节人格气质和体质状态,促进人体脏腑功能和气血循环的正常协调运行的一种音乐疗法。五音疗法有五音材质调节、五音调式调节、五音意境调节和五音纯音调节等形式。五音的含义可从音乐范畴和中医范畴中加以理解,并随着时代文明的发展,获得新的内涵和生机。

(一)五音在音乐范畴中的含义

1.中国五声音阶中的五个阶音

先秦的"音",实为多个音级,即宫、商、角、徵、羽等各声的集合之义,狭义为"音阶",广义则涵盖"乐调"。在音乐理论中,五声音阶"宫、商、角、徵、羽"是指五个阶音的名称,虽然我们可以把它简单地比作简谱的哆、来、咪、发、嗦,但却不能将二者简单地等同视之。因为简谱的哆、来、咪、发、嗦是唱名,唱名和阶名是不同的,二者之间没有固定的对等关系。

五声音阶的阶名,不同于律名和唱名。律名是绝对音高,每一律名的实际音高都由标准器来加以确定;阶名是在音高上具有相对性的概念,用以表明各音之间的音高关系和音程距离,其实际音高则要通过律名来确定。

2.泛指音乐

我国古书中关于五音的记载有很多,如:《老子·第十二章》"五色令人目盲,五音令人耳聋";《庄子》"五声乱耳,使耳不聪";《吕氏春秋·仲夏纪·适音》"耳之情欲声,心不乐,五音在前弗听";《吕氏春秋·仲夏纪·古乐》"黄帝又命伶伦与荣将铸十二钟,以和五音,以施英韶";《孟子·离娄上》"不以六律,不能正五音";屈原《九歌·东皇太一》"五音纷兮繁会,君欣欣兮乐康";《国语》"声一无听,物一无文,味一无果,物一不讲";《左传·昭公二十五年》"则天之明,因地之性,生其六气,用其五行。气为五味,发为五色,章为五声……是故为礼以奉之,为六畜、五牲、三牺,以奉五味。为九文、六采、五章,以奉五色。为九歌、八风、七音、六律,以奉五声"。这些作品中的五音、五声都是广义的音乐,包含了音调和乐调。

3.与"五声"同义

《汉书·律历志》载:"声者,宫、商、角、徵、羽也,所以作乐者,谐八音,荡涤人之邪意,全其正性,移风易俗也。"这里五音与五声是相通的。《管子·地员》载:"见是土也,命之曰五施,五七三十五尺而至于泉,呼音中角……呼音中商……呼音中宫……呼音中羽……呼音中徵。"这里用不同深度的井的回声来表征角、商、宫、羽、徵五音。《管子·地员》载:"……凡听徵,如负猪豕觉而骇。凡听羽,如鸣马在野。凡听宫,如牛鸣窌中。凡听商,如离群羊。凡听角,如雉登木以鸣,音疾以清。"这里用五畜的叫声来形容五音,鲜明地体现出五音的特征。

4.传统音韵学中的"五声"

《梦溪笔谈》中说:"唇音宫、舌音商、牙音角、齿音徵、喉音羽。"

我国历史悠久,传统文化丰富多彩,在医学、诗歌、戏剧、音乐、美学理论等方面都有关于五音的记载。还有比如五音指琴弦的顺序,不论调音方法,一概称大弦为宫,二弦为商,三弦为角等。

(二)五音在中医范畴中的含义

《黄帝内经》中共有十三篇论及音乐,说明古代中医已经高度重视声音和音乐对人体的重要影响和作用,并进行了系统化的研究。此类研究涉及的重要文献分别是《素问》卷六篇,即《金匮真言论》《阴阳应象大论》《五脏生成》《脉要精微论》《五常政大论》《六元正纪大论》;《灵枢》卷七篇,即《脉度》《顺气一日分为四时》《外揣》《阴阳二十五人》《五音五味》《邪客》《九针论》。

1.五音和五行

五音是五行思维模式在声音领域的应用。"物以类聚,人以群分",古人运用思维分类法对万事万物进行分类,用"宫声""角声""羽声""商声""徵声"和五辰、五数、五色、五味、五气、五方对应。"声"与五行分类明确对应,并指导应用,在实践中取得了成效。

《管子·幼官》载"君服青色,味酸味,听角声,治燥气,用八数,饮于青后之井",其中听角声来调治干燥之气,已经有了非常明确的以音声调和不平气机的疾病调理观念。《黄帝内经》提出"五音通五脏"。《阴阳应象大论》载岐伯对曰:"东方生风,风生木……其在天为玄……在地为木……在音为角,在声为呼……在志为怒……南方生热,热生火……其在天为热,在地为火……在音为徵,在声为笑……在志为喜……中央生湿,湿生土……其在天为湿,在地为土……在音为宫,在声为歌……在志为思……西方生燥,燥生金……其在天为燥,在地为金……在音为商,在声为哭……在志为忧……北方生寒,寒生水……其在天为寒,在地为水……在音为羽,在声为呻……在志为恐。"角、徵、宫、商、羽分别与肝、心、脾、肺、肾相通,与怒、喜、思、悲、恐相系。这里的五音可能指五个单独的纯音,也可能指五种具有不同特征的音乐。

2.五行纳音与五音建运

古人通过"纳音"的方式,把五音纳入阴阳五行体系中,即运用五音建运的方法,使五音分属于木、火、土、金、水"五运"。

《黄帝内经》在《六元正纪大论》《阴阳二十五人》《五音五味》各篇里,根据阴阳或五行对宫、商、角、徵、羽五音做了太、少、左、右等性质的划分。在医论中,以"太"代表气的太过、太盛,"少"代表不及、不足,又把它们与方位、四季、寒热、五脏、五志等事物相联系。在五运六气学说中,角、徵、宫、商、羽结合太少,形成十种不同气运模式,代表天地五行之气的盛衰,影响人体生理和病理气机。

3.五音与五型人

按《黄帝内经·灵枢》中所说,五音是指五种不同类型的人,如宫型人、商型人、角型人、徵型人、羽型人(即木型人、火型人、土型人、金型人、羽型人)。而每一类人又可分为五种,共二十五种人。

《五音五味》只在篇名上使用"五音"一词,接上篇《阴阳二十五人》的分类方法以五音、五味之上下左右,来说明手足三阳与五脏阴经的相互关系。文中右徵、少徵、质徵、上徵、判徵同属火类;右角(《阴阳二十五人》有左角而无右角;《五音五味》有右角而无左角)、钛角、上角、大角、判角同属木类;右商、少商、钛商、上商、左商同属金类;少宫、上宫、大宫、加宫、左宫同属土类;众羽、桎羽、上羽、大羽、少羽同属水类。其用五音模式,对人体不同的体质和气质性格进行分类。

4.五音五声与情志气机

这里的"五声",指人发出的呼、笑、歌、哭、呻五种声音。《医门法律》载:"本宫、商、角、徵、羽五音,呼、笑、歌、哭、呻五声,以参求五脏表里虚实之病。"五脏五志运动,表达出不同精神活动(五志)呈现的,带有情感特征的呼、笑、歌、哭、呻五种声音。

《黄帝内经·五脏生成》中"五脏相(xiàng)音,可以意识",指五脏与五音相关的联系,如肝音角、心音徵、脾音宫、肺音商、肾音羽,需要运用一种深入的意识状态才能识别。五脏反映出的清浊、长短、疾徐的音声,需要仔细地察觉,意会其情志,并分析出五音的整体气机运动和状态特征。

(三)五行音乐的现代创新

1.现代学者创新的五音五调式音乐

自20世纪80年代开始,以石峰先生为代表的一批学者,开始探索新的五行音乐表达方式。五行音乐风行一时,出现了多种版本,都有一些临床研究结果给予支持。这些学者认为,五个单音难以解释五音的不同特性,五音的特性主要体现在五种调式的音乐中。

首先,如果把五音当作五个阶音,那么五个单独的音是难以解释医论中五音特征的。虽然历史上有把五音作为五个单音的表述,但一个单独的音,它不仅没有固定的音律,而且与音色、音强、时值等其他因素也没有固定的联系。因此,一个不固定的音是不可能与固定的心身反应相对应的,也不可能具有不同的特性。

其次,音乐的"调"包括调性和调式两个含义。就调性而言,是指从"主音音高"上去寻找这种可能性。五音的各个阶音并没有固定音高,根据古代音乐"旋宫"理论,十二个音律都可以作为宫音。有黄钟为宫才具有"宫"的特性,但也不能说那个音律只能作为那个阶音,姑且不论古代黄钟宫的准确性,即便准确也无法体现出医论中宫音的特性。不同的频率对于人体的影响是不同的,这是音乐治疗必须考虑频率因素的原因。一首乐曲,它主要频率段的位置,受其主音频率高低的影响,会对不同体质和性格的人产生不同的作用,也会对人体的不同部位产生影响。尤其是在音乐电疗形式的治疗中,更要注意音乐的频率因素。

2."调式色彩"和"调性波段"

如果拿一首乐曲来作比喻,那么它的各个阶音在乐曲中的分布、它们的主次关系和在全曲中的地位,就形成这首乐曲的"色彩"。也就是说,调式因素是一首乐曲形成"色彩"的主要因素。这里的"色彩"包含乐曲的感情色彩、地方色彩,以及人们因音乐引发的联想等。不同的调式能使人产生不同的心理感受。这种属于审美范畴的感受是难以用语言表达的,听羽调式音乐体验到的感受和听宫调式音乐体验到的感受是很不相同的。这种只能意会不能言传的感受,正是五种调式音乐心理反应的差异所在。这种差异的产生,除了因我们音乐欣赏习惯形成的心理感觉不同之外,还可能是因为物理、生理方面的谐振不同。如果我们找到了音乐与人体之间的谐振"接口",音乐治疗就会取得理想效果,否则音乐治疗是不会有疗效的。在寻找音乐与人体的连接点时,调式不同所引起的心理生理反应的差异,是不容忽视的。正如《易经》所说:"同声相应,同气相求",不但要仔细了解不同音乐的声学特征以及它的情趣,而且要充分了解听者的生理、心理特征,以及他的音乐欣赏习惯,设法找到两者的共同点。

对于一首乐曲来说,调性是一个重要的特征。它标记着主音的频率,同时也决定了各个阶音的频率分布。一首乐曲主音的音高就是这首乐曲的调性,主音音律决定调性,调性规定了各个音的高度。而不同的人由于其生理特性不同,会对不同的频率产生不同的共鸣。这就是音乐治疗中选择调性的客观依据。

二、五音疗法的起源和发展

五音疗法的起源,可从近代回溯到遥远的古到。在现代社会,五音疗法在身心疾病调理和治疗方面的优势很明显,越来越受到人们的关注。

从距今七八千年的新石器时代出土文物的一些图案中研究已有的音乐舞蹈行为,可以领会到其保健治疗的意义。《吕氏春秋·古乐》云:"昔陶唐之时……民气郁闷而滞着,筋骨瑟缩不达,故作舞以宣导之。"原始歌舞实际上就是一种音乐运动疗法,对舒解郁气、畅达筋脉、调理心身都有好处,而且容易推广普及。春秋战国时代,随着中华文明的全面发展,中国的音乐保健治疗的意识和方法也得到了完善和发展。

先秦时代的《黄帝内经》认为,音乐与宇宙天地和人体气机密切相通。它把五音引入医学领域,认为五音不但与人体内脏、情志等密切联系,而且可以用来表现天地时空的变化。《灵枢·五音五味》对此有专章论述,对于五音所属的人,从性质和部位上,说明其与脏腑阴阳经脉的密切关系,并指出在调治方面所应选取的经脉。同时,又列举五谷、五畜、五果和五味,配合五色、五时,对调和五脏及经脉之气均有重要作用。《素问·阴阳应象大论》《素问·金匮真言论》把五音阶中宫、商、角、徵、羽与人的五脏(脾、肺、肝、心、肾)和五志(思、忧、怒、喜、恐)等生理、心理内容通过五行学说有机地联系在一起,提出:"肝属木,在音为角,在志为怒;心属火,在音为徵,在志为喜;脾属土,在音为宫,在志为思;肺属金,在音为商,在志为忧;肾属水,在音为羽,在志为恐。"《灵枢·阴阳二十五人》中,根据五音多与少、偏与正等属性来深入辨析人的身心特点,是中医阴阳人格体质学说的源头。由此可见,其存在辨证配乐的思想。以《乐记》音乐理论和《黄帝内经》的五音学说为集中代表,形成了早期的中医音乐疗法的思想体系。

从汉代到清代这两千多年间,一些医家在临床医学的多个方面开展五音疗法的实践运用,积累了不少经验。但就整体理论和操作方法而言,五音疗法发展缓慢且不系统,未得到广泛传播和应用。近十多年来,随着人类医学模式的变化和人们对中国传统医学的再认识,五音疗法又开始受到不少国内外从事音乐治疗的学者的关注。他们对其展开了积极探究,使之逐渐成为一个新的研究领域。

三、五音疗法的作用和意义

(一)调节体质,防治疾病

《灵枢·阴阳二十五人》将人的体质分为木、火、土、金、水五大基本类型。这种体质分类为五行音乐疗法的临床运用提供了一定的依据。就养生及病后调理角度而言,金型人开朗外向、阳气盛,在音乐治疗中可配合柔和的水乐及舒畅的木乐,以制金抑阳;火型人性格乐观开朗,但易急躁发怒,在音乐治疗中配以水乐,可制约火亢,平衡阴阳;土型人性情温厚和顺且阴阳调和,可选取温厚典雅的宫音,以温脾养土;水型人性格内敛,振奋阳气的火乐可温阳抑阴;木型人多愁善感,但阴气偏重,阳气不足,在音乐治疗中配以土乐,有助于调和阴阳平衡。阴阳平衡,精神乃秘。五音疗法可在人体脏腑、气血中建立起一种阴阳平衡的和谐关系,进而达到健康养生、益寿延年的作用。

(二)抒发情感,改善情绪

现代神经生理学家研究指出,音乐对神经结构,特别是人脑皮层有直接影响。作用于人的器官不同的音乐,其所用乐曲的旋律、速度和音调不同,可对人产生镇静安定、轻松愉快、活跃兴奋等不同作用,从而调节情绪,稳定内环境,达到排忧、镇痛、降压、催眠等效果。在用五音调节情志时,可依据五志相胜的原理,选择相应的曲目。如以悲切的商调式音乐来治疗怒极而致的神经亢奋或狂躁;用恐怖的羽调式音乐来治疗过度喜悦而致的心气涣散、神不守舍;用鲜明、舒畅的角调式音乐来治疗思虑过度而致的情绪低落、沉闷;用热烈、明快、欢乐的徵调式音乐来治疗由悲哀过度导致的精神萎靡不振和时时哀叹哭泣;用敦厚、庄重的宫调式音乐来安定极度恐惧引起的情绪不稳定,治疗其神志错乱。五音疗法有助于帮助人们克服和纠正不正常的情绪变化,借助于拥有同样情调的音乐达到情感的宣泄和平衡的目的。

(三)陶冶情操,修身养性

和雅高贵、悠远沉静的音乐可以使听者远离浮躁和喧嚣,回归自然,使心灵清净无染。五音疗法承载了诸多传统文化元素。人们在欣赏音乐的同时,还能领会意境深远的古典诗词、耐人寻味的历史典故以及儒释道之文化精髓。从美学角度看,欣赏五音乐曲,重在感受余韵和弦外之音,即中国艺术的意境之美,如同水墨画中寥寥数笔勾勒出的无限情怀,言尽而意无穷。

第二节 五音疗法的理论基础

一、音乐的五行归类

中医音乐疗法之五行音乐,最早由 20 世纪 80 年代石峰先生等现代学者应时代需求,根据传统中医学和音乐理论所创立。根据宫、商、角、徵、羽(对应哆、来、咪、发、嗦)的五音表现,以五音调式为主要编排音乐,结合中医五脏的生理节律和特性,结合五行对人体体质的分类,分别施乐,从而改善情志,促进人体脏腑功能和气血循环的正常协调运行,改善心身状态,促进健康。

(一)土乐

以宫调为基本。"脾属土,在音为宫,在志为思。"土的特性是踏实厚重、生养万物。因此宫调式音乐的特点是以平和、中庸为主,整体风格雄浑敦厚坚实、悠扬而庄重。传统的江南丝竹乐,即弦乐和管乐大多属于此类。古代大户人家讲究"钟鸣鼎食",其实就有利用悠扬和谐的宫调式音乐来激发食欲、健脾助运、促进消化这样一层用意。

(二)金乐

以商调为基本。"肺属金,在音为商,在志为忧。"金的特性是冰凉、清冷,对应高亢、激越的商音。商调式音乐的特点是高亢嘹亮,能营造出一种苍劲悲凉的气氛,此类典型的乐曲是山西民歌《走西口》。肺气虚的人,症状以久咳气短为主,宜多听一听这类音乐,可以改善肺气不足的状况。另外还可以尝试吹笛子,这对锻炼肺气很有好处。

(三)木乐

以角调为基本。"肝属木,在音为角,在志为怒。"木的特性是柔顺、舒展,向上生发,对应柔美舒畅的角音。因此角调式音乐如春天般充满生机,令人愉悦,典型的乐曲是《莫愁啊莫愁》。肝气旺盛,容易急躁、发怒的人,以及肝气郁结爱生气、常叹气的人,常会伴随出现乳房胀痛等症状的女性,多听这类音乐可以起到疏肝解郁、调和肝气的作用。

(四)火乐

以徵调为基本。"心属火,在音为徵,在志为喜。"火的特性是跳跃、升腾,对应风格明快、轻松活泼的徵音。徵调式音乐的特点是欢快喜悦,能营造出喜庆的氛围,典型的乐曲如《春节序曲》。传统的广东音乐大多属于此类,最具代表性的乐曲是《步步高》。此外,大部分儿童歌曲也属于徵调式音乐,表达了一种积极乐观的情绪。因此,心阳不振的人,如存在胸闷、面色紫暗、容易怕冷等症状的冠心病患者,可以通过听徵调式音乐来激发阳气,改善心阳虚的症状。

(五)水乐

以羽调为基本。"肾属水,在音为羽,在志为恐。"水在五行中属阴,具有趋下的特性,对应风格哀婉、清幽的羽音。因此羽调式音乐大多是哀伤的、阴柔的,如古琴曲《碧涧流泉》《平沙落雁》等。临床上多用此类音乐来缓解忧郁的情绪,尤其适合肝肾功能不足的更年期女性,用以排解心中烦闷,调节情绪。另外,肾阴不足、容易上火、手脚心偏热的人以及肺结核患者,听这类音乐有助于降火、滋养肾阴。

二、天韵五行音乐

近现代以来,基于五行音乐治疗理论,20世纪80年代中国音乐学院编制的天韵五行音乐,是比较符合五行模式的标准音乐。天韵五行音乐根据中医辨证施乐的思路,综合考虑五音调式、乐器材质和乐曲意境等元素进行搭配,其传统风格浓郁,普及应用较广。

天韵五行音乐,五行分阴阳二韵辨证施治,兹简要介绍如下:

理论依据	曲目	调式	意境	功效	适用症
脾属土,在音为宫,在志为思	《黄庭骄阳》	阳韵	骄阳似火 湿气尽消	温中健脾 升阳益气	食少腹胀,神疲忧郁,腹泻、脏器下垂等
	《玉液还丹》	阴韵	清泉润泽 清凉甘甜	清火和胃 消积导滞	胃脘胀痛,内火郁积
肺属金,在音为商,在志为忧	《晚霞钟鼓》	阳韵	晚霞满天 钟鼓震荡	补益肺气 宽胸固表	喘咳无力,自汗怕风
	《秋风清露》	阴韵	秋月清朗 清露寒爽	滋阴清热 润肺生津	干咳少痰,身心烦热
肝属木,在音为角,在志为怒	《玄天暖风》	阳韵	春风和暖 阳光明媚 万物葱荣	补益肝气 散寒解郁	眩晕耳鸣,夜寐多梦,肢体麻木
	《碧叶烟云》	阴韵	春风清寒 绿叶青翠	清肝泻火 平肝潜阳	头晕胀痛,烦躁易怒,面红目赤,失眠多梦
心属火,在音为徵,在志为喜	《荷花映日》	阳韵	夏日炎炎 荷香四溢	补益心阳 养心安神	心悸不安,胸闷气短,失眠多梦
	《雨后彩虹》	阴韵	雨后爽洁 彩虹明丽	清心降火 安神定志	心胸烦热,面红口渴

续表

理论依据	曲目	调式	意境	功效	适用症
肾属水,在音为羽,在志为恐	《伏阳朗照》	阳韵	冬日正午阳光温暖寒中见暖	温补肾阳固精益气	腰膝酸软,畏寒肢冷,滑精阳痿,宫寒带下
	《冰雪寒天》	阴韵	冰雪清寒天地纯净	清心降火滋肾定志	心烦意乱,眩晕耳鸣,梦遗闭经

天韵五行音乐还有根据乐器材质之五行属性的不同来进行五行分类的,属于更简单的五行归类。与五音调式分类相比较,处于辅助地位,也有一定的应用范围,二者常常配合使用。

三、状态导向五音疗法

新世纪,在系统论、控制论和信息论基础上,生命科学发展迅速。心身医学的出现推动人体科学向心身状态领域发展,结合现代系统科学和复杂性科学理念,挖掘整理传统医学本质。随着"状态观"理论的出现,人体状态科学开拓出新的研究领域。

(一)状态观指导思想

状态是系统科学常用的概念之一,指系统中可以观察和识别的状况、态势、特征。状态观是人体状态学的核心理论呈现,状态观思想是状态五音的核心指导思想之一。从宇宙整体观、天人同一观、人体生命整体观出发,在"生长壮老已"的人体生命周期背景中,状态观以人身心关系为整体,以人与社会的关系为整体,以人体小宇宙与自然大宇宙的关系为整体,把握意识能动性这一中心来认识人体的整体客观存在。状是机体局部或整体的部位、形状和结构的概括,态是特定阶段生命活动的姿势、特征与变化规律。状态既是空间与时间的统一,也是局部与整体的统一。在人的生命过程中,状态也表现为在内外因素作用下,人体内部及内部与外部复杂关系的连续总体。

"状态观"理论守正传承中医传统文化和临床实践基础,积极吸收西方现代康复先进的理念,按"古为今用""洋为中用"和"中体西用"的原则,在传承"结构观""整体观""辨证观"及"功能观"的基础上(见下图),结合复杂系统科学,进一步推动"状态+功能"中医现代康复体系的发展。从心身医学的角度出发,状态观理论突出主观意识的能动作用,进一步开拓功能结构训练的维度,推进被动健康和主动健康向"能动健康"建设性地发展。功能与状态是辩证统一的关系,功能影响状态,状态引导功能变化。

状态观创新发展内涵关系图

(二)状态调控与人体健康

状态调控的核心在于意识能动性,"态"的繁体字为"態",心之能也,即指辩证唯物主义的意识能动性,而生命系统的状态具有很强的意识能动性特征。状态观运用心能(mind meta)对主观"意识能动性"进行量化,表现人体心身合一的整体程度。心能是衡量人体心身合一状态的尺度标准,传统术语则用形神合一来进行表达,形神状态是心身关系的本质内涵。健康的人在与环境进行物质、能量、信息交换的过程中处于有序、协调的状态中;如果离开了有序、协调的状态,疾病会由此而产生。人体状态变化是心身互动存在的变化,人们以意识到身体的信息链接和信息优化为基点,让意识"链接""优化"身体,大到各系统,小到各细胞,来提高各系统、细胞间相互沟通的能力,改善信息的有序度。

(三)"结构-功能-状态"的生命模式

我们要理解状态观就要基于状态观的发展,状态观的发展与康复模式结合能对GSMT的实际应用与发展起到统领的作用,并发展出状态导向健康体系(Guided State Health System,GSHS)。状态观认识到生命拥有"结构-功能-状态"三层次架构(见下图,形成中医现代康复"状态+功能"模式。功能较多体现在物质和形体结构层面,状

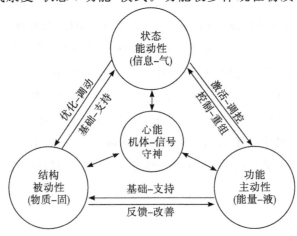

"结构-功能-状态"生命三层次架构

态更多体现在能量和信息层面;状态是内因,功能是外在的表现形式。发挥意识能动性,激活系统自组织能力,优化心身状态是状态观发挥作用的关键所在。

《黄帝内经》中提到的"上古有真人者,提挈天地,把握阴阳,呼吸精气、独立守神""恬淡虚无,真气从之,精神内守,病安从来""粗守形,上守神"等都在传达"守神"(mind-holding)的重要性。在状态治疗中,我们一般用"放松状态下的持续意识关注"来表示"守神"。通过守神提升心能的实践路径的关键在于"善""用""意"三字,具体可从以下六个方面来阐释:善用意—善于运用意识;善意用—善的意识要运用起来;意用善—意识用到善美的方向;意善用—善于运用善的意识;用意善—向善的方向用意识;用善意—用善的意识处理问题。此三字法也可用于状态导向音乐疗法(Guided State Music Therapy,GSMT)中的音乐制作、干预治疗等环节。

(四)状态导向五音疗法内涵

基于传统中医五音理论、人体状态学"状态观",GSMT 在中医文化体系基础上,吸收了西方音乐治疗技术,并融合状态观康复新技术,创新性地发展出中国特色音乐治疗技术。

GSMT 以生命状态为导向、为原则,围绕内稳态核心"中态",通过应用多种音乐艺术手段,引导人们进入守神(mind holding)—放松状态并输出持续意识专注,启动心能,调节人体兴奋抑制节律循环,顺应自然,启动人体内外信息系统的低耗散优化状态,调节心身,促进心病/慢病和未病病患康复,最终回归正常的生活。

生命系统在与环境进行物质、能量、信息交换的过程中处于有序、协调的状态,充满了生机和活力。健康的生命系统的整体结构是稳定的,故而在某种程度上来说健康的本质是有序稳定;而人体在疾病或亚健康状态中可表现为人体处于高耗散状态,即人体信息导向失序(disorder)、失协调状态,这也是疾病产生的本质原因。耗散结构理论认为"不平衡是有序之源头",所以"身""心"能量存在分配不均的情况,二者中"心"之神经系统是一个高能调控的系统。人们高效运用这种能量就如人们的意识或情绪高效运作一样,往往容易释放出一定的潜力。但机体若长期处于低序、高耗散状态,机体就容易出现一系列如倦息、乏力、抑郁、易怒等失衡症状,如中医典籍用"少火生气,壮火食气"来表示低耗散和高耗散之间的区别与联系。故基于以上可知,"守神"干预的目标其实就是让人们的心身处于低能耗、高有序度、可承受较大变异的状态,即处于低耗散优化状态。低耗散优化状态通过引导人们的心身进入低耗散状态,促进人体功能恢复和状态优化,减少机体耗能和提升机体的有序化程度,提升集体整体的协同程度及适应能力,从而在高压力、高应激态中帮助机体寻找到一个动态平衡点(见下图)。

状态五音疗法是 GSMT 体系中的重要组成部分之一,其融合了中医五行理论,将五音与五脏、五志相结合,通过播放定制的五音状态音乐,引导人们在放松状态下进行持续性的意识关注。在中医音疗师的引导下,人们通过定制的五音状态音乐连接身心网络,激活人的意识能动性,引导自己进行积极的意识想象,形成低耗散优化状态,调控人体偏颇的状态。状态五音疗法的使用范围广泛,可用于治疗情志、精神类疾病,辅助治疗内科、外科、妇科、儿科等科室的多种常见病、多发病。

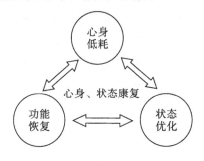

心身低耗的意义

状态导向五音疗法源自人体状态科学,其在继承发展传统五音疗法的基础上,理解、引进与应用现代音乐治疗技术和研究方法,结合当前现代科学、医学和音乐学发展新趋势,把握音乐对人体生命状态调节这一特质,创新发展道路,为完善具有中国特色的中医音乐治疗方法体系,以及状态医学临床发展提供更多的思路和实践路径。

1. 状态观分析五音疗法

近十多年来,随着人类医学模式的变化和对中国传统医学的再认识,中医传统音乐疗法开始受到不少国内外音乐治疗师以及中医学者的关注。中医对于状态的调节,正与音乐治疗的思路相符合。状态是内因,疾病和功能是外在的表现形式。状态观重视人体内在状态,运用整体论方法,通过中医思维察外知内、类比推理等方法,认识身体康复过程的状态本质,具有客观、模糊定性、定位、定量的特点。其强调通过形式现象看到本质状态,要求医者对来访者的"生理—心理—环境"进行深入的状态分析。音乐疗法的本质在于调节状态,调节以信息为中心的状态,引导物质系统和功能控制的整体运动趋势,如下图所示。

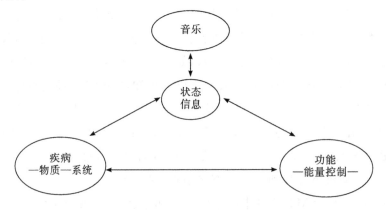

音乐疗法的本质在于调节状态

挖掘传统音乐疗法的内涵,积极引进并学习现代西方音乐疗法,结合开创性研究,五音疗法逐渐形成一个新的特色领域——状态导向五音疗法。

(1)中和"平人"——生命内稳态

五音疗法秉承中医治疗的本质目标,调节人的心身状态,保护、提升生命力状态,使人达到比较稳定的平和状态。所谓"平人",《黄帝内经·灵枢·终始》篇云:"所谓平人者不病,不病者,脉口人迎应四时也,上下相应而俱往来也,六经之脉不结动也,本末之寒温之相守司也,形肉血气,必相称也,是谓平人。"平人就是真正健康的人,是心身平和之人,血气调和之人。《黄帝内经·素问·上古天真论》:"恬淡虚无,真气从之,精神内守,病安从来?"心身进入恬淡虚无,也就是自然平和的状态,启动人体自在本有的康复能力,调和气血阴阳,恢复健康。这是中医治疗之本,也是五音疗法之本。和谐宁静的音乐,可以令人放松,进入深层的入静状态,返璞归真,激活潜能。

(2)阴阳五行均为生命状态

阴阳状态之阳证状态:凡符合"阳"的一般属性的证候,称为阳证,如表证、实证、热证等。临床多见精神兴奋狂躁、面色红,壮热恶热,气粗声高,便干溲赤,口渴、喜冷饮;舌质红绛苔黄,脉洪数,滑数有力。

阴阳状态之阴证状态:凡符合"阴"的一般属性的证候,称为阴证,如里证、虚证、寒证等。临床多见精神萎靡,面色白,肢冷畏寒,气短声低,便溏溲清,口不渴、喜热饮;舌质淡苔白,脉沉迟细无力。阴虚证:人体阴液不足时所表现出来的证候。临床多见五心烦热,潮热盗汗,咽干颧红,二便秘结,形体消瘦,舌红少苔,脉细数。阳虚证:机体阳气不足时所表现出来的证候。畏寒肢冷,口淡不渴,神疲乏力,尿清便溏,舌淡苔白,脉弱。

亡阴亡阳,已经进入垂危阶段,一般音乐治疗不涉及这一领域。根据阴阳学说中阴与阳的基本属性,临床上凡见兴奋、躁动、亢进、明亮等表现的表证、热证、实证,以及症状表现于外的、向上的、容易发现的,病邪性质为阳邪致病,病情变化较快等,一般都可归属为阳证。凡见抑制、沉静、衰退、晦暗等表现的里证、寒证、虚证,以及症状表现于内的、向下的、不易发现的,病邪性质为阴邪致病,病情变化较慢等,可归属为阴证。

"乐药同源",根据阴阳辨证来从整体上把握病机,选取合适特性的音乐,遵循人体心身状态调节的整体原则,达到"阴阳平和"的状态。

(3)五音疗法的心身状态分析

近年来,五音疗法由于在应用层面推广普及,引起医学界和音乐学界的关注。人们对五音疗法的研究逐渐增多,并从心身状态角度,对其进行深入分析。

①用心身运动把握五行五音与人体状态反应

有学者认为,五音(声)相生和五行相生的顺序不符。《管子·地员》最早记载了计算五声音阶的"三分损益法"。五声是有始发律的,依次相生的顺序是宫生徵,徵生商,商生羽,羽生角。五音"三分损益法"的相生顺序是宫—徵—商—羽—角,而非按音阶排列的宫—商—角—徵—羽,也非五行生化次序的角—徵—宫—商—羽。根据这一质疑进行反思，五音"三分损益法"相生的"宫—徵—商—羽—角"，是按物理振动发生顺序来排列的；而按音阶排列的"宫—商—角—徵—羽"，只是按照音阶高低而定。产生非结果，出处而非聚处。内经中的五行五音，属于中医学理论，需要用中医气化理论来解释。五行木火土金水，按五行气化之"生长化收藏"的大自然规律来推演。气化表达的是心身状态的整体运动趋势，结合心身状态运动来看，有升降浮沉的圆运动规律。在同一音阶层面上，角—徵—宫—商—羽，角、徵音为上升音调，宫音为中间音调，商、羽为下降音调，升降音调可以引导身心状态运动，体现于情绪身体反应。"形者神之载体，神者形之主宰"，按形神相合的原则，七情影响气化，与心身状态运动相符合。比如"怒则气上"，情绪意识愤怒，身体配合则是眉毛上抬、眼睛瞪大和毛发竖立等，处于身心状态上升运动趋势。"悲则气消"，情绪意识悲伤，身体配合则是眉毛下垂、眼睛变小、毛发耷拉等，处于身心状态下降运动趋势。音乐与情绪的互动联系，是在身心合一互动的基础上产生的。五音高低上下具有重要意义，包括与五脏相应的色、时、音、味、日等五种变化的关系。"取象比类"思维完成了规律性、系统性的归纳，一方面让学习者形象地领悟理解阴阳五行的变化规律，另一方面更好地、多元化地帮助学习者理解内经"五音"的有机系统作用。从心身状态运动的角度来看，可以把握五行五音理论与人体状态反应的实际切入点。

②"调式"揭示了"五音"心身状态运动部分内涵

有学者认为，《黄帝内经》成书时期音乐还没有形成明确的调式观念，五行音乐治疗研究者误把"五音"理解成五种民族调式音乐。在古代史论中，的确没有关于五音作为五种音乐各自在音乐上有什么特点的记载。即便在古代诗文中有所表述，也只是将五音作为不同音乐的感情色彩的表现。如吴淑《事类赋注》《乐部》记载："至于石城莫愁，北园琐女，吐角含商，阳阿激楚。"

古代乐论中虽然没有"调式"（古代它被包含在"调"的概念之中）这个名词，但"调式"作为音乐的一个重要特征是客观存在的。除无调性的音乐外，乐曲中各个阶音的运动，都是围着一个主音发展变化的，主音在乐曲中处于中心地位，是最稳定的一个音，也最能体现出那个阶音的特点。因此有些现代学者，比如石峰先生，把中医"五音"的一些属性与五种调式的音乐相联系，把五音作为五种调式音乐来理解，就可能从中找到一些五音属性的根据，摆脱理论上的困境，并能在史料中找到一些依据，在实践中开辟了一条研究新途径。

虽然可以用"调式"思维去理解"五音"，但是"五音"不仅仅指调式，调式只表达了五音的一部分含义。五音属于五行系统，五音与五色、五味等元素，共同运动，互相影响，其基础是整体身心状态运动。《黄帝内经·五脏生成》中有"五脏相音，可以意识"的说法，说明五音与意识状态联系密切，这与内经认为"五脏藏神"的观点相一致，说明意识不仅仅独为大脑所拥有。中医把全体细胞分为五个部分，称之为"五体"，五行理论有助于从系统角度来理解人体生命的状态运动，由此去观察"五音"行为的心身整体性，则能得出更符合实际的结论。

③对古人"大音希声"的理解

《吕氏春秋》提出"适音说",认为:"音乐之所由来远矣,生于度量,本于太一。太一出两仪,两仪出阴阳,阴阳变化,一下一上,合而成章。"音乐本源于太一,太一实际上就是太极,阴阳的消长变化是音乐产生种种变化的基础,和谐之音源于宇宙生命本体,也是生命联系回归本体的桥梁。古乐更加接近生命的本源和本体,即便像墨子这样的非乐大师,虽反对奢华的音乐,提倡非乐,但实际上也还是赞同先王之古乐的。道家的老子、庄子等人关于音乐的理论,常为音乐界专家理解为其反对音乐,其实不然。道家重视生命的本质,从否定之否定的角度,揭示了音乐保健养生治疗的本质和真谛。道家认识到生命的更深层奥秘,即无为之道,因此大音希声,不要让纷繁的声音过多掩盖了元神之自我活动,妨碍了通往本体之道的道路。合于自然,方能达到天年的境界。

《老子》指出:"五色令人目盲,五音使人之耳聋……是以圣人之治,为腹不为目。故去彼取此。"之后还提出了"大音希声"。庄子提出了天籁境界,提出:"无听之以耳,而听之以心;无听之以心,而听之以气。"为达到以放松、入静和心理调节为目的的音乐境界,需要进入这种类似于婴儿时期的无知无为状态。人体处于这个状态时的生命力是最为旺盛的,修复能力也最强,进入这个状态,人体自我保健康复能力得到启动和恢复。因此,状态音乐治疗之"音乐守神法",就是一种通过聆听"无声之音",逐渐进入意识之源的内化音疗方法。

随着中华古代文明的全面发展,中国音乐保健治疗意识和方法也得到完善和发展,这以《乐记》音乐理论和《黄帝内经》的五音学说为集中代表,它们构成早期的中医音乐疗法的思想体系。先秦时代的《黄帝内经》认为,音乐与宇宙天地和人体气机密切相通,把五音引入医学领域,不但与人体内脏、情志、人格相密切联系,而且可以用来表征天地时空的整体状态。古代音乐在保健养生领域应用较多,如何应用于治疗,则理解和开发得比较少,有很大的作为空间。五行模式属于传统语境,转换语境,治疗与中医基础理论和临床对接,五音最终影响人的意识状态,从而产生作用。因此,传承古代音乐医学理论,进行更深入的研究,需要结合现代中医创新的"状态观—心能学"理论思路,进入五音五态的音乐疗法模式。

(4)五行—五音五态模式

结合中医学对于阴阳五态的认识,以及中药"寒热温凉"四性理论与音乐情绪感受理论,将五音模式进一步深入发展成为五态模式。《黄帝内经》根据人的不同形态、筋骨的强弱、气血的盛衰,将人的状态区分为太阴、少阴、太阳、少阳、阴阳和平五态,据以论治。《黄帝内经·灵枢·通天》:"古之善针艾者,视人五态,仍治之。"每人都具有五态的特征,只是五态比例各有不同。

五态实际上是五种状态的展现。太阳状态对应热烈(热性),表达丰盛的状态;少阳状态对应欢快(温性),表达流动的状态;少阴状态对应安静(凉性),表达收敛安静的状态;太阴状态对应沉静(寒性),表达收藏的状态;阴阳平和状态对应平和(中性),表达中和状态,与七情状态相应。五态都有太过或不及两种类型。五态之间生克制化产生复杂演化,形成各种复合状态。有针对性地深入研究之,对于选择合适的歌曲或乐曲组合,促进调整身心状态有重要指导意义。

状态对应歌曲案例表

五态	太阳状态	少阳状态	少阴状态	太阴状态	阴阳平和状态
中药药性	热性	温性	凉性	寒性	中性
代表中药	附子	柴胡	麦冬	黄连	甘草
情绪状态	喜	怒	悲	恐	思虑
太过—不及	狂妄—绝望	愤怒—失落	悲痛—无力	惊惧—崩溃	纠结—呆滞
五行	火	木	金	水	土
音乐状态	丰盛	流动	安静	收藏	中和
典型歌曲——正常状态	《怒吼吧黄河》《歌唱祖国》《草原上升起不落的太阳》	《乡间小路》《让我们荡起双桨》《打靶归来》	《一帘幽梦》《潮湿的心》《恰似你的温柔》	《绿岛小夜曲》《月亮代表我的心》《你的眼神》	《两只蝴蝶》《同一首歌》《天边》
"用乐如用药"——"乐药同源"——归经、升降浮沉、寒热温凉、君臣佐使					

由于中医脏腑模式以状态为基础,重视气化,所以实际上其就是虚拟存在的状态。西医脏腑模式则基于物质结构器官,重视形态可视性、功能实在性。音乐的存在,更是以虚化的信息状态为主,因此音乐治疗,其本质与中医更为接近。五态模式重视以情绪状态为主体,强调主观心理生理感受,是五行五音模式的进一步演化。音乐与情绪状态的相关性,成为古今中外医学和音乐治疗体系之间沟通交流的重要衔接点之一。

中医认为七情过激引起气机的过度变化,"怒则气上,恐则气下,思则气结,喜则气缓,悲则气消,惊则气乱"。都能导致体内功能失衡,是引起情志疾病的主要因素。各种情绪之间相互作用,有微妙复杂的联系。情绪心理应激,导致神经—内分泌—免疫调节网络功能失调,是各种身心疾病产生的重要原因之一。

状态观从心身关系的整体视角,把握音乐治疗医学中应用的真旨,就是调整心身整体状态。从整体和辨证的思路认识人的各种情志之间不是孤立存在的,而是具有相互滋生和相互制约的动态关系。基于情绪状态的音乐分析和数据库建设,是状态音乐治疗的重要基础研究领域。

案例一

50岁的周姐在火锅蒸腾的麻辣味里失眠整宿。自从连锁店扩张以来,她每晚梦见滚烫的红油化作巨蟒缠身,惊醒时只感觉满嘴苦味,胸口像压着块石头。后来,周姐去看中医。中医说她舌苔黄腻如火锅浮沫,是"痰火扰心"。医生给她开了七剂黄连温胆汤,还塞给她一个U盘:"每天午市结束时,听听这个。"

于是,后厨储物间成了周姐的秘密基地。午后三点,当《高山流水》清冽的琴音流淌在后厨储物间,周姐就用治疗师教的"呬"字诀深呼吸,想象自己把肺里的痰浊随商调音波震碎排出。周姐坚持这样做坚持了很久,甚至有次在切菜时突发灵感,抢起炒勺敲击不锈钢盆,金属震颤声竟与音乐里的泛音共鸣。就这样,周姐失眠的症状渐渐地有所好转。现在店里的员工经常会看到这样的一幕:老板娘领着厨师团队边炒火锅底料边练六字诀,火锅沸腾声与"呼——呬"声交织成奇特的劳动号子。

三个月后,周姐的体检结果显示,周姐的血脂指标下降了。周姐摸着消减的腰围感慨道:"以前提神靠麻辣,现在靠的是商调清肺——这《阳春白雪》比解辣饮料管用多了!"

2. 状态导向五音疗法的原则

状态导向五音疗法传承辨证施乐思想,根据状态施加音乐,调理心身平衡,适应心身疾病的调理。状态音乐治疗的目标是回归内在平和,使病人拥有自愈力的宝藏。治疗原则可以分为有为原则和无为原则。有为无为,对立统一,互相转化。

(1)有为原则

有为法五音疗法中,来访者在音乐放松、降低阻抗后,进入入境状态。医师始终引导和控制着音乐想象的全过程,其中包括对音乐的选择、情景的设定以及过程中想象进程的发展,而病人基本上是跟随医师的引导进行想象的。存神想象的内容通常是美好情景或良好自我体验(轻松愉快以及喜悦等),以及具有启发性的情景,用以增加正向心身能量。

(2)无为原则

无为法五音疗法中,首先也是来访者在音乐放松、降低阻抗后,进入入境状态。医师不对病人设定想象引导,而是把想象的主动权交给病人,让病人跟着音乐进行自由联想。医师在跟随病人想象发展的过程中,不抗拒也不主动推动和深化病人的想象和情绪反应,而是包容与转化病人富于情绪色彩的想象体验。觉醒即治疗,无为无不为,觉醒自我,自动调整,自由创造。

3. 状态导向五音疗法的评估

状态导向五音疗法的重要组成部分——状态评估,确定问题状态以及目标状态,设计出音乐调态计划,由音乐疗法师或音乐保健师执行。选择合适的状态导向音乐"音药",帮助调治者从不正常的病态调整到正常的功能状态,以进入健康状态。

状态评估中有"辨识病机"之说。"机"的原义是"扳机点""触发点""枢机",引申为主导事物发生变化的关键、决定事物发展的枢纽。中医学上的"病机"是疾病发生、发展、变化的枢机。"潜藏于内,变动不居"是病机的基本特征。识机,指更深入地认识状态和把握核心特征。"辨识病机"是状态评估的中心任务;"见微知著,司外揣内"则是辨识病机的基本方法。

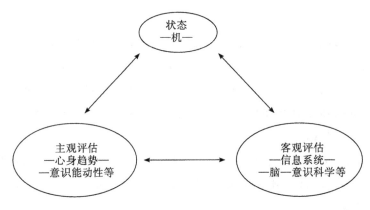

状态评估的分解图

状态是生命整体存在的现象,机是状态发展的趋势,升降出入(节律循环)是状态的运动形式,寒热温凉是状态的感觉特性。状态不离开心,它以意识的存在为中心,并需通过主观的感受来确定。

(1)主观评估

主观评估按目前比较成熟的模式分为基于四诊的意识能动性评估、心身状态趋势评估、体质状态评估、气质-阴阳五态人格、生存质量五个部分。

意识能动性包含意识觉察力、意识平衡力、意识转化力和意识创造力等子因素。现已发展出形神合一量表(见下表)。心身状态趋势评估,包含升降出入状态评估、寒热温凉状态和情绪状态评估,相关量表有待进一步完善。

形神合一量表六度分级表

序号	意识与形体的状态	程度	表现
1	意识完全失去对部分形体的控制	形神离绝	瘫痪
2	意识大部分失去对部分形体的控制	形神分离	僵硬
3	意识中度失去对部分形体的控制	形神分隔	麻木
4	意识小部分失去对部分形体的控制	形神可理	迟钝
5	意识大部分能够协调对部分形体的控制	形神协调	轻松
6	意识能动性可以完全地控制和表达形体	形神俱妙	自由创造

另外,在音乐学和心理学方面检测可以引进主观评估,根据不同个体对于音乐声音形式等的敏感性,有乐敏态-易感性评估和SCL-90等评估体系。

(2)客观评估

随着生命信息系统科学的发展,逐渐开发出新型的状态评估技术工具,比如生命信息量子检测仪器、经络测定仪、红外场态监测仪等。脑—意识科学领域的客观观测分析工具将发挥重要作用,比如基于情绪状态的功能性核磁共振系统和脑电复杂性分析系统,都能帮助心身状态进行客观化定位定量评估。

状态评估体系目前还比较薄弱,需要结合生命科学各方面进行深入发展,在主观和客观两方面都需要不断地充实。状态观思路,基于主观状态中心的客观化研究,也为生命科学研究开辟了新的实践方向和领域。

(五)状态导向五音音乐的基本结构

状态音乐的定制是辨证施乐的体现。音疗师依据状态评估结果,按"理法方药"与"君臣佐使"法则,将人声状态导引词/诸种音乐元素/穴位辅助/呼吸辅助等进行有机的搭配,对人体的心身状态进行系统性和有针对性的调整(见下图)。

状态五音疗法的基本结构

(六)状态导向五音疗法的三个应用阶段

状态导向五音疗法三阶段的要点分别如下:第一阶段"轻漫柔"(轻松、浪漫、柔和)强调回归到自在身体、情绪和意识流意境,人体进行自动的调整;第二阶段为"善用意",表现为善用意、善意用、意用善、意善用、用意善和用善意六个层面的内容,人体感受身体的转化、情绪的转化、意识的转化,在辨证引导下进入善意的/美好的状态中;第三阶段为"中和平"(中正、和谐、平和),强调放松自由的状态,强调发挥人体内在的创造力进行深度的自我修复和激发灵感。

状态导向五音疗法的三个应用阶段表

阶段	要点	操作
第一阶段回归	轻漫柔	感受状态音乐、自在身体/情绪和意识流意境,引导人体进入轻漫柔状态,自动调整自我; ①形——感受身体的存在和调整; ②气——感受自身情绪和"新"的产生; ③神——感受状态音乐与自身意境; (每次感受回归,深呼吸;形气神自在)

续表

阶段	要点	操作
第二阶段转化	善用意	感受身体的转化、情绪的转化、意识的转化,辨证引导自我进入善意的/美好的状态中; (每次感受转化,深呼吸;形气神转化)
第三阶段创造	中和平	放松自由的状态,发挥内在创造力,深度修复自我和激发灵感,中正、和谐、平和 (每次感受创造,深呼吸;形气神生生不息)

第三节 五音疗法的方法

一、内化式状态导向疗法

内化式五音疗法,包含了被动性疗法以及接受性疗法,主要指通过以聆听为主的音乐方式,激活听音乐所引起的各种生理心理体验。其目标是连接内在心身,激活潜能,觉悟内在的宁静与和谐,实现有益心身的信息的转化,增加心身能量以及和谐度。其主要方式包括播放背景音乐、耳机单独播放音乐欣赏以及音乐联合语言诱导等,利用外界音乐作为渠道,来激活人体内在和谐潜能。

具体方法:来访者主要是通过聆听接受的方式来接受治疗的,可以聆听歌曲或乐曲。听完歌曲或乐曲后,可以组织成员进行讨论,探讨进入内在心身状态的宁静感受,这可以促进小组成员之间的语言和情感交流,帮助其识别不正常的思维和行为,了解来访者的深层心理需要,等等。选择聆听曲目时,可以先选择来访者熟悉和喜欢的乐曲,以提高来访者听音乐的兴趣,也可以了解来访者的音乐喜好,以及其内在思想信念的投射。

可以根据来访者需要,在合适的时段安排其聆听音乐。听一段在过去生活经历中有特定意义的音乐,可以引发对过去生活经历的回忆,使人产生联想,暴露心结。在来访者出现相关的情绪反应时,疗法师及时了解并加以辅助,及时进行疏导处理。如果是小组聆听,成员之间可以互相倾诉自己的往事,宣泄自己的情感,互相支持和安抚,进而加强相互间的理解和沟通。

疗法师或医师,经过针对性的状态辨证评估,可以为来访者安排有目标性的引导曲目,帮助来访者增加正能量,自然化解各种心结与不平之情绪状态,最后进入内在宁静和谐。平和的心身调整状态是内化式治疗的主要目标。

二、外化式五音疗法

外化式五音疗法,包含了主动性疗法、表达性疗法和活动性疗法。这是一种来访者可以由内而外地表达或演绎的方法,来访者在亲自参与各种音乐活动,包括演唱、演奏和音乐技能训练的过程中,表达出内在的情感状态,获得某种心身领悟。这种方法并不要求来访者必须受过专业的音乐训练,或最终获得很高的音乐技能,而是以表达内在心身状态为目标指向,呈现即改变,表达即治疗。在外化的音乐艺术表达过程中,以不同心身状态为表现基础,如表达性艺术和五音疗法、五行音乐舞蹈、音乐游戏、音乐绘画、演唱等。

根据状态辨证选择音乐,配合律动和舞蹈,也属于外化式音乐治疗范畴。律动是在音乐的伴随下,按着音乐节奏做出规定或非规定的身体律动性动作,例如简单的踏步、复杂的舞蹈或导引;音乐的速度和节奏类型也随来访者状态特征而定;可以播放音乐录音,也可以用合适的乐器演奏或者伴唱;等等。总之,要有合适的音乐节奏。舞蹈活动或导引活动,主要是身体的表达活动,涉及身体位置变化、肢体移动方式、整体活动范围等。即兴舞蹈或导引中有呼吸与想象相互配合等,可以随着外在音乐节奏进行自发性的活动,也可以随着自己内在的音乐,来进行自由流动的外化表达。

即兴的舞蹈、律动或导引,心身状态外化表达,有利于心身舒展,经络通畅,气血流动。同时,也可以互相交流和互相影响,形成整体氛围,促进自我表达,在外化的过程中潜移默化地调整内在。即兴表达,尤其是以演奏为主的治疗方法,属于外化式音乐治疗的范围。来访者由内而外逐渐呈现表达行为等,是非常好的创造性方法,是个人或团体治疗的中心。自由自发性活动,可以明显调整个人或团体状态,使之从不平衡状态转为流动状态,进入平和喜悦的状态,形成主动而和谐的能量信息场域。

音乐剧表演也是一种综合性、集体性很强的外化式治疗方法,融合音乐、戏剧等多元因素,巧妙有效地促进来访者表现内在自我,促进交流。

无论内化式五音疗法还是外化式五音疗法(见下表),都有积极意义,需根据来访者的需求来采用。治疗活动可以个人进行,也可以集体进行,一般是从个人活动开始,逐步过渡到集体活动。如果两种类型活动结合起来进行,互相交替、相互促进,治疗效果可能会更好。

内化式五音疗法与外化式五音疗法有机结合,形成综合性的融合式音乐治疗模式。在实际的治疗过程中,内化和外化常常密切结合。在内化的过程中,来访者先通过聆听,进入放松的状态,音乐引导调整,从感受内在意象到逐渐调整恢复良好的意象。可以通过表达的方式,把意象形式外化出来,形成可观察到的现象。在外化的过程中,也可以反观把握自己的内在,实现内在调整,可谓内中有外,外中有内。五行音乐也有内在和外在,内外交融,情景合一,内外场态同步,心身和谐愉悦,促进整体康复。

GSMT 治疗形式表

类别	含义	技术
内化式 GSMT	以聆听的方式进行内化引导,通过听音乐,引导人体心身合一,引导人体进入"低耗散优化状态",提升心能,调节状态	音乐守神技术。选取定制的状态音乐,引导人们放松安静地聆听音乐,并引导人们持续放松地专注于当下,有意识地感受音乐、呼吸以及情绪和意识的引导,安于处在心身合一的心能状态中,进行自然的疗愈
外化式 GSMT	通过具备主动性或活动性的音乐治疗形式,按"高感受度/低技巧"原则,设计各种音乐活动,包括歌唱、演奏和音乐技能等。引导人们由内而外地表达自我,体会"低耗散优化状态"来调节身心	音乐治神技术。这是辨证法则指导下的有针对性的心身状态音乐转化的方法,具体包括状态音乐歌唱(哼鸣、吟唱等)、状态音乐演奏、状态音乐意象转换(意象对话、改编歌词)、状态音乐香道/呼吸/运动/茶道/心理剧和即兴表达等

三、状态导向五音疗法辅助技术

(一)五行音乐导引技术

音乐辅助导引的方法,是古老也是容易为人所接受的方法之一。在优雅、安静的音乐环境中,进行调心、调息、调形,通过养心安神、吐浊纳清,运行气血精气,炼意调神,增强定力,可以治疗精神心理疾患,尤其适合有精神过度紧张、身心失调诸疾的来访者。其形式包括:接受式——音乐聆听,一般在放松后,进行聆听接受辨证施乐调整,积极配合合适的心身状态引导方法;主动式——音乐唱诵法,即歌唱疗法,以及以乐器演奏为主,突出音声导引,通经行气,包含祛病疗疾的声音功法,如六字诀吐纳唱诵或哼鸣法等,合适的时候也可配合律动舞蹈或导引等。

(二)五行音乐心理调节技术

五音疗法,是调节心身状态的最佳手段之一。在中医理论的指导下针对来访者心理,进行辨证论治,疏导平衡。让治疗对象聆听事先录制好的音乐或现场演奏的音乐,通过聆听音乐的方式引起来访者在生理、心理、认知、精神、情绪等方面的变化。来访者在聆听内化过程中或过程后可能产生包括自由联想、情绪宣泄、心身放松、歌词觉悟、引发行为、引发记忆、创作故事以及行为调整等反应,最后都回归内在平和宁静的自然心身状态。

1. 音乐顺势法

音乐顺势法也称音乐同步放松技术。根据来访者的病情和情绪状态直接给以性质类同、感觉相近的音乐,让来访者获得共鸣后,放松身心,降低阻抗,引导来访者步向良好状态。古代医学家张景岳说,"若思虑不解而致病者,非得情舒愿遂,多难取效"。通过音乐创造的意境,合其情意,顺遂其欲,满足人的意愿、感情和生理需要,疏导气机,美化升华情感,疗愈心灵,促进康复。

2. 音乐守神法

中医认为,心为五脏六腑之主,心动则五脏六腑皆摇,所以特别强调心理因素对机体各脏器生理状况和过程的重要影响。"恬淡虚无,真气从之,精神内守,病安从来",保持心理的平衡和对环境的适应性是减少疾病和加快身体康复的基本健康策略。利用传统古典音乐的独特意境意象、自然节奏、宁静祥和的存神观想,舒缓引起内心不安和骚动的外界刺激,自然平和宽容地对待七情变化,调节欲望,不贪不纵,保持中和,安神守神,健康自来。

3. 音乐转移法

《素问·移精变气论》中说:"古之治病,唯其移精变气可祝由而已。"所谓移精变气,就是移易精神,改变气机。所谓"祝由",就是告之疾病的来由。人的行为受信念、兴趣、态度等因素所支配,所以要改变来访者的不良行为,就必须先引导其改变认知。传统音乐者,调和阴阳,舒畅血脉,通流精神而和正心。音乐转移,就是利用音乐的独特意境形成新的意象,实现精神情绪状态的调整、导引和改善。

4. 音乐暗示法

利用音乐意象和音乐意境以含蓄、间接的方式对来访者的心理状况施加影响,诱导来访者接受某种信念,重建自信心,或改变其情绪和行为,引导其情绪和行为朝特定的方向转化。该法尤其适用于改善疑心、误解、猜测、幻觉等所导致的心理障碍及和文化因素相关的精神疾病情况。音乐的非语言方式非常适合进行暗示,当然也可以结合音乐话疗进行治疗。

5. 音乐回溯技术

选择播放合适的歌曲或乐曲,引发由音乐所承载的情感和回忆。音乐回溯技术生动且富于感情色彩,较少遇到阻抗,可以使疗法师较为容易地了解到事件对来访者的深层心理影响和意义,找到靶向目标,从而使来访者倾诉往事,宣泄情感,获得支持安抚,促进相互理解和情感沟通。

6. 音乐组场技术

团队小组集合模式,可以进行表达、合唱等活动。集体组场、靶向调整多以积极想象目标为主,集体正能量大,能迅速转换内心意象,进入正向能量状态。再引导想象,意象变化积极了,疗效就会出现。集体音乐活动、团队组场,进行合适的感受交流,分享心得,互相影响,协同共振,巧妙实现"积极思维认知转变的暗示化处理",有助于实现心理疏导、情志重塑、人格调整等干预目标。

(三)兼容的复合型技术

1. 音乐电针疗法

音乐电针疗法在电针的基础上结合五音疗法,吸取了电疗的特点发展起来,具有刺激经穴和音乐治疗的双重作用。它与传统的针刺穴位(包括电针疗法或以电极代替毫针导入脉冲电流)一样,通过刺激穴位疏通经络、调和气血、补虚泻实,提高免疫功能;同时,它又兼有音乐的欣赏性和娱乐性功能,充分发挥音乐的生理、心理功用,尤其是音乐信号经过换能处理后,音乐脉冲电流不仅具有调制特点,还变成低、中频脉冲电流的集合体,其频率范围广,为20~20000Hz。具有音乐风格和特点的同步音乐脉冲电流,能刺激经络穴位,治疗效果也随之明显提高。音乐电针疗法具有舒心活血、镇静催眠、解痉止痛、抗炎消肿、蠲痹降压、预防肌肉萎缩等功效。该疗法已经应用于临床,深入的开发性研究同步展开。随着音乐元素中更有针对性的符合人体特性的信号规律的阐明和发现,该疗法将会发挥更大的作用。

2. 五行音乐生物反馈法

五行音乐与生物反馈仪器相结合来促进生理的放松,被称为"音乐生物反馈",可由脑电图、皮肤体温、皮肤电阻、肌肉电位等反馈。这些生物仪器可以显示出人的生理唤醒水平的各种数值,反馈生理放松状态和水平。而在音乐生物反馈的训练中,音乐则可以作为促进生理放松的刺激信号,也可以作为生理放松的反馈信号,促进反馈,提升反应机能。

3. 五行音乐运动疗法

音乐调节状态与运动导引有机结合,音乐可以与传统导引、太极运动、易筋经、养生保健功等传统运动结合,也可以与慢跑、游泳、肌力训练等现代运动有机结合。音乐引导心身进入合一状态,以意识运动为主,呼吸和运动配合心身整体节律性运动,在运动中体会意境,在意境中感受运动,意识能动性和心身网络疏通性都同步增强,促进康复。

4. 五行音乐推拿按摩疗法

音乐调节状态与手法结合,形成手道技术。音乐与传统按摩推拿结合,在合适的音乐的配合下,一方面引气归经,更容易使人放松;另一方面根据节律配合手法,更容易使人进入心身合一状态,进入意境,促进心身网络连接,增强意识能动性,同步改善手法施予质量和接受质量,提高整体疗效。

状态导向五音疗法,立足整体观,使生命本体与宇宙本体连接,以意识为核心,以身体为基础,以心身关系为枢纽,疏通网络,激活心能,调动意识能动性,发挥生命内在的巨大潜能。状态音疗师的功能,在于沟通激活人体内在网络,激活意识能动性,进入心身互动状态,进一步沟通人与大自然的网络联系,开启潜能,组织调节生命信息系统,促进生命功能和结构的改善,与现代临床和康复手段配合,有效地实现治疗疾病和功能的健康回归。

案例二

深夜的写字楼里,23 岁的程序员小李盯着泛蓝的电脑屏幕,后腰上像压着块烙铁般酸痛。连续加了三个月的班赶项目,他发现自己陷入怪圈——自己明明困得眼皮打架,躺下却心跳如擂鼓,手脚心烫得能煎鸡蛋。最可怕的是耳鸣,键盘敲击声在他耳中变成尖锐的电流音。

面对自己的状况,小李去看了中医,希望医生能够帮助自己解决问题。在中医馆里,医师把着他的脉直摇头:"脉细数得像乱码,心火亢盛肾水枯,你这是典型的'心肾不交'。"随后给出了治疗方案。然而这份治疗方案让小李感到意外:每天戌时(19—21 点)用艾灸盒温灸涌泉穴,同时循环播放古琴曲《流水》,并辅以治疗师教授的"吹—呵"呼吸法练习呼吸,吸气时默念"吹"字想象肾水上升,呼气时发"呵"字引导心火下降。

头三天,小李差点把艾灸盒踢翻——涌泉穴的热流顺着脊柱直窜头顶,但意想不到的是,耳鸣竟在琴声里化作山涧流水。第七天加班时,小李偶然播放了治疗师给的羽调音乐合集。当《梅花三弄》的泛音响起时,他发现敲代码的手不再颤抖。一个月后的晨会上,主管惊呼道:"小李你的黑眼圈怎么没了?"小李摸着不再发烫的耳垂笑答:"因为我现在是水火既济的程序员了。"

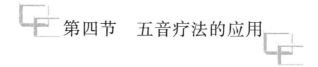

第四节　五音疗法的应用

一、在预防疾病中的应用(未病先防)

中医预防原则以未病先防为首,《黄帝内经》中有"上工治未病"的论述。五音疗法根植于中医思维,故而未病先防也是五音疗法的核心治则。

亚健康是指人体处于健康和患病之间的一种状态。亚健康状态者不能达到健康的标准,表现出一定时间内活力降低、功能和适应能力减退等症状,但这并不符合现代医学有关疾病的临床或亚临床诊断标准。就中医五音疗法治疗亚健康进行分析,五音疗法将中国传统医学中阴阳五行、天地人合一的理论与音乐相结合,五种调式的音乐因选用的主音、旋律和配器不同,所发出的声波和声波形成的场质不一样,故对脏腑及情志的作用也各有不同。有国内外研究针对亚健康人群接受音乐治疗情况进行分析,认为传统中医五音疗法既有理论体系,又有实践的方法,采用辨证论治、因证施乐的思想,在治疗亚健康方面将有着西方医学和单纯音乐疗法所无法比拟的优势和前景。

五音疗法不只通过生理途径来治疗疾病,还通过心理途径来改善机体状况。良性的音乐能提高大脑皮层的兴奋度,改善人的情绪,激发人们的感情,振奋人的精神,在改善情绪方面效果更加显著。武静等人利用五音疗法就在校大学生紧张、焦虑情绪进行关于中医临床情志方面的研究,选取18~22岁满足条件的在校大学生20名,男女各10名。按性别随机分两组,一组根据五音与五志关系中的"思胜恐"法,选择适当的音乐进行调节,另一组不进行任何干预。结果证明,音乐干预组紧张、焦虑症状改善明显。

案例三

王女士,50岁,平常情绪不稳定,容易生气,工作压力大,失眠3年,舌红,面色偏红。

状态评估:阴虚火旺型。

治疗方案:应用内化式状态音乐治疗,每晚睡觉前听20~30分钟角调式古琴音乐,配合颂钵音疗,如《平沙落雁》《神人畅》和颂钵金音,同时静息守神,调心调息。

调理效果:一个月后,王女士反映,情绪好了很多,心态更加平和,不容易生气了,而且乳房胀痛的症状也有所改善。

案例评语:内化音疗,古琴丝弦通心,宁静守神,心气导向平和。同时,角调式音乐养肝,"肝属木,在音为角,在志为怒"。木的特性是柔顺、舒展、向上生发,对应柔美舒畅的角音。角调式古琴音乐引导宁静,内养生机愉悦;颂钵金音,则能清心化降烦火。两者相配,一升一降,调和阴阳气化,情志回复中正平衡。

二、在防止疾病恶化转变中的应用(既病防变)

五音疗法理论体系已建立多年,其临床应用也逐渐受到多方重视,诸多神经内科疾病的治疗,引入五音疗法的案例已不胜枚举。梁辉等人就五音疗法治疗耳鸣进行临床研究,初步临床观察显示:从2009年始,尝试针对接受掩蔽治疗无效者、无法掩蔽者、接受掩蔽治疗无效并接受声治疗无效者、尝试多种疗法均无效者进行五音乐曲治疗,结果厌烦、拒绝先前掩蔽治疗和声治疗的来访者接受了五音乐曲治疗,积极配合治疗,并且绝大多数来访者在接受五音乐曲治疗之后,不适症状明显改善,耳鸣严重程度评分亦显示降低。耿迪就中医五行音乐疗法分类辨证治疗失眠进行临床研究,选取120例失眠来访者,分3组,A组采用单纯中药治疗,B组采用中药配合体感音乐随机辨证治疗,C组采用中药配合体感音乐分类辨证治疗。结果显示,A组的总有效率为70.00%,B组的总有效率为66.67%,C组的总有效率为85.00%。经统计学分析,$\chi^2 = 14.294$,

P=0.027<0.05,说明 3 组临床疗效有显著差异,且 C 组优于 A、B 两组。治疗抑郁症或疾病伴有抑郁表现的来访者时,在使用中西药治疗的同时,采用五音疗法亦可提高临床疗效。李林通过研究围绝经期抑郁症来访者抑郁症状评分及性激素水平的变化,探讨五行音乐及中药的疗效。结果显示,在服用中药的基础上辅以五行音乐疗法,既能调节围绝经期抑郁症来访者的性激素水平,又能很好地改善其抑郁症状。

案例四

陈某,男,广东省广州市人,63 岁,血压 150/92mmHg,为高血压患者。其断断续续吃降压药,但血压不稳定,情绪容易激动,烦躁易怒,面色偏红,脉弦数,需要进一步用音乐治疗调节心身整体。

状态评估:肝旺脾虚证型。

音疗方案:首先,应用内化式状态音乐治疗,每晚睡觉前听 30 分钟宫调式古琴音乐,配合颂钵音疗,如《文王操》《莲花》和颂钵金音,同时静息守神,调心调息。

其次,早上起来应用外化式状态音疗,听舒畅轻音乐结合散步或做体操,配合哼鸣法调理 30 分钟。

调理效果:3 个月后,血压降到 130/85mmHg,血压基本稳定,心情稳定舒畅,胃口良好。

案例评语:内化音疗,宁静守神,宫调音乐养脾胃状态。脾胃属土,大地厚重,舒缓宽厚,化解一切负面信息。宫调式古琴音乐意境引导宁静,厚德载物,吐纳得当,气机顺畅。颂钵金音,则能清心化降烦火,心静神安,升降和合。外化音疗,舒畅气机,助阳生发,透发郁结,上下表里,情志疏通。内外同调,疏导情志,愉悦身心,气血通和,病去人安。

三、在防止疾病复发中的应用(疗后防复)

五音疗法不仅在预防与治疗疾病层面有效,在疾病的术后康复中也具有很好的治疗效果。林卫红等人观察五音疗法对肺癌术后焦虑、抑郁情绪的治疗效果,选择肺癌术后来访者 118 例,随机分为治疗组 58 例与对照组 60 例,均予以常规治疗,治疗组辅以中医音乐疗法,比较两组宗氏焦虑自评量表(Self-rating Anxiety Scale,简称 SAS)和抑郁自评量表(Self-rating Depression Scale,简称 SDS)评分。结果显示,中医音乐疗法可以显著降低肺癌手术后来访者的 SAS 及 SDS 评分。该研究表明,中医音乐疗法可以改善肺癌手术后来访者的焦虑、抑郁情绪。丘艳红等人观察五音特色护理干预脑卒中后睡眠障碍的治疗效果,选取 120 例脑卒中后睡眠障碍来访者,随机分为对照组(60 例)和治疗组(60 例),对照组予以常规护理,治疗组在对照组基础上采取五行音乐特色护理,比较两组来访者睡眠质量。结果显示,治疗后治疗组匹兹堡睡眠治疗指数(Pittsburgh Sleep Quality Index,PSQI)各因子评分结果、神经功能及综合精神状态均显著优于对照组(P<0.05)。这说明五行音乐特色护理疗法对于干预脑卒中后睡眠障碍疗效显著。

案例五

超市主管王姐最近像座活火山,潮热盗汗、失眠心悸折磨得她见人就吼,连女儿都说"妈妈变得像怪兽"。经过中医诊断,王姐有"痰火扰心"的毛病。医生建议王姐试试用音乐调理自己的身心。

治疗室里,五音鼓发出的宫调音波让王姐紧绷的肩膀放松了。同时,治疗师教王姐使用"呼—呬"呼吸法——吸气时想象脾胃运化食物,呼气用"呬"字诀排出浊气来调节自我。起初王姐觉得这一做法像跳大神,但跟着《茉莉花》旋律练习两周后,她发现自己胸闷的症状减轻了。

后来,王姐参加了团体治疗。在团体治疗中,六个同样烦躁的中年女性围成圈,用"呼"字诀哼鸣。当285Hz的共振声在房间回荡时,王姐突然泪流满面——这种集体共鸣让她想起儿时和姐妹们在麦场唱歌的时光。在治疗课结束后,王姐决定每天带着便携音响去公园晨练。就这样王姐领着广场舞队边跳《红梅赞》边练六字诀,还自创了"呼吸广场舞":每完成一组"嘘—呵—呼—呬—吹—嘻"呼吸,就变换一个舞蹈动作。

就这样坚持了一段时间后,王姐的症状得到了缓解,每天脸上的笑容增多了。女儿偷偷录下她教邻居唱歌的视频说道:"妈,你教《洪湖水浪打浪》时比以前在超市训人时的样子温柔多了!"王姐擦着汗笑骂道:"小孩子懂什么?这叫音乐疗法!"

思考与练习

1. 什么是五音疗法和状态导向五音疗法?
2. 五音的整体性含义和心身状态呈现是什么?
3. 什么是状态导向音乐疗法?如何理解心能?
4. 状态导向五音疗法的原则有哪些?如何理解心身状态的内化和外化?
5. 试述五音疗法的主要形式、具体方法和作用。

推荐书目

1. 邓铁涛,白家祯,曾一玲.八段锦:邓铁涛健康长寿之道[M].广州:广东科技出版社,2004.
2. 周庆海.传统养生功法:八段锦、五禽戏、太极拳、易筋经[M].北京:化学工业出版社,2011.

3.杭成刚,潘建荣,王九龙.运动养生[M].北京:北京出版社,2002.

4.余瑾主编.中国传统康复技术[M].北京:科学出版社,2022.

第四章

戏剧疗法

内容简介 本章系统性地介绍戏剧疗法的基础概念、治疗目标以及治疗过程中的一般程序;阐明戏剧疗法的理论整合框架、游戏与戏剧疗法的关系,戏剧疗法的各种技术方法以及戏剧疗法在临床与校园中的运用。

学习目标 1.了解戏剧疗法基本概念、理论知识、技术方法和实际运用;
2.对戏剧、游戏、心理治疗流派等知识进行交叉学习与整合内化。

第一节 戏剧疗法概述

一、戏剧疗法的定义

戏剧疗法一词至少包含了戏剧与治疗这两个相连接的程序概念。将戏剧作为一种心理治疗的方法,即戏剧疗法是以戏剧技巧来从事医疗上的心理治疗,它涉及对人生、社会、环境等的应用,有其独有的特质。

1979年,英国戏剧疗法师协会(BADth)在其发行的《戏剧疗法》(*Drama Therapy*)期刊中指出:戏剧疗法是一种手段,用以协助人们去了解与解决社会及心理上的难题,治疗精神上的疾病与解决精神上的障碍。它借用简单的象征性表达、创作性的架构,包括口语与肢体的交流,使来访者借着个人与团体来认知自我。

美国国家戏剧疗法协会在其出版的手册中记载:戏剧疗法(Drama Therapy)可被定义为采用戏剧与剧场的程序来达到减轻症状、整合情绪与促使人格获得成长的治疗目标的一种方法。

罗勃·兰迪教授指出:戏剧疗法是一种具意向的采取戏剧与剧场的程序,来达到减缓症状、整合情绪,以及促使人格获得成长的目标。它是一种活动方法,借以促使严重障碍与残障者，如医院、精神疗养院、特殊学校及监狱等机构中有这些问题的人产生正面的改变。此外，戏剧疗法同样能有效地帮助个人拓展与开发潜在的力量。

因此，戏剧疗法是一种有完整结构的戏剧与剧场艺术的治疗程序。它将来访者置于其活动中，借助于个人与团体互动，自发地去尝试并探讨生命中的经验，借以舒缓情绪，建立认知，解决精神上、生理上的问题或障碍，以实现促进人格成长、获得身心健康、发挥潜能、建立积极人生观的目标。

二、戏剧疗法的分类

（一）发展型

发展心理学强调的是人们生命阶段的先后性。某阶段的一个障碍可能成为一个人一生的问题。这个障碍不仅仅存在于孩童时期，还可存在于生命中的任何其他的阶段。采用发展型戏剧疗法的疗法师找出症结，然后通过戏剧方式加以修正，以改变来访者的观念。孩子们在游戏中学到的体系同样可以用在成年人身上，用以探索生活中的各种关系和情形。根据这一原理，戏剧疗法过程可以划分为三种模式。

化身——通过感官、运动和声音等形式对一个主题加以探究，这些形式包括舞蹈、活跃型的游戏、呼吸训练、唱歌游戏等。

投射——使用物体来象征人物、感情或情景，比如面具、木偶、玩具、仪式。琼斯对戏剧疗法中戏剧性投射的基本阶段作了总结。这些阶段注重的是通过戏剧，使"内在矛盾"获得外部释放，从而改变来访者的观点、心情和态度。

角色扮演——即兴或按照剧本表演一个真实或虚拟的角色。

戏剧疗法师鼓励来访者使用这些他们已在儿童游戏中应用过的任意一种模式来探索人生不同阶段的经历。

（二）创造表达型

该治疗类型应用的一个前提是，重点关注当前的创造性表演本身，不用回忆过去的事情或者疑惑现在发生的事情。这个类型的治疗目标就是提高小组成员已有的技能，从而促使自尊产生（Cattanach，1994）。运用创造性表达方法的同时，疗法师还要用一定范围内的戏剧创作来激发想象力，帮助来访者发挥潜在能量。这要求疗法师必须具备一定的交流和社交技巧，还得具备一定的洞察问题的能力。

（三）准戏剧型

格洛托夫斯基在准戏剧研讨会上使用了仪式、声音和肢体动作。他不喜欢在观众和表演者之间设定距离，因而发展出一种能把所有在场人员包含进去的剧场表演模式，强调眼下发生的事情。这些技巧经米切尔（Mitchell，1992）进一步调整和发展后用于戏剧疗法。米切尔用蜡烛摆了个仪式性的圆圈，小组成员在其中分享各自的经历，进行多种练习,包括运动和交流想法。这个类型的依据在于通过共同的肢体和认知进行表演,来访者可以做好展示个人和情感问题的准备,以获得改变的效果,即仪式的促进性转变。关于这种类型的戏剧疗法,米切尔作了如下陈述:这种方法就是让来访者在治疗的过程中,能自己设计治疗仪式;仪式本身不是改变,而是为改变作准备。

(四)角色类型

莫雷诺在角色概念的基础上建立了治疗性剧场。他关注的重点主要是人们所承担的角色,以及他们在不同角色下如何做人做事。他认为成功地发挥角色功能,就等于收获幸福,表演心理剧就是进行角色探究:纠正不正常的角色,继续行使成功角色的职能,同时寻找新的角色。

在角色承担和角色扮演观点的基础上,兰迪创造出角色型戏剧疗法,即来访者在治疗时完全通过扮演假想角色和该角色的对立面,来理解所表演的角色和反角色的矛盾本质。他表明这一方法的目标就是"改变举棋不定、自相矛盾的观点"。兰迪还强调了矛盾心理,认为无论来访者如何努力地去扮演一个角色,其中的矛盾还是会突显出来。例如,内心挣扎于如何选择角色,想演无所畏惧的英雄,但心中非常害怕扮演不好;纠结于两个矛盾的角色的扮演选择,徘徊于存在与虚幻之间,很矛盾地觉得自己既是英雄(不会怯懦)又是懦夫(不是英雄)。

(五)综合型

综合型指的是结合了两个或两个以上戏剧疗法类型的类型。珍妮斯描述了两种综合方法:一种是创造表达型与获取技能方法结合;另一种是任务型与心理治疗干预和解释方法相结合。经过一番介绍性的讨论后,小组再决定自己的主题。从多种剧场和戏剧性程序中做出选择后,疗法师引导来访者进行自我问题的探究,包括解决问题、发展技能或进行自我反省。

三、戏剧疗法的起源

戏剧疗法的发展与戏剧本身的演变息息相关。"戏剧"一词由希腊人创造,指的是"行为"或"一种人为设定的活动"。人们普遍认为剧场表演是由古时年末的仪式发展而来的。这种仪式在冬末春初时举行,被称为"年舞",后来又演化成为叙述狩猎和战争英雄事迹的故事性舞蹈。表演者不再以自己的身份舞蹈,而是饰演另一个人、动物或神灵等角色。随后关于这些英雄人物的神话故事出现了,仪式和剧场表演这两种形式也渐渐分离开来。当来访者变得更加精明老成以后,他们不再相信仪式的力量,有些人就退出表演而转变成观众。他们不再热衷于舞蹈表演,而与之保持距离,但还是会给予它认知和情感上的支持。这时,一个专属于他们的空间——"剧院"随之产生了(Hunningher,1955)。从这点来说,这种舞蹈形式就不再是仪式,而是成为了艺术——戏剧表演的艺术(Hunningher,1913)。然而,进剧院看戏在今天仍保留着仪式性的因素,观众的参与仍起着重要的作用。

仪式性的舞蹈发展成剧场表演的过程很缓慢,其中希腊剧场表演的形成过程表现得尤为典型。人们对酒神狄俄尼索斯的崇拜、赞美以及在他的祭坛周围演唱圣歌的行为最终发展成为希腊的剧场表演。通过舞台上的表演,人们慢慢认识到了自身的感情及存在的问题。而观众的观剧过程,就是一种与剧中假想人物同呼吸、共命运的过程,就好像剧中角色是真实存在的一样。这就使得观众有机会从一定距离外审视自己身上存在的问题,从而促进了戏剧疗法功能的发展。

古希腊剧场表演的演化阶段一般被认作戏剧发展的主要时期。正是在此期间,戏剧的治疗价值初次得到认可。随着每年春天节日活动的举办,古希腊剧场表演慢慢成形。人们都想成为喜剧或悲剧方面的专家,开始争夺最伟大诗人或剧作家的头衔。各行各业的人都参与其中。这个活动随后成为哲学家和政治家表演的舞台。亚里士多德在喜剧和悲剧两方面都有所建树,但让他驰名戏剧界的是他在专著《诗学》中对悲剧的定义。在这本书中,他强调了一种极端的情感表达方式,他称之为"情感宣泄"。

情感宣泄这一概念在戏剧的治疗性用途中起着至关重要的作用,同样重要的还有在戏剧中获得的间接参与感和身份认同感。明明知道舞台上的表演都是假的,但还是会临时性地相信它是真的,观众和演员都希望获得这种效果来共同创造出效果良好的剧场表演。假设性是戏剧疗法的中心,它可以让治疗者在知晓虚拟语境的前提下投入剧情表演。

四、戏剧疗法的发展

(一)戏剧作为治疗方法的源起

早期宗教仪式中使用的歌曲韵律和舞蹈能够让人进入一种催眠状态。当时的观点认为,进入这种状态就可以与诸神交流(Sargant,1957)。此时一种被称为萨满的宗教巫师职业应运而生,成为人们与诸神交流的媒介,被唤起的催眠状态就是交流的方式。随后他们开始宣扬巫术,成为人们身体、思想和精神上的治疗者;仪式开始通过催眠重置,起到改变意识形态的作用。直到今天,萨满教在很多地方依然存在,包括北美和澳大利亚(Drury,1989)。在斯里兰卡,萨满治疗集会是一种公众仪式。和有观众观看的剧场表演一样,该集会是以社会群体为观众在催眠状态下进行的戏剧表演(Casson,1984)。

尽管人们普遍认为萨满是由古代仪式性的活动发展而来的(Drury,1989),但直到18世纪,戏剧才开始对精神性疾病的治疗产生影响。随后,剧场表演作为精神紊乱者的消遣活动而被接受。人们认为参与戏剧表演可以起到治疗的作用,舞台随之被推广到精神病医院(Jones,1996)。为精神病来访者所写的剧本纷纷问世,有的剧本作者就是患者本人,其中最著名的可能就是萨德侯爵了。向大众推出剧本的有些方式在今天看来是不合适的,例如当时的人们把推广剧本看作嘲弄精神病来访者的机会。尽管如此,戏剧疗法发展的种子还是已经播下了。

（二）戏剧疗法的开端

彼得·斯雷德(Peter Slade)首次在英国使用戏剧疗法一词，这在他 20 世纪 30 年代写给英国医学协会的一篇论文中可以看到(Langley,1995)。"戏剧疗法"一词的出现使戏剧的治疗价值首次得到当时人们的认可，它也是对斯雷德当时工作成果的记录。当斯雷德还是一位年轻演员时，他就对儿童游戏产生了兴趣，并且意识到戏剧源于游戏。随后他到艺术中心和教育机构工作，和孩子们待在一起。通过与荣格分析师——克雷默(Kraemer)博士合作，斯雷德在研究成人精神健康的过程中进一步发展了戏剧疗法，也就是在这一时期，他接受邀请去英国医学协会演讲，并首次使用了戏剧疗法一词。然而戏剧作为治疗方法已经沿用了几个世纪，所以斯雷德认为自己不是戏剧疗法一词的开创者，而是其中的一位发展人。不仅如此，他的创造性工作还是治疗发展历程中的里程碑——他用自己 60 多年的职业生涯证明了戏剧在人们治疗和成长过程中的重要性。其作品都收录在他的论文集《彼得·斯雷德论文集》中，现收藏于曼彻斯特的约翰·瑞兰德图书馆。

很多权威人士把戏剧在现代西方文化中用于治疗的历史追溯到 19 世纪的欧洲大陆。这一时期文学作品开始探讨"情感宣泄"的功能，而法国和德国的精神病院则修建了此类剧院，专门用于治疗该类来访者。随后，戏剧疗法在俄罗斯获得重大发展。利金发展了"治疗性剧场"；叶夫列伊诺夫进一步完善了"剧场治疗"的定义，把它当作"一种探索表演过程中内心和精神历程的方法"。

（三）作为职业的戏剧疗法的发展历程

随着人们对戏剧疗法关注度的增加，那些已经投身于戏剧疗法的工作人员需要进行交流。作为对这一需求的部分回应，1976 年，英国成立了戏剧疗法师协会(BADth)。在该协会的支持下，戏剧疗法培训得以快速发展——围绕核心课程建立各自独立的科目。培训开始的时候是以短期课程的形式进行，随着培训模式的渐渐成熟，最后发展成了两年制的业余课程。1977 年，苏·珍妮斯在赫特福德艺术设计学校（现在的赫特福德大学）开设了一门戏剧课程；1978 年，她又在里庞与约克圣约翰学院创立了第二门课程(Meldrum,1994)，该课程后来获利兹大学的正式批准。与此同时，比利·林德科维斯特创立了一年制的全日制课程，后来在当时的伦敦演讲与戏剧学院开课。在 20 世纪 70 年代早期，有团体在埃克塞地区为一些精神病医院开设了一系列的周末研习班。德文郡戏剧组织者协会和后来的南德文郡学院戏剧系都开设了短期的在职课程，以满足戏剧疗法工作的需求。1980 年，南德文郡学院引进了两年制的研究生课程，这与赫特福德艺术设计学校和圣约翰学院开设的课程很相似。这门课程后来在埃克塞大学获得批准，以响应英国戏剧疗法师协会的政策，也为与当时其他大学认证的研究生课程保持一致。后来，普利茅斯大学成为课程认证机构。1955 年，附加课程在曼彻斯特和爱丁堡获得认证。

起初,SESAME对戏剧疗法的概念持抵制态度,后来才与戏剧疗法师协会合作(Jones,1996)。在所有的课程都得到大学的认证后,戏剧疗法师这一职业初步成形,人们对戏剧疗法的研究需求增加了。当初的戏剧疗法资格课程现已成为戏剧疗法专业硕士学位课程。

英国戏剧疗法师协会的建立,起初是为了让成员之间相互支持。随着参与到戏剧疗法中的人越来越多,该协会逐渐演变成了一种职业发展方式。在20世纪90年代中期,英国戏剧疗法师协会与艺术音乐治疗协会合并,两者又被纳入职业补充医学理事会(CPSM),该理事会现是英国健康护理职业的管理机构。经过长期的协商后,这三个艺术治疗机构最终在1998年成为国家注册机构。现在艺术疗法师(戏剧方面)是一个受保护的职业,没人能随便自称自己是一名戏剧疗法师,除非他们已经在"卫生健康专业委员会"完成注册。

五、戏剧疗法的意义

戏剧疗法旨在通过使用合适的戏剧帮助来访者获得戏剧体验,并达到改善其身心状况的目的。为了达到这一目的,疗法师和来访者之间必须形成一种能使他们共同向着这一目标前进的关系。戏剧疗法师必须提供一个安全的空间,并选择合适的戏剧疗法结构和手段(来访者最好能参与选择)。戏剧疗法师在治疗的过程中起到支持和引导作用。由于治疗时难免会引起情感反应,所以疗法师还必须准备一些措施来控制治疗过程中激起的情感反应。

戏剧疗法运用场景

戏剧疗法利用了戏剧表演中所有潜在的治疗因素,最为人所知的可能就是情感宣泄,或者说是内心深处情感的表达。来访者会感觉眼前的情境是真实的,因为它正在发生；但也会有不真实的感觉，因为眼前的活动是以表演的方式展现出来的"虚构"。戏剧的创造性可以让来访者更加了解自我，让那些没被意识到的情感、思想和事件浮现出来，并通过隐喻的方式加以表达(Grainger,1995)。

除了可以有效地帮助个人获得治疗性的改变外，戏剧也是引起社会意识和政治意识改变的强有力的工具，但这两种方式不应该被混淆。从亚里士多德时期开始，经过中世纪的发展一直到现在，用剧场表演来强调权力和不公问题的传统已经延续了几个世纪。剧作家约翰·斯凯尔顿就因通过剧场表演以个人名义批评年轻的国王亨利八世而闻名。同时，道德剧的作者们尝试引起人们对教堂活动及教义的关注(Styan,1996)。易卜生、布莱希特和贝克特等剧作家们则向人们展示了社会和政治问题(Lartnoll,1985)。在20世纪30年代，莫雷诺开创了"活报剧"的表演形式，对时下话题进行探讨，同时开创了与传统社会题材戏剧不同的"社会剧"，鼓励观众承担起影响社会主旋律的责任。直至今天，社会剧仍是探究和处理社会问题的一种方法。奥古斯都·波瓦创造了一种让观众参与其中的戏剧方式，他称其为"被压迫者剧场"，旨在提高人们的政治意识，以推动社会变革(Boal,1994)。他让观众加入到表演中，邀请他们到舞台上扮演剧中角色，并以不同的方式进行演绎，表达不同的观点。

第二节　戏剧疗法的理论基础

一、游戏与戏剧疗法

游戏是戏剧活动的基础。在表演时，人们会让自己进入一种假想状态，在假想与现实之间形成一种紧张感，从而产生不同的影响。游戏可分成三个阶段来探讨：以孩子做游戏为例，在最初阶段，孩子们具有探索性，他们会利用感知、声音和运动进行探索。在游戏时，物品的使用会对孩子的性格或自身特点产生重要影响，这种象征性的游戏为日后重要的仪式活动铺平道路。在下一个阶段，孩子会扮演一个假想的人物，比如身穿盔甲的骑士、建筑工地上的工人。最后，随着游戏能力的发展，其他艺术形式(比如舞蹈、戏剧、艺术)开始被运用于其中。琼斯(1996年)列出了游戏在戏剧疗法中起作用的几个重要原则：

1. 游戏是一种学习和探索现实的方式；
2. 游戏是特殊的，可以在游戏中以特别的关系对待时间、空间、日常规则与是非；
3. 游戏是个人生活经历的一种象征；
4. 游戏是对困境和创伤经历的应对方式；

5.游戏与个人认知、社会和情感有联系；

6.游戏与戏剧的关联是发展的连续统一体。

布拉特纳（1998）指出："游戏的目的不是让观众进行表演或比赛。"游戏的目的就是游戏本身，体验本身是最重要的。日后孩子想通过故事呈现与他人交流时，表演才开始出现。威尔谢尔说"戏剧表演是认真地游戏"，从而将戏剧与游戏联系在一起。他还引用布兰德利的话说"游戏不必是假想的情形"，游戏可以建立在真实的基础上。

把戏剧视为始于婴儿玩耍的一种进程，对我们用好戏剧的潜在发展因素很有帮助。孩子在成长的过程中，会利用行动和声音象征性地玩耍，开始接触音乐或其他的一些日常活动，比如孩子睡前的准备工作一般是讲故事，随后发展到扮演假想的角色，比如假装自己是爸爸、老师、工人或其他真实存在的人物。这些就引发即兴演出和扮演行为的产生。在戏剧中，我们会经历一个相似的过程：玩耍—行动—声音—象征性地玩耍（玩偶、玩具等）—舞蹈—惯例—讲故事—角色扮演—即兴表演—照剧本表演—剧场演出。不管是各自分开、连续组合还是全部在一起，戏剧发展的各因素都可以运用到戏剧疗法的过程中，我们不能死板地把它们分开来看。

在培训时，戏剧疗法疗法师会学习剧场表演的完整流程，也会获得治疗方面的知识。这使他们在特定时间，面对特定的群体或者个人时，可以选出合适的戏剧形式以放入心理治疗中。有多少戏剧疗法师，就会有多少种治疗方法。根据具体情形和来访者的需求，每个疗法师都会创造出一套自己的治疗方法。

二、戏剧疗法的整合框架

戏剧疗法是一种新形态的治疗方式，但与心理学基本理论仍有许多联系。戏剧疗法受心理学的三大流派即人本主义、精神分析、行为主义的影响，戏剧疗法的整合框架是指这三大流派的原则与戏剧疗法五大来源的整合。整合框架为戏剧疗法提供一个核心的根基和理论基础，它是以过程、深度和行动为导向的。心理治疗是一门疗愈的艺术，也是一门科学。戏剧疗法师为了能了解来访者性格的多个层面，会使用在整合框架下组织的多种角度来观察剖析来访者。需要始终记住的是，帮助来访者的过程是一个不断探索发现的行动过程，相关的理论是理解和治疗的指引。

（一）人本主义与戏剧疗法

三大心理学派中，人本主义对戏剧疗法的基本实践影响最大，它为戏剧疗法提供了一个基本的治疗立场。人本主义心理学家既能实事求是地看待每个人，又能看到每个人的潜能。他们承认个人的历史影响，相信人们有能力积极塑造自己的生命，从而实现自我。

人本主义心理学认为，戏剧性的扮演能在人类的局限和抱负之间、"我是谁"和"我希望成为谁"之间搭建桥梁。戏剧性的扮演是一种介于幻想与现实之间的状态，是心理学和戏剧疗法的首要关系。在戏剧疗法团体中,来访者最初的焦点是在安全和滋养的环境中的人际互动关系,在后期,许多戏剧性的扮演都反映了来访者心灵内部的探索过程。这当中来访者扮演自己性格的多个方面,扮演与他人打交道的角色,承担一个"更高的自我"。这些都关乎来访者能否得到他人的支持,给予他人支持,开启内部资源,向内寻找力量并最终依靠自己的力量改变自己。所有来访者的心中仍然有一盏健康的信号灯在闪光,疗法师的目标是让他们看到这盏灯,不管它的光芒有多微弱。

(二)精神分析与戏剧疗法

精神分析与戏剧疗法结合,可以用来了解、利用防御技巧的概念解释戏剧疗法历程。也就是说,一个人在防止自己泄露性、爱及权力等方面不满需求的恐惧时,会压抑这些需求,并细心地在心中建造一堵墙,同时会将愤怒转移到其他方面,来防止自己泄露这些情绪。而为了不让自己认为自己懦弱无能,他也会认同较为强势的人物,并且模仿他们的外在行为。另外,为了避免面对心里所爱恨的对象,他会将这些情绪转移到疗法师身上。投射、认同及转移这三种防御技巧,是构建戏剧疗法概念框架极为重要的部分。

弗洛伊德的潜意识概念对戏剧疗法做出了巨大贡献。那些许多未表达的情绪,以及被性、爱与权力等内在深层渴望所左右的行为概念,深刻地影响着外在表现。这个概念在戏剧疗法中的应用,可以很清楚地将这些情绪和行为呈现在将语言及行为变成可观察的象征化或表征化的过程中。

潜意识的概念是美学经验的核心。无论对专业艺术家还是对艺术治疗过程中的来访者来说,这种艺术的创造都是一种情绪状态的表达形式。其透过动作、声音或视觉想象的表现,具体展现了潜意识的表征,也就是说透过美学的形式,我们可以检视艺术家和来访者的内在活动。而就治疗方面而言,来访者的创造活动可以作为离开压抑的黑暗世界、走向光明生活的方法之一。

弗洛伊德的人格理论——本我、自我、超我理论,提供了一种平衡的概念,这种概念对认识戏剧疗法很重要。健康取决于平衡的心理系统及调和本我的本能需求、超我道德需要与外在世界现实需求的自我。将这个理论应用到舞台上的演员或日常生活中需要平衡多种角色的人身上便可以发现,其是诊断及治疗心理不平衡状态的利器。

(三)行为主义与心理治疗

虽然行为主义者将具体化行为与主观经验的相关性降至最低,与创作艺术治疗象征化经验的立场不太一致,但是仍有许多研究与戏剧疗法直接相关。对行为研究最重要的考量是模仿及认同戏剧历程。尽管许多行为主义解释的模仿是比较机能性的,但是 O. H. Mowrer(1960)提出了一个双重因素理论,主张模仿是基于认同的,基于同理心的情绪与内在历程。

> 他们用非常原始而根本的感觉来试图描述母亲,如用自闭及半魔法的方

式让母亲再出现。但是,婴儿接着学会文学一般的语言,这时属于第二阶段的语言功能出现。现在他会说出具有特殊意义的词,用文学方式来代表母亲,并回忆、重新捕捉及创造母亲的形象等。现在婴儿不是在玩文字游戏,而是在让句子活动起来。

尽管行为治疗在许多方面限制了表达式治疗的应用,但它的确为模仿、认同及角色扮演等过程提供了另一种解释。最重要的是,因为它注重环境对行为的影响,由此进一步发展了表达治疗对个人整体功能及表现的进一步了解。

戏剧疗法不仅关注挖掘原始伤痛和隐藏的力量,同时还关注来访者的内在成长具体的、行为的显现。戏剧疗法师以行为为导向,以期获得洞察力、情感的成熟和实践的改变。行为治疗关注如何打破固有的不良模式以及如何获得新的技能,这与戏剧疗法的目标相似。沟通技能、人际互动习惯性反应在戏剧疗法环节中都被积极检视。改变变得可见,变得更加实际。

(四)符号互动理论

符号互动理论认为人类会解释或界定彼此的行动,因此人类互动乃经由符号的使用、彼此行动的解释或意义的确认来调节。Mead 称此符号为"姿势",他把动物与人类的互动都看成"姿势的交谈"。人类表征的姿势有非口语动作成分与口语动作声音成分。所谓重要的姿势或符号,乃指在互动中人类认同的自己与他人的带有相同意义的姿势或符号。

"姿势"的论点及重要"姿势"与戏剧疗法有密切关系,因为戏剧疗法的目标即是检视来访者在戏剧性互动中所采用的动作与言语。此外,在检视来访者内在戏剧表现时,戏剧疗法师可再次引入 Mead 认为的"思考即是心理内在姿势的对话"的观点。由于具有想象和行动的能力,个人才能用不同的观点计量与考核未来。依 Mead 的看法,心灵一如社会世界,也是符号互动的舞台。他人内省的声音成了个人内在戏剧中的人物角色的声音,此内在戏剧演出情形将指导个人未来的行动。

总的来说,戏剧疗法是一种主动积极的创造性的心理治疗形式,它激发了来访者的力量和潜能,接近并拥抱个人的伤痛,使新的生命立场得以实现和"上演"。

三、戏剧疗法基础概念

戏剧疗法理论模式的发展基础,源自八个方面。从这些理论源流中,我们得以一窥本质上属于戏剧层面的一些重要概念:自我、角色、表征化、距离化、自发性及潜意识。这些概念连同其衍生的历程如角色取代、模仿、认同、投射、转移、角色扮演、情感性回忆、美感距离以及情绪宣泄等,均为兰迪所建构的戏剧疗法理论的基础。

兰迪发展出一套角色模式,该角色模式源自两个主要学科:剧场与社会学。在角色模式中,"人格"被视为由三方面因素组成的相互依存的角色系统:

1.生物方面,即借由个人的基因遗传所得的特定能力与潜能、癖性与特质;

2.经由社会互动,人们习得了角色楷模的特性,而以和他人相当一致的方式看待、要求自己;

3.将结合了的个人天生的生物性结构,以及人所扮演的社会角色之组合体的感受,通过动作加以表现出来。身为一位角色扮演者,人们可以再创自我,亦即在世上尝试着发展出崭新的生命。

(一)角色

角色论的观点认为,人格是一种表现相互关系的角色系统,借此系统可传递出秩序与方向感信息。其间无所谓自我来操控这些角色,人格本身即是其各面具或相关联角色的整合体。对此,兰迪曾提出:"此系统中存在着创作原则的看法,即个人有能力创作出新的角色而改变旧有的。"

兰迪在1990年称:"角色"是指"在自己所处的社会与理想世界中,包含我们对自己与他人的所有思想及感受的构建"。在1993年,他更进一步提出"角色是人格的基本单位,它包含该单位特有且一致的性质"。角色仅代表个人的一部分,而非整个人格,是人格中最不容分割的部分。

欲了解角色,我们必须先理清角色的属性含义,包括角色类型、角色特质、角色功能、角色风格及角色系统。

1.角色类型

角色的分类系统是一种类型论,一种将人格特征加以分门别类的系统。角色类型是具有可被普遍认知及具体表现某些特质的实体。就源自剧场的角色类型而言,它常常可以反映为一群具有相似行为方式的人和具有共同特征的角色人物(如守财奴、傻子、爱人、英雄、懦夫)。在对人类思想与行为依角色类型分类的过程中,我们能以相当于表演戏剧的方式来探索其存在的意义。

2.角色特质

每种角色类型均有其独特的属性或特质。英雄是勇敢的,骗子是狡诈的,恋人是浪漫的,儿童是好玩乐的,而傻子未必愚蠢,他也可能是聪明、好捉弄人与虚伪的。同一种角色类型也有相互矛盾的特质,因此需创造出附型。

角色特质通常用来描述分类系统中六种范畴的角色,包括身体、思想、感情与道德、社会生活、精神生活及创作的敏锐度。

3.角色功能

取代并扮演某个角色均是有目的的。每个角色均能以特定的方式,取代扮演该角色者,即使是复杂的角色类型,也有其公认的功能。大多数观众借着认同舞台的角色类型,从远处检视自己在真实生活中的愚行。

4. 角色风格

"风格"是有着心理学内涵的美学术语,是指角色表演方式与现实接近或区分的程度。有些角色以相当现实的形式呈现,有些则相当抽象,而有些则为两者的结合。角色表演风格会决定扮演者内在所涉及的思考的程度。

在日常生活中,我们通常不会有意以风格化方式演出角色。但在戏剧疗法情境中,人们可以刻意使用风格化的方式,来协助个人在安全距离中觉察某角色的感受或思想。比如某个角色是暴怒的成人,虽有强烈的情感,但是若能以较风格化与距离化的方式扮演这个角色,则疗法师能协助来访者了解其不一致性,从而设法修正偏差。

5. 角色系统

角色系统是指个人内在角色的整合体,即由各种角色人格整合成的人格整体。它无法被直接观察到,但是可由日常生活中所扮演的角色推断出来。理论上而言,当人们从社会环境中试用某些角色,并创造新角色以建构其修正过的本体时,角色系统便会就此发展出来。

此系统中,许多角色倾向与其反面角色伴随出现。比如当一个人扮演受害者的角色,他也可能强化了加害者的部分特质。理想的角色系统中每个角色均与其反面角色处于平衡状态。

角色分类系统的内容可分为六个范畴,共 84 种类型。一般而言,角色系统是人格的地图。对某些人而言,他的人格地图可能因地形上的变迁而涵盖广袤的疆域。这些人可能拥有 84 种角色类型的全部或大多数,并且这些角色类型在日常生活中蓄势待发或已然展现出来。

在致力于使彼此矛盾的角色达到平衡的理想过程中,人们在心理方面得以持续成长。

(二)角色取替

人类在生命的开始即扮演一些角色,即使在出生前,胎儿也扮演着饮食者、呼吸者及运动者等角色,展现其既定的生物性。出生时,这些原始的角色旨在保护生命,待与外在社会世界互动后,婴儿开始习得新的角色。此时其他人首度登场,父母、手足乃至好友,全都成了角色扮演可能的典范,发展中的婴儿将习得他们的特质。这是将角色楷模特质内化的一种复杂的戏剧化过程。当婴儿能分辨出他们是与母亲分开的实体时,他们会以别人对待他们的方式对待自己,即会视自己为客体。

这种角色取替的内在历程表示个人对自己有与他人一样的意象,他同时拥有"我"与"非我"。角色取替的质与量一方面会通过多重途径,决定个人行为模式与安适感;另一方面,个人本身也会受到有效角色楷模表现的影响。

1. 模仿

角色取替的根本在于模仿外在过程。透过这个过程婴儿会模仿"重要他人"的动作、声音与语言。经由这种玩乐性的自我模仿,婴儿进一步发展出取替角色的能力,乃至发展出健康的自我一体感。

因此,个人具有取替两种角色的能力:自己的角色,称作心理剧角色;他人的角色,称作投射角色。

严格地说,模仿并非角色取替的内在过程,而是一种外在行动,一种充满游乐性的动作,它使儿童做好与重要他人发展出更复杂关系的准备。

2.认同

在一种更深层的角色取替历程中,儿童认同母亲,不仅学习她外在的行动与声音,更学习其感情和价值观念。经过认同,儿童将自己与母亲等同视之。认同与其在不断寻找的"我是谁"的答案息息相关。在每个发展阶段,人们均根据他所认同的角色楷模来回答这个问题。然而一旦出现认同的对象混淆不清或不值得信赖的情况,个人则将经历认同危机。

要解决认同危机,人们必须在重要角色楷模中再次发展自己。例如,孩子必须找出另一位"母亲"人物,其能对孩子展现出一度失去的慈母特质,让孩子能学习这些特质。

认同为内在戏剧化的历程,儿童并未实际扮演母亲角色,只是形成像母亲般的自我意象,并体认到自己有能力表现出其行为。由此可知,孩子与母亲两个角色虽有不同,但却是相互依存的。

3.投射

认同的另一面即是富有戏剧性的"投射"概念。表现投射的儿童并非将自己视作母亲,反而是将母亲当作他自己。投射是一种想象别人与他有同样感受,甚或别人即是他的心路历程。这个过程可以将对他人的不快感受转化变成别人对他的不快感受,借以保护自己。例如,他会将"我在生母亲的气"变成"母亲在生我的气"。

然而,投射也有正向功能,个人可将本身的特质外射,于安全距离中扮演与检验现实。所有的戏剧活动,包括早期的戏剧方式、非西方的仪式性戏剧方式,乃至剧场演出,在演员进入他人的角色、心灵与精神时,他们的表现根本上来说均为投射。

4.移情

戏剧世界并不是单纯的"我就是我,而你是你"。从角色取替的观点看,事情常非其表象,角色与现实并非固定不变的。透过认同与投射的过程,你可能变成我,而我也可能变成你。例如,经由移情,个人会将朋友当成母亲或将疗法师视为父亲。事实上,个人是依据其主观的世界再造现实的,中性与外在事物可能会因个人过去经验而带有其他意义。例如,一间按中性风格设计的房子可能被视为房主的童年的居所。

移情经验在戏剧疗法与心理分析中同样重要,因为它为面对过去未能解决的情感问题提供了机会,同时它设定了经由自发性行动逐步将其表征化的过程。

移情是一种普遍的戏剧现象。个人若无法将过去转化为现在,将实际转化成象征,那么他将存活在一个单调、单一向度的世界中,游戏与戏剧将不复存在,所有事物均一如所见般呈现。

健康的戏剧世界观的特点是使移情达到平衡,即个人能同时看到他人的实际状况及表象。然而当移情成了病态的而导致精神官能症或精神疾病产生时,应设法重建以现实为基础的过去与现在、个人与他人间的界限。

(三)角色扮演

认同、投射与转移均是存在于内在的、心理的学习过程,而压轴的角色扮演过程却是外在行动的形式。演员将其思想、感受及行为投射到另一个人身上,然后扮演起对方来。同时,演员也认同别人,模仿他人的动作,学习对方的思考方式、感情与行为上的特质,并将这些内化,作为引导其进行角色扮演的准备。

戏剧演出中,角色的取替与扮演、同化与调适的交互性是相当重要的。二者缺一,可能就意味着演员与角色间处于不平衡的状态。

角色扮演是角色模仿演出的一种形式,期间个人会融入某种角色人格。经由角色扮演,个人会认同该角色或角色人格,同时也会将个人特质投射到角色人格上。因此,扮演角色时,个人会以身体动作表征其角色人格。角色扮演基本上是一种外在的演出过程,但是仍然隐含个人与角色人格、认同与投射间的关系。一旦两者中的任一方受到抑制,它们的关系就会失衡,导致表征的不完整。

(四)表征化

人类正常的发展过程中,演员与角色、认同与投射等戏剧概念,均在追求平衡、能量同时由外在世界流入心里,又由心里流往外在世界。也就是说,当世界在个人内在形成心像时,经由角色取替过程的调和作用,它会透过角色扮演以身体动作再现于外在世界中。因此,表征化被描述成双重的戏剧化过程:将世界转化成心像的内在过程及扮演角色的外在过程。

戏剧化表征具有转化特质,有我与非我、现实与想象间的辩证关系,因此自然会假想这个过程有许多失衡。在功能正常时,这些失衡可经由增多或减少其中一级或另外一级能量的过程自然予以重建。然而,一旦失衡持续过久或强度太大时,则需要外力的介入。当失衡过久,个人扮演一个角色的能力或能胜任的角色范围会消解。为重建平衡,并使个人调节现实与整合状态,戏剧疗法师必须先了解"距离化"这个关键性概念。

距离化是戏剧疗法理论中的一个关键概念。Brecht 在史诗剧场中提及的距离化及侧重过度距离化,即一种思考远离情感、演员远离角色、观众偏离所期望的反应等现象。

日常生活中过度距离化的互动特征有可能是交谈时身体保持一定距离,以高度理性方式对话,以及小心翼翼地不去触及情绪话题,也不认同彼此。过度距离化者需要建立自己与他人之间的界限,逃避认同及所有会破坏其分离心态的心理过程。然而,为重建自己的意象世界,他会将思想与感受投射到他人身上,而将别人当作自我的反映。

过近距离化的互动方式则相反，其特征为身体和情绪上的亲近，缺乏可区隔的界限，有高度的同理及角色融合现象。同时，过近距离化者认同他人，并自认为自身常常在反映他人的行为。过近距离化者在极端情况下，容易丧失自己与别人之间的界限。

距离化的核心要义，是求得过度距离化与过近距离化两种极端间的平衡点。在此时，个人能思考、可感受，且能找到身体、情绪与理性的平衡距离。在此平衡点上，个人与他人、个人与角色人格，乃至角色与角色间，均有清晰的界限。但是此界限是有弹性且可变的，只要个人改变或与他人发生互动，此界限就会发生变化。

社会心理学者Thomas Scheff认为，距离的理论乃建立在心理分析与戏剧模式的基础上，他将情绪宣泄重新界定成个人远离距离平衡时的状态。Scheff认为，过度距离化是一种极端的压抑状态。过度距离化者会阻断他体验痛苦情绪的能力，其主要的经验模式是认知的。他能回忆过程，但是却不承认目前的感受与过去的经验之间的关系。过近距离化的特征是压抑情绪的再现。过近距离化者整个人陷在悲痛情绪中，因而经历了相当多的焦虑体验，他主要的经验模式是情感的。他不只是在回忆过去，还会重新回到过去中去生活。

（五）情感性回忆

情感性回忆源自早期演员的训练方法。"重回过去生活"成了许多接受情感性回忆演技训练的演员的金字招牌。为了能鲜活地生活在舞台上，为了再次表现出首次经历该事件时的反应，演员必须将目前实际的感受与过去事件（例如爱人去世或小孩出生）相结合。理论上而言，情感的再现应该出现在演员实际生活的现实与剧中人物戏剧生活的虚幻达到平衡时。然而实际进行情感回忆时，许多演员处于过近距离化的情绪水平状态，常常会陷入当时的负面情绪中而无法自拔。

（六）美感距离

当个人处于过度距离化与过近距离化两个极端的中间时，他就处在美感距离上，此时会出现情绪宣泄。在美感距离上，个人处在现在与过去的平衡关系中，即他回忆并释放过去的经验。在达成平衡状态时，他能够获得一种思想与感受交流的经验，能对事物作"感性的洞察"。美感距离是解放的关卡，他可以回答下列问题：倘若个人压抑情绪的原因是太痛苦了，以至于无法正视现实，那么何以又能将此痛苦的片刻带回到意义层次？答案即是因为在美感距离上，个人可以同时扮演能重现过去的演员角色及旁观者角色。换言之，处于美感距离上的个人可以同时保留距离化而理性的旁观者角色，以及过近距离化而情绪性的演员角色。当两个角色同时出现时，心理紧张度升高并通过笑、哭、呻吟、战栗或羞愧而得以宣泄。

（七）情绪宣泄

在戏剧疗法中，情绪宣泄并不一定是情感爆发，或悲泣、狂笑的情感奔流，而可以是较为温和的反应,一种温和的体验时刻。情绪宣泄意味着能够体会到冲突,见识到个人的心理或社会生活中思想、言行或感受同时共存的矛盾层面。这种现象在日常生活中很常见,例如,某人能从镜中看到父母的意象。这种将自己想象成母亲的体验,可能会引发紧张情绪。同时,体验到母亲的"我"及纯属自己的"我",将导致情绪宣泄——经由抽搐双肩、叹息、微笑等释放紧张情绪。因此,情绪宣泄可看作对心理矛盾的体验。

(八)自发性

处在美感距离、解放点上时是来访者最为自发的时刻。它是创造性时刻,也是有无限种可能性的时刻;它是游戏的时刻,也是潜意识最可触及而准备好经由戏剧表演予以象征化的时刻。

处于自发性状态的人在扮演即兴角色时,会以现实和本体两个层次壁垒分明,却又相互依存的方式来表现。虽然来访者意识到自己是在扮演另一个虚构的角色,但是他会表现得相对投入且有说服力。如日常生活中儿童自发地玩洋娃娃,儿童清楚娃娃不是真人,但是却将他们当作真人并与之互动。

与情绪宣泄一样,自发性也根植于有重要矛盾的戏剧性经验中,它有两种实体:现实的世界,戏剧或游戏世界。处于自发性状态时,个人可同时并存于两种实体中。这也意味着同时存在两个时间架构:过去与现在。虽然自发性的表演指的是充分地生活在现在、充分地聚焦于此刻的经验,但是处于自发性状态的人却同时基于过去的经验来行动:剧场中的演员已排练好他的台词;奥运的体操选手在小心翼翼地操演他的动作;准备外出赴约的年轻人再三练习他的行为与"社会剧本"。真正上台演出时若想表现得自发且精彩,个人则必须以首次表演的心情表现动作。他必须表演出与训练时一致的动作,但这又是在呈现一个全新的、转化的自我意象。

处于自发时刻是充满冒险性的,因为个人会惧怕未知。面对观众时,准备好台词会比甘冒出现失误或受到羞辱的风险,将闪现于脑海中的意念即兴地说出来要安全得多;清楚你想对一位重要人士说话的内容,要比完全没有准备地与他会晤来得安全些。但是这种冒险却可能提升个人自信心,只要明确自己所想的,顺口说出个人见地,则可借此增添对个人智慧的信心。

英国教育剧专家 Brian Way 年强调,在学生处于功能最佳状态时开始演出戏剧,对发展与教学来说均是最重要的。同样的,倘使戏剧疗法中来访者想开始演出戏剧,即允许戏剧开演,如果他相信自己拥有完整的过去,而缓和了想开始扮演每个新角色时的抗拒心态,那么他较可能会冒险去放弃既有角色,而投入崭新的、此时此刻对其一无所知的角色中。

(九)潜意识

戏剧疗法师通过平衡个人与角色人格、现实与想象间的距离,协助来访者获得自发性。于此平衡状态,来访者能让压抑的情绪完全呈现,而不会陷入其中。在处于自发时刻、美感距离时，潜意识是可被触及的。潜意识是储藏大量心理现象——愿望、幻想、情节、角色类型与原型的储藏室，这些现象无法被人们直接察觉，但是却可经由意象或通过象征形式释放出来。来访者通过动作、声音或语言，使其潜意识里的想象现形。

在戏剧疗法中，Freud 的潜意识观点——储藏了幼年的性心理情感象征化的语言与行为，对于分析来访者个人戏剧化过程的内涵十分管用。戏剧疗法中，与恋母情结有关的意向尤为普遍，为成功解决此难题，戏剧疗法者常转向"故事"方面取材。例如，可借童话故事，将唾手可得的快乐结局模式应用在具有恐惧情绪的孩子身上；运用那些贪婪的女巫、掠食的野狼、邪恶的王后，以及其他童年时期惧怕的双亲化身之意象，消解恐惧情绪。戏剧疗法者以 Freud 理论为本，采用童话处理模式，运用故事来探索孩童的欲望与罪恶感，以及因担心被双亲丢弃、与父母分离而形成的恐惧感。通过孩童自己发挥想象再创故事后，疗法师可以协助他们找到消除恐惧感的方法。

戏剧疗法与其他艺术治疗一样，相当依赖象征化过程，潜意识于此治疗过程中扮演着关键性角色。因此，对戏剧疗法者而言，最重要的课题就是协助来访者达到自发状态，并经过想象，将潜意识情感表现出来。诚如上述，我们知道，通过促使来访者移向美感距离——实际与虚拟两个实体达到平衡的中点——可以实现激发潜意识。

戏剧疗法的距离与平衡点，与上述大多数理论模式中的平衡观点相似。许多心理学者主张人们只有心理达到平衡，功能才能健全。心理分析中，健全的个人展现了本我、自我与超我间的平衡，此时自我调节本我以符合外在世界的要求。Mead 理论中，健全的自我，其主体"我"与客体"我"是和谐的，平衡了行动的需求与社会世界的需求。

一旦来访者陷入无法经由日常生活方式解决的失衡状态，且妨碍了正常功能的发挥时，则需要依赖治疗形式来重建心理平衡。如同许多重要的心理治疗方式一样，戏剧疗法的进行都是由现实的想象与象征性层次重建个人在日常生活中的平衡的。戏剧疗法透过角色处理途径来重建平衡的人格。

第三节　戏剧疗法的方法

在戏剧疗法中，疗法师必须根据每个团体的需求，以及疗法师本身的个性与优势，来选择合适的方法。疗法师使用的任何方法都应当适合来访者，同时也要能让自身感到舒适自如。因为疗法师和来访者都是独一无二的，所以疗法师需根据治疗情况使用不同的方法。评估治疗需求以及如何根据需求来应用这些方法，是非常复杂的过程。

一、治疗单元和疗程初期的方法

主要目标包括：情感表达、团体互动、肢体活动、信任、观察与专注。一般而言，戏剧工作室注重发展观察力与专注力、感官意识与运动技巧。在初期,团体互动是团体治疗的核心,让来访者获得团体身份及建立来访者之间的关系,促进情感表达,让团体充满活力与动力,从而营造轻松氛围。建立信任是贯穿整个疗程的重要目标,因而任何初期阶段运用方法的关键都在于建立信任。

(一)训练情感表达的方法

1.重复台词

它能缓解来访者对于表演的焦虑情绪,激发来访者的戏剧表演潜能,为其强烈情绪提供一个发泄出口并强调关系互动。疗法师在运用重复台词技术之前,最好能增加一些与冲突相关的肢体热身活动。重复台词会引发来访者说出其他台词的欲望,而不会仅局限于两句台词。疗法师可加入肢体动作来发展并增强与来访者之间的戏剧互动。

重复台词练习后展开的讨论通常会围绕台词所引发的情绪进行回应与联想。若疗法师想让来访者更自发地进行即兴表演,可要求其在重复台词的同时根据情绪变化引入其他台词,直到冲突与关系逐渐清晰再停止互动。即兴创作不但令人兴奋,而且能引发自我启示。

团体重复台词:所有成员在房间内走动,当彼此相遇时,需重复指定的一句或两句台词。与重复台词的指示相同,成员需要根据不同的音调或强度重复台词。疗法师可利用成员治疗开始时有真实感受的治词作为用于重复的台词,如"我做不到",重复这些台词几遍后,半数成员可用对应的台词"你做得到"作出回应,然后进行角色互换。

2.团体情绪

让来访者在安全的界限内表达真实感受或焦虑情绪。来访者提议表演的情绪通常能反映其真实感受或希望表达的情绪。不同年龄层的人会选择不同的情绪来表达,例如青少年团体会选择反抗或敌对情绪,成年人会选择慵懒、无聊、沮丧等消极情绪,有发育缺陷的人会选择快乐或忧伤等基本情绪,研究生团体会选择怀疑与脆弱的情绪。在团体里,组织猜测者和表演者来加强互动。团体情绪让来访者有机会看到表演中的自己,并观察处于这些情绪状态中的自己和他人,从而达到一种形而上的认知。团体情绪适用于任何年龄或团体。团体中的成员能够以轻松互动的方式表达情绪,这让他们有机会在治疗单元和疗程初期就看到戏剧疗法过程的好处。

3.情绪问候

成员背对背站立,带领者喊出一种情绪或态度,此时每人转身并以该种情感或态度跟伙伴打招呼。疗法师可以让其喊出成员正在经历的情绪。情绪问候在疗程初期让来访者有机会以互动和玩耍的方式来表达和演绎感受,这个方法可以帮助来访者活跃地、快节奏地转变情绪。为了延长非语言的互动时间,疗法师可要求成员保持一定的距离背对背站立,当带领者喊出情绪时,他们转过身并走向对方。一般来说,情绪问候的下一个练习是团体情绪。

4.模仿练习

通过模仿练习中的积极想象,戏剧角色扮演或模仿其他人的肢体动作,能帮助成员同理他人。第一阶段成员两人一组面对面站立,其中一人扮演带领者,另一个人扮演镜像。疗法师需要提醒带领者缓慢且平稳地开始动作以实现同步,同时保持眼神交流。一段时间后,若双方都能集中精神,则镜像几乎能预测或凭直觉感知带领者的下一个动作。到了第二阶段,双方互换角色。第三阶段,双方放弃角色,这时一人观察并立即模仿对方所有细微的动作,以至于从表面根本分辨不出谁是带领者谁是跟随者,甚至连他们自己都难以察觉两人之间的差别。只有当来访者在前两个阶段都能实现同步时,才可以进行第三阶段。

模仿练习要求成员具备敏锐的专注力与感知力,并能捕捉对方的任何细微表情,当成员之间常见的界限逐渐消失时,一种富有力量的亲密分享与交流感随之产生。

模仿练习不适用于自我与他人界限感知薄弱的来访者,但对对待自我与他人界限很严格的来访者相当有用。许多疗法师将模仿练习也应用于自闭症儿童的治疗。疗法师进入他们的世界,模仿其重复且具有仪式感的动作。长期耐心的模仿会加深疗法师对自闭症儿童的同理,并开始微妙地改变或延伸他们的动作或声音。对自闭症儿童来说,这可能是他第一次与别人发生联结或互惠关系。

所以,伙伴模仿是一个进入他人世界,产生联结、肢体表达或超越情绪状态的过程。

模仿练习变式:

声音模仿:来访者不仅可以模仿动作,还可以模仿声音。团体成员分成两人一组,坐在地板上,其中一人发出声音,另一人开始模仿,声音可以是任何声调。声音模仿不仅能帮助成员做好声音热身,还能让成员在生理上与情感上充满活力。

声音与肢体动作模仿:同时在练习中加入声音和肢体动作,是在模仿练习中运用最多的技术。通常可以先模仿肢体动作,再模仿声音,逐步发展。这个变式旨在鼓励成员发展、放大或延伸肢体动作和声音,能让成员通过模仿肢体动作和声音表达强烈的情感。

面部模仿:两位来访者只模仿对方的面部表情,无须模仿完整的肢体动作。这个变式通常比完整的肢体动作模仿更亲密,要求来访者集中精神。

动作配音:两人一组,一人做动作,一人发出与其动作相配的声音。动作配音是一个比较复杂的变式,建议只应用于进行过声音与肢体动作模仿练习的来访者。

情绪模仿:当疗法师在伙伴模仿练习中喊出一些情绪词语时,来访者保持专注,并通过肢体动作、声音或表情来反映并表达这些特定的情绪。这个变式对于表达情绪时需要鼓励的来访者很有帮助。

5.情绪感染

一位成员进入表演区,开始通过非语言方式表达一种情绪。当其他成员感受到其表达的是何种情绪时,方可进入表演区。成员可以通过手势、动作、声音以及面部表情等表达情绪。这种方法适用于加入场景之前,团体模仿之后。

6. 情绪默剧

一人进入表演区,并通过动作、手势或面部表情无声地表达自己选择的某种情绪,其他成员进行猜测。

7. 情绪雕像

所有成员在房间内走动,当带领者喊出"定格"时,所有成员保持静止不动。当成员熟悉了移动与定格的过程后,带领者会在定格之前喊出一种情绪,成员以表达这种情绪的姿势再次定格,直到带领者指示他们走动。带领者释放(轻拍)一些成员后,这些成员在"雕像画廊"里闲逛并观察形态各异的"雕像作品"。

8. 情绪空间

疗法师可以把特定的情绪分散到房间的不同角落或空间,来访者所选择的情绪状态可能代表其所呈现的某种真实的或潜在的情绪。来访者在不同的角落随意走动,或停留在自己选择的某个角落里,并清楚自己需经历或表达的相应的情绪。来访者知道自己处于安全的界限内时,能够更轻松地表达情绪。

9. 情绪乐队

成员面对带领者排成两行,由带领者扮演乐队指挥。每人选择一种特定的声音表达情绪,乐队指挥指示一个人或几个人开始演奏。结尾音的选择非常重要,如同完结一场戏一样,情绪乐队演奏结束时应当停在富有力量的结尾音上。

10. 声音游戏

声音游戏的一种练习形式是让团体成员面对面站成两排,疗法师先给其中的一排成员一种声音并让其发出这种声音,另一排成员重复同样的声音。要领是成员要逐渐提高音量。声音的自由释放能让保守或孤僻的来访者为情景演出做好准备。

(二)训练团体互动的方法

1. 分类分组

带领者喊出一个带有共同特性的群组名称,让成员分享个人信息,找到属于自己的群组。这一方法能帮助成员参与一种高度的团体互动,即使孤僻的来访者也能参与其中。分类分组可以帮助来访者获得团体认同感,适用于9~14人的大团体。分类分组在"快速握手"之前、"躲闪"之后运用最为有效。

2. 快速握手

成员在房间里走动并互相握手,带领者要求他们加快握手的速度,同时用两只手跟不同的人握手,通常一只手还没握完,而另一只手就开始和另一个人握手。进行快速握手不需要借助于很多指令,疗法师只需要带领团体并与成员进行互动即可。成员跟着带领者的指示加快握手速度,直到团体最后只剩下一个群组,这时带领者喊"定格",所有人静止不动。这一方法适用于大团体。

3. 神秘派对

将装满饮料的杯子放在桌子上,邀请成员挑选一杯饮料参加派对。只有当成员喝光饮料时,才会看到杯子底部有关派对上如何表现的指示。每人表演指定的角色,同时尽可能地认识他人。杯底的指示包括引起争论、诱惑别人、让每个人感到舒服等。派对结束,每个人尝试猜测其他人扮演的角色,这一方法适用于10～16人的团体。治疗单元初期,在第一阶段(戏剧性游戏)的尾声运用这个方法效果最佳。

(三)训练肢体活动的方法

1. 躲闪练习

"走起来""走快一点"……带领者发出指令。这个简单的练习能迅速调动成员,让来访者积极参与其中。

2. 背靠背练习

第一阶段,两位成员微微弯曲膝盖,背靠背站立,其中一人尝试用背部推动另一个人,另一个人则尽量保持原地站立不动。第二阶段,互换角色。第三阶段,两人推动对方的同时保持不动。一些极度依赖他人或无助的成员根本无法保持原地不动的姿势,他们常常会被推动。这个练习可以作为重复台词练习的序曲。

3. 不离座练习

两人一组,让坐着的成员保持安全与信任的感觉,当站着的成员试图把对方从椅子上拉起来时,会感受到抗拒。一段时间的练习后,两人互换角色。

4. 身体接触

两人一组,成员保持身体某个部位始终接触,如同连体婴儿般在房间里走动。

5. 四角短跑

适合在较大的房间里进行,带领者站在房间中央,房间的四个角落象征着安全地带,成员跑向选定的角落,并尽可能互换角落,但不能被带领者抓住。

6. 突破或进入圈子

成员手牵手围成圈不让中间的人突破圈子,中间的人可使用肢体动作,也可以用非肢体动作,如口头恳求。成员可以随意走动或改变圈子的形状,如扩大或缩小,只要能将"囚徒"关在圈子里即可。除了突破圈子,也可以设计进入圈子的游戏。这一技术也可以发展成多人突破或进入圈子。这一方法不太适合身体控制力较差的来访者,尤其是儿童、青少年,因为他们可能很容易受伤。

肢体活体方法还有夹气球、拔河游戏等。

(四)建立信任的方法

1.圆圈跌倒扶练习

成员围成圈,一人站在中间向任意方向倒下,成员要抓住他的身体。中间成员的信任度决定了其他成员是缩小还是放大圆圈。圆圈跌倒扶是一种温和且暖心的练习,同时能发展成员之间的信任感,为成员提供安全感、界限感与团结感。

2.人群高举练习

成员围绕着一位躺在地上的成员,把手轻轻地放在他的身体下面,并慢慢抬起他。已具备一定信任度的团体会觉得这一练习十分暖心。当成员在一个治疗单元初期或尾声需处理痛苦情绪时,可进行这个练习。

3.蒙眼走动

蒙眼走动有几种常见的形式:

(1)引导盲行。

(2)摸头辨识。

(3)跟随我的声音。这一形式要求成员具备较高的专注度与听觉敏感度。

(4)跟随我的气味。有时会出现一些有趣的场景,比如蒙眼者经常会像狗一样爬行,积极且活跃地四处嗅闻。

4.触和嗅练习

为了帮助成员唤醒感官与发展信任感,要求成员通过形状或气味来辨识物体。最好选择触感差别较大的物品和形状比较有趣的或能刺激嗅觉的物品来进行这个练习。

5.布娃娃游戏

两个人一组,一人躺在地板上并放松身体,另一人则坐在他的身旁,轻轻抬起他身体的某个部位,可从头开始,之后是手臂、脚或腿,然后放下。躺在地上的人就像布娃娃一样毫无知觉,闭上眼睛感受,并放下所有控制力。这一方法通常会让人安静下来并感觉暖心,同时也会让团体活动变得更有趣。

(五)训练观察与专注的方法

1.抛球练习

这一练习能帮助成员高度投入并专注于练习,同时与其他成员进行互动并作出回应。这一练习有趣且毫无威胁性,能缓解疗程初期的焦虑情绪。

成员围成圈,带领者以默剧的形式捡起地上的球,抛给其中一位成员的同时喊出他的名字。即使是容易分心或注意力不集中的来访者,也都能够高度专注地投入练习。

2.猜地方练习

团体分成两组,成员想象自己身处特定的地方或环境,一组成员通过非语言的方式进行表演,另一组成员尝试猜出他们在哪里。

疗法师在引导成员进行这个练习时,要从简单到复杂,从固定模式到自由发挥。

3. 静默用餐

要求表演者专注地表演吃东西,而观看者与猜测者则仔细观察或猜测。要求猜测者保持安静,直到疗法师指示表演停止。

4. 猜猜谁是罪犯

团体分成两组并面对面坐下。一组扮演观察者(警探),负责观察另一组成员。警探组得知另一组中有一人是罪犯,通过一个单向镜短暂观察另一组成员的面部表情。另一组成员被观察的时候,需要集中精力,想象自己是处于某个特定环境中的某一特定角色(由疗法师告知)。警探所猜测的罪犯缓缓站起,其他成员不由得开始紧张并互相怀疑,疗法师可延长时间直到真相大白。之后再互换角色。

5. 猜主题

两个成员被秘密告知主题并进行与之相关的谈话,但不提及主题,其他成员则仔细聆听谈话,但他们的谈话通常含混不清,让聆听者不能轻易猜出主题。当听众觉得自己猜出主题时,便可以加入谈话。若之前的成员觉得新加入者的话语不符合主题,可让其回到听众席。这一方法适用于语言表达能力较强的团体。

二、治疗单元和疗程中期的方法

治疗单元和疗程中期的主要目标包括表达与沟通、性格与角色发展、团体合作及自我启示。

(一)训练表达与沟通的方法

1. 魔术电话

将一部道具电话放在房间中央,让成员拨打电话,建议按以下三个步骤进行。

第一步:要求成员回忆一通引发其某种特定情绪或情感的电话。每个人轮流拨出电话号码,但不说话。观众仔细观察并猜测每一通电话所表达的情绪。

第二步:从非语言方式到语言交流的过程中,前面治疗阶段所引发的情况得到发展。成员拨出电话时需要投射适当的情绪,然后开始说话。从治疗角度来说,独白内容可以反映来访者的内心想法。

第三步:戏剧场景由独白发展到对话。另一个成员拿着第二部电话扮演电话另一端的人。两位演员背对背,如同在进行真实的电话对话,对话期间两人没有眼神交流。

团体之间的人际关系互动终于慢慢出现。当团体成员审视彼此之间的感情与关系并分享各自的观点时,他们之间产生了一种更深层的联系与联结。

魔术电话中的独白与对话通常都充满戏剧性与情绪上的潜能。电话作为道具近乎真实,处于真实与想象之间那条细微的界限——戏剧与治疗产生的力量之外。

2.手势游戏

一人坐在椅子上,同时将双手放在椅背后,在即兴场景中扮演说话者。另一人蹲在椅子后面(从说话者的手臂和肋骨之间)伸出双手,假装它们属于说话者,另外安排一位成员采访说话者,椅子后面的成员根据说话者的回应做出相应的手势。

这一方法能够促进演员之间产生同理联系以及增强成员之间的非语言认知。

3.胡言乱语

在这一方法中,来访者用声音代替可辨识的语句。本质上来说,他们需要即兴创造一种语言。肢体动作、手势、表情及语调都有助于传达信息,可以帮助来访者表达情绪。这一方法适用于具备自发性与自信心、不担心自己表现得愚蠢的团体,建议按如下步骤进行。

第一步:两人一组,来访者同时不停讲话,无论对方说什么都不听。

第二步:来访者在规定时间内重复前一步骤,同时尽可能大声说话如同在争吵或在尖叫。

第三步:重复前一步骤,但来访者用自创的语言代替母语,表现得好像外国人在争吵。

第四步:每组创造一个包含争吵或表现生气情绪的情境,并通过胡言乱语的方式来表演,其他成员观看并猜测发生了什么。疗法师可以通过这一步骤将训练的重心放在情绪表达上。

4.召唤情绪

一种做法是在一个即兴场景中,两位演员必须立即演绎观众所喊出的情绪并将其融入其中。另一种做法是由一位观众扮演导演,负责喊出情绪词语。来访者要演绎平时不常表达的情绪,其情绪回应能力因此得到拓展。这一方法是基于改变情绪、改变内在反应的强度、跳跃情绪发展而成的。

5.配音与静默场景

来访者只做肢体动作,在进行肢体互动时用嘴型无声对话,即静默情景。以默剧的方式进行表演,尽可能以非语言的方式传达正在发生的事情。表演结束,观众试图辨识场景的主题。这一方法适用于儿童与青少年。

6.传达信息

一个人根据要求传达一条重要信息给另一个人。接收者则必须时刻准备对戏剧化或充满个人挑战的信息作出真实反应。传达信息只对在第二阶段中感到轻松自在,并且能清晰分辨虚构与真实的来访者适用。

7.对嘴唱录影

来访者根据要求带来一卷对自己意义重大、能表达自己强烈认同感的歌曲录音带。

团体一起听完风格迥异的歌曲后,每人都有机会用嘴型默唱自己的歌曲。需要强调的是,每位成员需带着情绪与激情唱出歌曲,并表达自己的真实情感。这一方法建议运用于青少年团体。

(二)促进性格与角色发展的方法

1. 家庭角色扮演

团体四个人一组组成家庭,他们决定彼此之间的关系以及选择扮演的家庭角色。疗法师可以扮演指责道具者、逃避者、争取注意者以及调停者等角色。之后各组成员轮流进行计划内的即兴表演。

家庭角色扮演的原意是演出虚构的家庭,但家庭的动态关系能很轻易地引发成员反思并对照自己真实的家庭。这种方法倾向于在想象与真实场景之间建立联系。

2. 家庭治疗

通常是针对一两个家庭的场景。疗法师在场景开始前通过短暂面谈大致了解每位家庭成员的问题和观点,并根据每个角色共同设计家庭关系与状况。一般而言,家庭治疗不需要做很多准备。演出的虚构的家庭,会很轻易地引起成员对自己的真实家庭与生活角色的反思。其中所涉及的问题都被逐一揭露与检验,它比家庭角色更容易引发个人情绪。对青少年来说,甚至能使其对父母产生同理。最具疗效的重要角色是家庭疗法师。扮演这个角色的成员不仅要保持客观,对每个角色怀有同理心,还要找到合适的介入方法。家庭治疗可通过角色互换得到进一步的发展。

3. 疗法师与来访者扮演

一位成员扮演来访者,另一位成员扮演疗法师,也可以互换角色。这一方法具有重要意义和治疗作用。

4. 餐厅场景表演

团体分成三人或四人一组,由一人扮演服务员,其余人扮演顾客,并根据要求表演发生在餐厅的场景。演出前,小组要决定在场景中呈现的冲突。

5. 隐藏冲突

每个演员演绎一个由自己决定(或被制定)的内在冲突的场景。这种方法不仅能让来访者卸下心理包袱,而且还能深入探索他们隐藏、伪装或撒谎的行为,以及这些行为背后的动机。

6. 借助于剧本场景

虽然戏剧疗法以即兴创作为主,但疗法师也会借助于剧本。剧本场景不仅能促进情绪宣泄与角色延伸,还能让来访者获得富有创造力的成就感。

(三)建立团队合作的方法

1. 加入场景

一人进入舞台区域并开始表演,当另一人认为自己知道第一个人在做什么时,他就以合适的角色(或扮演的任何角色)加入场景,其他人通过相同的方式逐一加入。加入场景后,来访者可用语言进行表演。每个人的行为会立即得到接受、支持与发展。每个人都需要互相回应、适应其他人的加入,并当场改变自己对现有场景先入为主的看法。

2. 法庭审判

这一方法是培养团体戏剧感与加强合作的有效方法,其清晰的结构有助于成员积极投入其中。每个人扮演明确的角色并清楚表演的顺序,所有成员都参与其中。尤为重要的是,法庭审判所固有的悬疑性与戏剧性会带来高度发展与悬而未决的表演,并持续思索整个治疗单元,其中法官是核心角色。这种方法非常适合治疗喜欢隐藏自己且被动的来访者,同时对治疗不安与难以自控的来访者也很有效果。辩护律师和检察官是难度最大且极具挑战性的角色,最好由语言表达能力较强的成员扮演。被告是另一个核心角色。这一方法无论从精神角度、情感角度,还是从戏剧角度,都非常地吸引人。

3. 创造理想治疗社区

成员一起创造出理想的生活场景并在其中进行戏剧表演。这一方法最显著的治疗作用是增强成员的能量感。这个戏剧表演的创造力与戏剧性让对环境与生活缺乏控制感的来访者体会到掌控的感觉,能促进团体的合作。

4. 创作一出戏剧

疗法师引导团体成员说出他们感兴趣和关心的议题,并帮助他们以创作戏剧的方式组织这些素材。有时成员的表演内容可能会围绕一个特定的主题,此时疗法师提出深入且引发深思的问题,指导成员讨论戏剧内容。这样做的目的是帮助成员加强对重要问题的深层反思与理解,增强其同理心,提高成员将外部事件与内在经验相关联的能力,为成员提供创造、驾驭与互相合作的经验。这一方法不需要带领者预先做准备,也不需要进行任何热身或后续的活动。它本身就是一个完整的活动,可贯穿整个治疗单元。

(四)自我启示的方法

1. 雕塑与自我雕塑

一位来访者通过要求其他成员站在特定的位置来设定一个戏剧场景,典型的做法是让其他成员代表某个原生家庭的成员。

由此衍生出来的另一种方法是自我雕塑。戏剧疗法师可以根据主题引发的情绪,利用不同的方式介入场景,并指导主角:退出场景并润饰雕塑,进而使其象征演员希望实现的内在变化或心理整合;仔细观察每个部分(观察内在自我的优点,见证并指导内在自我的部分),从而达到接受自我的目的;帮助主角检视两者之间的互动。

2. 制作自我面具

将空白面具发给成员,成员在面具上画出自己的模样,可抽象地反映自我形象而不必描画外在特征。面具的运用可促进自我启示。将成员完成的面具成排展出,由一位成员选出一个最吸引他的面具并对其进行描述,之后提出问题或作出评价。面具制作者以第一人称对其问题作答。由此产生的距离感能够让面具制作者揭露在面具的伪装下更多的与自己有关的信息,同时赋予面具一个独立的角色。

3. 生命中的一个人

成员以真实生活中的关系设定进入表演区。这种方法通常会让演员互换角色,成员可以决定情感投入与自我启示的程度。

4. 扮演不同年龄的你

来访者扮演过去或未来不同年龄的自己,重聚或预测不同年龄的自己。成员所投射的未来的自己,特别是在关乎其改变的动机和欲望时非常有启示意义。这一方法可以让成员回忆过去发生的事情,再现其生命中某个特定年龄所体验的情绪和感受。

5. 辨识冲突

主角站在房间中央,并表现一场他正在挣扎的冲突。所有成员辨识出冲突后,可选择加入自己希望游说的一组,最终形成两组。主角慢慢移动及至最后走向自己决定加入的一组。

6. 自我启示表演

表演内容都源自戏剧疗法过程中来访者的自身经历。美学元素在这其中很重要,而最后的表演将会在一个完备的剧场空间里呈现。自我启示表演的戏剧风格与形式千差万别,来访者所选择的形式能反映出他的个性与表演技能,也能反映出正在处理的问题。疗法师帮助成员做好准备很重要,当天的热身活动也很重要。表演结束后,疗法师最好让团体通过简单的仪式一起庆祝并分享共同经历的紧张情绪与亲密感。

三、治疗单元和治疗尾声的方法

这一阶段的主要目标包括给予与收获、集体创意、团体觉知以及回顾与庆祝。

(一)训练给予与收获的方法

1. 握手游戏

团体成员围成圈坐在地上,手牵手并闭上眼睛。带领者开始时轻轻地快速地紧握身旁成员的手,这个成员立即快速紧握下一个成员的手,以此类推。几次后加快速度,团体成员之间紧握双手传递团体的生命力。这一方法可以用于治疗单元的尾声。

2. 转化物件

一位成员以表演默剧的方式创造一个物件,将它传递给圆圈中的另一位成员,然后他将其转变成另一个物件,接着传递给下一位成员,以此类推。这一方法能激发成员的想象力,并让来访者体验创作的过程。转化物件可以有很多的变式,如转化真实物件、传递实物、传递面部表情、传递静默礼物。

(二)训练集体创意的方法

1.魔术盒

疗法师将魔术盒放在成员的圆圈中央、天花板或房间里指定的位置,成员将与治疗单元相关的情绪、经历、感知、预见、恐惧或希望放进魔术盒,直到进入下一治疗单元时疗法师再打开它。

2.戏剧性仪式

这不仅仅是一种方法,更是一个过程。来访者在疗程完结时必须面临离别与结束,戏剧性仪式可以帮助成员以隐喻的方式具象地接纳与表达复杂感情。戏剧性仪式可由团体即兴创作,也可以由疗法师预先设计。

3.构思故事与讲故事

一人开始讲故事,并可随时停止,然后由圆圈中的另一个人续接故事,最后一个人完结故事。这种方法适用于治疗单元尾声。

(三)训练团体觉知的方法

1.诗意联想

诗意联想适用于8～12人的团体,来访者必须凭直觉进行抽象思考。一位成员想象团体中的某位成员是水果、动物、颜色、季节……

2.猜真假句子

在一个团体中,每个人说出两句话,其中有一句是假的。聆听者试图猜出哪个句子是真实的。

3.别人代答练习

一位成员坐在中间负责提问,被提问者不作回答,而由他右边的成员以被提问者的口吻回答问题。做这个练习最重要的一点是提问者与被提问者要保持眼神交流而不能只关注答案本身。这一方法能够探索团体觉知,检验成员互相了解的程度,促进自我启示与对质,消除对抗情绪并加深自我认知和同理心。这一方法适用于家庭治疗或彼此熟悉并能接受自我启示的团体。

(四)回顾与庆祝的方法

1.重聚

两位成员即兴表演在未来的某个精确的时间及地点遇见对方的场景,对虚构的偶然相遇自发地做出回应,彼此交流各自现在过得如何以及在做什么,并回忆曾经在一起接受的戏剧疗法。这一方法通常用于疗程的尾声,可以使成员回顾各种演出、场景,并提高成员从整体上看待治疗的经历对自己人生的影响并赋予其意义的能力。

2. 祝酒

这是一个简单的治疗过程,来访者在这一过程中庆祝自己的收获与成功。成员以祝酒的方式分享互评,增强团体认同感。祝酒让成员以具有结构性、仪式感以及精神认知的方式表达自己的感受,庆祝疗程结束的自豪感与感恩之情。

3. 填写证书

疗法师在疗程结束时给每位成员颁发证书,每张证书印上成员的名字,每位成员填写自己的证书,写出自己在治疗中获得的显著的成功与进步。证书让成员有机会回顾和认清自己的成长与进步,尤其是看到自己拥有的生活技能。

4. 拍团体合照

疗程的尾声在于帮助成员带着经历与改变继续生活,拍合照会是一种很好的方式,成员在未来经历困难时能从合照中获取一些力量。

第四节 戏剧疗法的应用

一、戏剧疗法在学习中的运用

戏剧疗法从诞生之日起,就在治疗学习障碍过程中发挥着重要作用。但这并不意味着戏剧疗法能够治愈学习障碍,它只能辅助来访者在日常生活中达到一种最佳状态。学习障碍覆盖的范围很广,阅读障碍、学习问题、学习效率低下、脑损伤、语言障碍、孤独症、多动症、注意力不集中、阿斯伯格综合征(一种自闭症的表现形式)等都属于学习障碍。戏剧疗法对有这些学习障碍的来访者来说是非常适用的,因为戏剧疗法在很大程度上是一种"非语言"疗法。

学习障碍分为"轻度""中度"或"重度"三种。治疗组中的一些来访者可能患有多种学习障碍症,这决定了他们的治疗方向。疗法师应根据来访者的需求规划相关活动。

(一)轻度学习障碍

许多轻度学习障碍来访者想通过治疗来提高他们的实践及社交技能,以充实生活经历,提高生活品质。而戏剧疗法师的主要任务就是为来访者的生活重新注入欢乐和活力。

在戏剧疗法游戏中,来访者可以尽情放松自己。在小组配合游戏中,治疗结果通常令人惊喜,这些游戏可以帮助来访者提高独立能力及社交能力。

快乐学习

接受戏剧疗法治疗的轻度学习障碍来访者的需求包括:

1.明确的界线——一些来访者不明白保持自己与他人距离的必要性,这导致他们对别人的一些不礼貌或是不合群的行为不会加以区分及拒绝。

2.社交技巧训练——来访者可能需要学习如何在社会和工作环境中表现得恰当得体。

3.一个在支持性环境中表现的机会——如卡塔纳克所述,学习障碍来访者通常面临外部压力,不得不去遵循严格的社会行为模式。

4.活动——学习障碍来访者可能四肢协调能力较差,这会使一些活动对于他们来说更加复杂,但是通过练习,来访者可以更好地控制自己的肢体。

5.探索周围环境状况——来访者需要一个犯错误并发现错误的机会,他们在真实社会环境中可能会碰到类似的状况。

6.表达自己——来访者需要学习如何进行言语表达。

7.相关角色训练——目的是使来访者为进入真实社会及工作环境做好充分准备。

8.自信和自尊。

轻度学习障碍来访者所面临的压力可能非常大,且令他感到困惑。

由于患有学习障碍症,这些人的能力可能不足,难以处理工作中微妙的人际关系。因此,误解在所难免。甚至在一些庇护场所,他们也会引起别人的误解。在庇护场所,他们被给予自主选择的权利,但他们或许需要一些指导来确定如何选择。"我们该如何表达自身诉求,使我们的需求得到满足?"这是某些学习障碍来访者提出的问题。其他来访者可能也有相同的感受,但却没有能力将这种感受表达出来。

(二)中度学习障碍

中度学习障碍来访者可能与轻度学习障碍来访者有类似的治疗需求,但是需求的程度却不尽相同。例如,对中度学习障碍来访者来说,他们可能要花更长的时间去把握个人选择带来的影响,以及明白如何表达个人诉求。他们需要做出的选择可能很简单,例如选择服装或点菜,但是这些选择仍能帮助他们学习怎样表达喜恶。我们可以通过设置一些游戏,使学习过程变得有趣,例如:

1. 描述天气状况,并根据天气来选择合适的衣物。例如在雨天选择雨衣,晴天选择遮阳帽。

2. 创作一些需要来访者做出选择的故事。例如,故事中的人物需要在独自乘火车出游和与朋友乘汽车出游之间做出选择。若来访者可以做出选择,则这个过程会变得有趣。

3. 设置一些包括不同表达方式的角色扮演游戏。

如上所述,戏剧疗法并不总是以语言形式进行的。因此,那些在语言表达上有困难的人可以借助于图画或沙盘等工具表达自己的喜好。

案例一

罗宾看了一眼就说话了

罗宾是一位患有沟通障碍症的年轻人。当不能清楚表达自己的意思时,他会非常难过和沮丧。一天,戏剧疗法治疗组在进行一个传球游戏,小组成员围成一圈,传球的同时叫出成员的名字。罗宾发现,在这个游戏中,他可以通过直视对方表达传球的意图。他可以直视那个人,当那个人接收到罗宾的意图时,便以目光示意、回应罗宾。当罗宾直视工作人员时,他们便意识到罗宾想要表达自己的诉求,于是就等待一会儿,使罗宾找到合适的词语表达诉求。

(三)重度或多重学习障碍

重度学习障碍来访者在其一生中,几乎都会遇到许多困难。他们并不是在与新的问题或限制做斗争,对于他们来说,一些困难的身体活动或障碍理解并不陌生。对重度学习障碍来访者来说,尽管他们有着沟通障碍且他们的身体不能摆脱对外部的依赖,但他们仍需对周围环境有所了解。戏剧疗法师需要谨记并留心:尽管这些人自身存在一些局限,比如可能身患残疾,但他们仍是有感情、有性格的人。正因如此,他们应当被尊重,也应当拥有自主决定的权力。戏剧疗法能够帮助这类来访者增强自主性,强化技能,提高沟通能力。

尽管对于重度或多重学习障碍来访者来说,一对一的治疗很有必要,但是在两三人的治疗小组中接受治疗也是很重要的。这是因为,对于重度学习障碍来访者来说,和他人相处也是一种很好的激励方式,这可以帮助他们减少孤立感。人们时不时地会被孤立感包围,因此需要持久的关爱。戏剧疗法依靠疗法师和来访者内在的创造力,根源于环境的变化,不管这种变化有多小。

重度或多重学习障碍来访者的需求包括:

1. 放松——周围环境会给来访者带来压力。我们可以选择一些合适的锻炼方式以达到放松的目的,比如拉伸和放松上臂及腿部肌肉;也可以聆听轻音乐,观看鸟类进食或观看鱼类在鱼缸中游动。

2. 感官刺激——戏剧疗法为重度学习障碍来访者提供了聆听不同声音的机会,例如海浪声、音乐及鸟鸣。戏剧疗法还为这些来访者提供了感受不同材质的机会。对于那些自身能力不足、无法感知不同材质的人,还可以让他们辨别不同的气味,以达到刺激感官的目的。

3. 体验被触摸的感受,但这种触摸并不是指临床护理。例如,可让来访者体验轻柔的按摩,或轻抚来访者的手部、脚部、头部及颈部。

4. 探明界线——让来访者了解他们与房间边缘的距离,了解与他们同在一个房间的人,了解他们能向窗外望多远。

5. 创造性体验——例如绘画。若可能,可让来访者创作拼贴画。若来访者能表明他们想将材料拼贴在何处,或希望别人将材料拼贴在何处,疗效会更加明显。

6. 探索沟通方式——来访者可以做手势,模仿他人的动作,例如拍手或哼曲子。

7. 做一些舒缓的运动——例如活动手臂,轻轻踩脚或点头。

除了上文提到的方法,讲故事和创作故事同样可用来鼓励重度学习障碍来访者。这些故事可以是简单即兴创作的,也可以是童话故事。卡塔纳克推荐选择那些在内容上有重复、语言上有节奏的故事,以及那些色彩强烈的图画。卡塔纳克认为"即使故事的听众不明白故事内容,讲、听故事者的声音语气和活力也会营造出一种和睦的氛围"。

案例二

卡莱尔看见了太阳

戏剧疗法师与他的助手正在布置一种场景,他们在一组多重学习障碍来访者中间放置了许多火炬用以照明。卡莱尔忽然说道:"它们看起来像太阳一样。"此前,她经常对周围环境表现出漠不经心的态度。这看起来不过是一个随意的评论,但是对卡莱尔来说,这种用语言表达的对周围环境的观察结果,体现了她的参与能力及创造力。

二、戏剧疗法在临床上的运用

戏剧疗法师在培训时初步认识了精神健康行业的概念和语言。在精神健康治疗背景下,他们也会花一些时间与来访者相处,这样他们就能清楚地了解一些在运用戏剧疗法时需要说明的精神健康问题。如果戏剧疗法师是已经接受过训练的精神健康专业人员,那么他们就会通过与来访者的接触,选择自己不熟悉的问题进行探讨。在精神病学背景下,大多数接受戏剧疗法治疗的人患有精神障碍或情感障碍症。为了治愈这些来访者,有时需要对戏剧疗法的一些通用方法和实践做出改进。

(一)抑郁

大多数人会在某个年龄段经历抑郁。这有可能是由失去亲人或其他形式的个人损失造成的,也就是说,这与压力相关。这种抑郁维持的时间较短,且通常不需要治疗(尽管有机会在戏剧疗法情境中探索思想和情绪可能对此有帮助)。如果抑郁的情况持续了很长时间,且削弱了身体机能,那其就可以被称为疾病,此时就需要治疗。抑郁可以分为"轻度抑郁"或"重度抑郁",这两种抑郁情况之间是有等级划分的。

轻度抑郁的症状有意志消沉、缺乏兴趣、睡眠质量差——来访者常常在清晨时感觉很虚弱——食欲不振、体重下降、精力不足,并且在连续数周之内都感到很疲惫。虽然面临一定的困难,但是轻度抑郁来访者通常能继续工作且能够正常活动。重度抑郁发作时症状更强烈,来访者会躁动不安、焦虑且极度痛苦,通常会导致其无法工作,身体机能减弱。有时来访者会反复考虑一些事情,而这会干扰其正常的思维和行动。对于那些愿意倾听的人,来访者可能会向他反复表达自己的想法或诉说自己的经历。这种经常性的重复似乎没有目的也没有解决办法,但这表现出来访者缺乏自尊。而朋友、亲戚和戏剧疗法师可能会难以忍受这些重复。

案例三

格特鲁德永无休止的故事

格特鲁德是一个患有重度抑郁症的中年妇女。她不停地重复自己被剥夺了快乐的童年,这让她的丈夫很痛苦,他越来越难以忍受这样的妻子。格特鲁德预约了门诊,她总是在预约时间之前很早就到了。当她在接待处报道时,总会向接待员讲她的故事,然后又向社会服务人员、值班护士讲她的故事,最后会和等候室里任何愿意倾听的人重复她的故事。当她见到精神病医生时,她会说:"只要来这家诊所,我就感觉好多了!"

对大多数的抑郁来访者而言,戏剧疗法也许是恰当的干预方法。如果治疗小组中来访者的抑郁程度不尽相同,那抑郁程度较轻的人可以帮助抑郁程度较严重的人振奋情绪。应当注意的是,为了避免适得其反,戏剧疗法师应使来访者在力所能及的范围内行事。简单地讲,刺激性治疗会帮助来访者克服抑郁所带来的疲劳和无力感,但同时也要考虑到来访者可能会出现注意力不集中的情况。

(二)精神错乱

大多数抑郁来访者思维能力低下,但至少能明白一些"现实"情况,而有一部分精神病来访者的显著特点是有着严重的思维(和情感)障碍。这类来访者,其认知是脱离"现实"的,这会导致极端的定向障碍、恐惧和痛苦。

这种病症通常被视为精神错乱,健康人很难理解这种情况。

(三)精神分裂症

精神分裂症可能是人们最熟悉的精神疾病,但精神疾病不仅限于此。精神分裂症有多种表现形式,最典型的是思想与情绪的极度混乱,大多数是在青少年晚期或二十岁左右时发作。精神分裂症的发作可能会很突然,这种情况下其症状会表现得很强烈。

对于引起精神分裂症的原因存在很大争议。有观点认为是家庭或社会环境(Grainger,1990),而有些观点则认为是遗传或身体根源(Farmer etal.,2005)。无论戏剧疗法师持何种立场,都不应该将其带入治疗中。混乱的思想和困惑的身份会对社会关系造成影响,而只有当前的关系才与治疗直接相关,之前失去作用的关系对治疗不产生影响。戏剧疗法师可以采取有效而简单的方法,促进来访者与他人的交流,从而使来访者不再遭受由精神分裂引起的孤立感和分离感的困扰。

案例四

从气球到对话

戏剧疗法小组中,受到精神分裂症困扰的来访者都活在自己的内心世界中,不与他人过多交流。第一周,他们一起玩气球,互相把球扔给对方。这个游戏基本上占据了第一次治疗的全部时间。第二周,戏剧疗法师把小组成员分成几队,相互竞争。玩气球、沙包和球的游戏是他们在这一治疗过程中的大部分活动内容。过了一段时间,组员开始互相谈论他们玩的东西,包括这些东西的颜色和材质等。他们逐渐开始互相了解,并开始谈论其他事情。

(四)康复

作为康复手段,戏剧疗法更普遍地用于精神分裂症治疗的后期。用戏剧疗法治疗精神分裂症来访者时,疗法师需要表明实际生活的重要性,强调个人在生活中的角色(例如家庭和职业中的角色),重视促进互动的游戏,以此来帮助来访者建立合理的行为模式。对有着不同问题的一组来访者进行治疗可以提高他们的沟通能力,加强与他人的联系。这尤其可以帮助青少年减少孤立感,使他们对组员间的互相支持和帮助给予积极回应。

像其他接受医学治疗的来访者一样,治疗精神分裂症来访者时,应充分考虑药物的副作用及疾病本身显现的问题。疗法师需要保持刺激与治疗之间的平衡,避免不利于治疗的过度刺激。一些来访者在一次性专注于多个刺激方面会有困难,所以将音乐或背景音与动作放在一起使用时要仔细斟酌。考虑到来访者不能长时间集中注意力,每次只给来访者一个指令,且指令要尽量简短明确。

尽管精神分裂是导致来访者与现实脱节的最常见原因,但是极度抑郁、痴呆、焦虑等也有可能诱发精神病。脱离现实与精神分裂症相似,但其持续时间较短。错觉常常与身体失调或不合理的愧疚感相关。精神分裂者来访者会达到一种状态——认为错觉世界比真实世界更真实。戏剧疗法和其提供的治疗方法会帮助来访者重获平衡感和现实感。

案例五

科菲的愧疚

科菲非常抑郁。他的女儿为了另一个男人,离开了自己的丈夫,科菲觉得这一切都是他的错。他对此深感愧疚,满脑子都是这件事。他躲在角落里,只在告诉别人他做错事时才开口说话。事实上,他毫无过错,但是他的错觉让他脱离了现实。在进行适当的药物治疗后,科菲能够加入戏剧疗法小组了,并且能更客观地看待他女儿的情况。通过对家庭情况进行角色扮演,他明白了自己之所以抑郁和女儿的婚姻问题有关,而他女儿的婚姻问题也成了他意志消沉的重要原因。

思考与练习

1. 戏剧疗法的疗愈因子是什么?
2. 如何将戏剧疗法运用于生活中?

推荐书目

1.[英]多洛丝·兰格丽.戏剧疗法[M].重庆:重庆大学出版社,2016.
2.[美]蕾妮·伊姆娜.演出真实的生命:戏剧治疗的过程、技术及发展[M].北京:北京师范大学出版社,2018.

第五章

诗歌疗法

内容简介 本章介绍了诗歌疗法的概念、诗歌疗法的分类,以及诗歌疗法的起源、当代发展状况、意义、理论基础、方法和应用。

学习目标 1.了解诗歌疗法的概念和起源;

2.了解和掌握诗歌疗法的理论基础;

3.了解诗歌疗法的心理学基础的演变;

4.了解诗歌疗法的意义、原理和方法。

第一节 诗歌疗法概述

人文学科和科学能够深入透析人类深层认知的、感情的、行为的经验,而心理学既是一门艺术也是一门科学。福勒曾谈及艺术与心理学之间有着很深的渊源,这也致使1945年美国心理学家协会(APA)将"成立心理学与艺术专业分会"写入了章程。

一、诗歌疗法的概念

诗歌艺术隶属于人文学科,诗歌既是诗人强烈情感的自然流露,也饱含诗人创作时的深思熟虑。以情感为基础的治疗离不开对认知和行为的分析,而认知心理学同样也离不开情感,诗歌艺术与心理学的共性结合为诗歌疗法奠定了理论基础。"诗"是一种文学体裁,也是表情达意的语言的质素。"诗"的语言必定是极具内蕴又令人回味无穷的。诗歌疗法就是将这种语言艺术运用到心理治疗的过程。诗歌被创造出来后供人们分享,这个时候它就拥有了一股力量,它安慰着人们,令人们的生活焕然一新。在我们从事心理治疗的过程中,我们追求诗的意味,又以诗去感染他人,如此,诗意将生生不息。诗歌疗法探索人性,引导抉择,引导人们听从心灵和意志去做出决定。

二、诗歌疗法的分类

(一)传统心理学领域的诗歌疗法

传统心理学领域的诗歌疗法(Poetry Therapy)以诗歌作为传达感情的工具,促进来访者获得康复和发展。治疗者选择与来访者心境相同或相似的诗歌,鼓励来访者聆听或诵读这些诗歌,并产生共鸣,以释放受压抑的情绪,探寻自己的问题。疗法师亦可鼓励来访者自己写诗,自由表达郁积的感情,从中发现来访者的症结。诗歌疗法对诗歌的质量不作特别要求,而是注重来访者诵读或创作诗歌时激发出来的情绪。该疗法适用于神经症、精神病、药瘾、酒瘾来访者等,常用于集体治疗,亦可作为个别治疗的辅助手段。

(二)多元表达性艺术领域的诗歌疗法

表达性艺术疗法师必须在面对灵魂的光明与阴影时,保持近乎宗教信仰般的包容态度。工作时,疗法师必须熟练使用一些方法和技巧,来解构自身麻木及先入为主的成见,增加敏感度,破除不具创造性的固定模式,培养开放的想象力。

诗歌疗法在遵循诗歌艺术与心理学发展的同时,吸收了起源于欧洲20世纪70年代的现象学艺术治疗运动发展人保罗·尼欧所开创的多元表达性艺术治疗要素。诗歌疗法有别于一般传统的艺术治疗,它脱离了心理学框架,以人类学的角度来理解、发展表达性艺术治疗,主张感知互动的想象力需要不同的艺术形式来承载。而先敏感度后技巧艺术的工作原则和去中心化的工作方法,可以让我们有效地陪伴来访者在安全的空间里,使用艺术经验来远离问题中心。通过不同艺术形式和具体的感官经验来承载想象力,以进入一个去中心化的历程,为来访者提供一个另类世界的经验。就现象学而言,在另一个世界的经验里,我们关注的是实质的、非实质的以及人的元素在一个正在发生的创作行动里的相会,然后借由美学的分析解释将这种相会带到对话里,来激发来访者的敏感度与觉察,激励并唤醒来访者产生新的可能性和学习动机。

诗歌疗法,在前文所述其象征性的意象建构之上,通过文字这种形式(文字的表达,即"写作"),让人同时回溯过去和展望未来,通过脑海中涌出的记忆图像(隐喻)和声音所传达的信息,促使个体去寻找意义。在写作的过程中,臣服于内心的所见所闻。这些"呈现"可以让人去发现自己究竟"卡在过去的哪个位置"(过往人生经验里循环往复的一个痛点),臣服于书写的此刻,让情绪流淌并观察它。作者允许作品感动自己的时候,那这个诗歌作品本身就成为了治愈的工具。

> 如果你是星星
> 我就是月亮
> 这样我们便可夜夜相见

如果你是雨后彩虹
我就是阳光
这样我们便可以说说话
如果你是蒲公英
生长在草坪上
我就将你采摘
许一个愿

这是一首写给逝去母亲的诗歌。诗歌里涌动着悲恸的情绪，通过星星、月亮、阳光、蒲公英这些简单的意象来创作一首诗歌，在书写的过程中，疗愈作用就已经产生。

三、诗歌疗法的源起

据考证，最早意识到直觉、文字、情感对治疗极为重要的是古希腊人，亚里士多德就在《诗学》中探讨过"宣泄"治疗情感的作用，还论及诗歌所蕴含的深刻见解和普遍真知。今天"宣泄"被视为心理疗法的一个重要方面，"宣泄"的重要因素情感共鸣，也成为诗歌疗法研究中重点考察的一个方面。

19世纪初，有学者指出诗歌可用于治疗精神上的疾病。琼斯（Jones）考察发现，1843年宾夕法尼亚医院报告《启蒙》中刊发了许多精神病患者写的诗歌。1925年，罗伯特·黑文·肖夫勒撰写的《诗歌诊疗：袖珍的诗歌药箱》以开处方的形式为来访者不同的情绪问题提供了不同的"诗歌药方"，其中一章辑录了多篇诗作，作者将这一章命名为"治疗焦虑的镇静剂（让人放心的诗歌）"。在本书中他提出了一个有趣且重要的观点："那些真正能起到疗效作用的诗作其实在作者构思酝酿之时就已开始了它的诊疗事业，而它的第一位诊疗对象就是那位诗人。"弗雷德里克·克拉克·普雷斯科特1922年所撰写的《诗思》所引文献丰富，很好地将诗歌思想与心理学原理结合起来，可以说是这一领域的力作。

四、诗歌疗法的发展

1960年，布兰顿在《诗歌作药石之用》中亦主张对症下药，提出用不同的诗歌治疗不同的病症，用不同的诗歌满足不一样的情感需要。伊莱·格里夫的最大贡献则在于1976年为"诗歌疗法"定了名，这位诗人、律师、药剂师也在纽约克里德莫尔州立医院做志愿者。1969年，诗歌疗法学会成立，这标志着诗歌疗法正式被纳入体系，1971年开始，该学会每年都在纽约举办年会，1981年其与全国诗歌疗法学会合并。诗人、心理学家阿瑟·勒内于1973年在洛杉矶创办诗歌疗法研究院，它为诗歌疗法的长足发展做出了极大贡献。《诊疗中的诗歌》涉及了诗歌疗法的多个方面，包括实践运用、理论方法和学术研究。贝利所撰的《从科学的视角看待诗歌疗法》也颇值得一提，它首次将统计的方法引入了这个领域。而哈罗尔所著的《诗歌的疗效》也是一本重要的著述,哈罗尔在这本书中从治疗的角度理解诗歌并按照这样的思路梳理了诗歌发展的历程,期间还借鉴了埃里克·埃里克森的"发展阶段"理论,并在梳理的过程中剖析了自己以前所写的日记、诗歌。

诗歌疗法发展至今,它的前期探索以及未来之路也会更加清晰。作为一名从事艺术(诗歌)疗愈的疗法师,要时刻观照自己要在两种意识(心理、艺术)的结界中行走,在与来访者的互动过程中随时内观到自己当下的意识反应,以包容的态度接纳来访者及其作品全部的光明面与阴暗面,同时也需要不断保持和增强艺术(诗歌)上的创造力。

五、诗歌疗法的意义

(一)唤醒和引导普通受众的审美体验

首先,作为有艺术取向的疗法师,他们会遵循一个基本技巧,使本身不是艺术家并且时常觉得"没有天赋"的普通个人,能够投入到某种艺术中并获得满足,理解艺术的基本现象:利用有限框架中的有限资源,扮演通向"美"的角色。

其次,从艺术疗愈滋养心灵的角度来看,那就要超越正统美学追求形式美的传统理念,也必须超越"对美的判断因人而异"这一说法。有一种被称为"审美反应"的现象,这种现象发生在同时以艺术的表现者和观察者双重身份参与到艺术创作的人身上。它所强调的并不是如何用客观的标准来衡量艺术之美,恰恰相反,它强调在观看艺术表演或者面对艺术作品时,每个人会有自己独特的应对方式。这些应对方式触动心灵、唤起想象、感染情绪、引发思考,而疗愈的目的则是注重它们的品质,而不是刻板地将审美反应和艺术形式对号入座。这也恰好验证了美学在深度心理学中的运用。

上述"审美反应"是由艺术产品引发的,它包含了各种意象。与这些意象对话,能令其展现出更多的美与更丰富的内涵,揭示其真正的内涵:着迷、厌恶、感人、麻木以及与美相关的爱欲体验。这些特质也存在于"非专业艺术家"身上。

案例一

> 一双死亡的手
> 一双压迫的手
> 一双充满质感的手
> 一双力量夯实的手
> 一双眼睛的手
> 一双太阳的手
> 啊 一双手是一双手
> 是一双剧烈颤抖的手

盖上一双没有迹象的手

简单的生活
有时我会想
生活就像是信号灯
你碰到绿灯你就走
你碰到红灯你就停

有时候我觉得自己活在爱里
有时候我觉得自己活在爱里
就像身子睡在云上
就像灵魂住在竹子里

——空降

在这首诗中,作者既是创造者也是观察者。当新的诗歌诞生之时,作者也就对自己的诗歌作品产生"质疑"。这种"质疑"涉及心理层面,而在与读者(也包括诗歌艺术疗愈者)的互动过程中,我们发现,这其实是客观而又真实的心灵呈现,即能以"意象"(比如"就像灵魂住在竹子里")打动人,又能引领着读者进入诗歌创作者自身的心灵世界。

这些创作过程中的"特质"并不是评判作品优劣的标准,但可以使这些作品与功利主义的艺术活动有所区别——那些为了达到某种目的而进行的艺术创作,比如为了实现市场营销目标而创作的作品,为了通过各种预先设定好的机械性标准的测试和评估而拍摄的照片(并不是说艺术在这样的条件下不能进步,有时即便是功利主义的艺术也能繁荣发展)。所以从诗歌写作作为艺术疗愈的手段角度出发,我们必须明确这一点,即评判这些诗歌作品不完全是从艺术角度出发的。

(二)诗歌疗法对全球化背景下人类集体意识的创伤治愈

1. "集体创伤"的背景概念

集体创伤发生于大规模的群体甚至整个社会之中。对创伤性事件(比如重大自然灾难、战争或群体性恐怖袭击等人为事件)的目睹,会刺激群体情绪,造成集体性的心理创伤的产生,严重的甚至会引发创伤后应激障碍的产生。这些事件影响广泛,直接受害与亲临目睹的群体范围很大。群体中每一个个体经历了大规模的失去:失去家人,失去经济能力,失去原有的社会地位,失去原来的生活。通常集体创伤在整个社群及代际之间传递,会进一步导致隔代创伤的产生,也会导致整个社会文化的转变。通过社会、家庭抚养教育以及基因的表观遗传机制,集体创伤引发的代际创伤会在以下 9 个方面凸显出来:物质成瘾,暴力转移,慢性疾病转移,孩子过度依赖父母,不可以公开的哀悼,幸存者的愧疚,受害者的身份认同,缺乏表达感情的能力,自杀倾向和抑郁症高发。

全球化和深度互联网时代,重大不良社会事件一旦发生,就会迅速传播,到达一个个体接受者那里之后,其影响是潜移默化的,甚至是不自觉的。在今天,人们与麻木的机制相对抗是很大的挑战,加上代际创伤在集体意识里的留存,无论个体也好,还是种族和民族也罢,这都意味着真正的饱含着爱的美的匮乏。

2. 用诗歌艺术阐释爱的本质

生气与害怕、焦虑与愤怒并非居于中心的领域,在情绪状态开始改变的瞬间,我们就能感觉到情绪的循环流动。有时候,我们必须先处理生气的情绪,让泪水自然流淌,才能最终破涕为笑。有时候,我们必须进入绝望的深渊,才能从愤怒中得到力量。

如前所述,创伤会导致内在防御机制比如麻木的形成。艺术疗法师需要首先确定这一点:爱和慈悲心与真正的美息息相关,对于来访者的防御要保持观照的心。而爱的定义其实并不属于心理治疗范畴,爱无法被确定归类为某种特定的感觉、情绪或心情。在爱中我们能感受到上述所有的感觉、情绪与心情,它不仅仅让人感觉舒适,还会让人产生厌恶、生气、恶意等负面情绪。

> 一棵树上
> 圆满的天空
> 是哪种寿命
> 使得爱超越了心
> 我骨子里的乡土
> 是那么沉,那么轻
>
> ——空降

这首诗的作者是一位十九岁的非职业诗人,诗作显露出了超越他这个年纪的心智。这首诗很简单却又丰满,诗人渴望被爱,并用这几句诗来呼唤爱,而爱是生命对灵魂的反馈。一棵树引发了作者的想象,并在诗歌创作中转为隐喻。

3. 对个体成长中内在创伤的转化疗愈

诗歌艺术基于它如前所述的特质:透过文字浮现出的"意象",引发个体丰富的想象力,在个体与意象的对话过程中,展现出更多的美与更丰富的内涵,揭示其真正的意义。在此美学承担了一种"责任"。鲁道夫·阿恩海姆曾评论过艺术与爱欲的联系,他认为没有哪种艺术过程可以脱离爱的感觉而存在。从发现美到承担美学责任的过程

一棵行道树

中,有人变得麻木,这种麻木与防御的心理机制的形成不仅仅是个体性的,也是集体意识创伤在每个个体经验里留下的共同痕迹。美学责任以期在创作过程中重新发现"爱",来访者的艺术表达创作过程蕴含着对爱的情感表达。

诗歌疗愈这种表现形式唤起人们的注意力和同理心,而不是焦虑和抗拒,美让我们接近苦难的、痛苦的、丑陋的、令人反感的东西,并让我们在接近这些东西时,感受到它的力量。

> 你是谁
> 你是谁的声音
> 你是哪一种声音
> 在黑夜的窗台边
> 在白纸的印迹上
> 你是谁
> 你从哪里传来
> 在白昼的死亡里
> 在黑星的闪烁中
> 你是另外一种声音
> 属于你自己的声音
> 但是又能被我听见的
> 你是谁
> 是大海里的苍穹
> 是深邃
> 那你又是谁的谁
> 是紫色的竖笛吹奏
> 召唤鼠
> 召唤妖冶的人境

写这首诗时,作者内在正经历某种自我突变,变化速度之快让作者本人惊骇。"声音"这个意象,就是惊恐本身,它暗示着一种巨大深刻的内心变革,而通过"诗之书写",作者本人见识了自己的"彼时面目"——一种自我关注意识的觉醒。同时,荣格在分析心理学与诗歌的关系时曾提及:一旦人们谈论的不再是那作为个人的诗人,而是那推动着诗人创作的过程,心理学的角度也就发生了转变,诗人就仅仅作为一个发生反应的主体进入我们的视野。这个主体进入了读者和作者本人的视野,他们关系的反应模式恰好也是荣格"原型"理论的印证:通过一首诗歌的书写,作者和读者都感受到"爱"瞬间发生了,它不仅是"友善和温柔的",同时也可能是"痛苦的压抑的",而转化的能量恰好就在于此。一首诗被书写出来之后,像一面镜子一样放在作者的面前,内在不愉悦的过往被意象显化,疗愈即刻产生。

第二节 诗歌疗法的理论基础

一、诗歌疗法的文艺理论基础

诗歌疗法与现代诗歌艺术的发展有着密切的联系,诗歌艺术给人类带来审美体验,其存在意义与心理学层面的存在意义有着共性。早期的存在主义思想家在诗歌中发现了创造性思维方式,这种充满想象力的创造性思维方式拓展和超越了理性思维模式。当在进行诗歌写作的时候,存在心理学派的心理学家发现:人们能够在这种自由书写的过程中,体验到个体过往充满苦痛或苦难的经历,这种强烈的体验感给予个体创作者一种心灵上的安抚。诗歌疗法涉及了文艺阐释和心理诊疗的经典议题,既要求其建立在精准科学和观察的基础上,又提倡感性细致地体贴他人的情愫和心绪。

> 在我的开始是我的结束
> 在我的结束是我的开始
> ——《东科克尔村》(节选)

这是英国文学史上诗歌现代派代表诗人T.S.艾略特的墓志铭。从这两句诗以及这位诗人所属流派来看,我们发现艾略特这位伟大的英国诗人有其特殊之处,他说:"诗人无不从自己的情感开始写作,难的是将一己的痛苦或幸福提升到既新奇又普遍的非个人高度。"亦如但丁,他为失去幸福而悔恨,但是他并不为个人的失望和挫折感所累,反而"从个人的本能冲动中建造出永恒和神圣的东西"。从艾略特的观点的提出追溯到人类诗歌的起源,可以发现它们确实有共通之处:诗歌是最古老的文学样式,它产生于人类的童年期,它主要起源于劳动,但也与宗教有关。这里的原始宗教性非个人的、神圣的元素,在古典主义者艾略特的现代诗歌创作中得以充分体现,而在艾略特及其以前的时代,现代诗歌艺术已经获得了极高的成就,出现了许多流派,经典代表如法国象征主义先驱诗人波德莱尔以及后期象征主义代表人物马拉美,而象征主义流派更为追求"通灵式"的美感。艾略特的《荒原》本质上描写了孤苦无援的个人面临无边的黑暗战栗不止,要解决当代社会的各种问题,非人力所及,唯有在隆隆雷声中静候甘霖降临。也就是说,

《荒原》一诗含有基督教的底蕴。在此,我们之所以提及这位英国诗人,也正是因为在当代,诗歌艺术有某种回归人类原初的趋势,它并不单纯地在体验创造带来的个体成就感和内在满足感,其发展已达到了一个新奇又普遍的非个人高度。

T. S. 艾略特诗集《荒原》

现代诗歌形式的形成遵循了一个人类语言诞生与发展的客观规律:诗、音乐、动作起初合为一体,后来动作分离出来,就只剩下了歌。在歌里,音乐是诗,诗是音乐的内容,诗与音乐再分离开来,于是,诗便成了单独的文学样式、最早的语言艺术。所以"诗"(隶属于文学)与"语言"的发展密切相连。在这里,米歇尔·福柯提出语言概念:语言是一切被念出的喃喃低语,同时它也是一个透明的体系,当我们说话的时候,我们想要表达的内容就被理解了。简言之,语言即是全部历史所积累的词语的发展结果,也是语言本身的体系。文学与语言相关,又形成了自身的"文学语言"。无论被归属于何种流派,诗歌这种特殊形式的文学语言都具有其独特的存在价值。

诗与文学的发展、人类语言(包括现代人工智能语言)的发展密不可分。诗歌的起源如此古老,它伴随着人类语言诞生与发展,在无法记载的时代,它就已经以"歌"(喃喃的沉默)的形式存在。而如今到了数字时代,伴随人工智能技术的发展,"诗"这种充满人类原初样态的、灵性而又神秘的语言又面临着新的未知。诗歌艺术中的审美体验是它能深度激发人类情感共鸣的关键之处,勒内认为从临床医学角度来看,诗歌疗法着重关注的是人本身而不是诗歌本身,来访者无须统一他们对诗歌的理解,而只需做一个个人的解读即可。正是这种除去诗歌形式之外的审美体验,可以让诗歌疗法师在与来访者的交流中,更具人文关怀。

"如果真要从艺术治疗这一滋养灵魂的治疗方式出发去探索美学,就必须超越正统美学追求形式完美的传统理念,也必须超越'对美的判断因人而异'这一过于简化的说法。"有了这个前提,我们再回过头来看一看"美"以及"美学",大概所有的艺术理论都在回应这个根本问题,虽然不是每个人都拥有艺术家的水准,然而作为人类的一份子,每个人都有自己的审美观。

从较高的艺术家的鉴赏水准来看,克莱门特·格林伯格提出"体验"并"观察体验",他认为无论内省还是实验心理学都无法贴切地反映出艺术体验和创造中的精神。艺术、审美体验只是作为一个直觉问题、一个直接的顿悟表明自己的存在,常见的感官知觉是这样,内省也是这样。我们是怎么看的,怎么听的,怎么闻的,怎么触摸的,怎么尝的,或者是怎么感知的,这些都无法推理或推测。简言之,我们只能通过直觉来了解直觉,还不能用其他替代方式准确地了解直觉。

在这里,格林伯格把审美体验与"直觉"这种艺术家天赋中的思维模式(相对于抽象逻辑思维模式)联系起来。而同时他也提到,"艺术这个概念,用经验来检验,其实最终不是取决于技巧(那是古人的观点),艺术与整体的审美体验是一致的,它并没有那么简单,它意味着转变你对自我意识及客体的态度"。可见艺术带给艺术家群体以及普通人群的审美体验,都不是机械的、可用技巧说明的。比如,对一道风景的审美直觉,如果不用语言、素描、音乐、舞蹈、戏剧、绘画、雕塑或摄影等媒介表达出来的话,就只是个人的一种感受。而诗歌这种语言形式的审美表达有其独特的方式,诗歌虽然是用文字来表达的,但是它本身营造了一种氛围和意象,这种意象如果能让人感动,甚至让人产生一种感官效果,增强意识状态,那么这首诗就是一个杰作。

例如下面这首阿里斯塔·若温的诗歌,它并没刻意营造"意象",给人一种比较"通俗易懂"的感觉,然而它创造出了感官效果:想、期望、怀疑、奔跑直到消失在雾里(对死亡来临的自嘲)。它能让你去听、去触摸真实,同时它能深深地打动众人。

四十岁时我想
鼓动自己的翅膀
在大庭广众面前啄食
我的鸣叫会被听见

六十岁时我期望
已经长出一对阔鳍
呼吸般自如地在空气中划动
并甩着一条分叉的尾巴

八十岁时我怀疑
我的脖子和腿会长得老长
咔咔地啃着树叶
并无声地大笑

如果我能活到一百岁,我猜
我的舌头会被吊起,肺
被猛敲直到一天无牵无挂地
一溜儿小跑消逝在雾里
————阿里斯塔·诺温《我的计划》

格林伯格还曾提过,审美和艺术无法区别来看待,一切审美体验都应该视为艺术,但是粗糙的、一般的审美体验和被常人认作艺术的那种审美体验是有区别的,前者被称为"原始"艺术,后者被称为"形式化的"或"形式的"艺术。审美体验不受意志的影响的观点表明:艺术可以无处不在,什么都能成为艺术。那么这样的艺术以及它带来的审美体验具有一种很平常的、并非高不可攀的地位。而这点与格林伯格式的批判立场并不相悖:审美体验不受意志的影响。

诗歌作为艺术的形式一种,可以被雅观,即我们通常所说的形式创作,加以专业的评论,这种审美体验本身是高度概念化的。而从杜尚的角度来看,诚如他自己所说,"我的每一次呼吸都是创造"。这种创造真的带来了前所未有的新鲜体验,它似乎挣脱了人的主观意志,美即可显现。来看下面一首诗:

求雨何时成了仪式
诗为何无法指向永恒
人们焦急而忧虑
没人再注意花开的声音

这首诗无须分析,它接近了诗的本质,顿显了美的光影,"没人再注意花开的声音"一句带来最素朴的美的体验,同时我们亦可同理到诗人本人的心理处境:焦虑着、压抑着、彷徨着、质疑着也天真着。这首诗有治愈之效,对它的考量既有美学的也有心理的。

二、诗歌疗法的心理学基础

(一)弗洛伊德理论对诗歌疗法的影响

诗歌疗法的心理学基础主要是精神分析学。弗洛伊德告诉我们,潜意识、本能欲望、矛盾是幻想和文学作品的内因。布兰德在论及弗洛伊德将写作引入心理疗法所产生的作用时这样说道:"总而言之,弗洛伊德的理论,譬如他所谓诗歌和精神分析学共享着潜意识材料如梦、幻想,他的成体系的自我分析,颇具里程碑意义,不断启发后来者的诊疗实践。"对弗洛伊德而言,诗歌与心理疗法之所以有着紧密的联系,是因为二者所驱遣的都是前意识和潜意识材料,并且它们的旨趣都在于深入地探索内心情感并试图用文字将那种内蕴和秘密的东西表达出来,也就是使其外化为一种鲜活可感的形象。诗歌创作和治疗都试图化解内心的矛盾,并且都会运用到象征和嫁接等修辞手法。帕提森对此做过一些阐释:"象征是一种很好的交流工具,可概观、解读,代言心性,因而常用到象征的诗歌便成为心理疗法强有力的工具。"诗是不可破解的,诗是神秘,诗是谜语。表面上这些凌乱排列的文字是无意义的,但它们却表达了现代象征主义诗歌代表人物马拉美的象征哲学——找寻文字结合力的可能性,以表现绝对的现实。然而弗洛伊德并不觉得诗歌可以用于治疗,相反,他感兴趣的是通过诗歌寻找、探索诗人的人格和脾性。他认为艺术家因受到精神病的困扰而创作出艺术作品。

卡尔·荣格

(二)卡尔·荣格理论与诗歌疗法

卡尔·荣格改进了弗洛伊德的许多理念,实现了心理诊疗模式到心理成长模式的转变。在荣格看来,艺术不是疾病,象征也不是症候,象征远比一个术语蕴含丰富,它一定影射着什么。象征和符号是不一样的,符号是直白地表现物象。荣格认为诗人理应赋予诗作以深长的意味,而不应将它降格到只作心理分析之用。他还含蓄地指出,每个人都可以成为诗人,并通过自身独有的创造力创造自己独特的意义体系和世界。

在《分析心理学与文学》一书中,荣格提出:艺术实践是一种心理活动,因而可以从心理学角度对其加以考察。从这一点考虑,艺术也像所有一切由心理动机产生的人类活动一样,对心理学来说是一个合适的课题。荣格认为,有一些文学作品比如诗歌和散文,完全是从作者想要达到某种特殊效果的意图中创作出来的。心理学家把"感伤的"艺术称为"内倾的"艺术,而把"素朴的"艺术称为"外倾的"艺术。内倾态度的特征是主体对反客观要求的自觉意图和目的的主观主张;外倾态度的特征则是主体对作用于他的客观要求的主观服从。大多数诗歌很好地解释了什么是内倾态度——诗人的自觉意图驾驭了材料。一旦人们谈论的不再是"作为个人的诗人",而是推动着诗人的创作过程,心理学的研究视角也就发生了转变。

荣格的分析中至关重要的一点就是把"诗人",即艺术创作者本人还原成普通人,"有另一种类型的诗人深信自己是在绝对自由中进行创造,其实那只不过是一种幻想:他想象他是在游泳,但实际上却是一股看不见的暗流在把他卷走"。这股"暗流"即一种创作冲动,把创作过程看成一种扎根在人心中有生命的东西,在分析心理学的语言中,这种有生命的东西就叫作"自主情结",而它是心理中分裂出的一部分,在意识的统治集团之外过着自己的生活。

荣格从心理学角度看待"象征":在阿基米德的世界之外有一个支点,依靠这个支点他可以撬起自己的意识,使之脱离其时代的局限,从而能够洞察那些深藏在诗人作品中的象征。象征总是暗含一种超越了我们今天的理解力的意义,这种超越"理解力"的象征,正是诗歌的魅力之一。而了解了上面这一点,我们就可以继续进一步深入探讨:为何当把诗人作为一种特殊心理分析对象来考量时,诗人会与普通大众产生连接,普通人会自己写诗、欣赏杰出的诗作?这是因为每一个原始意象中都有着人类精神和人类命运的一块碎片,都有着在我们祖先的历史中重复了无数次的欢乐和悲哀的一点残余,并且总的来说始终遵循同样的路线。原型的影响激励着我们,它唤起一种比我们自己的声音更强的声音。一个用原始意象说话的人,是在同时用千万个人的声音说话。他吸引、压倒并且与此同时提升了他正在寻找表现的观念,使这些观念超出了偶然的暂时的意义,进入永恒的王国。他把我们个人的命运转变为人类的命运,他在我们身上唤醒所有那些仁慈的力量,正是这些力量,保证了人类能够随时摆脱危难,度过漫漫长夜。诗歌中的这份超越理解力的神秘象征其实正好唤醒了人类共同的"原始意象",从而能引发人们产生共鸣。

比如当某位诗人写出的"一首诗",如果突然和你或其他人产生了"共鸣",那正是因为我们(作为诗人的创作者和普通人)身上某种仁慈的力量被激活了,一个个体的人在日复一日的生活中活动着,而诗歌把那份潜伏封存的敏感性催生出来。

> 生命的秘密,那是在我们身上
> 并非在诸神那里
> 它们只有狩猎的回忆
> 在我们的身上交织着
> 朋友与敌人
> 狂乱,沉默……
> ——奥地利诗人马利克·里尔克

(三)其他著名心理学家对诗歌疗法的观点

阿德勒在其心理学理论中也多处涉及诗歌疗法的理念,其中他关于个体语言象征的、与生俱来的反应潜能观念的阐述尤为重要。阿德勒认为,这种反应在人类所有反应中是最为重要的一种,一旦将其纳入我们基本的交流需要、兴趣、情感模式的研究中,反应潜能的观念就愈显出它的优势。通过象征和语言我们发展人际关系,阿德勒心理学中的认知理念是在社会语境里发生和发展起来的,也有力借鉴了语言象征的理念。

臧克尔在《格式塔疗法的创造性过程》中认为,创造力既是个人的也是社会的,并且就其本质而言,生命本身就是一个极富创造力的过程。他认为疗法师从某种意义上说也是艺术家,因为疗法师可以创建一个独特的氛围,用来提升来访者对自我潜能的挖掘及促使来访者心理发展成熟。

综上所述,诗歌疗法就是语言艺术在心理诊疗中的运用。

第三节　诗歌疗法的方法

诗歌疗法的方法有以下四种:

①接受性/指定性方法:将文艺作品引入治疗中;②表达性/创作性方法:来访者写作在治疗中的作用;③象征性/仪式性方法:治疗中对隐喻、典礼仪式和故事的运用;④多元艺术表达方法:运用诗歌疗法时,需要利用多种艺术技巧,在精神和感官体验的基础上,将这些技巧结合在一起,启发来访者进行自发性创作。

一、接受性/指定性方法

此种方法在诗歌疗法中的运用具体表现为朗诵诗歌。由疗法师给来访者读诗歌,或者由来访者自己阅读,阅读完毕之后有一些互动环节。疗法师必须就来访者对诗歌的反馈做出分析。当然,在此之前疗法师理应充分熟悉诗歌并对诗歌有独特的见解。实施诗歌疗法的困难之处在于选用哪些诗歌作品,有专家认为应该针对来访者不同的心情而选用不同的诗歌,并且要求这些诗歌要有一个积极向上的结尾。但实践证明,"积极向上"的诗歌结尾并不总能产生好的治疗效果,有时反而不利于治疗。这是因为"积极向上"的诗歌结尾并不一定贴合来访者的情感,甚至来访者会认为疗法师并不能真正了解他们正经历的情形。此外,一首诗歌能否成功用于治疗主要还在于疗法师如何对来访者"发问"。

二、表达性/创作性方法

此种方法的诗歌疗法,具体表现为通过原创性写作,来访者可以表达自己的内心情感并获得秩序感和具象感。写作方式可以是自拟题目、自定体裁的自由式写作,也可以是限定形式或内容等的写作。

里科发明了一种独特的原创写作方法:聚类。每个人可以将自己能想到的任何意象与中心词汇(比如"焦虑")联系起来,围绕这个中心词就会有许多衍生物产生,它们关涉现实中的人物、地方或梦境与情感,最后还可以被串连成一首诗。

三、象征性/仪式性方法

此种方法具体包括隐喻、举办典礼、讲故事三种方式。

(一)隐喻

学者们对治疗中隐喻的运用做过研究,就本质而言,"隐喻是以一个事物代表另外一个事物",它是象征,是从情感、行为和信念中提炼出来的意象。作为一种文体修辞,隐喻可广泛地运用于临床诊疗中。隐喻可以很好地将心灵和现实联系起来,譬如"生命就像是过山车"。

(二)举办典礼

在人类学和社会学领域,典礼是颇受重视的,其地位也早已确定。作为典礼重要形式的仪式起着两个作用:确立一个新的开始和鼓励人们要有新的行动。为满足一些特殊来访者的特殊需求,心理疗法中也会采取举办典礼的方式。

(三)讲故事

讲故事也常用于心理诊疗中,来访者既可以创作也可以聆听那些幻想的或现实的故事。人们在叙事疗法中发现,"经历故事化"非常有助于解决化困扰来访者的问题,帮助来访者应对内心冲突,使他们权衡利弊作出正确决定。

四、多元艺术表达方法

"去中心化"的多元表达方法是众多方法中最具人性化的一种。

艺术最初最纯粹的形式是仪式活动,它以细致的方式表现出来,只有人类能开展这种活动,并且其除了庆祝创造力与人类的潜能之外,没有其他明显的目的。所有艺术相互补充,结合演出与想象,借以颂扬人性。

(一)"想象力"

艺术领域里的任何创造性表达,都与"想象"密不可分,即使普通人不进行艺术创作,"想象力"这种潜在的能力也一直蕴藏在内部的模式中,只不过它以更加微妙的方式运作着。这个词根源于拉丁语 imaginatio,词根是 imago(可以翻译成意象),这个词的语源可以追溯到旧石器时代,指的是"在水中"或"水中的倒影"。而在艺术体系中,我们可以利用想象力(创造者的意志力)创造性地处理素材,而"创造"这种活动确实能把人与其他生物区分开来,因为人类拥有"意志",所以想象力和创造力是密切联系的。在艺术疗法领域,这种"想象力"也一直在运作着。

一切艺术体系都与想象力有关,一首诗,也可以引发视觉影像效果的产生。海德格尔曾说过:只有成形的图像才能保存住视像,然而成形的图像却仰赖于诗歌。当诗歌利用想象时,它其实利用了多种艺术形式,将我们带入了其他形式的艺术表现中。

白色蜻蜓
只有一只
停在了阳光的背上

这首诗表现的是一群舞者在表演舞蹈时的动态场景,在摄影师捕捉镜头的一瞬间,舞蹈以即兴表演结合周围景观的方式,呈现出想象后的意象,而随即一首诗歌也诞生了。这首诗带着强烈的视觉印象,以多元的方式进入观众(读者)的经验领域。

(二)"去中心化"

直接见证作为想象的物质化的艺术作品的诞生。这是区别于传统诊室心理治疗的关键之处:艺术作品的物性。比如一首诗,艺术疗法师可直接目睹其诞生的过程,而不需要通过医患之间的问询(比如阐释梦境)。在面对一件艺术作品,比如一首诗歌时,是疗法师自己或者其他伙伴去探讨交流这个诗歌意象,这一切都发生在"作品"诞生的过程之中,疗法师及其他伙伴会适当地以游戏探索的态度来进行这一活动。

在一个想象空间中,事情的发生虽然无法预料,让人讶异,但还是合乎逻辑、可被描述的,不过这与我们在日常生活中的事情的发生不同,这种差异性受到了日常生活的限制。也正是这个限制,在艺术疗愈中建构了一个"入口"和一个"出口":在入口,来访者离开受困的日常生活逻辑,进入想象的逻辑;在出口,一起面对差异挑战。这种入与出,其特征就是"去中心化"。

在感知互动艺术疗愈这一流派中,"去中心化"是指离开充满问题、陷入死胡同的狭隘逻辑思考与行动,进入不可预测、无法预测的开放性的想象的逻辑中。

本章节论述的诗歌疗法之所以沿用了感知互动表达性治疗这一流派的去中心化理念,是因为诗歌的古老特质。如前文所述:诗作为文学形式之一,诗的语言即使发展到当代,它丰沛的内在属性与福柯所谓古典时代的真理、自然的"上帝"之言也是相符的。作为专门艺术的诗歌创作,无论被归属于何种流派,诗歌这种特殊形式的文学

舞者表演舞蹈

语言都具有其独特的存在价值。在去中心化的艺术疗愈过程中,艺术的实际作品具有了某种"处方"的功效。

比如当你大声地念出你创作的诗歌,体验诗歌具有的类似于祈祷的效果;当你的思维陷入僵局,读一首你感觉对你有帮助的诗。

> 树,总是位于环绕
> 它的一切的中央
> 树在品味
> 天空的整个穹隆
>
> 你不同于他物
> 转向每一个方向
> 仿佛一位使徒
> 不知从何方
> 上帝会向他显现
>
> 不过,为了稳当
> 他使自己长成圆形
> 并向上帝伸出成熟的手臂
>
> ——里尔克《胡桃树》

如果来访者恰好对这首诗产生了共情,或者说每当他读这首诗时,这首诗对其有所帮助,诗歌就产生了疗愈作用。

(三)先敏感度后艺术技巧

在谈到先敏感度后艺术技巧的原则及其运用之前,我们有必要阐明"想象"与"现实"这两个概念。

我们生活在具体实际的世界之中,基于事实来运作日常的生活。而在想象的领域中,意象需要为自己发声,虽然与上述的运作模式背离,但是不可否认的是人类在进行艺术创造时,想象力带来了无穷的驱动力,这种想象力(包括艺术敏感性)都蕴藏在每一个人的内里,只不过程度不一。当我们超越专门的术语,通过艺术体系来探索素材时(这些素材也可能就是我们习以为常、易于获得的),意象可以透过自身想象而生成并现身,诗意地为自己发声。

诗歌疗愈中,疗法师运用单一的字眼和短句(在来访者自己进行创作之前)简单素朴、直观有趣地呈现诗歌的素材样貌,这使得任何人(无论是否接受过艺术训练)都可以接触诗歌。精湛的技艺(技巧)当然可以呈现美,然而艺术最让人感动的地方其实并不在于精湛的技艺,而在于"表达能力"。当然在进行诗歌创作时,来访者有可能也想要提升技巧,精通诗歌的创作"技艺",这其实是一种很好的动力。

以下是一个低技巧引导诗歌创作的例子:

清晨是什么颜色的?

你今天的"清晨"出现了什么样的重复的习以为常的情境?

你希望自己能有一个什么样的与众不同的清晨呢?

你近期的记忆中有过特别的清晨吗?

"清晨"显然是一个司空见惯、习以为常的现象,同时这个词在日常生活中也被高频率地使用。前文提到,通常在日常空间中,我们被叙述经验所限制,而如何引导来访者进入想象空间体验另类体验,是一个很有启发性和疗愈效果的过程。在这个过程中,来访者和疗法师既是创造者也是观察者。这里用"文字思考"的形式进入一种想象——意象。

第一个问题是"清晨是什么颜色的",这个问题体现了两个原则:

1. 去中心化

当疗法师说出"清晨"这个字眼时,在场的来访者一开始都觉得这个词很普通,普通到可以被忽略。他们相同的生活经验就是清晨太忙碌了:洗漱、吃早饭、穿衣,急忙忙地去上班。而这就体现了一个常规的逻辑死胡同,人们在旧有的惯性模式里思考,而当疗法师又一次问道"清晨是什么颜色的",在场的来访者会有不一样的反应:困惑、反思、感觉有点意思……这时人们的思维即开始逐渐进入"想象力的空间"。

2. 先敏感性

清晨是一个时间概念,颜色是一种视觉反应,把这二者结合起来,就是在利用每个人内在固有的"敏感性"。比如:有人会说清晨是绿色的,因为初夏的早晨,在路边正好看见绿色的树木;有人会说是橙黄色的,因为起床之后,在阳台上恰好看见太阳从东方升起。来访者的这些描述,都是在本能地动用自己的艺术敏感性。而当来访者用下面这样的语句来描述清晨时,他们就进入了想象的领域:

> 淡绿的早晨
> 牙
> 一遍遍地刷
> 我却感觉牙齿
> 还是天天一样的牙齿

诗歌创作的最初阶段不强调写作技巧的使用,而是需要和自己的内在敏感天性做一个对接,这份先天的敏感性并非都能被介入的艺术(这里指诗歌形式)所强制唤醒。与此相反的是,我们自带"钝感"——一种被称为"麻木"的无法回应的状态。而"麻木"和对一件不能产生共鸣、不具备感染力的作品无感是有区别的,这只能依靠疗法师和来访者互相训练来识别,尝试着唤醒感官、辨识审美反应(深层的反应能触动感官和情绪,也是打开心灵之门的钥匙)。在上面的那首来访者自己即兴创作的"小诗"中,审美反应已经介入诗歌疗愈的过程中了。而来访者本身就属于对自然之物、身边事物和人际关系比较敏感的群体,在这个互相观察和自我观察的过程中,为了帮助来访者唤起这份敏感,就不得不关注"美与爱"在艺术疗愈中的呈现与追求,只有这份深处的情感体验从作品与疗愈关系中发散出来,诗歌创作的疗愈作用才能生效。

当这首即兴"小诗"的创作者写到"我却感觉牙齿/还是天天一样的牙齿"时,疗法师已经可以观察到创作者在进行自觉的心灵对话,她意识到"重复"带给自己的影响。这些句子非常朴素、简单,而来访者在后来的私下互动中出现了情绪极不稳定的状况,从而使得后来写出的"作品"饱含着压抑与不悦。在写作引导互动中,来访者敞开了心灵,面对这种局面,疗法师需要不断地提高自己的审美能力,以慈悲心来接受那些痛苦的、丑陋的、惊骇的、可憎的内容,将这些意象独立于道德批判之外来看待,并意识到其内在的本质的美。

表达性诗歌艺术疗法师(任何一种表达性艺术疗法师),要针对作品中出现的意象给来访者持续提供"观照",其中最重要的是保持"开放性的态度"、对浮现出来的意象保持敏锐、对即将来到的有效事实保持觉察。逐渐浮现的意象一定是有意义的,而只要我们用美感去观照随之而来的有效事实,就能在这个艺术疗愈的过程中获得支持与归属感。

(四)自发性自由诗歌写作的背景和过程

理查德·瓦格纳遵循费尔巴哈与叔本华的哲学理论,创造了总体艺术这个词,他认为"总体艺术"是所有艺术的结合。他不仅创造自己的音乐、写自己的文本,也设计舞台与剧场,并且自己编舞、导演作品。他的目标是"在诗的至高无上之下实现总体的艺术表达",瓦格纳在此以先行实验者的态度来证明"总体艺术",而在介绍自发性自由诗歌写作创作过程之前,有必要先了解一下经过发展演变之后的多元艺术表达在美学发展上的演变。

1. 多元美学背景

在前文中,我们已经探讨了艺术带给人类的审美体验、艺术介入疗愈过程的审美责任,在这里要简单地探讨一下"多元美学"的概念。20世纪50年代,德国著名教育家、音乐家以及剧场导演罗舍尔,发展出一种教导音乐、戏剧、舞蹈、文学以及艺术的跨学科方法,他观察到所有的艺术体系在某种程度上都牵涉所有的感觉与沟通形式,无论艺术的感受还是艺术的生成都是如此。罗舍尔将最初这一学派的音乐家在音乐训练上的研究(不仅仅是精确的听觉技能,对舞曲的律动也要有所察觉,并结合将涉及的结构、形式、颜色或音质予以视觉化的能力,结合对乐句与歌词的诗意感受,理解动机发展的戏剧性——这些全都变得很重要）推展到了"艺术与文学"的领域。同时他强调,亦要注意多元美学教育与治疗不应忽略个别艺术体系的特性。基于感官形式的区分,以及就知觉、表达和认知的发展来讲,多元美学事实上可以应用于所有艺术体系中。

2.诗歌与特定感官的运作联结

首先,传统上来说,特别是在现代社会,我们习惯于接受个别的经验艺术,因为艺术体系发展到今日已经高度专业化,以至于受众（观众）本身也异常强调艺术的专业性。"看"书、"听"音乐、"读"诗、"观"舞,如果我们仔细观察自己的经验和参与艺术的方式,那么我们就会发现感知互动的本质。比如,当我们用音乐进行表达时,会有动作出现。我们被一首诗打动,读到或者在创作这首诗的时候,甚至会产生律动的感觉。语言,就其与人际交流中所呈现的结构与内容来讲,在多元美学区分上与音乐类似。

若是将一首诗唱出来,或许来访者会有更深刻的理解,因为我们透过感官获得了更多讯息。

马虎

妈妈说不早早睡觉
就会被马虎吃掉
连骨头都撕碎
一口一口嚼

我只好钻进被窝
却怎么也睡不着
越闭紧眼睛越清醒
天呐,我要被马虎吃掉了

月亮睡了我才睡
太阳照在了屁股上
完了,完了

我被马虎吃掉了
完了,完了
连骨头都撕碎
一口一口嚼
天呐,我的脸
没啦,我的鼻子
哎哟,我的眼睛
——竟然没事

也许是晚睡的孩子太多
马虎早早就吃饱了吧
——杜英

当你读这首诗的时候，你能明显地产生某种律动的感觉。这是一首写给自己孩子的诗，当引领舞者在设计好的情境中用舞蹈表现这首诗时，这首诗就是视觉与听觉的语言表征的体现。

感官的相应（连觉）属于共感的范畴。共感指的是透过单一感官，同时知觉到一种以上的感觉（真正有共感能力的人是很罕见的，而且他们的共感也不一样），而"感官的相应"并不只是科学家运用实证理论进行研究的领域。"感官类比"确实是存在的，对于我们的感觉、知觉、认知都是重要的，是我们的身体与心理重要的资产。

艺术形式	传统上在表达时涉及的感官形式	传统上在知觉时涉及的感官形式
绘画、素描	视觉、感觉、运动	视觉
雕塑	触觉、视觉、感觉运动	视觉；触觉与感觉运动
音乐	听觉、视觉、感觉运动	听觉、视觉、感觉运动
舞蹈	感觉运动、视觉听觉	视觉、听觉；感觉运动
诗、散文、文学	听觉与视觉的语言表征	听觉、视觉
剧场、戏剧	听觉视觉、感觉运动	听觉、视觉

在上述表格中，各种艺术形式在表达、沟通以及知觉形式上总是能影响人选择哪一种艺术形式进行表达，而我们很有可能并未觉察到这种影响的存在。在文学中，我们可以透过词语进行"想象、移动、发声以及演出"。诗歌也在以相同的道理发挥着作用，在谈到具体的诗歌疗愈写作之前，除了需了解上述相应的理论之外，我们还需要了解整体的艺术体系的疗愈面向：中心化与个体化、表达与情感宣泄、涵容与纪录、意义与意义建构、沟通与交流。

（1）中心化与个体化

中心化是指在治疗过程中找出人的有机组成，包括身体与心智，究竟发生了什么事。这是一种类似于"冥想"的过程，艺术可以完美地协助"冥想"。中心化最有效的艺术形式，是能让人感到高度自在的，也是可以私下进行的，比如绘画、书写等。

（2）表达与情感宣泄。

艺术在疗愈中有一项基本功能，就是给人们提供表达的工具。对于多数人来说，说出来或让东西出现，就是一种情感宣泄的经验。戏剧、演出一类涉及身体本身的艺术活动最能达到宣泄情感的效果,在宣泄中察觉自己的身体,这种强烈的投入感,可以使人避开反思的监控。

(3)涵容与记录

艺术在治疗中的价值并不仅限于治疗,艺术还非常适合涵容事物,就像容器一样。最有效的容器是那些可以在时间与空间中保持静谧的艺术形式,比如视觉艺术与雕塑。在进行情感宣泄的时候,舞蹈和歌曲可以适当地掌握或涵容相当多的治疗素材,但是无法像物理上的容器一样被掌握,以便进行进一步的反思与检视。

(4)意义与意义建构。

完成了前面的步骤之后,来访者渴望或需要对发生的事加以理解,找到其中的意义,这是人类与生俱来的一种反应。而对理解最有帮助的形式,就是"创造性书写"这类的语言形式,比如诗歌创作。

(5)沟通与交流

艺术表达性疗愈的"沟通和交流"绝非通常意义上的信息交换,而是让来访者在给定的空间与共享行动(声音、韵律、绘画、文字、剧场表演等)中去尝试提出愿景——我如何与每一个人相处?当大家结束的时候,我是继续还是退出?当我重新回到生活中时,我会体验到自己的变化吗,还是仅仅只是做了一次"宣泄"?

3. 自发性诗歌写作过程

诗具有以想象的方式进行说明与解释的功能。确切地说,诗的语言是一种再搜寻的工具,它基本上是一种再发现并令人充满惊喜的工具。

首先,我们要明确诗的关键词是"想象",在前面我们已经讨论了"想象"为何会起到疗愈的"功效"。诗歌艺术疗愈领域内的诗歌写作与专业的诗歌写作是有区别的,当我们把诗歌当作艺术介入手段以获得一定的心灵疗愈的效果时,我们考量得更多的是来访者自发性的创作过程。

其次,诗歌属于"写作",写作这门艺术也是来访者为了被倾听与被看见。这个也需要思考。既然是"思考",那我们就可以通过脑海中涌出的隐喻和声音所传达的讯息去寻找自己过去反复遭遇的问题。这是一个寻找意义(自发性诗歌创作)的过程,在这个过程中,写诗的人必须臣服于写作过程中存在于内心的所见所闻。

鱼王

禁锢是另一种复活的仪式

荡漾在水的波纹里

紫色的唇印

天空说

反复的花园里有一条秘径

拿去
以温柔的苦涩
月光下
乞讨者的轮廓
海翻过身体
施予者堵上黑色棋子的嘴

禁锢穿上光环
裙摆下有一条流亡的河
晨星产下一个幼儿
我的心如炬
在河床上点灯
鱼王的眼睛里有你灵魂的模样
白子飞扬如尘土

淹没掩盖
奇迹站在宿命之环上

他们说：先知必亡
我说：人而已

  作者并没有刻意地写这首诗。某一天作者正好在看鱼缸中的鱼，鱼游得很欢快，但是却一直被养在一个小小的鱼缸里。作者想象自己就是这条小鱼，于是意象逐渐出现了：水的波纹、产卵、鱼王、紫色的唇印……所有这些意象在一起被拼凑成诗，在回忆中作者过去的经历一一涌现。当写完这首诗时，作者即通过这些词句，与自己的过去经验再次重逢，这是一次短暂的重新发现自己的微妙之旅，诗歌的治愈作用即刻显现。再回头来看这首诗，它的启示在于现在的作者对自己是否有了新的认识，重返日常生活显得更加重要。这既是一个通过诗歌写作抒发、释放情绪的过程，也是一个整理思考的过程。

  我们可以看到，自发性的书写需要个体有敏感性，有的人敏感性强，有的人敏感弱，这里的敏感性并非指对艺术的敏感性。唤醒和激发艺术的审美体验，并不需要个体本身有高标准的艺术专业性。这份敏感性是每一个来访者自身具备的，疗法师所要做的就是鼓励和激发个体去进行自由写作。观察来访者在写作时的状态而不仅仅关注写的内容是否能达到通常所说的"标准"。实时记录这种书写的状态也很关键，即使不用文字记录，疗法师本人也要很敏感地捕捉到这些非言语的讯息，因为这些讯息涉及来访者的心灵讯息。这里一再强调"自发性"，是因为自发性的自由写作方式本质上就具备艺术疗愈的功效，它能帮助写作者避免使用陈词滥调，疗法师也要避免用师者的姿态来教学，只有避免自身的僵化，才能发挥诗歌创作疗愈的干预作用。自发性的自由写作方式（诗歌）帮助作者根据自己的直觉、感情和想象去创作，这是一个和内在"创造力"建立联系的过程——写作者允许作品感动自己，作品本身就成为了疗愈工具。

除了"写"，还有"读"，疗法师应鼓励写作者大声清晰地朗读诗歌，利用重复、夸张的技巧或手势或身体动作更加明确地表达自我。

第四节 诗歌疗法的应用

一、诗歌作品完成后的展示、反馈与反思

写作者允许作品感动自己，那么这件作品本身就成为了疗愈工具。这份"感动"的感受体验最初是属于写作者自己的私密体验，然而在一个疗愈形式的团体中，作品需要得到展示，写作者要进行反思，得到反馈。

（一）展示中在场对象的界定

需要注意的是，疗法师也是有效事实的一部分。

（二）展示形式

疗法师为写作者（来访者）提供不同的呈现形式，比如展览、朗诵诗歌、与舞蹈音乐结合的诗歌意象呈现。

（三）展示中以及展示后的反思

不能将诗歌中的意象和创作者本身混为一谈，意象为创作者所用，对他们产生重要的意义；当把这份作品中的意象展示出来之后，它们就成了礼物，可以用于对话、交流和沟通。下面的这段引文说明了在疗愈场合中作品成为"礼物"的展示功效和意义：

> 展示的结构和通过仪式是一样的。展示者必须将自己与团体隔离，进入一种痛苦脆弱的阈限状态，最终再次融入社群当中……但如果团体不能够接受新状况，那么展示依旧是不完整的，是无效的。因此，展示需要整个团体的参与才能够成功……现在我们可以看到，作为仪式的展示实际上是礼物的交换……也就是说，团体在得到了展示者的礼物之后，自身的天赋复苏了，出于感激的心情，团体希望能够回馈对方，完成互相馈赠的循环……其中的神奇之处在于，痛苦的交流形成的是一个治愈的环境，当礼物的精神触碰到团体的时候，痛苦变成了欢乐。相反的，它是在灵魂与自身和外界进行了深刻、持久、真

实的交流之后产生的,是共同体——人类善意的体验。

在团体(虚拟社群)中共享的一首诗

有些颇具现代性的案例,展示的场所并非在一个实际可见的真实空间里面,比如社交媒体中的"群"。"群"亦可以成为发生"爱"的疗愈场所,虽然它是虚拟的。而这就是法国哲学家贝尔纳·斯蒂格勒说的,"在日常层面,我们的那些与消费行为相反的行动,叫作贡献。它在今天的互联网上正大规模地出现……我们惊奇地发现:大量的业余爱好者聚集在网上,以更大的规模和更大的信念,来相信爱了"。

写作者将自己自发写成的作品分享在艺术爱好群中,比如一首带有自觉意识的诗歌或一首暴露了脆弱或忧伤情绪的诗歌。我们不需要对其做过多解释,这首诗在展示的时候就成为了礼物,团体(某个社交媒体群)的接纳(探讨、交流、静默等)都使得这种展示成为深刻、持久、真实的治愈之旅。

(四)展示、反馈与反思串联后的注意事宜

展示、反馈与反思有效联系起来就是人们通常所说的"口头对话",这是分享意见时最常用的模式。口头对话有一个缺陷,即当人们用常用的非诗化的语言进行交流时,很容易对讨论的内容评头论足、提出建议,也就是说我们非常容易陷入日常的惯性"批判"思维中。运用艺术想象的方法来进行意见分享,有一个显著的优点:它可以告诉展示者,他们的经历和情感得到了真正的认可——这是他们最需要的,而不会让其他成员产生"解决问题"的冲动,一味地寻找快速解决问题的方案。

二、自发性自由书写诗歌的运用

文学(诗歌)这一较宽广的感知互动领域可以使我们对于媒体与艺术保持批判性体察,使我们成为主动的来访者,而不是媒体的无助受害者。诗歌创作中自发性自由书写的运用需要诗歌疗法师首先具备较强的艺术敏感性,其次能利用框架理论设置情境,引导来访者进行自发性自由书写。

(一)诗歌疗法师需具备较强的敏感性

从疗法师的角度来说,需要疗法师对于诗歌这种文学形式具有超强的敏感性。诗歌属于用语言来塑造空间的艺术形式,这份超强的敏感性使得真正能够胜任此项工作的疗法师本身可能就是一位真正通俗意义上的诗人,同时疗法师又能从诗人的自我创造中脱离出来,以观察者的视角来引导写作者参与过程。只有当疗法师具备足够的自觉意识来运用这种超强敏感性时,强大的能量才会通过疗法师和来访者产生治愈力量。

(二)利用"框架理论"设置"情境"

为了创造一个安全的空间来进行疗愈,疗法师必须谨慎架构整个疗程。构建疗程整体框架是创造安全感与信任感的关键。

1. 清楚开始与结束点、私密与安全的空间、身体与情绪安抚的基本规则。

2. 艺术上提供清楚的架构疗程:诗提供了框架来赋予事物不同的名称;诗可以用不寻常的文法与让人意外的逻辑,安全地排除或创造意象。

3. 即兴表演的空间:空间较小而没有舞台,在即兴表演中,需要扮演角色时,要使用面具或道具,脱离角色时再卸下面具或道具。

4. 疗法师需要注意结束时"暂停"的使用,要把自己置于艺术创作过程的外部,并保持警觉。这是因为来访者(来访者)在创作及展示过程中都会产生痛苦的情绪,治疗的目标不是逃避痛苦而是去面对它。

5. 其中涉及的非想象力部分的认知活动,诸如反思、分析、寻找洞见都应该遵循适当的"框架"规则。

三、诗歌疗法中人际艺术的运用

艺术疗愈中的人际关系即疗法师与来访者之间的人际关系的好坏是决定治疗成功与否的最重要的因素之一,特别是在以艺术作为媒介的疗愈中,这种关系的建立本身就是一种艺术。双方在这个关系中与想象力交战,在探索、发现、创造中发挥显著作用。每次疗程与每次接触以及所经历的每一刻都成为一种艺术过程。

善用"相遇"而不仅仅用"关系",相遇意味着接受差异,关系则重视配合,以尊重的态度接受差异而不逃避,逃避让关系变得流于形式。在艺术疗愈领域,疗法师并非单纯的心理治疗分析师,他把自己也放到一个"治疗相遇"的过程中。

在桌子底下即兴写诗

在诗歌疗愈中,当呈现来访者的诗歌作品时,不论浮现什么样的意象,这其中都有值得学习的经验以及值得等待的礼物。疗法师需要有勇气和毅力无条件地接受这种馈赠。

在诗歌艺术疗愈的相遇过程中,疗法师需要保持高度敏感,关注到个体的差异性。

案例二

一位中年女性的自发性自由诗歌写作经历

这位中年女士是第一次来体验自发性自由诗歌写作,疗法师在最初的交流中得知她曾有过多次参加心理工作坊活动的经历,而在这次诗歌疗愈体验中,疗法师(本身也是一位诗人)设计了本次疗愈课。

1. 观察她初次进入陌生领域的状态:她刚进来时,从包里取出一个笔记本,她说本以为课程需要用电脑记录一些东西。(观察:我们的头脑都是被经验预设了的)

2. 引导创作:请写下准确的时间点,平常注意过傍晚此刻的时间点吗?平常在这个时间点会做些什么呢?请随意地写一写吧。她开始在黑板上写,写了整整一段话。(观察:疗法师知道她只是在完成一个指令,她的表情一直是严肃的)

即兴写句子

3.艺术性的介入:音乐响起,疗法师用准备好的一片大大的绿叶轻轻地触碰她。(观察:她突然开始微笑了……继续写,并叹了口气说:"这些并不是我想写的。")疗法师暗示她立刻写下这句直抒胸臆的话。

4.取出一面镜子,请来访者凝望镜中的自己(观察:她的表情严肃),取出画笔和纸,请她想象一下自己看见了什么并将其画出来(观察:来访者画了一颗心并即兴写了几句话)。

5.一件自发性作品诞生了。

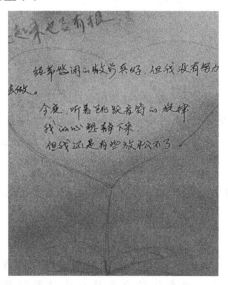

来访者创作的作品

案例三

黄某,女,36岁,某市单位工作人员,丈夫为地方警察。夫妻已婚8年,虽然工作压力大,但两人感情好,目前比较头疼的事情是没有生育子女。经检查,双方生理均无异常。然父母年事已高急切盼望抱孙,夫妻双方几经努力均无果,遂决定做试管婴儿。受精卵移植成功时,全家十分欢喜,但好景不长,孕4月复诊被告知胎儿停育,夫妻俩深感挫败沮丧、悲痛绝望,遂求诊于广州新华心身康复门诊。门诊医生分别与夫妻双方交谈,黄某眼睛湿润地说:"医生,我想离婚,想让他去找个能生孩子的妻子。我们现在已无话可说,我很惭愧,都是我不好。他三代单传,不能无后……"黄某不停地用纸巾擦泪。门诊医生见此情形,觉得言语此刻不能发挥作用,于是让黄某随意绘画,画完交给丈夫补充作品,丈夫补充完再交给妻子完善画面。希望两人能通过画画来对话,共同完成一幅和谐美好的家园图画。诊疗结束时,夫妻二人脸上开始有了笑容。离开时,门诊医生布置了"家庭作业",建议夫妻二人在无话可说时,用文字或画画进行沟通。黄某夫妇微笑着点头答应。

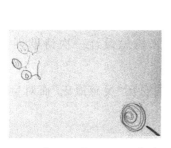
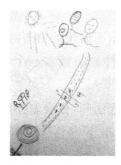

2016年11月16日,黄某交来"作业",表达了自己内心的感受感悟。

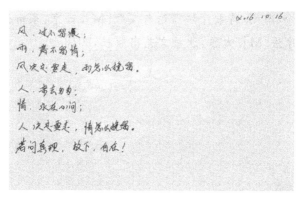

门诊医生让黄某把这段话交由自己的先生续写。以下是其先生续写的诗句。

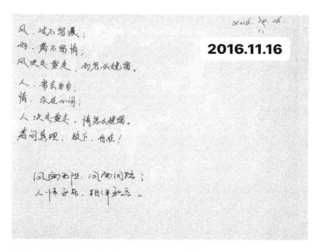

当门诊医生看到黄某发来先生补充的诗句时,也深深地被他们的真情所感动。

先生的话让太太彻底地放下了顾虑。一年之后的2017年11月1日,夫妻俩在未用任何药物和医学手段的情况下,自然受孕并顺利生下一女。

诗歌疗法创造了非语言的沟通,也创造了生命的奇迹!

思考与练习

1.当来访者的作品中表现出不愉悦的情绪时,诗歌疗法师应如何处理?

2.请从日常生活中选择一件物品或者一个场景来构思设计一次诗歌创作的情境引入。

3.假如你是一位诗歌艺术疗法师,你会怎样调整自己因"灵感匮乏"而对生活产生麻木感的状态?

推荐书目

1.[美]尼古拉斯·玛札.诗歌疗法理论与实践[M].南京:东南大学出版社,2013.

2.侯良学.自然疗法[M].太原:北岳文艺出版社,2018.

第六章

叙事疗法

内容简介 本章介绍了叙事疗法的概念内涵、基本理念、运用方法,归纳了叙事疗法起源与发展的历程,阐述了其代表人物及主导思想,通过分析叙事疗法的运用案例,介绍了叙事疗法在日常生活中的具体应用与操作步骤。

学习目标 1.了解叙事疗法的起源及代表人物思想;

2.掌握叙事疗法的基本理论和方法;

3.能运用简单的叙事疗法设计简单对话。

第一节 叙事疗法概述

一、叙事疗法的概念

(一)叙事疗法的概念

叙事疗法指的是疗法师倾听来访者的故事,将来访者在生活中发生的故事置于治疗过程的中心,运用适当的方法使问题外化,通过引导性的提问,帮助来访者找出遗漏片段,让其重新叙述人生经历,获得身心的改变,从而引导来访者重构积极故事,唤起使来访者发生改变的内在力量的治疗方式。

(二)叙事疗法的内涵

叙事疗法摆脱了传统意义上将人看作问题的治疗观念,更看重每个个体的生命状态,提出生命个体受制于文化、历史等各种要素,每个生命个体都有很多人生主题,人类的活动和经历是充满了"意义主题"的故事,是交流的工具,而非逻辑论点和法律条文。言语可作为一种象征性的表达,让叙事变得有意义,通过"故事叙说""问题外化""由薄到厚"等方法,使人变得更自主、更有动力。因此,解读这些故事具有深刻的意义。通过叙事疗法,可让来访者心理得到成长,让疗法师对自我角色重新进行调整与反思。

人类学家布鲁纳指出:"故事一开始就已包括开始和结束,因而给了我们框架,使我们能够诠释现在。"来访者在选择和述说其生命故事时,会保留故事的主要信息,但有时也会遗漏部分片段,为找出这些遗漏的片段,疗法师会帮助来访者发展出双重故事。例如,有来访者在叙事治疗中谈到他的"问题故事",而疗法师会引导他说出另一段他自己不曾察觉的部分,进而帮助他自行找出问题的解决之道,在咨询过程中,唤醒来访者生命中曾经出现过的、积极的东西,以增加其改变的内在积极能量。在叙事疗法中,疗法师最常问的一句话是:"你是怎么办到的?"随后将焦点放在来访者曾经为之付出努力的东西或他内在的知识和力量上,引导他走出自己的困境。

叙事疗法是应用比较广泛的现代心理治疗技术,操作性强,效果显著,有较高的推广价值。

二、叙事疗法的起源

叙事,就是说故事。但叙事并非传统意义上的叙述故事,叙事在表达内容和方法上具有多样性与复杂性。关于叙事的内涵,至今仍有不同表述,如叙事是"人类解释世界的源泉",叙事是"人类理解自我生活和经历的方式","人类一直在故事中游弋",叙事是"记述,是设计以表达所发生的事情的前后联系的例子"等。叙事在拉丁语中的本意指行为和具有连续性的体验。目前,关于叙事的内涵比较清晰的一种表述是:"叙事是为告诉某人发生什么事"的一系列口头的、符号的或行为的序列。

叙事疗法作为一种后现代心理治疗方式,在心理咨询中的运用广泛而深入,它通过特定的方法帮助人们理解和重构自己的故事,进而找到解决问题的新视角和内在力量。叙事疗法既可以运用于解决起源地区或相似地区文化背景下的心理健康问题,也可以通过本土化,适用于不同文化背景下的人群。当前,中国、韩国、美国、英国等国家的家庭、社会、团体、企业、学校和精神卫生中心等场地已经开始广泛运用叙事疗法了。

1979年,心理学家萨宾(sarbin)在美国首次提出了"经验和叙事结构"的观点,阐述了叙事对建构人格的作用。

1986年,他主编了《叙事心理学:人类行为的故事性》一书。自此,叙事正式在心理学家族中显现出来。

澳大利亚的麦克·怀特(Michael white)和新西兰的大卫·艾普斯顿(David Epston)20世纪80年代在家庭治疗的基础上,提出了叙事心理治疗的理论。

《故事、知识、权力——叙事治疗的力量》

叙事疗法创始人及其代表人物是澳大利亚的临床心理学家麦克·怀特（Michael White）和新西兰的大卫·艾普斯顿（David Epston）。1980年，他们首次提出了"叙事疗法"，麦克·怀特（Michael White）认为，对于自己或他人经验故事的叙述，不足以代表其生活经验，个人生活重要的部分与主流叙事相矛盾，无法表现自己的故事。他们将叙事疗法引入家庭治疗中，并在澳大利亚和新西兰进行推广。

1990年，他们的书籍在北美发行，叙事疗法开始流行。麦克·怀特和大卫·艾普斯顿在他们的代表作《故事、知识、权力——叙事治疗的力量》一书中，系统地阐述了有关叙事疗法的观点和方法。该书推动了叙事疗法在心理治疗和社会工作领域的勃兴。叙事疗法的目的在于帮助来访者重新检视自身的生活，定义生活的意义，进而回归正常的生活。

三、叙事疗法的哲学渊源

叙事疗法的理论起源于哲学范畴的后结构主义、社会建构论、福柯思想。

（一）后结构主义思想

为便于了解后结构主义思想，我们首先介绍一下结构主义思想。

结构主义是20世纪前中期有重大影响的一种思想。结构主义所说的结构是指"事物系统的诸要素所固有的、相对稳定的组织方式或联结方式"（《中国大百科全书·哲学卷》）。结构主义强调事物相对的稳定性、有序性和确定性。

后结构主义（Poststructuralism）兴起于20世纪70年代的法国，是在结构主义之后出现的一套哲学思想，目的在于改造结构主义。其代表人物大多数是原来的结构主义者，如法国的巴尔特、福柯、拉康和利奥塔德、索勒斯、德里达等。后结构主义者与结构主义者不同的地方在于，他们抛弃了结构主义的简化主义方法论，反对传统结构主义把研究的重点放在对事物客观性和理性问题的关注上。后结构主义者追求从逻辑出发而得出非逻辑的结果，揭示语言的规律。例如人们欣赏一部文学作品时，每个人会有不同的理解和联想，尽管这部作品是静止的，但在读者的欣赏中，却能产生不同的动态思维和理解，最终读者将自己对这部作品的理解诠释成自身独特的语言。

后结构主义的每个理论都以对结构主义的批判为起点，其中最有代表性的是解构理论。

1. 后结构主义的意义观

后结构主义认为，生活的意义是通过叙说的形式来建构的，并非对客观世界单一元素"刺激—反应"式的映像。因此，生活本身并不存在普遍成立的唯一真理，每个人都有自己独特的阐释和建构生活意义的方式。

2. 后结构主义的自我认同观

后结构主义认为，自我认同是社会的产物，是由历史和文化塑造的。后现代主义重要的代表人物米歇尔·福柯认为,人的本质并不是与生俱来的、固定的、普遍的,而是由许多带有历史偶然性的规范和准则塑造而成的,那些规范和准则,又是由每个人都必须在其中成长的风俗、习惯和制度所规定的。

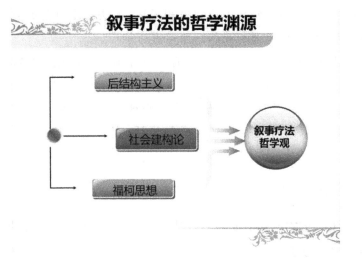

叙事疗法的哲学渊源图

(二)社会建构论

社会建构论对"现实"这一概念的理解影响着整个叙事疗法的世界观。

1. 现实由社会而建构

人们看待一个事物都没有统一的标准,统一的标准是需要在不同社会环境中建构出来的。受这种世界观影响的叙事疗法,不再关注"通则",而把兴趣点放在"例外"上,使人们看到自己的独特之处和价值,进而重构对生命的看法。

2. 现实透过语言而彰显

社会建构论认为,语言并非表达思维,而是规定思维,不同的语言会让人在脑海中形成不同的思维世界,人们对现实的认识是由语言限定的。

叙事疗法认为,语言是描述事物的抽象工具,可用于建构人们个体自身的意义世界。叙事疗法的关键并非为来访者的提问提供一个具体明确的答案,而是关注怎样使用人际的语言习惯来解释自己的经验,以及如何对事件做出反应。

3. 现实由故事组成并得以维持

故事就是生活,人们通过叙说来组织经验和记忆,将日常生活中琐碎的经验串联起来,统整为一个有意义的实体。当进行叙说时,一些零散且不起眼的事件会依时间顺序组织成有意义的情节,一旦事件有了意义,故事就变得鲜活。从这个角度来看,故事不仅仅是故事本身,还可塑造和改变人的自我和生活。

4. 没有绝对的真理

社会建构论认为,人们无法客观地认识现实,只能诠释经验,而诠释经验的方式又有多种,没有哪种诠释能被认定为"真正"的真理。在诠释真理的过程中,语言起到重要作用,可使人建构不同的"自我认同",这种"自我认同"和主流文化所认为的"符合标准的自我认同"必然有一定区别。叙事疗法并非让疗法师帮助来访者找到"真实的自我",而是帮助其找到"较期待的自我",然后让来访者带着自己期待的"自我"去发展人生。

(三)福柯思想

米歇尔·福柯作为后现代主义的主要代表人物,对权力观点的独特阐释,对"自我"与众不同的看法以及对压制人性的制度的批判,都强而有力提供给叙事治疗源源不断的动力支持。

米歇尔·福柯

1. 知识/权力

按照米歇尔·福柯的看法,知识与权力是密切相关的,知识并非绝对纯洁的、与权力没有关系。权力不仅存在于国家权力机构中,也存在于社会的各个角落,整个社会可以看作一张硕大的权力关系网,而知识领域作为社会的组成部分也在这张权力关系网中。他指出,"知识是权力的眼睛",凡是知识所及的地方也就是权力所及的地方,知识为权力划定范围,权力为知识确定形式,两者相互支撑。知识是无处不在的,权力也是无处不在的,形象地说,知识与权力的关系犹如同一物体的两面,彼此相依为命,不可分离,所以米歇尔·福柯将其称为"知识/权力"。

2. 人的自我是被发明出来的

福柯认为,人的自我是被发明出来的,而不是被发现出来的,并没有任何不可改变的规则、准则或规范。这和社会建构论"人是在社会环境中建构"的观点一致。体现在叙事疗法中,即疗法师不会以静态的视角去看待来访者的问题,来访者通过自己的叙说,打破负向的自我认同,便可重新建构较为积极的自我,带着期待的自我去发展人生。

3. "正常"与"异常"的分类

福柯认为,主流文化与传统认知能透过科学实证得出哪些结果正常,哪些结果异常。科学的分类、社会、文化以及主流知识规定了什么样的人是成功的人,什么样的人是失败的人。人们用此观点去看待周围事物,就是一种集权的表现,使人们不再尊重个人的选择,不再对"个人独特性"的闪光点好奇。

综上,叙事疗法的哲学理论渊源认为,并无所谓"异常"的生命形式,只是有些形式的"常"不为人知。只有人们深知自己的观念(并不是唯一的真理),并坚信每个人都是自己生命的专家,愿意带着谦卑好奇的心态去探索其他生命的故事历程,他人故事中的力量才会闪现并被看到。叙事疗法旨在帮助来访者重新检视自身的生活,重新定义生活的意义,进而回归正常的生活。这种叙事疗法能让来访者在心境、思维模式等方面发生扭转与改变,使其为自己重写脚本,表达出对生活的重新的巩固和适应。

第二节 叙事疗法的理论基础

一、叙事疗法的基本理念

(一)语言能创造不同的意义

叙事疗法认为语言能创造不同的意义,现实随着语言意义的变化而变化。叙事疗法重视"话语"的作用,对疗法师而言,恰到好处的问话不仅能引发来访者思考,还能帮助来访者重组故事。在个案工作过程中,信念、关系、感受或自我概念的改变,都源自语言的改变。语言的变化使疗法师与来访者之间的对话有了发展新的语言的机会。用新的语言来描述自己的生活经验,就可使有问题的信念、感受与行为转化发展出新的意义,由此产生更多新的发展的可能性。在来访者的叙说中,以往单薄的重要事件不再是零星地散落在人的生命历程中,而是通过"话语"串联成一条极具生命力且有弹性的"线"。疗法师与来访者共同的"对话"水平决定着咨询关系是否稳固、探讨生命意义和自我价值是否深入。例如人们对名著《西游记》有不同的解读,有人认为其主题是弘扬正义压倒邪恶,有人认为是如何取得成功,有人认为是宣扬合作的重要性,也有人认为是传道弘佛,还有认为是宣扬万道归宗的哲学主题,等等。

言语可分为几类,其中对话言语是最考验反应性的高情境性的言语。而众多治疗的技术方法都离不开最根本的对话,叙事疗法是疗法师即兴在口头上和来访者创造剧本的艺术。家排、心理剧、意象对话治疗、叙事疗法都考验了疗法师的"导演"能力。

(二)问题外在于人而存在

叙事疗法认为所谓病症、困境与问题都是种族、阶级、性别等充满权力与主流标准的文化环境创造出来的。当环境被消解、被解构,它们就会消失。因此,问题是外在于人而独立存在的,人不等于问题。人若能和问题分开,就会开始感觉到个人的自主,感觉自己有能力掌控自己的生活。例如:对于一个在工作中个性较为张显的人,在美国的个人英雄主义文化中他会受到推崇,而在中国的集体英雄主义下可能会出现问题。

(三)发掘来访者的生命力量

因主流文化的影响,来访者会经常认为自己就是问题,认为自己弱能、甚至完全无能,叙事疗法的中心任务是与来访者一起对问题进行外化与解构,即弱化支配故事的力量,并在发现例外的过程中发掘来访者的生命力量,强化其作为自己问题的专家感与主人感,重新建构一个来访者真正希求的、具有个人力量的新故事。叙事疗法的基本理念中浸润了社会建构主义的基本内涵:现实是社会建构出来的;现实是由语言构成的;现实是由故事组成并得以维持的;没有绝对的真理。叙事疗法强调特殊意义事件可把人的心灵解放出来。

三、叙事疗法的作用

叙事疗法帮人们把自己的生活及与他人的关系从其认为压榨生命的知识和故事中区分开,鼓励人们根据不同的、更倾向于自我的故事来重新塑造自己的生活,帮人们挑战其觉得受压抑的生活方式;叙事疗法也是对心理学现存的思辨、实验、调查、观察等方法的补充。叙事疗法使心理过程与内容、日常生活、社会文化历史结合,克服以往心理学研究把人从文化内容、社会历史文本中抽离出来的弊端,为治疗提供广阔的空间。叙事疗法的作用包括:

(一)通过对具体个案的深入剖析,揭示出一般的规律或独特意义。

(二)能在短期内取得较好的效果,节约时间、物质等各种成本。

(三)叙事疗法的工作目标在于帮助来访者摆脱现有困境,通过与他们一起建构新的生命故事,把来访者从压制性的文化假设中解放出来,有很强的政治性与革命性。

(四)颠覆以往以谈话为主的个案工作模式的成规,借助于建构主义认识论开辟了替代性的方式和路径。

(五)摆脱了传统个案工作将人与问题混为一谈的观念,通过"故事叙说""问题外化",使人从问题中解放出来,变得更为自主、更有动力。

(六)叙事总是与反思联系在一起,使来访者在叙说生活故事的过程中审视自己。这种反思或审视是一种内源性的干预,使人们自律,对生活负责。

在叙事疗法中,有许多值得教育工作者及父母反思的空间。例如,对于班级或家庭中的部分"问题学生或问题青少年",解决问题的方式恐怕不在于要求贯彻代表老师或父母"真知灼见"的规定或预测。任何问题的解决都不应以找出一种看似最佳的解决途径来要求学生或子女改变行为,而应试图理解其对事件背后原因的认知,对个人人生意义的看法,让他们明白其行为与主流价值间的落差来由,协助他们思考应如何面对主流定义下的真理,进而找出自我改变的方式,调整对自己人生的看法。

师生间与亲子间的许多冲突在于长辈以优势的真理地位要求青少年接受教导,通常此方式带有强制性,青少年大多只能被迫接受,但接踵而来的问题是:对于有些通过主流真理压制个体意义的方式达成的生活,青少年能否心悦诚服地接受?他们能否快乐地成长?学校与家庭基于亲密的生活接触,在青少年生命中扮演着具有决定性影响力的角色,教师与父母的责任重大,谨慎使用这种影响力变得尤为重要。

在对待学生或子女的教育中,尝试找出其看待人生的方式,远比精确指出一种适合他们发展的道路重要,毕竟教师与父母的知识都并非中性,而是带有较浓的权力意味。这些知识或许有效,但并非适合每一个个性差异大的学生或子女,如果方法失当,则有时效果会适得其反。

发现生命意义

在疗法师和来访者处于"叙事疗法"中时,他们所面对的不是一种可置身事外的"工具"或"技术",而是来访者的生命故事,它反映的是来访者的生命态度、生命要求和生命抉择。在这里,对待生命的积极态度很重要。同样的事实因不同的解读,会释放出不同方向的力量。每个人都有许多故事,故事中积极的一面被发现,向上的动力就会源源不断地产生。例如,如果认为单亲家庭是"成长的缺陷",那么就只是看到消极的一面,是向下的沉沦;但若将其看成是"逆境的磨炼",那么就会成为成长的动力。生命经验的转化,就在于对生命故事的咀嚼:"如果妈妈还活着,她希望你怎么做?""你从这件事情中学到了什么?""这件事教给你什么?"正是这些咀嚼,使学生发现了生命的意义。在辅导和教育中,这种发现并非无中生有,而是让学生获得经验,让他们自己去发现。正如英语中"discover"(发现)一词,cover是盖住的意思,在cover前加"dis",即不让它盖住,让原有的展现出来。叙事疗法就是要让每个人成为自己的心灵捕手。

第三节 叙事疗法的基本方法

叙事疗法的基本方法包括编排和诠释、问题外化、由薄到厚、解构、重写、局外见证人团队、信件和仪式。

一、编排和诠释故事

编排和诠释故事指让来访者先讲出自己生命的故事,以此为主轴,通过重写来丰富故事内容。对一般人而言,说故事是为向别人传达某种自身的经历。心理学家认为,说故事可以改变自己。人们可在重新叙述自己的故事甚至重新叙述一个不是自己的故事中,发现新的角度,产生新的态度,从而产生新的重建力量。简而言之,好的故事可产生洞察力,使本来模糊的感觉与生命力得以彰显,并能被自我意识到。面对日常生活中的困扰、平庸、烦闷,将自己的人生、经历从不同的角度来"重新编排",使其变成一个积极的、自己的故事,如此可改变盲目与抑郁的心境。例如对于一个逃学的孩子,疗法师会关注这个问题:在逃学过程中,你是怎么照顾自己的?来访者会觉得原来"逃学"的过程中,自己是那么的不容易,还学到了如何照顾自己。"逃学"这个故事得到新的诠释,来访者发现了自己身上宝贵的地方。带着这份新的意义和力量,来访者能更好地面对生活中的问题。

哲学家萨特说过:人类一直是个说故事者,总是活在自身与他人的故事中,也总是透过这些故事来看待一切的事物。故事能创造一种世界观,一种人生价值。好的故事可治疗心理疾病和精神扭曲,可从中寻找自信和认同,透过令人愉悦、感动的隐喻故事,重新找到面对烦恼和现实状况的方法,正视人们的过去,找到一个继续努力、正向发展未来的深层动机和强大动力。为创造生活的意义,人就面对了一项任务,于是,必须安排自身时间经验的时间顺序,建立自己和周围世界前后一致的记录;把过去和现在以及未来预期会发生的事件经验连成线性顺序,构建这一份记录。这份记录称为故事或自我叙事。这个叙事若成功,人对生活就会有连续感,就会觉得生活有意义。简单地说:若要创造生活的意义,表达我们自己,经验就须成为故事。

叙事疗法的故事所引发的不是封闭的结论,而是开放的感想。有时在故事中还需加入"重要他人"的角色,从中寻找新的意义与方向,让来访者能清楚地看到自己生命的过程。例如,有一个寻求帮助的来访者因为觉得自己不受到别人的重视而感到受挫、沮丧、自卑,当他讲述自己生命的故事时,觉得自己一无是处,但疗法师要求他回忆过去生命中哪个人对他"还不错",原本脑中空白的来访者,勉强回忆起一个小学老师的名字。疗法师鼓励他打电话给老师,结果却得到一个"意外的惊喜":这名老师虽已忘了来访者的姓名和长相,但还是向他连连道谢,并且表示,来访者的电话让他感觉到自己存在的价值,对教学工作已深感疲惫的他,又重新获得了动力。通话的结果是:来访者不仅帮助了老师,还意识到自己的生命原来也如此重要。

二、问题外化

问题的外化指将问题与人分开,即人不等于问题,问题才是问题。外化把问题放在人的外面,把问题看作文化和历史的产物,把贴上标签的人还原,让问题是问题、人是人。若问题被看成是和人一体的,则要想改变相当困难,改变者与被改变者都会感到问题相当棘手。问题形成的过程是来访者将问题内化为自己的一部分,并产生消极自我认同的过程。外化是要逆转问题形成的过程,将问题和自我认同剥离开,让来访者感受到自己和问题是分开的,此时来访者便会看到自己的技巧、力量、能力与承诺,并开始对问题采取对抗的行动,同时与疗法师合作,重写自己与问题的关系。外化打开了可能性,让人从一个不是充满问题的新角度来描述自己、彼此和关系,更易于重新看待曾经控制了他们生活的问题。问题外化之后,问题和人分离,人的内在本质会被重新看见与认可,人转而有能力与能量反身去解决自己的问题。如此,人就不是问题,人和问题的关系就成了问题。可外化的问题可以是感受、关系,也可以是习俗文化、伤害性的经历与体验等各种内容。

例如,有位老师反映:"对于一个成绩一直落后的学生,我想尽办法都不能让他有成就感。若采用进步奖励的方式,但每次考试的难易标准不一,看不出进步;若采用百分等级或排名的方式,则这个学生永远都排在后面。该怎么办?"把成绩不好等同于学生,是把问题内化的表现。怎样才能把问题外化?有的老师把问题与学生拉开距离,采用多元智能的观点,找出学生成绩以外的优势,在优势上予以鼓励。学生一旦建立自尊心,成绩便有可能会慢慢提升到合理水平。这就是把问题外化的一种思维方式。问题被看作一定时间阶段中的社会建构。

再如,对于一个患有抑郁症的来访者,叙事疗法疗法师会问:这个"抑郁"是什么时候来到你身边的?这个"抑郁"对你的影响是什么?而并非问:"你是从什么时候开始抑郁的?"把"抑郁"拟人化,让来访者觉得其本身不是问题,让来访者觉得自己有主动权和力量去与问题抗争。在实践层面进行问题外化,把问题想象成一个客体,通过为其命名等方式将其拟人化,并探索其长相、个性、生活方式、生命过程等,构建出一个活生生的"真实存在"。

问题外化的技巧

1. 帮助来访者跳出原来"人就是问题"的框架,重新看待问题的本质,削弱来访者的罪恶感、羞耻感与自责感,以及问题负向影响的杀伤力;

2. 重新释放来访者的压力和罪恶感;

3. 扩展行动空间,问题外化在来访者与问题之间创造了一个"空间",为其行动创造了条件;

4. 鼓励发展新故事,问题外化时也解构了来访者对问题固有的看法,通过发现独特结果能很快发展出新的故事,帮助来访者摆脱长久以来被问题困扰的悲惨故事;

5. 重新开启自我能力,问题外化可以使来访者从"问题"手中夺回生活,使自己成为生命故事中的主角,而不再是束手无策的受害者。

三、由薄到厚,形成积极有力的自我观念

由薄到厚指在消极的自我认同中,寻找隐藏在其中的积极的自我认同。叙事疗法认为:来访者有时会将自己积极的资产压缩成薄片,甚至对其视而不见。若将薄片还原,在意识层面加深自己的觉察,这样就能形成积极有力的自我观念。一般而言,人的经验有上有下,上层的经验大多是成功经验,形成正向积极的自我认同;下层经验大多是挫折的经验,形成负面消极的自我认同。一个学生若累积较多成功经验且形成积极的自我认同,凡事较有自信,所思所为就会走上正轨,无须教师、父母多操心。相反,若一个学生消极的自我认

同多于积极的自我认同,就会失去支撑其向上的力量,并逐渐沉沦。叙事疗法是在消极的自我认同中,寻找隐藏在其中的积极的自我认同。叙事疗法的策略很像中国古老的太极图,黑色区域里隐藏着一个白点,此白点需要仔细看才能看到。其实白点和黑面是共生的。在人的内心中,当白点由点被放大到一个面的程度,整个情形就由量变转向了质变。找到白点后,如何放大白点呢?叙事疗法会采用"由单薄到丰厚"的策略。

太极图

四、解构

解构指邀请来访者探索问题、感受、想法的来历,以及由此带来的影响力和结果。让来访者看清自己是如何被建构的,以提供不同的观点和角度来使其阅读自己的故事,引出其他可能的叙事。解构的目的是帮助来访者摆脱处于强势地位的某些问题故事的支配。

解构包括两部分:解构的聆听和解构的问话。解构的聆听指以放空、好奇的态度去听,时刻保持对来访者言语的关注,不企图教给来访者什么,只简短地回应对来访者有重要意义的词汇。解构的问话,指打开包装,探索对来访者具有重要意义的问题、感受、态度、信念的来历,探索主流文化对人和此类问题的影响,引出来访者的支线故事和具有特殊意义的事件。

外化与解构不是独立的,在治疗中来访者外化的同时也在解构,解构中始终渗透着外化的精神。

五、重写

重写指寻求来访者主线故事之外的支线故事,通过丰富此类支线故事,挖掘来访者故事的亮点,即特殊意义事件。通过不同时空的见证和丰厚的问话,将特殊意义事件串联起来,使来访者的故事产生新的意义,重新建构积极的自我认同,并将积极正向的力量和自我认同迁移到现实生活中,从而改写来访者的生命故事。

重写包括挖掘特殊意义事件、丰富特殊意义事件、见证、联结、迁移五个部分。

1. 挖掘特殊意义事件

疗法师引发来访者思考自己故事中最宝贵且不易的地方。特殊意义事件是新故事的入口，是任何不属于主线故事的事件，或与主线故事相矛盾的事件。

2. 丰富特殊意义事件

当来访者看到自己宝贵的地方时，疗法师要对此类特殊意义事件进行丰富，使它更加立体、生动、有力量，从而引发新的故事。

3. 见证

让自己、来访者、生命中重要的人在过去、现在和未来的不同时空见证新的故事和新的自我认同，使这些新故事更有意义，探索带来新故事的机会。

4. 联结

将来访者在咨询过程中涉及的不同主题相联结，发掘其内在的联系。

5. 迁移

通常用在叙事疗法的结束阶段。当来访者发现自己的力量，并看到自己的不容易后，再引导来访者带着这种力量去看待原来的自己，发展新的自我认同。

六、局外见证人团队、信件、仪式

局外见证人团队要欣赏来访者的难得与不容易，联系自己的生命经验，找出可使来访者找到启发的地方，让来访者觉得他的故事是有贡献的、珍贵的，是能给人启发的。信件可用来预测咨询结果，回顾咨询过程，反思咨询过程。有研究表明，一封好的治疗信件相当于多次成功的面谈治疗。在叙事疗法的不同时期可举行不同的仪式，包括问题界定仪式、阶段性进步仪式和治疗结束仪式。举行仪式时可把焦点放在呈现支线故事上，让来访者能获得转化的力量。

第四节 叙事疗法的应用

一、叙事疗法的步骤

总的来说，叙事疗法在工作过程中主要包括问题外化、问题解构、重构故事和见证四个阶段。

(一) 问题外化阶段

1. 与来访者就其所困扰的问题达成彼此认同的定义；

2.将问题拟人化,并借此与来访者一起描述该问题是如何压迫来访者的;

3.探讨问题是如何干扰来访者完成他的意愿的。

要求:首先要有外化的态度,找到外化的点,运用外化式问题来外化这些问题,外化不仅是技巧,更是态度。疗法师应放空、接纳、聆听,不放过来访者任何宝贵经历,贴近来访者心灵最深处,陪伴来访者直到其发现自身潜在的力量。

1.相信人不等于问题,问题才是问题;

2.不要被问题绑架;

3.当人与问题分开后,人会由无力变得有力量去面对问题;

4.通过外化,让人透过问题去发现自己的力量与能力,珍惜自己的问题;

5.摆脱传统意义上将人看作问题的治疗观念。

注意:是否采用了来访者的语言去贴近来访者。

负向问题:焦虑,恐惧,烦恼,对自己不满,抑郁,自卑。

正向问题:宝贵的特质,勇气,梦想,坚持,毅力。

问话的句式:

1.这个问题是如何影响到你的?

2.你是怎么做到的呢?

3.这样的一段经历,让你看到一个怎样的自己?

4.这个麻烦最喜欢在什么时候来骚扰你呢?

5.当愤怒来到你身上时,它想要怎么控制你?当你被它控制的时候,你做了什么事情?

(二)问题解构阶段

故事背后蕴藏着某些特定文化、历史知识和习惯,这些习以为常的观念也许就是来访者问题的建构者,它们内化于来访者的观念和感受中,从未被发现和被质问。

1.发掘哪些时候来访者并未受问题的支配;

2.找出过去的证据来支持新观点。

要求:1.可使用的关键短语:如何被建构、故事非必然、非真理性、打开包装、提供机会、多个角度、多种可能性;

2.邀请来访者探索问题、感受、想法的来历,问题、感受、想法的影响力和结果;看自己是如何被建构的;提供从不同观点和角度来看自己故事的机会;引出其他可能的故事;

3.找出独特结果,帮助来访者探讨问题故事中的例外,为建构新故事的开端做铺垫。

注意:1.是独特结果或闪亮时刻;

2.是发生在过去、现在或未来的事,是很小的一件事,也可是新故事的入口;

3.是任何不合主线故事的事件,或与主线故事相矛盾的事件,或问题无效的时候;

4.是渴望、希望、梦想、期待或约定、特质、信念等。

(三)重构故事阶段

重构故事是一个循环的过程,也叫作丰富新故事。重构故事包括工作者与来访者一起在"独特结果"的基础上重新建构并用更多的例外事件丰富一个新故事。若特殊意义事件力量不够强大,则须重新去找一些点进行丰富、见证、迁移,如此循环往复,直至来访者找到自己生命中的能量。

重构是一个创造性的过程。实际运用中,不一定要严格地遵守技巧,也可根据当时的互动和情境创造出一些重构故事的方法。重构故事经常与发现独特结果同步进行,尤其在寻找"将来的独特结果"时,经常使用带有"如何"字眼或隐含"如何"之意的问话。例如:"你认为如何做可让周围对你形成固定看法的人耳目一新?""如果有类似经历的人向你寻求帮助,你将如何分享你的成功经验呢?"又如:让来访者给自己的问题命名,来访者将恐惧命名为恐惧妈妈。可让来访者扮演恐惧妈妈,疗法师与恐惧妈妈对话,让恐惧妈妈和来访者相互见证。

1. 引导来访者思考在上述范围内,未来应怎样生活。重新编排和诠释故事阶段,让来访者先讲出自己的生命故事,以此为主轴,再通过治疗者的重写,丰富故事内容,使来访者在重新叙述自己的故事或重新叙述一个非自己的故事时,发现新的角度,产生新的态度,从而产生新的重建力量。

2. 找来听众听取来访者是如何宣告新的认同感和认识的。重新用开放性的感想来编排和诠释故事所引发的非封闭的结论,有时故事中还需加入"重要他人"的角色,从中寻找新的意义与方向,让来访者能清楚地看到自己的生命过程。

要求:遵循三个理论、五个技巧。

1. 理论:特殊意义事件、行动蓝图、意义蓝图。
2. 技巧:挖掘特殊意义事件,对特殊意义事件进行丰富、见证、联结、迁移。

注意:1. 特殊意义事件可以是独特结果或闪亮时刻,是新故事的入口,是任何不合主线故事的事件、与主线故事相矛盾的事件;问题无效时,也可以是渴望、希望、梦想、期待或约定、特质、信念等。它可来自过去、现在或未来,也可能是一件很小的事;

2. 丰富特殊意义事件:丰富故事,丰富生命,即感受到那个力量的点开始以不同形式进行转换;

3. 语言铺陈作用:一般疗法师会在问话前将故事的细节串联起来,营造气氛让来访者看到闪亮的时刻,语言要细腻且有感染力;

4. 特殊意义事件并非由疗法师决定,而是由来访者决定。在来访者做出回应前,疗法师只能猜测而不能决定什么是特殊意义事件,随着治疗的进展,疗法师从来访者的特殊意义事件中具体找到特殊意义事件的那个点。没有唯一正确的特殊意义事件,疗法师需进行多次尝试,才能最终找到来访者的特殊意义事件,得到来访者回应。发现特殊意义事件是个反复的过程,直到发掘出来访者内在的力量为止。

问话思考:

1. 我是在主线故事中还是在支线故事中?
2. 我有没有陷入主线故事,有没有被主线故事带跑?(若被带跑,疗法师自己也没有力量了)
3. 自己有没有贴合主线故事?
4. 想办法从主线故事中找到一些宝贵的东西。
5. 我要怎样去找到来访者背后的支线故事?
6. 什么时候的特殊意义事件最宝贵,我该怎么找到它?
7. 如何将支线故事串联在一起?
8. 如何让故事释放更多的能量,让来访者可以看到更多的自己?
9. 在这个思考过程中,自己如何贴近来访者?
10. 整合技术,同时施行。

(四)见证阶段

叙事疗法不一定要在治疗室进行。叙事疗法可以独特的文本为媒介进行交流,文本包括信件、邀请函、转诊信、宣言、证明、笔记、录音和录像等。实践证明,在叙事疗法中有策略地运用此类文本,能更好地强化与持续积极故事。信件不仅能强化故事,让来访者沉浸于其中,还能使他们更为彻底地参与共同写作的过程,从而有机会思考自己应用的言辞和问话。信件也可拓展会谈中引发的想法或故事,或对会谈内容进行总结。

例如以下这封邮件:

> 亲爱的福瑞德:
> 收到这封信时是不是很惊讶?我也很惊讶自己会写这封信给你。这完全是因为昨天我在公园里看到一个人做俯卧撑,一不小心扭了脚。但是这跟你有什么关系?我还记得上次我们见面的时候,你的脚也扭了。别人扭了脚,让我想起你的脚,想到你,不知道你近况如何。如此而已!
> 怀特

此邮件是怀特在生活中突然想起以前的来访者所写的问候邮件。接受治疗的人认为,一封信相当于3~5次良好的治疗。对四十位来访者的调查证明,一封信的疗效相当于两三次会谈。

要求:善用文本(通信和文档记录)。

注意:1.作为一种奖赏,证书、奖状通常能代表人在社群中新的地位,赋予其新的权益和新的责任。

2.邀请观众见证颁奖仪式,强化新意义的存在,修正既定的旧意义。

3. 来访者自己完成的宣言可促使他塑造健康的自我。

叙事疗法的治疗要领

1. 倾听和了解来访者的故事,与其就所困扰的问题达成共同定义;

2. 经由故事的外在化而实现个人与问题的分离;

3. 与来访者一起讨论问题为何以及问题如何压迫来访者及其家庭,如何干扰、支配或阻挠来访者与家庭完成他们的意愿;

4. 经由发现独特结果而帮助来访者辨识生活中没有遭受干扰的时期;

5. 以行动图景和意识图景技术浓化来访者对独特结果的叙事;

6. 将独特结果与过去和现在的其他事件联系在一起,形成一个关于自我的新叙事;

7. 邀请重要他人进入,见证新的自我叙事;

8. 用文字形式记录下那些支持新叙事的知识和实践;

9. 以回响的方式与他人分享,促使他人摆脱同样的压制性叙事。

二、叙事疗法案例

案例一

来访者资料:18岁女生,某高校一年级本科生

来访者衣着整洁,举止得体,有礼貌,能比较主动地描述自己的情况,语速中等,语调平稳,与疗法师时而有自然的目光接触。其父母都是知识分子,没有其他兄弟姐妹,来访者认为自己家庭和睦,父母十分民主,童年生活也很幸福。其上学后学习成绩一直处于中上等水平,高中时期还担任过班长和学生会主席职务。

本次来访原因:来访者对自己与同学交往现状有不满与疑惑。

1. 治疗步骤分析

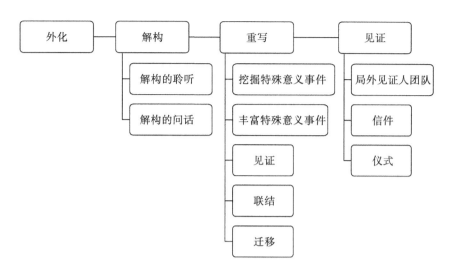

叙事疗法步骤图

2.治疗过程

①问题外化

女生:我觉得可能是自己偏内向的性格,让我不能很好地与别人沟通。

疗法师:你觉得是你内向的性格阻碍了你与他人沟通?

女生:其实这并非突然出现的,应该说是一个潜移默化的过程。我在高中当学生会主席时,因工作方式的不同得罪过很多同学。当时我不以为意,认为只要能把工作做到最好,这点牺牲是值得的。后来同学们都开始疏远我,用漠然的态度对待我。渐渐地我受到了他们的影响,也开始用漠然的态度对待周围的人。上大学后,我发现这样是不对的,开始改变方式主动与同学接触,但换来的仍是漠然。我不知道这是为什么,难道是因为我只是在思想上知道要亲近同学,但实际行动仍陷于漠然的泥沼中无法自拔?

疗法师:我听你多次提到"漠然"这个词,看来好像不是"内向的性格"而是"漠然的态度"影响了你和同学的关系。

②解构的问话

女生:也许吧,我也不知道是不是这样,但我觉得我已经采取了很多措施让自己不再漠然。

疗法师:你是说你付出了很大的努力来摆脱漠然的困扰?

女生:是的。

疗法师:能告诉我你都付出了哪些努力吗?

③重写

a.挖掘特殊意义事件

疗法师:有没有一些人让你感觉在与他们相处时自己没有掉进"漠然的泥沼"?

女生:有啊,我在与好朋友聊天、讨论时就没这种感觉。

b.丰富特殊意义事件

疗法师:回想一下你都做了什么与一般同学相处时不同的举动而成功地逃离了"漠然的沼泽"。

女生:我会主动地找他们商量事情,在我拿不定主意的时候,会找朋友让他们提供建议。他们都说我是知心朋友。

疗法师:朋友对你的评价很高啊,还记得你是如何与他们从普通朋友变成知心朋友的吗?你能向我大致描述一下过程吗?

c.联结

疗法师:你和朋友在一起时会觉得自己是一个性格内向并且态度漠然的人吗?

d.迁移

疗法师:如果用对待朋友的方式来对待你现在的同学,你觉得会有怎样的结果?

④见证

女生:我觉得效果应该会不错,我现在就是太在意交往的结果,总是千方百计地讨好同学,这样就不平等,好像我很关注大家的生活而他们却无法了解我,同学自然会误解我。

疗法师:你的悟性很高,这么短的时间内就开始反思自己。现在想象一下,假设今天晚上回去你睡着了,半夜你睡得正香时,有个仙女在你的床头挥了一下仙女棒,然后奇迹发生了,你看到了20年后的自己,你觉得自己会看到什么场景?

在疗法师的启发下,来访者意识到自己在与好朋友的交往中不会陷入"漠然的泥沼",疗法师抓住这个例外事件,不断地帮助来访者发现在与好朋友交往过程中的所为、所想、所感,让那种积极美好的感觉逐渐充满来访者的内心。通过想象让来访者看到不受问题困扰充满积极意义的未来生活,因为美好的前景可增强来访者改变的信心与力量。

1.叙事疗法强调疗法师不是专家,来访者才是解决自己问题的专家,在咨询中来访者必须唤起并发挥自己的主动性去反思问题;

2.对于问题外化技术,在案例中可看到,随着外化式词语一次次地被使用,来访者必然受到潜移默化的影响,直至最终意识到原来问题与自己没有多大关系;

3.在挖掘来访者的特殊意义事件时,随着一件件积极的例外事件被呈现出来,来访者豁然开朗:原来生活没有自己认为的那么糟。

疗法师与来访者的关系

在叙事疗法中,疗法师与来访者建立的关系更多的是一种合作治疗的关系。来访者才是专家,因为没有比来访者更了解自己人生故事的人了,只有来访者自己才能真正帮助自己打开新视窗,而疗法师在这一过程中只是来访者的合作者。

把来访者看作治疗的合作者甚至专家,可使来访者更能体验到自身的力量感,使来访者发现自己是可控的,有利于其发现过去独特的结果及打开新的叙事空间。叙事疗法的过程更像是两位有着不同生活经历的人在交流自己的生活经验与故事,在交流叙说时双方共同成长。在这一过程中疗法师应该做到几点:坐得住,听得进,说得出。

案例二

  学生:老师,我不知道我真正喜欢的是什么。
  辅导老师:你自己觉得你是个怎样的人?
  学生:我不知道……
  辅导老师:同学怎么称赞你?
  学生(笑):他们说我很认真。
  辅导老师:怎么说?
  学生:就是上次的义卖会啦……
  辅导老师:你可不可以谈一下那一次的经历。
  学生:上次校庆时举办义卖会,只要我在场,就会拉很多人来,我们班级的摊位前面可真是人山人海。同学们都不知道我是怎么把他们找来的,而且我总是有办法让他们买东西,大家都说我们班的摊位没有我不行。
  辅导老师:在这件事里,你觉得你有哪些天分?
  学生:我……好像……有推销的天分。
  辅导老师:过去是不是还有类似的经历?说来听听……
  学生:我在初三的时候……老师,我在想,我好像的确有推销的天分,我妈妈也这样说我。
  学生:初一时,妈妈在外面摆地摊。有一次她生病了,我刚好考完试,她要我帮她摆地摊。那天我卖的比妈妈还多。好多逛街的人原来只是看看并不想买东西,我却有办法让他们买……
  学生:老师,大学的哪些专业有利于我将来往这方面发展?

上述对话中,学生的第一个"不知道"并非真的不知道,而是内在经验没有被学生觉察。当与推销天分有关的事件被叙述出来时,随着故事的叙说,一系列有关的经验会呈现出来。麦克·怀特形容此策略为"打开行李箱"(unpack),即将行李箱里面多姿多彩的内容展现出来。

在疗法师和来访者处于"叙事心理对话"过程中时,其所面对的不是一种可置身事外的"工具"或"技术",而是来访者的生命故事,反映来访者生命的态度、生命的要求和生命的抉择,对待生命拥有积极的态度很重要。同样的事实会有不同的解读,释放出不同方向的力量。每个人都会留下历史的痕迹,有许多的故事,故事中积极的一面被发现,向上的动力就会源源不断出现。

背景知识

倾听的重要性

倾听,在叙事疗法中最为关键。庄子说:"勿听之以耳,听之以心;勿听之以心,听之以气。""听"有几个层次:hearing 听,可能听得到,也可能听不到;listening 聆听,能听到声音和内容,但感受不到情感;attending 倾听,能听到声音、内容,也能明白感受,但不知为何会有这种感受;concentration 专注,能听到声音、内容,也能明白为何会有这种感受;involvement 投入,说者的事已经成了听者的事,听者也会因此而有感触。

叙事疗法中的倾听,要做到既能"听之以心",又能"听之以气"。不仅要能听得到来访者传达出来的声音、内容以及为何会有这种感受,还要注意去听言外之意和并未表达出来但可能暗含在谈话中的内容。

案例三

来访者资料:男生19岁 某高校二年级学生

说话内容:"我越来越自卑了,我觉得像我这样的人根本就不可能成功,我啥时候能像班长一样在众人面前讲一次话,或者像学习委员那样,认真地为大家做好一件事。同桌也比我强,至少他成绩比我好,他们都能成功,都好棒啊,但是我却什么也不行。"

本次来访原因:来访者对自己的现状不满意,心里很自卑。

思考:这段话背后表达的可能是什么呢?

来访者的感受,以及这种感受产生的原因:

第一,他在观察别人,可能暗示他还有想改变的动机,并没有完全放弃自己。

第二,他提到的三个人物"班长、学委、同桌"以及三件他认为成功的事情,即能大胆地在人前讲话、能认真做事、成绩好。由此不难发现,来访者所认为的成功其实并不困难,从这个点切入鼓励其继续讲下去,来访者"自卑"的叙事结构有可能会松动,疗法师就能找到新的故事点,进而开启故事的另一种可能。

总之,人在生活中都有自己的故事,故事是有生命的东西,每个人用自己的故事来展现其人生,自己就是故事的作者。生命中会发生很多事情,总有特定的事突显。疗法师应与来访者共同挖掘易被忽略的地方,寻求新的事件,在此基础上创造新的故事,强化叙事疗法中来访者对于改变自己行为的信心,将问题外化之后,帮助来访者寻找其生命的意义,并赋予来访者一个新的与生命意义有关的替代故事来治愈他们的心灵。

案例四

小丽,女,20岁,本科,大一学生,性格开朗。其与父母关系良好,但父亲酗酒,酒后会跟母亲吵架,父母关系因此受到影响。高考结束后她认识了一个男孩,两人很聊得来,一个月后建立了恋爱关系,并告知了双方父母。男孩中专毕业,在工地上干活,已经工作三四年了,家里开始催促两人结婚,而小丽还有三年才大学毕业。因为这个问题,两人产生过几次争吵,后来经过考虑,小丽同意先结婚,再继续上学。可后来这段关系还是没能够维持住,最终男孩提出分手。失恋导致小丽无法安心学习,经常以泪洗面,认为自己很差劲。

治疗过程

1. 了解问题阶段(第一阶段):叙说事情

接纳、引导其充分诉说故事,"虽然文化程度有差距,但是我们一直相处得很好""我把他当作结婚对象来相处,可付出了那么多,最终他还是抛弃了我,我觉得自己很没用,什么都做不好,觉得现在的生活没有意思"。

2. 解决问题阶段(第二阶段):解构故事

问题外化——把贴在"人"身上的标签撕掉,问题和人是相互独立的。把问题对象化,让来访者意识到自己不是问题,问题本身才是问题。这样来访者才能更客观地看待问题,并获得解决问题的力量。

为问题命名——向来访者求证主题,强化人与问题的独立性,即明确"主线故事"聚焦之处,让来访者掌控问题。通过分析,小丽将问题命名为"无助的小孩"。失恋催生了这个无助的孩子,她不知道自己身在何处,将去何方。这个"无助的小孩"经常干扰小丽学习,使她落下了很多课程,课余时间也让小丽无法料理好生活中的琐事。

跳出问题看故事——提醒小丽更全面地分析问题,寻找解决问题的途径,并减少负面情绪。引导小丽思考自己能做些什么,来拯救这个"无助的小孩",让其不再无助,也不再打扰小丽的正常生活。

寻找例外——发现故事中被忽视的内容,即寻找不符合问题故事的例外事件,帮助小丽认识到一些不被自己注意的积极事件。如小丽意识到"我在自己喜欢的专业课上还是能够全身心投入的""虽然我不像以前那样,每次衣服换下来后立即去洗,但我还是定时地换衣服,保持外貌的整洁"。随着例外事件的逐渐增多,来访者的自信心有所提高,也为重构故事打下基础。

3. 效果提升阶段(第三阶段):重构故事

例外事件越来越多,让其产生新的视角。发现生活的意义之后,小丽能正常进行的活动越来越多,受到的干扰自然而然就变少。她发现自己之前由于对这份感情的珍视,不愿意面对两人交往中不和谐的因素,而选择回避这些信息。通过自己的反思以及与朋友的沟通后,她能正视和男友之间一直存在的问题,内心原谅男友所做的决定和对自己造成的伤害,坦然接受分手的事实。

4. 结束治疗阶段(第四阶段):仪式性强化

强化小丽的自我认同,并鼓励其与身边的人分享自己的感受。通过重要他人的见证,强化她的改变和成长。举行告别仪式,与过去的恋人告别,接纳自己的过往感情经历,并认真地渡过失恋期,开始迎接新的生活。

5. 结果

小丽自述:"现在我的心情平静了很多,只会偶尔想起这件事情,生活和学习状态也逐渐恢复正常,我要付出更多的努力,才能找回荒废掉的时光。还好我的大学生涯才刚过去四分之一,我醒悟得还不算晚。我身边的朋友都见证了我这段时间的成长,并为我能走出失恋的阴霾而感到高兴。这段经历,让我更清楚地认识到家人和朋友的重要性,我会更加珍惜那些爱我的人。相信通过自己的努力,我会变得更加优秀,也会拥有属于我的美好未来。"

运用叙事疗法可协助来访者客观看待自己的问题,找到自己生活中不受问题控制的力量,再根据例外事件,重塑自己的故事,从而解决成长中遇到的心理困惑。叙事疗法重视语言对心理过程的重要影响,对疗法师和来访者的语言表达能力和领悟力都有较高的要求。因此,这一疗法不一定适合每个人。

叙事疗法需要一个循序渐进的过程,疗法师和来访者都要有足够的耐心。正因如此,它能给来访者充分的空间,让其体验自我,发现自身的潜力,把握自己的力量。这种力量在一定程度上能化解其在以后人生道路上所遇到的困境,帮助他们更好地成长。

思考与练习

1. 什么是叙事疗法?
2. 叙事疗法的基本理念是什么?
3. 叙事疗法的基本方法有哪些?

推荐书目

1. [英]佩恩.叙事疗法[M].北京:中国轻工业出版社,2012.
2. [加]卡特里娜·布朗等.叙事疗法[M].北京:中国人民大学出版社,2016.
3. 刘建鸿.叙事疗法[M].重庆:重庆大学出版社,2017.
4. [澳]迈克尔·怀特.叙事疗法实践地图[M].重庆:重庆大学出版社,2011.

第七章 绘画疗法

内容简介 本章介绍了绘画疗法的概念、分类、原理、特点和意义,梳理了绘画疗法的发展简史,阐述了生理心理学、精神分析、分析心理学、心理发展理论、人本主义心理学等绘画治疗的理论基础,系统整理了绘画疗法的程序,并结合案例介绍了绘画疗法的具体应用方法。

学习目标 1.熟悉绘画疗法的概念、分类、特点和原理;

2.了解绘画疗法的理论基础和心理机制;

3.掌握绘画疗法的主要应用技术。

第一节 绘画疗法概述

一、绘画的概念

绘画是指运用线条、色彩和形体等艺术语言,通过造型、着色和构图等手段,在平面上塑造出静态的艺术形象。绘画是造型艺术中最主要的一种艺术形式。绘画的种类繁多,可以按不同的标准进行分类。从体系来看,绘画可分为东方绘画和西洋绘画;从使用的工具材料来看,绘画可分为水墨画、油画、壁画、版画、水彩画、水粉画等;从题材内容看,绘画可分为人物画、风景画、静物画、动物画等;从作品的形式来看,绘画可分为壁画、年画、连环画、漫画、宣传画、插图等。不同类别的绘画形式,由于各自形成的历史文化传统不同而有着各自独特的表现形式与审美特征。中国画又称国画,是东方绘画体系中的代表画种,其采用散点透视的方法,用毛笔在宣纸或绢帛上作画;而油画是西洋绘画体系中的代表画种,其采用焦点透视法,用油剂调和的颜料在亚麻布、纸板或木板上作画。

绘画是人类记录历史的一种方法,它蕴含着我们的想法、情感、梦和渴望。从悲伤到快乐,从失败到胜利,在没有文字的远古时期,人类的祖先用各种壁画进行记录和表达。儿童先开始涂鸦,然后学习文字,从画画、剪纸或者做黏土手工这些活动中获得快乐,从这个意义上讲,绘画是人类表达情感天然有效的工具。除了艺术家,其他人也会在日常生活中体会到绘画带来的方方面面的乐趣。有些人将画画或者摄影当作个人爱好,在体验创作过程带来的乐趣的同时也释放了压力;有些人每天都会画画,画日常发生的事情,画自己的梦境等,同时也思考着这些画的含义;有些人则会在纸上涂鸦,并且发现涂鸦可以帮助他们思考。所有这些简单的活动都可以帮助创作者缓解压力,体验愉悦的心情。

二、绘画疗法的概念

绘画疗法是属于表达性艺术治疗的一种治疗模式。表达性艺术治疗是一种新兴的心理治疗方法,它借助于音乐、游戏、绘画、喜剧、舞蹈等艺术媒介,用非言语的表达方式来代替被言语压抑或无法表达的情感体验,处理来访者情绪情感的困扰,帮助来访者对自身及外部环境产生更加深刻的认识和理解,重新接纳并整合外界刺激,对刺激做出正确的反应,从而达到治疗目的。作为艺术治疗的一种形式,绘画疗法已经成为心理测量、心理咨询和心理治疗的重要技术之一。

绘画疗法主要有如下几种定义:

英国艺术疗法师协会对绘画疗法下了比较全面的定义:"绘画疗法是创作者、作品、疗法师三者之间的互动,其中,疗法师以时间、关注及清晰界定关系的形式,为来访者提供创作环境、艺术媒体和最重要的因素,也就是疗法师本人。这个过程的目的是发展象征性的语言、触及人所不知的感受并创造性地将它们整合到人格里,直至发生治疗性的变化。疗法师关注的焦点是治疗过程,即来访者的神入过程、来访者的知觉及他们与疗法师分享这一过程的可能性。"

美国艺术治疗资格认证委员会对绘画疗法的定义:"绘画治疗应归于人类服务业,它通过美术媒介、意象、艺术创造过程以及来访者对绘画作品的反应来呈现个体的发展、人格、能力、关注点、兴趣和冲突。绘画疗法实施的基础是人类发展和心理的理论知识。借助于教育、认知、超个人、心理动力和其他的治疗手段的评估和治疗,可用于增强自我意识、缓解情感冲突、提升行为管理能力、发展社会技能、减少焦虑、解决问题、帮助现实定位和提高自尊心。"

美国绘画艺术治疗协会对绘画艺术疗法的定义:"经历疾病、心理创伤或生存挑战及寻求自我发展的个体在专业关系下对绘画创作的治疗性的使用,通过创作绘画作品和对绘画作品及其创作过程的思考,个体可以增加对自我与他人的认识,学会应对各种症状、压力和创伤经历,提升认知能力,享受绘画创作所带来的积极向上的生活态度的乐趣。""是一门已经确立了的心理健康专业，它通过艺术性的创造过程对各个年龄阶段个体的生理、心理和情感健康产生影响，进而改变和提高他们的身心健康水平。它的信念之一就是艺术表达的创造性过程有助于人们处理心理冲突，减少压力，发展人际交往能力，管理行为，提高自我意识，并能够达到洞察的目的。"

加拿大艺术疗法师协会将绘画疗法的定义为"通过非言语方式实现情绪表达和康复的治疗模式，能够使来访者突破重重障碍，用简单的绘画材料进行自我表达"。

中国台湾艺术治疗学会对绘画疗法所下的定义："艺术治疗是一种助人专业，它是创造性艺术表达和心理治疗的结合。在艺术治疗的关系中，来访者的心像是透过艺术媒材得以视觉艺术的方式呈现出来的，同时心像的表达也反映并统整了个人的能力、发展、意念、兴趣、人格与内心的情感状态。艺术治疗关系中对作品的回馈以及艺术表达经验，有发展成长、预防、诊断和治疗的功能。来访者的情感、问题和潜能如果能在治疗过程中被发掘出来，并且在治疗过程中得以解决与处理，则有助于来访者认识自我、改善社会技能、调解情绪、提升行为管理和解决问题的能力，并进而促进其自我成长、人格的统整和潜能的发展。"

以上定义虽然表述不同，但都强调绘画疗法通过来访者的艺术创作过程及其对绘画作品的反映来呈现出来访者的心理特点，进而对其心理产生影响，促进来访者人格的变化和成长。综合以上定义，我们将绘画疗法的概念总结如下：疗法师通过绘画这种非语言工具的使用，并通过对来访者所创作的绘画作品的解释，来分析来访者的情绪障碍和创伤体验等心理问题并对其进行治疗。它的目的是促使人感知所不知的感受、发展象征性的语言，并创造性地把它们整合到人格里，直至发生治疗性的变化。它包括疗法师、来访者及绘画作品三者之间的互动过程。疗法师所关注的焦点不是绘画作品的审美特征，而是在治疗过程中，来访者通过绘画作品深入内心的过程。绘画治疗的形式多种多样，主要包括涂鸦画、自由画、续笔画、房—树—人测验、学校动态图等几种。

三、绘画疗法的起源

绘画疗法的起源，最早可以追溯到史前时代，当时人类在岩洞中留下壁画以表达对自然现象的敬畏之心。到了20世纪初，Jaspers、Riesc等人开始对梵高等艺术家的作品展开研究，如1922年Prinzhom发表的《疯者艺术》，通过对500多名来访者的5000多幅作品进行分析，认为精神病来访者的作品兼具诊断价值和康复意义。1956年Jakab也对精神分裂症来访者的绘画特点进行了分析。而且弗洛伊德、荣格等精神分析大师都曾用绘画方式记录梦境并对其进行分析，弗洛伊德认为一些梦境中难以用语言完整地表达的被压抑的情感或细节，在绘画中很可能会得以体现，甚至认为个体内心的冲突和神经症是艺术家创作的根本动机；荣格则重视原始心理模型与视觉表象的普遍性意义，更注重绘画作品所表现出的心理内容。1969年，美国成立了艺术疗法协会，使艺术和治疗真正地结合在一起。

阿塞拜疆戈布斯坦的岩石画

其中在绘画疗法的这条道路上,有两位先驱做出了卓越的贡献。一位是有"艺术治疗之母"之称的玛格丽特·诺伯格,她以精神分析理论为基础,以艺术表现为中介,强调"分析"和"动力",让来访者在绘画创作中自由地表达自己,再用自由联想技术对自己的作品进行解析,心理疗法师通过作品去了解和体会来访者的冲突、想法和问题所在。她认为绘画治疗的作用是使个体对自己所处境遇和发生在身上的事情进行知觉重组。这种治疗形式,被认为是绘画疗法的真正开端。她杰出的贡献在于推动绘画疗法师成为美国社会的一种新兴职业。另一位先驱是依蒂斯·克拉玛,虽然也受精神分析理论的影响,但与诺伯格不同,克拉玛更关注绘画本身的治疗意义和价值。在创作过程中,来访者自由地绘画,尽情表达自己的内心世界。她认为是创造性打开了内在心理世界之门,才使得绘画治疗具有独特的治疗效果。绘画治疗起作用的关键在于疗法师在医患关系中所扮演的参与和分享的角色,这种角色有助于病人获得自我成长。

四、绘画疗法的发展

伯特用"画人"作为儿童智力测验的方法,对儿童绘画作品进行分析,同时将儿童绘画分为不同阶段。诺拉姆、路易斯、石腾对神经症病人的自由绘画作品进行心理分析。古迪纳夫最先提出儿童画人(D—A—P,Draw A Person)测试,并根据对画的结构的分析,评估智力分数。哈里斯进一步发展了该理论,提出"绘画是认知成熟的指标",修订了古迪纳夫的评分标准,他根据年龄差异选择了73个评分项目。阿佩尔把绘画方法引入家庭研究,即画一个家(D—A—F,Draw A Family)。沃尔福和赫斯对这一理论作了进一步研究讨论。巴克提出房—树—人(H—T—P,House—Tree—Person)绘画法,利用投射理论,从绘画中探索个体成长和发展情况。哈莫把房—树—人理论拓展运用到心理测量和诊断上,从绘画作品中探讨创作者的人格特质、人际关系及情绪等要素。柏恩斯和考夫曼发展出动态家庭图(K-F-D,Kinetic Family Drawings),即一家人在一起做某件事情,在这一过程中家庭成员间通过互动获取信息。

房—树—人绘画测验

五、绘画疗法的分类

绘画疗法师对绘画疗法已经做了许多研究并形成不同的观点,这些观点主要分为两类:

注重绘画过程。该种观点认为,创作即是治愈的过程,绘画过程让个体体验到成就感,可以修复情感,并将内部的感情在创作过程中外化,使得个体更加健康。Edith Krame指出,作画的过程建立了一座与潜意识沟通的桥梁,对个体的心理起到了升华整合的作用,尽管绘画不能直接解决心理冲突,但是它可以提供一种表达新观点和感受的方法。

注重作品本身。该种观点强调对作品进行分析,认为绘画作品是符号交流的一种形式,通过对作品颜色、特定符号、结构等方面的分析可以获得与特定的心理、生理之间的联系。这样可以揭示某些人格特征、创伤或神经症等问题,这使绘画在测量领域有了巨大的发展。实际上,疗法师在治疗过程中会将绘画的过程同最后完成的作品相结合,换句话说,绘画过程本身被看作治疗的过程,而作品是交流、发现问题的关键。

六、绘画疗法的原理

绘画心理疗法师Robin对绘画疗法的作用机制作了较为全面的分析,主要表现在四个方面:

我们的思维和心理活动大多是视觉性的,而绘画艺术治疗正是运用绘画来呈现创作者的内心世界。在绘画艺术治疗的世界里,来访者运用绘画去表达、思考和与疗法师沟通,绘画方式是表现其内心世界的途径。

我们很多情绪体验的内容本身就是前语言的,创伤在被用语言描述之前就已经通过大脑的图像被储存起来了。记忆也可能是前语言的或者禁锢的,用语言无法提取,从而难于治疗。比如我们在描述自己的真实感受时,常常感到语言苍白无力;阴暗面更容易通过艺术方式来表达。

绘画本身是符号的和价值中立的,来访者可以运用这一工具较为安全、顺畅地自由表达自己的愿望和问题,这种表达具有隐蔽性,没有社会道德标准等方面的顾忌。那些不被接受的思想、情感和冲动,如果能被个体所觉察和接受的话,通过绘画创作,就能得以升华,进而转为建设性的力量。

绘画心理治疗包括心理治疗与创造这两个平行的过程。除了心理治疗之外,创造也为来访者提供了一种看待自己所面临问题的新视角。

七、绘画疗法的特点

绘画治疗是一种非语言表达和沟通的艺术,是一种知觉意象和直觉思维的方式,绘画作品本身被认为是潜意识投射的象征性符号,经由分析作品可以理解和阐释潜意识的内容和意义。绘画作品往往凝聚和投射了来访者过去、现在和未来的意志、认知和情绪情感的信息,是一种可以方便疗法师反复进行反思和分析的心理档案。

绘画治疗的评估或治疗目的藏而不露,在一种支持性关系的情境下自由创作,来访者容易专心投入,在图形中思考和感受,运用想象并进行某种思想和情绪的冒险,防御心理较弱,不仅有利于促使个体发泄情绪、提升自尊心、促进个体的心理社会整合,而且有利于建立良好的咨询关系,有助于疗法师了解来访者的心理问题,并对其施加干预性心理影响。

绘画治疗的过程是一个操作性和参与性强的活动,温文尔雅而不激烈,治疗潜移默化而非急功近利。无论欣赏还是创作,来访者必须充分调动感知觉的能力,因而绘画治疗可以促进感知觉和注意力的统合,具有提高动手能力的功效。

绘画治疗是一种自发与自控性行为,无论创作的题材和构图,还是选用的材料、色彩、工具等,来访者都有极大的自由发挥的空间。因此,绘画创作可以表达高兴、愤怒、敌视、爱情、思念等任何情绪或情感,发泄行为安全,且符合伦理道德,不会对任何人造成不良影响。

绘画作品是潜意识投射的产物,能够使体验具体化和客观化,从而有助于疗法师对体验做出反思和分析。因此,绘画作品是一种对潜意识分析有价值的诊断指标,经由对绘画作品的分析可以间接推测来访者的潜意识内容与状况;绘画作品可以永久保留,有助于疗法师通过来访者一连串的作品表现的变化来评估其病情的发展,或追踪和反思治疗过程中发生的改变,帮助来访者确立连贯的感受。

在绘画疗法中,由于绘画具有符号性和价值中立的特点,表达方式也具有隐蔽性,因此来访者能够通过绘画自由表达、宣泄和满足内心被压抑的情感和需求,从而缓解内心冲突,减轻情绪困扰。

接受绘画治疗的来访者不需要预先具备绘画经验或技巧,疗法师也不对来访者的作品给出审美性的评估,实施绘画治疗的主要目的在于促使来访者在一个安全、自由的环境下,运用绘画材料实现其自身的改变和成长。

绘画过程及对绘画作品中富含的信息的挖掘,可以帮助来访者察觉和接受自己内心中不被接受的思想、情感和冲动,为来访者提供一种看待自己所面临的问题的新方式、新思路,更有利于认识和解决问题,提高个体的生理、心理和情感的健康水平。

在团体绘画治疗中,疗法师对美术作品进行欣赏和讲评及成员陈述作品的创作心得和体验时,可以唤起或刺激其他成员的情绪反应,增强团体成员之间的共情、互动和凝聚力。

绘画治疗具有非语言表达和沟通的特质,避开了语言的局限,以视觉意象开展心理活动,使来访者可安全、自由地表达自我,从而较少受到防御和阻抗。因而适用对象广泛,学龄前儿童、心理疾病患者、自闭症患者、失语症患者、聋哑人、饮食障碍者、成瘾者以及遭受躯体、精神或性虐待的人、服刑人员均能接受绘画治疗。绘画治疗的工作领域涉及学校、医院、社区中心、特殊教育机构、监狱、治疗性团体等。

八、绘画疗法的意义

绘画作为情感表达的工具,能够将人们无法看见和识别的潜意识视觉化。人们对绘画的防御心理较弱,不知不觉中就会把内心深层次的动机、情绪、焦虑、冲突、价值观和愿望等投射在绘画作品中,有时也会将早期记忆中被隐藏或被压抑的内容释放出来,并且开始重建过去。绘画疗法具有以下三个意义:

1. 来访者通过绘画创作来表达自己的内心世界和发泄自己的情绪;
2. 通过绘画作品促进来访者和疗法师的交流;
3. 通过绘画治疗达到减少来访者心理困惑的目的。

绘画治疗是有治疗目标、治疗方案和治疗程序,有理论指导和具体操作方法的专业性心理治疗,与一般意义上的工娱疗法有所不同。绘画治疗注重将作品和治疗过程视为一个整体,注重疗法师与来访者的良好互动和对话,注重对作品形式和内容的心理分析,帮助来访者提高或纠正某些有偏差的认知和行为,而不仅仅要求来访者在活动中打发无聊或开心娱乐一下。绘画治疗也不仅仅局限于绘画活动或作品本身,而是一个与其他心理治疗理论和治疗方法紧密结合的过程。美术作品的创作与欣赏过程成为一种非语言的沟通媒介,几乎可以协助疗法师实施任何一种心理治疗方法。无论你所持何种理论取向,只要你使用了意象、投射、升华、联想、游戏、隐喻与象征、潜意识等这些概念和术语来看待和指导美术,你就在实践绘画治疗了。

第二节 绘画疗法的理论基础

绘画疗法的实施全面体现了精神分析、行为主义、分析心理学、人本主义等治疗思想。根据美术评估与绘画疗法师所持指导理论的不同,而可以将其分为如下几种取向:生理心理学取向(Physiologic Psychology Approaches)、精神分析取向(Psychoanalytic Approaches)、分析心理学取向(Analytical Psychology Approaches)、心理发展取向(Developmental Approaches)、人本主义取向(Humanistic Approaches)和接受美学取向(Reception Aesthetics Approaches)。

一、生理心理学取向

脑机能的研究早就证实人类大脑左右半球机能有所差异。美国著名的神经生理学家 Roger W. Sperry 发现,大脑左右半球存在着明显的分工优势。左半球主要同抽象思维、象征关系和对细节的逻辑分析等有关,它具有语言、分析和计算的能力,主要执行分析功能。右半球是图像性的,与知觉和空间定位有关,具有绘画的、音乐的、空间鉴别的能力,这表明音乐、绘画、情绪等机能在右半球的掌控之下。每当我们用语言来描述内心的情绪时,往往会出现"心里的感受无法用语言表达出来"的情况。所以,绘画疗法对处理同属右半球控制的情感等问题有很明显的疗效,绘画能够越过语言直接将内心中的情感表达出来。

Schiffer 在研究大脑对创伤记忆的存储时发现,创伤记忆存储在大脑的右半球,正是这一点导致用言语描述创伤记忆更加困难。脑科学家 Frith 和艺术家 Law 研究发现,即使是最简单的绘画创作活动,也依赖大脑多个系统之间复杂的交互作用。绘画创作可以激活与物体识别(与语言有关)、物体位置(影响手部灵巧)有关的大脑区域。因此可以通过非言语的绘画创作的方式来干预对右半球创伤记忆的恢复。而一项对精神分裂症单侧化损害的研究发现,精神分裂症来访者大脑右半球功能亢盛,表现为情感活动异常,情感体验为负面情感。这说明右半球功能损害影响来访者情绪机能,此类来访者主要体验负面情感。

这些研究结果表明以言语为主要交流工具的心理咨询和治疗存在着无法解决的弊端,正是这些弊端导致有些心理问题无法得到解决或难以解决,比如在处理一些情绪障碍和创伤等问题上心理治疗就显得无能为力,然而如果这类问题采用绘画疗法来解决则会取得意想不到的效果。因此,在矫治由不合理认知或信念所引起的心理疾病时采用以言语为中介的疗法是有效的,但在处理情绪困扰、创伤体验等心理问题时就需要采用绘画疗法了。

绘画心理治疗大师Robin对绘画疗法的作用机制作了较为全面的分析。他认为,绘画疗法有许多优势:第一,艺术提供了特有的表达方式,可以通过一幅或者一系列作品发现作者在某个时期、某个地点的心理状态,可以把不可调和的感情整合在一起。第二,绘画治疗是灵活的、多面的,它适合不同年龄、不同疾病的来访者,可以在不同地点实施。第三,绘画疗法可以在人们日常生活情境中展开。第四,绘画等艺术疗法可以安全地释放毁灭性的力量,使心灵得到升华。一个人的情感埋藏得越深,则离意识越远,就越难用言语准确地进行表达。一方面,绘画的过程可以让作者减轻心理的压力;另一方面,在疗法师的引导下,来访者可以通过自己的作品更好地认识自我。

二、精神分析取向

根据精神分析学说,心理治疗简而言之就是使压抑的潜意识转化为意识。潜意识是指不知不觉的、自身没有意识到的、难以用语言表达的心理活动。意识是内心的推理和思考,是经验发展的结果,它会分析各种资讯和数据,但潜意识不会思考和推理,只会本能地对基本情绪做出反应。精神分析学说认为,潜意识是不能被本人意识到的,它包括个人原始的盲目冲动、本能以及出生后和本能有关的欲望。这些被压抑的想法、情绪及心理冲突,通常因为不符合文化规范和社会教育标准,并威胁到自尊(颜面)和个人形象而无法用语言直接表达出来,而艺术创作则为这些潜意识的题材和情绪的发泄提供了使之成为意识的合适的表现形式。

在绘画表现过程中,来访者在一定程度上接触到内心最深处的感觉中心,通过绘画表现,内心得到释放。潜意识中信息的详细呈现可使未知的信息得到察觉。绘画本身是符号性和价值中立性的,来访者可以借助于这种隐晦的方式毫无顾忌地表达自己的体验、愿望、自由,甚至可以将内心无意识的内容表露出来,从而使自己内心的负面能量转化成正能量。

在精神分析学说看来,美术创作可以给个体带来一种象征性的满足,绘画的意象语言可以表达语言无法表达的东西;美术创作可以象征性地满足正向的渴望和负向的冲动。

精神分析学说认为绘画作品有助于心理医生对来访者心理防御机制的识别与评估。因为绘画能够记录绘画者的防御机制的发展历程,识别作品中的防御机制能够帮助医生做出诊断。例如僵化的、一成不变的象征符号往往反映了一种强迫性的防御机制。

精神分析学说也认为,绘画有助于促进绘画者的消极防御机制向积极防御机制的发展。艺术创作能够将难堪的潜意识冲动、愿望、顾虑、性与攻击性的冲动,以社会能接受的方式自然地展现出来。

绘画作品有助于绘画者逐渐增强自我控制能力。艺术作品有助于作者自由联想,激发积极的视觉意象;有助于创作者将幻想表达出来,帮助创作者获得控制及驾驭那些具有威胁性的情感的能力。

正如台湾漫画家朱德庸的一段自白:"我在学校里碰到一些很不如意的事,不管是人是事,回到家我就画画,把所有情绪都发泄到图画上。在学校某一教师让我非常气愤的时候,回家在我的画上他一定死得非常惨。在这个过程中,我无法接受任何事情。我跟教师、同学的交往好像完全没有,我完全是孤单的。我所有的情绪,只有在画画中才得到满足。"

在精神分析或精神动力学说的基础上发展起来的客体关系理论也被应用于指导绘画治疗。客体关系取向的绘画治疗在美术创作过程中帮助个体在主观与客观现实之间获得过渡性经验,美术作品被视为促进来访者纠正和弥补客体关系的过渡性客体。基于自体心理学的绘画治疗则视美术创作为个体疏导自恋型能量、强化自体感受的媒介。

绘画还有助于心理疗法师与来访者进行象征性交流。疗法师这一角色的作用在于帮助来访者通过自发性表达而促进其成长。绘画创作如建立自我(Ego Building),能帮助来访者发展自我表现感,绘画疗法师则扮演来访者的辅助自我(Auxiliary Ego);绘画治疗为来访者提供了一个安全的、被保护的、非语言的自由表现的情境与方式。

三、分析心理学取向

荣格与弗洛伊德决裂后创立分析心理学,但其学说仍具有精神分析学的许多痕迹,只是更为关注集体潜意识的作用机制。荣格发现,一些精神病来访者的幻觉、妄想具有普遍性,并常与一些神话故事、寓言和宗教绘画思想不谋而合,而且这种现象与来访者的文化程度无关。因此,他推论:人的潜意识具有与生俱来相同的原始意象,可称之为"集体潜意识",或称作原始的"种族记忆""原型"。原型可出现在神话、寓言、传说、文学作品和艺术创作中,如英雄原型(如神、精灵等)、母亲的原型(如圣母、观世音等)、智慧原型(如诸葛亮、阿童木等)。荣格认为,原型是人类心灵上的一种倾向性或可能性,这种倾向性一旦被激发出来就会以某种特殊的形态和意义表达出来。原型在人的发育成长过程中起着至关重要的作用,其中最重要的原型有人格面具、阴影、阿尼玛和阿尼姆斯。人格面具是指人与外部环境协调的心灵部分,人在不同的公共场合可以有不同的行为表现,这即意味着人用不同的面具在不同的环境中灵活地表现自己,否则就会出现适应不良的情况。从某种意义上说,人格面具是个体从众求同原型,是心灵的外貌。阴影是指人心灵中最黑暗、最深入的部分,是人性中邪恶、攻击的象征,它常以妖魔、鬼怪或仇敌的形象投射出来,常不被自己所察觉。如果某人对某事具有强烈的反应,则常意味着这件事触及了他的阴影。为抑制阴影的种种显像,人就需要发展自己强有力的人格面具去抵消阴影的能量。但是这样做的代价却是降低、削弱了本能和创造力。所谓阿尼玛是指男性心灵中的女性意向,它使男性具有女子气,并提供男子与异性交往的模式;而阿尼姆斯是指女性心灵中的男性意向,它使女性具有男子气,提供女子与异性交往的模式。阿尼玛和阿尼姆斯是人心灵的内貌。

原型是一种原始的意象,是不容易用语言进行描述和表达的,而绘画就成为一种了解个体心灵原型的途径与方法。于是荣格非常鼓励来访者用绘画表达自己一切想法和情绪,鼓励进行积极想象和画出自己心目中的曼陀罗和梦境,认为这一创作过程有助于紊乱的精神恢复有序。在荣格的无意识原型理论中,曼陀罗是指一种富有象征意味的圆与方的形式,象征着心理整体的自性是一种朝着创生新人格而发展的过程。荣格认为曼陀罗是成形、变形的,是永恒心灵的象征性符号,也是一切道路的代表,是通向自体完整化的道路。

分析心理学还非常重视对梦境和幻想的分析。其认为集体潜意识的内容总要向外显示,当在意识中不能表现时,就会在梦中和幻想中以象征的形式出现。因此,分析心理学鼓励来访者绘制出他们的梦境,认为这样将有助于心理医生对他们的防御机制进行分析和引导其康复。

现代研究表明,进行曼陀罗彩色绘画有助于积极情绪的启动。来访者在绘制曼陀罗的过程中有安静、爱、满足、愉悦等积极的情绪体验。

曼陀罗绘画作品

四、心理发展取向

绘画治疗中体现心理发展取向的实践包括行为主义绘画治疗、认知行为绘画治疗和发展性绘画治疗等。

心理发展,广义上是指个体从出生到死亡整个一生的心理变化,狭义上是指个体从出生到心理成熟阶段所发生的积极的心理变化。心理发展既是一个逐渐积累的量变过程,也是经历一系列质的飞跃的发展过程。依据发展心理学的观察,个体在不同心理发展阶段的绘画具有不同的特点,根据这一规律,我们既可以利用绘画活动来评估青少年儿童心理发展的程度,也可以利用艺术教育来促进青少年儿童心理发展和塑造与矫治行为。

如何促进青少年儿童和成年人一生的心理发展,行为主义心理学从进化论和动物心理学研究那里发展起自己的知识体系,认为意识、心理和灵魂一样只是一种假设,本身既不可捉摸,又不能加以证实,应该将观察到的行为作为心理学的研究对象,所以行为是指有机体应付环境的全部活动。行为主义否定遗传和本能的作用,认为人的复杂行为完全来自学习或训练,只有环境、教育和学习才能改变人的一切和促进人的心理发展。人格来自行为习惯的形成,人格只是一切动作的总和而已。行为主义的学习理论经历了经典条件反射、操作学习和社会模仿学习、认知行为学习等几个发展阶段。

从行为主义的观点来看,绘画行为是环境强化的结果,是一种正面的、积极的,称赞、强化画家的行为。美国行为主义心理学家斯金纳说:"艺术家在画布上涂颜料,他要么被结果所强化,要么正好相反。如果他被强化了,他就会继续画下去。"德国格式塔心理学家和艺术心理学家鲁道夫·阿恩海姆则认为,绘画是载有认知信息的文化符号,因此,"视觉教育必须基于这一个假设,即每一幅绘画都是一种陈述。绘画不是呈示出物体本身,而是对物体的一系列说明和陈述"。换言之,"任何绘画所呈示出的物体都是作为一系列陈述(或说明)出现的。一幅画,如果不能形象地陈述有关的问题或主张,它就是无用的、不可理解的和模糊的,这样的绘画还不如一张白纸"。这就是说,绘画也是一种含有认知信息传递的活动。

以行为主义心理学理论和方法取向为指导的绘画治疗表现出如下特点:重视治疗目标的制定和靶行为,即明确界定预期要改变的行为的分析,强调对创作过程的指导性,对行为进行塑造或修正与矫治,对积极行为予以表扬等强化,充分发挥示范和模仿的作用,注重效果的评估。例如对一个有自卑心理问题的青少年实施行为主义理论取向的绘画治疗,可以先让来访者画自画像,假定他画出的是一幅神情沮丧、五官丑陋、衣着邋遢的身体上部的简笔画,那么治疗目的可以设定为"如何正确认识自己的身体意象"。疗法师通过观察发现来访者身材高挑、肌肉发达,于是可以要求来访者再重新画出一幅完整身体的自画像,例如可以指导来访者利用想象画出一幅身着运动服、肌肉发达的、造型时髦的青年自画像。他还可以想象身旁有女孩正在用欣赏的眼光观察自己。对来访者的新作给予表扬,鼓励来访者回家继续画出各种理想中的积极的、正面的自画像,并张贴在自己卧室的墙上,日日观察,通过积极的意象来逐渐建构积极的、和谐的自我观念。

心理发展教育理论取向即发展性艺术治疗,是指根据个体心理发展的规律来评价作品和指导治疗过程。在这种意义上，美术治疗与艺术教育治疗同义。心理发展教育理论取向的绘画治疗或美术教育强调以下几个目标：一是增强对青少年儿童或成人来访者对图画、颜色和事物的感官刺激。二是教导来访者学习和掌握基本的绘画技巧，提高利用美术创作描述人物、事物和表达情感的能力；或经由与艺术材料的互动，帮助青少年儿童和成人来访者突破心理发展上的迟滞现象。三是通过作品创作和强化，提升个体的自尊心、自信心和自我效能感，纠正对自我意象的偏差，增强青少年儿童和来访者的心理正能量。四是借助于美术媒介促进绘画者提高观察事物的能力，丰富与扩展绘画者的生活经验，提高人际交往和社会的适应能力。

根据发展心理学关于个体心理发展的阶段理论，仔细观察分析个体不同时期的绘画作品，可以协助对个体的心理发展状况和来访者对自我身体意象的认知进行评估。

从发展心理学和艺术心理学的角度来看，视觉艺术有助于刺激人的右脑发展。因为艺术是人的第二语言，可用意象来表达概念和思考过程，刺激大脑右半球的发展或促进受伤右脑的康复。

在发展心理学取向的绘画治疗中，心理疗法师的作用主要在于：了解来访者在艺术表现上反映出来的与心理发展有关的主题或问题，知晓每位来访者个人心理发展的需要，帮助来访者发展其绘画的潜能。

五、人本主义取向

人本主义取向的绘画疗法的实践包括现象学绘画治疗、格式塔美术治疗、以人为中心的绘画治疗和存在主义绘画治疗等。人本主义流派的代表人物罗杰斯曾经说过，只有当个体处在一个无条件的真正的正向尊重的环境中，才能真正地、真实地表达他们自己。在对来访者进行绘画治疗的整个过程中，疗法师会给来访者提供一种完全尊重和积极关注的创作环境，对创作作品可以像精神分析治疗那样把它作为进行心理分析的依据和手段，也可以像结构化治疗那样，通过让来访者以绘画为中介发泄能量、降低驱力，从而摆脱心理困扰，最后达到心理平衡，促进心理恢复健康。人本主义心理学坚持认为人是一种正在成长中的存在，是一种有自主能力、选择能力和易变的、具有建设性的主体，而不是本能的牺牲者，人有追求美德、爱、归属、尊重、价值和意义、追求自我实现、高峰体验等高级需求。Natalie Rogers 发展了罗杰斯的理论，创立了"来访者中心表现性艺术治疗法"。她认为，在治疗过程中要营造出一种以来访者为中心的氛围，唤醒来访者内在的创造性和生命能量，而创作作品的过程实际上就是来访者接受治疗的过程。在这个过程中，绘画创作作为进入来访者无意识的钥匙，帮助来访者找到迷失的人格，平复情绪伤痛，解决内心冲突，最终通过发挥建设性的力量，达到自我完善的目的。

运用人本主义以来访者为中心、强调过程的学习方式指导的绘画治疗表现出如下特点：一是疗法师要以真诚、积极关注和共情的态度对待来访者的情感和兴趣，创设一种促进表达的良好氛围。二是疗法师与来访者共同协商创作主题,制订治疗方案;但选择何种艺术媒介和方法进行自我表现仍应以来访者的意愿为先,当然疗法师可予以建议。三是重点促进学习过程的不断发展,学习内容退居第二位。四是绘画安排可以无结构,可以从自由讨论开始,鼓励来访者用语言和图画自由表达自己的任何想法和感受;疗法师鼓励来访者充分调动自己的生活经验并将其融入创作中去,疗法师只扮演一个解惑释疑的角色。五是鼓励来访者评价自己的作品和创作过程。因此,以来访者为中心的绘画疗法与表现型艺术疗法同义。

以现象学、存在主义和格式塔理论指导的绘画治疗实践也发展出一些具有自己特点的治疗模式。用现象学指导绘画治疗会着重强调来访者如何以不同的距离、视角和焦点来观察作品,协助来访者从作品中"看出"新的意境和新的意义,借助于疗法师与来访者的对话和提问(诸如"你看到了什么""怎么样")集中讨论此时此画的感知觉和体验,注重对作品整体格式塔的知觉,借助于作品的构图、颜色、线条的表现方式促使来访者学会自我察觉,促使其意识得到丰富和深化,挖掘出作品现象背后的情绪情感、态度、认知、创伤和心理问题。

艺术也是个体自我奖赏的游戏。亚历山大·阿兰德就认为艺术是一种有着某种形式的游戏,这种形式能够产生美感上的成功转换或表现。游戏当然是一种令人愉悦的自我奖赏的活动,而转换或表现则是指艺术通过某种隐喻或象征的陈述、形象与运动表达出某种现实或感受的东西或意义。游戏虽然必须依从于某种既定的形式,但又是一种自我的探索性行为,那些被称为最伟大的艺术家们的人也往往就是那些敢与传统决裂并大胆引入新的艺术形式的人,因此,从这个意义上说,艺术也是游戏和创造的结合。因此,一些绘画治疗的实践者借助于美术媒介组织参与团体绘画治疗的成员开展讲故事、角色扮演等活动来表达情绪情感、促进自我察觉和提高人际交往能力。以存在主义思想指导绘画治疗的实践着重强调美术作品为个人对某种生命意义的追寻和回答,认为是作者赋予作品原本无意义的形式某种意义,而这种意义在作品中的实现就是绘画治疗的目的。尤其是自画像,可以帮绘画者自己和疗法师了解绘画者:"我曾经是谁?""我现在是谁?""我想成为谁?"在精神分裂症患者的世界中,别人的眼睛和嘴巴是可怕的,正如存在主义所说的那样,他人的眼睛是埋葬自卑者的坟墓。

六、接受美学取向

艺术治疗不仅有创作的形式,也有欣赏艺术的形式。作品再好,还必须能被欣赏者接受和解读才行。接受美学的概念是由德国康茨坦斯大学文艺学教授尧斯在1967年提出的。接受美学认为,任何艺术作品,在观众没有欣赏或读者没有阅读之前,也只是一个半成品。只有从受众出发,从接受出发,艺术作品才能实现价值。接受是观众或读者的审美经验创造作品意义和发掘作品中的种种意蕴的过程。艺术作品没有绝对的永恒性,只具有被不同社会、不同历史时期的观众或读者不断接受和阐释的历史性,作者通过艺术作品与观众或读者建立起对话的关系。艺术心理学家艾伦·温诺认为:"弗洛伊德之所以如此强烈地为米开朗基罗的《摩西像》所吸引,有几种可能原因:也许,他研究那件艺术品是出于内心深处的情感需要,从而使他能在不知不觉中从《摩西像》中看到自己。这两个人起初都没有被他们的人民所赏识,最终却又被证明是正确的。也许,弗洛伊德是直接从塑像的纯净之美中获得了愉悦。要不就是出于进一步的知性需要,使弗洛伊德能在富有挑战性的智力问题上测验他的机智。"一些哲学家和心理学家认为,艺术家把重要的信息传递给观众,而观众获得美感体验的本质就是去领悟那些往往潜在的信息。观众将自己的愿望投射到作品的人物身上,获得了与作者相同的满足感。也就是说,创作艺术和感受艺术都使压抑的欲望得以满足。

《摩西像》

艺术作品的价值像于它与欣赏者的期待水平不一致,产生了一定的审美距离。例如,世人往往难以一下子认同现代艺术的许多绘画作品和精神病来访者的原生艺术作品,经过对作品的分析解读之后才会有所感触。艺术的社会功能是通过作品影响观众和读者对世界的认识,改变观众和读者的社会态度和情感。

艺术的欣赏并不是被动的消费,而是显示赞同与接受的审美活动。宋代画家郭熙在《林泉高致集》中谈到观画时的审美体验:"春山烟云连绵人欣欣,夏山嘉木繁阴人坦坦,秋山明净摇落人肃肃,冬山昏霾翳塞人寂寂。"五代时期的谭峭在《化书·书道》中总结的审美规律是:"见山思静,见水思动,见云思变,见石思贞,人之常也。"绘画者将某种价值观赋于绘画之中,期待观众和读者能将其发掘出来。如清代方薰在《山静居画论》中评论的那样:"古图画意在劝诫,故美恶之状毕彰,危坦之景动色也。后世惟供珍玩,古格渐亡,然画人物不于此,未得其道耳。""云霞荡胸襟,花竹怡性情。画家一丘一壑,一草一花,使望者息心,览者动色,乃为极构。"画山水花草是如此,画鸡也是如此。如清代李鲜在《秋柳雄鸡图》中所写的题记:"凉叶飘萧处士林,霜华不畏早寒侵;画鸡欲画鸡儿叫,唤起人间为善心。"唐代张彦远在《历代名画记》中总结道:"一言以蔽之,图画者,所以鉴戒贤愚,怡悦情性。"

七、绘画过程中的心理机制

1. 投射机制

"投射"一词有多种含义,在不同的心理研究领域对其有不同的界定。经典精神分析学中,投射的概念最早是由弗洛伊德提出来的,后经他女儿安娜·弗洛伊德进一步细化后,被定义为一种防御机制,是一种将自身拥有的或难以接受的想法、感受、特质或行为归于他人的心理过程,它能帮助个体保护自己躲避所知觉到的危险,并缓解难以忍受的焦虑和冲突。《歇斯底里研究》一文中也强调了"转移"就是一种心理治疗,来访者在无意识中释放过去被压抑的情感、愿望和回忆以减轻症状,这种投射也称否认投射。弗洛伊德发现,梦境、情感、想法主要通过一种可见的形式表现出来。他的病人或许无法用言语描述自己的梦境,但是可以把它们画出来。弗洛伊德还认为,带有普遍意义的心理冲突和神经症是艺术家进行艺术创作的动机。弗洛伊德的观察结果使人们更加确信,绘画作品是理解人类内心世界的一条通道。根据这种观点,绘画疗法以心理投射为基础,帮助来访者将自体不被接受的方面"转移"到他人身上及作品上,通过创作作品来表达自己的情感和经历,从而缓解紧张以摆脱心理焦虑和问题行为的困扰。投射被认为是无意识地主动地表现自身的活动,是一种类似于自由意志物在意识中的反映,利用绘画投射所获得的信息比用言语面谈获得的更有价值。

投射还可以指儿童或成年人将自己的感受、情感或想法推及他人,这种投射可称为同化投射。每个人因为人格、生活经历、所处情境的差异而具有不同的投射倾向,即个体将其潜意识中压抑的情感、欲望、需求,投射于某种外显活动的心理倾向。根据投射作用的原理和个体的投射倾向特性,心理学设计了投射测验,即给予被试者一些暧昧不明的图片或墨迹等刺激,让被试者在不受任何限制的情况下做出自由反应。通过这些反应推断被试者隐藏在内心的动机、欲望和感情。建立在这种理论基础上的罗夏墨迹测验、主题统觉测试等都已被证明是有效的、科学的心理测试、心理咨询和治疗的工具,因此,作为投射的一种技术,绘画疗法也应该具有这样的功能。

与弗洛伊德一样,荣格也对艺术作品、象征物和人格之间的内部联系表现出极大的兴趣。但与弗洛伊德不同的是,荣格更强调集体潜意识,注重绘画作品中表达的心理内容,认为通过象征物进行幻想是人的内心世界在经历心理创伤或磨难时试图寻求自我安慰的一种方式。他发现,当情绪问题通过梦境或者艺术的形式表现出来的时候,我们对此会有更深刻、更清晰的理解。绘画作品投射出来的内容不受时空的限制,它可以跨越过去、现在和未来,甚至可以是对集体潜意识的反映。他认为绘画天然就是表达自我的工具,是用非语言的象征性工具表达自我潜意识的内容,颜色的选择、构图的大小、笔触的轻重、线条的长短、线条走向及排列、笔触的急缓轻重、用墨的浓淡等元素都含有深刻的意义,正是这些绘画作品将作画者的内心世界展露无遗。心理学家和精神病学家从弗洛伊德和荣格的著作中逐渐开始意识到,通过绘画可以获得一些言语无法提供的信息。例如,罗洛梅就认为,慈悲、幽默、美貌、和谐是绘画作品的组成部分。他发现,艺术提供了一种超然的存在,这使得人们可以通过视觉表达的方式去想象新的事物,也可以为自我探索提供一种新的方法。

目前主要的投射测量方法包括:联想技术,即为被试者呈现一些刺激,请被试者说出对这些刺激的反应,根据被试者的反应做出分析,常用的有各种罗夏墨迹投射测验、字词联想测验等。构成技术,即要求被试者根据一幅或一组给定的图画编造一个具有情节的故事,包括主题统觉测验等。句子完成法,即要求被试者将一些没有完成的句子补充完整,如要求被试者连续写出 15 个"我是……"的句子,用以评估被试者的自我意识。等第排序技术,要求被试者将一组目标、欲望、需要等按某种标准加以排序。许多价值观、成就动机、态度的测量都采用这种技术。表现技术,要求被试者参与指定的游戏或角色扮演等活动,通过观察被试者在这些活动的表现,对被试者的心理需求、愿望、情绪或动机,应对方式、人际交往方式进行评估。绘画心理测验综合或分别利用了上述传统投射技术的要素,可以观察被试者的绘画过程,或者让其完成未完成的图画、按图填色、

主题统觉测验图

依图编造故事等。

绘画测验属于投射测验的一种,也就是说所有绘画作品等艺术作品都是作者心理投射的产物。

2. 升华机制

阿琳·克莱默·理查兹认为升华作为创造力的体现,主要是自我的作用,自我对心灵整合具有重要意义。她认为升华不是一种简单的防御机制,而是许多防御机制的联合,也就是说包含了多种自我功能,比如移置、中性化、认同、整合等,升华总是在一定程度上否认本能冲动,又能够让本能冲动得到一定的满足。绘画治疗中通过创作中的升华,个体不仅能使未得到满足的性本能以合理的方式得到宣泄,同时,内心冲突中积极和消极的因素都可以升华转化为成长的动力,即绘画创作过程本身就是一种治疗过程。原始的冲动、欲望、本能等元素虽然都不被意识所认可,但这些焦虑的元素在创作中会投射到画面上,疗法师根据对绘画作品的解读并以作品为媒介,为来访者的创作提供情感支持和适当的建议,以促使来访者将内在的原始冲动与幻想成功地转化为绘画创作,获得无意识与意识的整合,促使心理整体在短时间内获得看待问题的新角度和解决问题的新方式。

3. 移置机制

移置是指当个体无法直接表达对某对象的欲望、情感时,就会改变驱力或者把这些欲望、情感等转移到其他的对象上,使自己的欲望和情感等得到部分的或充分的满足和发泄,以此达到减轻精神负担的目的。移置又称置换、转移、替代等,当移置发生在社会道德允许的范围内时就成了升华,弗洛伊德认为只有当个体的性本能部分地得到满足并且自我发展健康完善时才能运用这一机制。这也是唯一的一种积极的、富有建设性的自我防御机制。通过升华,个体可以找到合理的方式发泄未得到满足的性本能,同时也为社会创造了价值。当内心的冲突,原始的欲望、冲动、本能等这些不被认可的、会带来焦虑的元素反映到画面上的时候,就是一次升华的过程。这种艺术创作可以帮助人们逃离痛苦、得到解脱。

综上所述,绘画疗法是在充足的理论基础之上发展起来的。它具有语言性治疗方法不具备的优势,可越过语言的障碍,直接与经历和感受进行交流。绘画疗法创造性的工作方式,有利于唤醒来访者的生命能量,从而使其进行自我完善。其创作的过程,使渴望得到满足、情绪得到宣泄,并在疗法师的陪伴和支持下,使心理冲突有机会升华为成长的动力。

第三节 绘画疗法的方法

一、绘画疗法的技术

绘画疗法的技术主要可分为三类：自发性绘画，规定性绘画，合作性绘画。

自发性绘画是让来访者自发想象、任意涂鸦。它主张以最大的自由度表现来访者内心世界，抒发被压抑的伤痛情感、创伤经验等。通过自发性绘画，疗法师可观察到来访者隐藏的情结，推断出其最急需解决的问题。

规定性绘画是由疗法师给出一定的主题，让来访者在限制条件下作画，包括自画像、家庭画、房—树—人等。规定性作画可以帮助疗法师获取来访者隐藏的信息，使来访者洞察自我的状态。

合作性绘画是由英国儿科医生唐纳德·温尼科特首先提出的一种在心理医生和儿童间共同进行的绘画活动，也叫作"接着画"或"续画"。这种技术主要通过让来访者对未完成的绘画进行添补，来激发来访者内心的情感交流欲望。

其他一些在绘画疗法中应用较多的具体技术有涂鸦、情绪宣泄、关注此刻、曼陀罗绘画等。

涂鸦技术常常被疗法师用在治疗开始阶段以战胜阻抗，引出潜意识的自发性意象。这一技术使来访者在治疗中能够不受威胁地、自由地、愉悦地表达自我。涂鸦完成后，可以要求来访者从各个角度分析所作的画，来访者从混乱的线条中可能看到各种形象，从涂鸦中发现的形象可以激励病人探讨由他们内部想法和感觉投射出来的潜在幻想。这些形象可能传递出有个人意义的重要信息。

通过绘画宣泄情感会让来访者的愤怒变得可见，这将帮助来访者更清晰地感知并接受它。一次有力的发泄可能会让人看到心灵的深层。这个过程对于来访者来说是一次重要的学习体验。利用绘画宣泄情绪，需要依靠可变性的媒介，如手指等。来访者可能会在他们绘画时失去控制，当出现这种情况时，疗法师仍要接受并鼓励来访者在宣泄之外创造一些东西，这种互动过程增强了升华作用，即从宣泄、退行等不成熟的防御机制发展到能够以成熟的方式表达压力感受。

关注此刻的绘画技术源于格式塔疗法，格式塔疗法强调"即时即景"的意识，任意一次动手的创造性活动都将卷入"身—心—灵"的过程。来访者的生活之所以遭到毁坏而变得支离破碎是因为他们与内在的生活失去了应有的联系，从而生成了一系列"未完成事件"。"未完成事件"在格式塔疗法理论看来,都是一些阻碍当下心理生活的无用的"情绪碎片"。格式塔取向的绘画疗法注重将来访者的过去和未来带回"当下"的纸和笔之间,运用颜色和形状将这些"碎片"视觉化,在画面上修补和完成那些"未完成事件"。

曼陀罗绘画技术由荣格从东方宗教引入西方心理学,荣格根据自身的经验,提出了曼陀罗——自性理论,认为曼陀罗是自性原型的象征。曼陀罗绘画具有如下功能:整合意识与无意识的冲突、预防与修复内心分裂、领悟生命意义及明确人生方向。

Huyser认为,由内而外的曼陀罗可以表达内部隐藏着的却又渴望得到表达的能量,而由外而内的曼陀罗更强调内省,凝聚零散的能量并且集中思维。

国内陈灿锐、高艳红等学者总结了两种曼陀罗绘画方式:第一种是非结构式曼陀罗绘画,这种方式只为来访者提供一个规定尺寸的圆,来访者需要自己完成圆内图案的描绘,通常疗法师会请来访者根据自己脑海出现的意象画任意的图案。这种曼陀罗绘画方式,自由创作的空间更大。第二种为结构式曼陀罗绘画,这种方式只需要来访者为其涂色,疗法师给来访者提供的曼陀罗是描绘好图案的模板,这种模板具有对称性和重复性的结构特点。

二、绘画疗法的程序

绘画疗法并没有一个普适的标准程序,但大多由多次的会见或活动组成,每次1小时左右,每周进行一两次,一般可以分为初始阶段、连续创作的中间阶段与鼓励实践的结束阶段。依据治疗目的和创作方式的不同,绘画治疗可以分为非结构性和结构性两大类。所谓非结构性治疗是指疗法师只提供绘画创作的材料,由来访者自由选择主题、自主创作的过程;而结构性治疗是指疗法师对创作的主题和媒介材料的选择事先做出明确的规定,由来访者运用材料作画的过程。

1. 初始阶段

绘画治疗初始阶段疗法师的主要任务:

(1)建立良好的咨询或治疗关系,营造良好的治疗环境,取得来访者的信任,运用摄入性谈话和绘画的方式,了解和评估来访者的基本情况、个人成长史、心理问题的性质和严重程度、社会功能的状况等。

(2)激发、唤起促进来访者主动参与绘画创作的积极性和自觉性,疗法师可以采取历史上和现实中运用绘画疗法自愈的案例分享与示范、口头鼓动、代币强化、团体热身活动等方式,帮助来访者消除心理防御和对治疗的阻抗,提高绘画治疗的依从性。如来访者不愿意主动开始动手绘画,可以先鼓励来访者与疗法师一起进行绘画,例如采取互动的涂鸦绘画形式,促进良好关系的建立;鼓励来访者画出自己的优点。

(3)讲解绘画治疗的非指导性和价值中立的规则,让来访者不要担心自己不会画或画得不好等问题。

(4)结合晤谈的资料,仔细观察记录首次绘画作品的附属信息,但不要急于阐释作品的意义。经验表明,过早的解释反而容易导致首因效应和刻板印象的产生,甚至引发来访者的防御和阻抗,减少来访者对新的主题和内容积极主动的转换。疗法师不要对画作给予任何主观的解释和对性质的判断。

绘画治疗开始的指导语可以是:"今天我们用绘画和图像来表达你的任何想法、情绪和感觉,你也可以画你的家庭、熟悉的人和事,或者画你的故事和梦境。"

2.连续创作的中间阶段

绘画治疗创作阶段即促进改变的治疗阶段,这一阶段疗法师的主要任务包括:

(1)首先鼓励来访者采取非结构式绘画方式,自主选择绘画主题和绘画材料,充分发挥自己的想象力,不要给来访者提供临摹的作品。鼓励自由和大胆的创作,鼓励不拘一格、不墨守成规。这样有利于观察来访者内心强烈想表达的主题和内容,以及第一个从潜意识中解放出来变成意象的反应;继而疗法师可以针对来访者的心理问题,启发、引导其进行有主题的绘画创作,例如进行关于家庭或关于自我的主题绘画;或建议来访者更换美术媒介来实现上述治疗目的。疗法师要敏锐察觉和识别在治疗过程中呈现出来的新的主题和情感线索;形成治疗的持续感,有助于增进来访者绘画的成就感和自我控制感。

(2)每幅作品都应要求来访者写下姓名、自取的标题、创作的时间等基本信息,以绘画作品为媒介促进来访者通过作品对自己的生活和心理问题进行反思,帮助来访者继续克服因心理防御或阻抗、依赖等因素在创作过程中表现出的虚假情感或压抑其真实情感表达的障碍。突破阻抗的绘画主题和指导语可以是:"画出你的面具和隐藏在面具后面的东西。"

(3)疗法师应与来访者围绕作品展开互动。疗法师鼓励而非强迫来访者对自己的作品进行解释,同时提供适当的反馈和共情支持。

(4)通过鼓励来访者谈论、进行新的连续创作或以新的媒介进行表现的方式来帮助其治疗暴露出来的或新产生的各种情绪情感问题。

(5)疗法师可以布置家庭绘画作业,尤其是当疗法师因为某些事务而不得不暂停1次或若干次治疗时,布置家庭绘画作业仍有助于治疗。

(6)建议在来访者的作品积累到一定的数量,疗法师了解的信息足够多之后才开始谨慎地阐释绘画作品的意义。

(7)注意同步收集和记录来访者病情变化等基本信息。

(8)在每次结束治疗时应妥善保管来访者的所有作品,不应丢弃和破坏,即使是涂鸦,也要告知其作品将保管在一个安全的地方,让来访者放心,保管的作品可以留待以后进行总结和回顾时使用。

(9)每次绘画治疗结束前应与来访者一起收拾材料和整理现场,这有助于强化来访者参与治疗的结构性。

3.鼓励实践的结束阶段

当确认来访者在绘画治疗室发生了积极改变的时候,就可以进入结束绘画治疗的阶段,在这一阶段疗法师的主要任务包括:

(1)通过引导来访者按创作顺序观看治疗过程中创作的所有作品,帮助来访者再一次重温整个治疗和改变的过程,比较治疗前后发生的改变在画作上的反映,巩固新学习到的认知和态度,植入新的观念和情绪模式。

(2)在治疗结束之前鼓励来访者画出对未来的期望和目标,鼓励来访者朝这些目标付出努力,以实现自我。

(3)鼓励来访者将新学习到的应对方式推广应用到日常生活的实践中去,鼓励其继续运用绘画的方法释放自己压抑的情绪情感,以陶冶性情,充分表达和促进自我实现,充实业余时间。

(4)建议其加入当地社区的绘画兴趣团体,参观各种公开的画展,以获得更持久的社会支持。

第四节 绘画疗法的应用

绘画疗法最开始主要应用于儿童和一些特殊精神病来访者人群。20世纪初,绘画的象征意义引起学者们的兴趣,投射测验由此发展起来。到现今,绘画疗法经过几十年的发展已经延伸出多种绘画形式和丰富的治疗技术,比如涂鸦画、续笔画、自由画,房—树—人测验、画人测验、家庭动态图、学校动态图等。近年来又发展出画多个自我、画一位异性、画雨中人、画曼陀罗、画安全岛、画此时此地的感受等。在这些新的形式中,疗法师不再仅限于用绘画来进行诊断,而是更重视绘画创作的过程本身,包括绘画的过程和谈论绘画作品的过程,通过这个过程来达到治愈来访者、提高来访者心理健康水平的目的。

一、绘画心理评估的维度与诊断原则

从评估的时空角度来看,绘画心理评估包括作品的静止信息和绘画过程的动态信息两个维度。静止信息包括线条的粗细、流畅性、使用颜色的种类与比例、构图、景物之间的关系、绘画的主题和内容,画面的大小、对称性、人物和景物的位置等。动态信息包括绘制物体的顺序、笔画的力度、作画的时间、伴随的情绪、停顿的次数与时间等。

从心理内容评估的角度来看,绘画心理评估包括心理发展程度、自我认知、认知水

平、情绪种类与程度、家庭和社会人际关系、家庭与组织的气氛与凝聚力、人格发展、性取向、婚姻质量等多个维度的评估。

绘画心理测验具有诊断的价值。所谓诊断,就是诊察、分析与判断。绘画作品与绘画过程既然可以投射被试者的许多信息,当然就为疗法师了解来访者的内心世界开辟了一个窗口和一条进入潜意识的通道,关键的问题是心理医生能否敏锐地感知和捕捉到那些有价值的心理信息。事实上,经过长期的观察和经验总结,绘画心理测验总结了许多规律性的现象,这就为绘画分析提供了探索性的指南和参考框架。在利用绘画测验进行诊断时,尤其要注意如下几条原则:

1. 注意作品的整体观察和细节分析相结合;
2. 注重作品的静态特征和动态观察相结合;
3. 注意作品的文化背景与被试者的个人成长分析相结合;
4. 注重绘画测验与临床晤谈、现场观察等检测指标相结合。

二、绘画疗法主要应用领域

1. 情绪功能的恢复

国内外的临床研究均证明绘画疗法在情绪问题的处理方面有着显著作用,尤其是在焦虑和抑郁问题上。Forzoni 等人采用绘画疗法对 157 名处于化疗期间的来访者进行心理干预,发现绘画使来访者更多地表达真实情感,从而使焦虑情绪得到放松。潘润德采用绘画疗法对有情绪障碍的中学生进行心理咨询,发现中学生情感冲突的原因会在绘画内容中有所表现,给心理治疗提供了指引。在地震灾害发生一年后,康凯等人采用绘画疗法对汶川某中学三年级的学生做了心理疏导,结果表明自由绘画在情绪释放和自我概念提升方面十分有效。

2. 社交功能的改善

国外学者 Kanareff 对 4 名孤独症儿童进行了长期的团体绘画治疗,每两星期一次,总共 38 次。治疗后,4 名儿童的社交技能得到显著提高。国内学者刘中华在对留守儿童进行心理健康教育的过程中发现,对留守儿童进行绘画艺术干预能改善留守儿童的人际关系,有利于其社交功能的发展。

3. 认知功能的提高

绘画创作过程包含了非常复杂的心理活动,涉及绘画者的认知功能。国内一项针对 4~13 岁的自闭症儿童的干预研究,采用绘画疗法,对 60 名被试者进行随机对照,干预结果表明经过绘画疗法的干预组在心理健康发展和认知功能恢复上明显优于对照组。

4. 自我形象、自我概念、自尊水平的提升

Jackson 通过研究即将辍学的儿童的心理健康并对其进行绘画治疗,发现即将辍学

儿童的学习经验得到正强化,其自尊从而得到发展。Visnola 对肥胖来访者采用绘画疗法进行干预,发现肥胖来访者在干预中更多地启动内部资源,其自我意识和自尊水平都得到提高。Keve 采用自由创作的绘画技术,对面临家庭及发展问题的儿童展开干预,发现绘画疗法可减轻来访者感受到的来自家庭及社会的压力,宣泄焦虑,从而提升儿童的自我概念。Strazisar 对有学习障碍的儿童实施个体和团体的绘画干预,发现干预中儿童与同伴通过互动,发展了社交技巧,最终提高自尊水平。Stylwester 的研究更为绘画可促进自尊水平的提高找到了生理学依据。他发现,大脑中神经传导复合胺的数量波动,影响了动作质量,也影响了自尊水平。其含量高与自我肯定和动作控制有关,含量低可导致愤怒和冲动行为的产生。人类的生命依赖于运动,有效的优雅的运动能使人产生满足感。而艺术提供的训练恰好产生了这样的技能运动,这些动作的展示引发人们的积极反馈,从而提升了自尊水平。

三、绘画疗法在团体和个体中的应用

团体绘画疗法是绘画疗法和团体辅导技术的结合,个体绘画疗法是绘画疗法和个体咨询技术的结合。二者都以绘画疗法为治疗的核心技术,但二者又存在明显的区别。在团体绘画干预中,成员间的互动成为治疗的要素;而个体绘画干预中,没有其他成员,疗法师的支持和催化是治疗的要素。

1. 团体绘画疗法的应用

团体心理治疗集中了有相同或相似问题的来访者。在团体心理治疗中,要达到治疗的目的,首先就要建立起团体的信任关系。绘画以一种隐蔽和不具有威胁的方式,让团体成员在较短时间内暴露自我的真实情感,有利于在团体内快速建立起信任关系,从而有益于成员的评估和治疗的发展。

将绘画疗法引入团体治疗,创造性地促进了团体中的人际互动。在团体绘画活动中,绘画作品本身成为关注的焦点,因为绘画作品被视为个体的分身,而成员本人及其他成员对绘画作品的分享和讨论调动起团体内部的动力,这种动力在成员间流动,并最终成为促进成员自我成长的力量。临床上将绘画引入团体治疗尤其适合于焦虑、退缩、不善于人际交往的个体,抑或是通常生活在自己防御性的人格面具之下的个体。

对于不善于用言语来表达的团体成员,绘画可以使他们以非语言的方式表达内心的想法和秘密,并得到其他成员倾听、理解和共鸣的机会;对于自我概念混乱、焦虑的成员,绘画提供了一种澄清混乱思想和情感的具体方式;对于生活在防御性人格面具之下的成员,绘画可以避免语言上的潜在威胁,对于绘画作品的解释也通常被视为不那么具有威胁性。绘画作品以一种意义深远的方式将个体的思想和情感呈现出来。在团体中分享绘画作品,能够增强自我价值感并促进更深入的人际交流。

2.个体绘画疗法的应用

绘画疗法增加了疗法师和来访者互动的可能性,更有利于来访者表达自我;在个体绘画治疗中,帮助疗法师与来访者在开始阶段建立良好的关系。而在整个工作阶段,疗法师要鼓励并尊重来访者对绘画作品进行解释,促使来访者提高自主性和自我发现能力。绘画的过程和完成的作品使疗法师更加理解来访者隐藏的心理冲突和微妙情感,疗法师通过搜集来访者大量非语言的信息为来访者的改变提供更大的可能性。

在个体绘画治疗中,受过专门训练的疗法师将更多地发现来访者可能存在的心理问题,并将这些异常的关键点反馈给来访者,这种反馈是非批判性的,有时也是隐喻性的。在保持的咨访关系中,疗法师通过见证、陪伴来访者作画,让来访者体会到自己在画中宣泄出的情感、表达出的困境都会被无条件接纳。

四、绘画疗法应用的具体情况

1.婚姻与家庭治疗

婚姻与家庭是一个复杂的社会系统和心理关系,一旦出现冲突和解体的危机就意味着发生了复杂的质变,而这种变化常常不是三言两语就能说明白的,正所谓"清官难断家务事",因为公说公有理,婆说婆有理,所以即使是疗法师也难以做到兼听则明。因此,在婚姻与家庭咨询或治疗中运用绘画评估与绘画治疗是非常有价值的。其价值体现在以下几个方面:一是绘画用人物大小、形象、位置、距离、颜色这些"中性语言"展示婚姻和家庭中各成员之间的角色、权力、关系、作用和情绪状况,避免了语言表达的情绪化和相互的指责;尤其有助于在家庭中受压抑和处于弱势的成员的表达,减弱了年龄的差异对叙事的影响。二是绘画是一种空间的表达方法,象征性地表达了家庭成员之间、作者与他人之间的心理距离,能准确而迅速地获得信息。三是具体形象的图画有助于促进来访者的顿悟和帮助其理清复杂的情绪,增进对自我在家庭中的现状的探索和领悟。四是直观的画面有利于夫妻和家庭成员之间相互沟通和分享经验,提高互动的弹性。五是从绘画评估中获得的信息可以为疗法师提出和设定治疗目标并进一步发出绘画的指令提供线索。

婚姻与家庭绘画治疗中有几个常被使用的绘画指令和方法:请夫妻各自画一幅可以代表他们婚姻状况或夫妻关系的抽象画,即可以使用任何符号、图形来象征婚姻的现状。例如有一对夫妻,男方画了两条反向游动的鱼,女方画了房屋外面正在下雨的情境。前者象征了夫妻离心离德的心理感受,后者则表达了自己独守闺房而伤心落泪的心情。请夫妻或家庭成员各自画一幅全身的自画像,借此可以看出各自的自我意识和在家庭中的角色定位。例如一位丈夫将自己画成正在忙碌的工作狂,妻子也将自己画成敬业的职业女性,而在实际生活中两人互相抱怨对方没有照顾好孩子和家庭。请夫妻或家庭成员各自画出一幅有着持续线条或只有一笔的随意画。请夫妻或家庭成员画一幅表现"来这里咨询的原因"的画,或者对他们说"请画一幅代表你们问题的画"。请夫妻或家庭成员画几幅画分别代表"婚前""新婚后的一段时间"和"目前"的现状。

这一阶段的绘画,有助于疗法师评估婚姻质量、家庭关系和探寻问题所在。例如在家庭中处于强势地位的成员所画的画面较大,处于弱势地位的成员画的画面总是偏小;退缩或害羞的家庭成员多选择在诊室的角落独自作画,而家庭关系较好的成员会靠在一起作画;作画时不断地擦拭表明创作者具有焦虑感,相反,沉默许久难以下笔则提示该成员有阻抗或抑郁情绪;将家庭画得相当空洞反映家庭对该成员缺乏吸引力;将家庭房子画成红色可能提示该成员的家庭存在较大的冲突矛盾或家庭暴力。

在治疗阶段,请夫妻或家庭成员按照以下顺序进行创作:相互画出自己心目中的对方形象,并进行交换,相互鼓励表达各自的想法和期望。夫妻或家庭成员共同涂鸦,借以观察夫妻或家庭成员的个人投射、相互关系以及内心的联想。请夫妻或家庭成员画一幅画表现"你希望问题如何改变"或"你心目中的家庭应该是怎样"。夫妻或家庭成员创作一幅共同壁画,主题可以是他们常常为之争论、产生冲突或难以沟通的问题,例如包括绘画者本人在内的"我们的全家福""生日晚会""我们家的一天"等。

婚姻与家庭绘画治疗每次需要进行1.5~2小时。在婚姻和家庭绘画过程中,一般不允许来访者相互交谈。

2. 儿童心理辅导与治疗

由于儿童语言表达能力有限,绘画评估和绘画治疗在儿童问题的咨询与治疗中具有独特的价值和作用。台湾绘画疗法师陆雅青以破碎家庭儿童为例的艺术治疗团体实务研究表明,房—树—人等绘画治疗手段对于处于破碎家庭的儿童的负性情绪具有较好的释放作用。Cathy. A. Malchiodi 的研究表明,儿童绘画犹如说故事,尤其对于遭受家庭暴力、性虐待、身心创伤、分离等伤害的儿童具有独特的评估与治疗作用。

在青少年儿童心理咨询或治疗中运用绘画评估与绘画治疗是非常有价值的。其价值体现在绘画有助于语言表达有困难或难于用语言表达自己的儿童。例如有一个正在为婚姻冲突问题而接受治疗的妇女,有一天带给医生一幅自己9岁女儿所画的画,画面上是一个小孩吃奶的情景,母亲难以理解这么大的孩子还会想到吃奶时候的事情,她甚至在孩子的被窝里发现了一个奶瓶。后来通过与孩子晤谈她才读懂了这幅画的寓意。原来,女儿觉得爸爸妈妈整天吵,都不理会她的感受,还是活在吃奶的那个时候更为安逸舒适。孩子的绘画往往能表达他对自己和家庭关系的看法。有一个沉迷于网络的男孩在房—树—人绘画中画了一幅画。画面中房屋倾斜,屋子门窗紧闭,窗户上栅栏密布;树干细小,树根暴露;人物头发凌乱,表情沮丧,衣服涂黑。这幅画提示他自我评价较差、自闭、害怕社交、与父母沟通太少,家庭气氛冷清,反映了整天在外做生意的父母很少关心他的情况。绘画还可以表达内心压抑的情绪情感。

对于儿童的绘画作品,无论疗法师还是家长和教师都应该努力做到:鼓励孩子采用任意手法、颜色和线条自由表达自己的一切想法和情绪。真诚地接纳孩子所画的一切好的或不好的,善良的或凶恶、仇视的,美丽的或丑陋的,积极阳光的或阴暗猥琐的题材。成人要努力去理解儿童在画中想告诉我们的东西,相信孩子是愿意成长的、有自尊心的,只要你相信他、尊重他和鼓励他,奇迹总是会发生的。仔细倾听孩子在画中想说的,在生活中说孩子需要听到的积极的话;将绘画变成一种孩子与父母、教师和疗法师交流沟通的媒介,鼓励孩子以后继续使用绘画的方式表达自己和记录自己的心情。

案例

一位10岁的男孩,在外婆的陪同下前来就诊。这位小男孩虽然年纪不大,却有着"丰富"病史,曾因"过敏性鼻炎""支气管哮喘"等疾病多次到医院就诊。这次求助心理医生的问题是:已经与家长分房独睡几年的他,以"床下有女鬼"为由,坚持要求外婆夜间陪自己睡一张床。在心理医生的引导下,小男孩完成了一幅画作。

在他的解读下,医生了解到,图中左上是在做家务的外婆,右上是在看电视的外公,左下是喜欢玩网络游戏的妈妈,右下是趴在床玩ipad的自己。其中引起医生注意的是右下角画好后又被涂黑的部分,原来画的是表妹。因为男孩不喜欢表妹,不愿跟她一起玩儿,所以故意把她给涂黑。配合家庭访谈,医生进一步了解了小男孩的病因:在他1岁时父母离异,爸爸赴美国定居,已经重组家庭并有了孩子,很少与他联系;妈妈因为工作原因不常在家,回来后也很少陪伴他,喜欢玩网络游戏;与自己最亲密的外婆因为表妹的到来,对他的关注

"怕鬼的小男孩"的画作

不如以前。可以说这个小男孩恐惧的深层原因是缺乏安全感,他希望用这种症状来与表妹"争夺"外婆的关爱。

儿童像成人一样,可能会不幸地经历地震、交通事故、性骚扰、抢劫等各种灾难或事故,经验表明,经历过心灵创伤的儿童大多不愿意说话,由于他们年幼又不能接受更多的语言疏导,所以这时绘画可以收到事半功倍的治疗效果。首先,艺术是个人经验和自我外化的一种形式,是可视的思想和感情的投射,在能够用语言说出心理创伤之前,使用视觉形式进行交流会更容易一些。绘画的形象及儿童对形象的反应,可以告诉我们他们所经历过的事件,表达他们的情绪情感和对事件的认识。心理医生可以通过绘画来了解那些不愿意说话的儿童的内心世界,知晓他们的心理需求,以便为他们提供必要的精神支持和帮助。其次,绘画有助于宣泄儿童经历创伤后的悲痛、哀悼和失落的情绪,减少创伤后应激障碍的产生。再次,绘画不仅是一面反映危机和痛苦的镜子,也是一种表现梦想、逃离恐惧和表达其他方式难以表达的经历的途径,有助于提升儿童对无法抗拒的环境进行象征性控制并建立内部安全感的能力,有助于其树立重新生活的信心。

经历心理危机后的绘画治疗的主要任务包括:接受经历灾难和自己受伤的事实;表达和宣泄压抑的痛苦情绪;适应亲人或朋友等逝者不在所带来的生活变化;将注意力投入到社会兴趣等其他有意义的事情上去。在使用绘画疗法对经历心理危机后的儿童进行心理辅导时,应注意如下要点:①为了激励儿童参与绘画,提供给儿童的绘画材料在外形上最好具有较大的吸引力,以便激发儿童使用的欲望。为了鼓励儿童用绘画去自我表现,心理医生可以自己先开始画画,并可以装作不懂的样子,就绘画的内容、形式向儿童征询建议,以吸引儿童主动来指出和修改心理医生画得不好的地方。②心理医生应鼓励经历过创伤的儿童画出自己的体验,讲出自己经历过的可怕的事情,但不能强迫要求那些经历了创伤之后,情感尚处于麻木状态,根本不愿意绘画的儿童参加绘画治疗,也不能要求不愿意讲述自己作品的儿童说话。③无论孩子画什么,即使有时候他会对自己的父母、亲人和心理医生表现出怨恨,心理医生也必须不能对绘画内容产生偏见,要宽容与无条件地接纳;对于有愤怒情绪的孩子,鼓励其将自己最痛恨的情境和事件画出来,然后再鼓励孩子们将这幅画撕碎,丢在地上或再踩上几脚,以发泄不满和愤怒情绪。④在有些经历了不幸的儿童的画中会有退化的表现形式,或表现为儿时的涂鸦,或重复画同样的一些线条和圆圈,这些涂鸦和重复画同样的东西也许提示其可以强化儿童的安全感,或反映儿童对危机做出的执拗反应。遭受了性侵害的儿童常常不会画出身体的下半部分。心理医生可以对儿童的绘画作品表现出好奇和不懂的样子,这有助于使儿童消除陌生畏惧的感觉,从而建立良好的咨询关系。⑤经验表明,心理创伤会影响儿童选择绘画颜色的倾向。一般而言,多数经历了创伤的儿童只用两三种颜色,其中以黑色和红色居多,混合色使用较少。通过选择颜色,儿童表达他们心理上的伤痛和孤独、悲伤、脆弱、恐惧、绝望。案例观察表明,在经历了地震灾难的儿童的绘画中甚至会出现黑色的太阳。⑥对于刚刚经历了创伤的儿童,不要急于开始治疗,应在孩子的生活安定后,再实施绘画治疗,治疗时机的把握要视具体情况而定。⑦经历了创伤的儿童所画的作品往往反映了其内心的某些愿望,如一名中国四川汶川地震灾区小学生的画作中出现了几个流着泪、长着翅膀的天使,旁边还有这样的注解:"如果能再活一次,长大后我一定把家乡建设得更美好。"

面对灾难和创伤,人不能只选择发泄,还必须选择坚强和反抗,因此,绘画还是表达来访者斗志和毅力的良好媒介。在疗法师的引导下,孩子可以画出鼓舞人心的画作。如儿童将救灾群众比作天使,将地震比作魔鬼,抗震救灾就是天使与魔鬼的斗争。除了这些经历了创伤的来访者所画的作品之外,还有地震灾难过后专业艺术家们所画的作品,这些画作表达了社会对受灾人民的关心和精神支持、对抗震英雄的歌颂和赞美,如军旅画家秦文清的油画《废墟下的光亮》赞美的就是一位在北川大地震中,蓥华镇中学被压在黑暗的废墟下的初中学生开着微弱的手电筒看书学习的场景。

在汶川地震过后,由"汶川大地震孤儿救助专项基金"举办的"坚强·爱和希望"汶川大地震灾区儿童绘画展在北京少年宫等地巡展,从绘画治疗的意义上说,这是一次发挥绘画治疗社会影响的有意义的活动。

3. 团体心理辅导与治疗

团体心理辅导或团体心理治疗的关键在于按照确定好的团体辅导目标或团体治疗目标吸纳具有同质性的成员。例如对于一些害怕开学或对开学不适应的同学,可以考虑举行以"开学"为主题的团体心理辅导活动。团体大小视心理问题的性质而定,凡属于培养积极心理性质的团体人数可以稍多一点,而对于具有心理问题或疾病性质的团体,人数不宜太多。

疗法师应根据团体辅导的需要,设计不同的绘画主题。一般而言,团体绘画治疗的

《废墟下的光亮》

环节和操作方法主要有以下几方面：①热身。团体活动的首先环节是成员之间相互熟悉，了解活动的目的、形式和规则之类的内容。可以要求成员闭眼并且使用手进行涂鸦，绘画结束后成员讨论完成这一任务的体验以及与现实生活的区别与联系；也可以要求画天空中的云彩，讨论云与人生或团体主题的区别和联系。如《黄帝内经》云："天之道也，如迎浮云，若视深渊，视深渊尚可测，迎浮云莫知其极。"这句话可以引发讨论的相关主题有天道秩序的变化与盛衰、情绪如云多彩而人生如云变化莫测等。②增强团体感的绘画，通常采用画壁画的方式。先将壁画纸贴在墙上，团体成员面对壁画纸围成半圆，讨论壁画的主题，选择绘画的方式，如决定是每个人轮流上去画，还是由几个人一起画，但必须让所有的人都参与绘画。绘画结束后让每个人讲述自己的创作动机和创意。此方式有助于增进团体的凝聚力。③探讨人际关系的绘画，通常创作人物可移动的壁画。第一轮可先要求每个成员画一个人物，并裁剪下来；然后将自己创作的人物画贴在壁画纸上的任意位置，疗法师仔细观察成员所画的人物或替代的其他无生命的物件的大小、性别、外貌、颜色、张贴的位置和与他人图形的距离，引导成员讨论自己的创意、在壁画中的位置和距离的观察体验，借此探索成员的自我意象和与他人的关系，以及对团体认同的体验。第二轮，疗法师变换生活情境的指令，允许成员移动自己的作品在壁画中的位置，也允许成员修改自己的作品或重新画，由此再次引发讨论，观察体验的变化和心理成长。这种方式有助于成员增强对自我的控制感和自由的体验。对人际关系的讨论可以是要求成员"画一位自认为最好的朋友""画自己居住的集体宿舍或班级"。④探讨自我意识和自尊的绘画。可以进行姓名的书写和图案设计或利用姓名的首字母设计出一个图案；可以要求成员画自己喜欢的动物，或者自己喜欢的植物等。⑤探讨存在的焦虑问题的绘画。通过要求成员"将自己的理想和目标表达成某种东西"来引发对人生意义、恐惧、焦虑和抑郁情绪的讨论；对于有创作畏难情绪的老年人或其他表达有困难的对象可采用废旧杂志作拼贴壁画的方式，每个成员可以从废旧的杂志和报纸剪下自己喜欢的图片或文字标题，用胶水粘贴到壁画纸上即可。⑥有关情绪问题的绘画。可以让来访者选择自己喜欢的色彩来表达自己的情绪，例如可以自由选择一种单色绘制一种自己喜爱的物品或动物。⑦表达愿景和希望的绘画。鼓励来访者用绘画表达自己的任意愿景与希望。⑧关于心理压力与情绪困扰的绘画。鼓励来访者用绘画表达或形容自己内心感受到的压力和任何心理困扰，例如用一条连续的线条象征乱麻似的情绪等。

思考与讨论

1. 请尝试用心理学理论分析一幅你喜欢的名家画作。
2. 阅读一位著名画家的自传，并分析其生活境遇与其作品创作的关系。

推荐书目

1. 邱鸿钟.艺术心理评估与绘画治疗［M］.广州：广东高等教育出版社，2014.

2.桂小虎.西方绘画史话[M].长春:时代文艺出版社,2007.

3.周红.美术治疗的理论与方法研究[M].南京:南京师范大学出版社,2011.

4.李洪伟,吴迪.心理画——绘画心理分析图典[M].台北:宇河文化出版有限公司,2011.

5.[英]约翰·梅泽尔思.原生艺术手册[M].郭梅,沈颖译.上海:上海大学出版社,2013.

6.[美]艾伦·温诺.创造的世界——艺术心理学[M].台北:田园城市文化事业有限公司,1988.

第八章

沙盘疗法

内容简介 本章主要介绍沙盘疗法的概念、类型与主要应用,重点阐述了结构式团体沙盘理论、核心理念及其在高校的应用方法和操作。

学习目标 1.了解沙盘疗法的起源及基本理论;

2.理解沙盘疗法的基本要素、基本设置及基本操作;

3.掌握结构式团体沙盘心理技术的核心理念及操作方法。

第一节 沙盘疗法概述

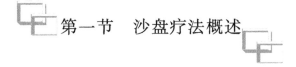

沙盘疗法是目前国际上流行的、实用的心理干预方法,沙盘体验者的心灵语言借助于沙、水、小玩具等在沙盘中进行具体化的表达。当面对这个立体的、生动的画面时,沙盘体验者不仅要调动视觉,还要调动听觉、触觉甚至是嗅觉、味觉等来综合地感知和呈现意识的、特别是无意识的世界。体验者整个身心都会投入其中,并有所感悟、有所成长。沙盘体验者把自己未知的心灵世界以具象化的形式展现出来,并通过这个具象的物质世界来了解盲目、隐蔽和未知的自己,探索心灵的秘密。正因为有了这样一次次的表达和探索,沙盘体验者对自我才有了更深的了解,内在才有了自我整合,自性才得以发展,心性才得到成长。这种自我探索既充满了乐趣,同时也布满了"荆棘",在接纳不完美的自我焦虑、挣扎、认同、成长。"痛并快乐地成长"可能正是无数个沙盘体验者迷恋沙盘疗法的主要原因。

近几年来,沙盘疗法在我国迅速发展起来,越来越多的专业心理机构、大中小学校、各级各类医院、司法和公安系统、社区街道等都建立了沙盘工作室,并积极努力地通过各种渠道的学习以便使沙盘疗法得到更好的实际应用。

一、沙盘疗法的概念与意义

沙盘游戏亦即沙盘心理技术,是一种以荣格心理学原理为基础,由多拉·卡尔夫发展创立的心理治疗方法。沙盘心理技术是采用意象的创造性治疗形式,"集中提炼身心的生命能量",在所营造的"自由和保护的空间"(良好的咨访关系)气氛中,把沙子、水和沙具运用在富有创意的意象中,便是沙盘游戏之心理辅导的创造和象征模式。一系列的各种沙盘意象,反映了沙盘游戏者内心深处持续的意识和无意识之间的沟通与对话,以及由此而激发的治愈过程和人格发展。

沙盘疗法不仅是一种心理方法,能够广泛地针对诸多心理问题进行治疗,也是心理教育的一种技术,在培养自信与人格、发展想象力和创造力等方面发挥积极的作用;同时,"以整合意识与无意识为目标的沙盘游戏,可以帮助我们自性的成长和心性的发展,以获得真实的自性化体验"。

沙盘疗法也可以作为普通人促进心理健康与心灵成长的工具。通过摆放沙盘内的沙具,塑造一个与他(她)内在状态相对应的心理世界,展现出一个人美妙的心灵花园。童年时期的经历对人格发展有着重要的影响,这些经历主要以早期婴儿与父母的依恋关系状况以及儿童早期的探索行为受到阻断的程度有关。在沙盘疗法中沙盘师基本不干预来访者的活动,因此来访者可以非常自由地表达自我,宣泄不良情绪,以及在深层修复受到创伤的早期人格结构。沙盘疗法的本质在于唤醒个体无意识与躯体感觉,碰撞出某种最本源的心理内容。该疗法最初主要用来治疗受虐待儿童、自闭症儿童、情感障碍儿童、恐惧与焦虑儿童、学习困难儿童等,近年来,我国学者通过吸收中国文化的精髓,使沙盘疗法有了中国本土化的发展与创造,且广泛地运用在了心理咨询、心理治疗、心理教育、人力资源开发等各个领域。一方面沙盘疗法可用于各种心身疾病的专业治疗;另一方面,沙盘疗法作为一种综合性的心理教育技术,对于心理健康的维护与人格发展、艺术表现与创造力的培养和生活质量的提高以及以个性化为目标的心性发展与完善等方面都有积极意义。

二、沙盘疗法的缘起与发展

沙盘疗法起源于三代学者(威尔斯、洛温菲尔德、卡尔夫)的努力,"沙盘游戏治疗学会(ISST)"成立于1985年,标志着沙盘游戏疗法体系的成熟。

(一)最初的创意:威尔斯与"地板游戏"

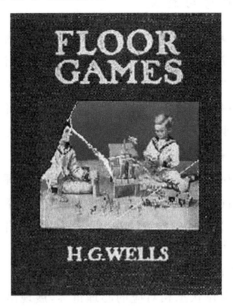

威尔斯于 1911 年出版的《地板游戏》

威尔斯(H. G. Wells),英国作家,在其 1911 年出版的《地板游戏》(*Floor Games*)中,他记述了自己与两个儿子一起分享的自发游戏的过程。这一过程已经具备了后来沙盘游戏的基本雏形。

威尔斯观察两个儿子游戏

威尔斯与《地板游戏》的意义在于:威尔斯在其独立的研究中发现,荣格的集体无意识和原型理论能够给他感兴趣的研究问题提供合理解释。而他的独立研究,也能为支持荣格分析心理学提供许多心理学理论的依据。

(二)沙盘游戏的框架:洛温菲尔德与"游戏王国技术"

玛格丽特·洛温菲尔德(Margaret Lowenfeld)出生于英国,她是游戏王国技术(世界技术,The World Technique)的创始人。她自幼喜欢读威尔斯的作品,尤其是《地板游戏》。1928 年,洛温菲尔德开办了自己的儿童诊所,她准备了很多小玩具,让候诊的孩子们自由地游戏,她发现这个游戏对于孩子具有身心疗愈的作用,沙盘游戏有了基本的架构。孩子们自发地将这个游戏取名为"游戏王国"。

洛温菲尔德与孩子做游戏

1935年,洛温菲尔德出版了自己的第一部专著《童年游戏》,她认为游戏对于童年是至关重要的,游戏涉及儿童的适应过程,与一个人的成长与发展密切相关。1979年(她去世6年后),她的第二部专著《游戏王国技术》出版。她认为儿童用手在"游戏王国"中表现了自己,透过这种表现也发现了"自己",透过那丰富的象征体验着自己的情感、自己的忧伤和自己的喜爱。

(三)多拉·卡尔夫与"沙盘游戏"的创立

多拉·卡尔夫(1904~1990)

多拉·卡尔夫是有两个孩子的单亲母亲,1949年经历了生活困苦与心理危机后,她开始了在瑞士苏黎世荣格研究院6年的学习。

1954年,卡尔夫参加了洛温菲尔德在苏黎世举办的讲座,深受启发,也由此引发了她内在的梦想:寻找一种能够有效帮助儿童进行心理分析的方法与途径。

1956年,多拉·卡尔夫在洛温菲尔德那里学习一年后回到瑞士,致力于把洛温菲尔德的"游戏王国技术"与荣格分析心理学相结合的工作。她童年受父亲影响,喜欢中国文化,因此她也想把东方的思想融合在更为有效的儿童心理工作实践中。在征得洛温菲尔德的同意后,卡尔夫用了"沙盘游戏"来命名自己的理论与实践。

卡尔夫与孩子做沙盘游戏

1962年,卡尔夫在苏黎世第二届分析心理学国际会议提交了名为"原型作为治愈的因素"的论文;1966年,她唯一的专著——《沙盘游戏》出版。

1985年,"沙盘游戏治疗学会(ISST)"在多拉·卡尔夫的主持下,正式成立。

(四)沙盘疗法的发展

后来的荣格学者们在沙盘疗法应用过程中,有了很多创新。美国荣格学派学者格思拉·德·多美尼科在不动摇沙盘疗法理论基础的前提下,提出新主张:沙盘根据不同的使用者做成不同的形状和尺寸;放弃象征,关注过程,就是关注沙盘制作过程中意义的形成;关注的重点是沙盘制作的整个过程,以及创造的景象和不同阶段的治愈作用意义的形成;不强调"无意识",通过促使来访者体验沙世界和自己沙盘制作的过程,直接触及人类意识的深层;相信心灵的自我成长力量;沙盘师是一个陪伴、观照、调解者;沙盘作品是心灵图画直接的呈现,是真实的而不是象征;沙盘师无须解释沙盘作品,要忘记自己的专家角色,与来访者一起成为心灵沙世界的共同探索者;沙盘体验应用到日常生活中,包括沙盘师也要经常运用沙盘疗法来进行自我觉察、认识、接受和实现。

沙盘疗法传入中国30多年,申荷永教授、张日升教授等人做了前期大量的努力,培养了一大批从事沙盘疗法的教学、研究、应用和服务的队伍,获得了可观的研究成果。沙盘疗法和沙盘设备已经普及各个领域,如教育系统、公安司法系统、医疗保健系统、组织机构管理系统、社区家庭……也得到了各级政府、各行业的支持。随着发展,很多学者又从各自的学术视角提出了创新的应用,如于晶及其健心海团队研发的本土化"结构式团体沙盘心理技术"、魏广东的"爱·沙游"等,使沙盘疗法在具有深厚文化根基的中国国土上有了更广泛、更深入、更持久的应用。

三、沙盘疗法的配置与程序

(一)沙盘疗法的基本配置

首先要有一间专门用来放置沙盘设备的房间,大约10~80 m² 大小(可放置两个沙盘的个体沙盘室,可放置14个沙盘的团体沙盘室),里面放置着沙盘、人或物的沙具以及水罐或其他盛水器具等实施沙盘疗法的必需物品。

1.沙盘师:沙盘游戏需有沙盘师的陪伴。在整个沙盘游戏中,沙盘师充当陪伴者、领导者、教育者等角色,在与来访者的游戏中共同成长。

2.来访者:是奋力走出自己阴霾心理的启动者与自我探索者,需要尊重、包容、陪伴、支持与理解。

3.沙盘:1个到14个,沙盘是个有边界限定的容器,其大小规格以及尺寸和颜色有具体的限定。当前沙盘疗法中所使用的沙箱一般是内侧规格为57 cm×72 cm×7 cm的矩形沙箱。另外,沙箱外侧涂深颜色,内侧涂蓝色,可以让来访者有挖沙子能挖出水的感觉。

4.沙:10公斤沙盘使用的沙子可以是海滩、河边的细沙,最好先洗涤沙子,把沙里的土冲刷掉,同时也避免来访者尤其是儿童受感染。

5.沙具架:2~15个,高度:100~170cm,宽度:85cm,深度:26cm,层数:6-7层(儿童可以使用3或4层的沙具架)。

6.沙具:一般是32~48类、1200~10000个玩具,材质有树脂、塑胶、塑料、陶瓷等各式,所提供的玩具种类越多、数量越多,来访者就越有创造性。玩具的分类标准大致如下:

1)人物:家族成员、职业人士、卡通及故事人物等;

2)交通:飞机、火车、交通标志、船、汽车、摩托车、工程车、公路、轨道、加油站等;

3)建筑物:桥、栏杆、学校、医院、超市、高楼等;

4)自然景物:山、珊瑚、鹅卵石、贝壳、彩珠、彩石、彩虹、云、星星等;

5)动物:家禽、家畜、野生飞禽走兽、水中生物、怪兽等;

6)植物:花草、树木、盆景、水果、蔬菜、草坪等;

7)军事:战车、工事、铁丝网、坦克、枪炮等;

8)宗教:佛、基督、塔、教堂、鬼怪等;

9)原型:神话、童话人物等;

10)其他。

7.其他配置

沙盘疗法除需具备以上基本配置之外,还需要一些其他配置:

1)照相机(拍摄来访者制作的沙盘画面,用于以后的回顾)

2)记录本(来访者离开后回顾并记录整个沙盘制作过程,留用于整理案例)

按照习惯性象征、偶发性象征、普遍性象征、原型的需要和在沙盘疗法中的使用频率、重要性、实用性、使用数量等情况确定沙具的配比,一般将心理沙盘的设备分为以下几种型号:

型号	沙具(个)	实木沙箱(个)	沙子(斤)	实木陈列架(个)	辅助工具(套)
基础型	500	1	30	1	1
初级型	800	1	30	2	1
中级型	1000	1	30	2	1
标准型	1200	2	60	2	1
高级型	1500	2	60	3	1
专家型	2000	3	100	4	2
团体型	3000	3	100	5	2

(二)沙盘疗法的程序

卡尔夫提出,我们要给来访者提供一个"自由与受保护"的空间,整合沙盘室与沙盘、沙具,让来访者把心灵的内容呈现在沙盘中,并寻找到解决问题的途径。

1.个体沙盘治疗程序

沙盘疗法可以采取一对一的工作形式。来访者在制作沙盘的过程中,沙盘师通常要坐在一个离沙箱较近的地方,以便及时发现其在建造过程中所表露出的语言、非语言的种种信息,但沙盘师又不能离太近,否则会干扰沙盘建造过程。来访者在制作过程中,想做什么就什么,想往哪里摆放沙具就往哪里摆放。在沙盘完成之前,沙盘师最好不要插话,不要问问题,也不要发表个人意见,只在一旁静静地观看。沙盘师是沙盘制作的见证者也是守护者,保证物理的空间不被打扰,也保证自己不干扰来访者制作沙盘,而更不能主观判断、分析来访者的沙盘;沙具的主人才是自己沙具的最终解释者。当沙盘制作完成之后,沙盘师就进入狭义的沙盘工作了,用坦诚、平和的语气询问开放性问题,与来访者一起探索他的心灵花园:"完成了吗?感觉如何?""想说说你的这个花园吗?"当来访者不知道从哪里说起时,我们要有足够的耐心等待他整理思绪,也许需要一分钟,也许需要10分钟。当他说"没有什么感觉"时,我们可以一部分一部分开始工作,如:"你的画面中的这个位置想表达什么呢?""那部分是什么呢?"带领来访者一点点去探索。工作过程中的提问及沟通都要表达出对来访者的尊重。在沙盘工作的最后阶段,可以试着让来访者为自己制作的画面命名。整个沙盘工作完成以后,沙盘师应拍摄作品的彩色照片或幻灯片并予以记录保存。可以从上往下拍,也可以进行多角度拍摄,角度倾斜如45度的摄影则可以充分反映作品的内容。

面对一个新来的"沙盘游戏者",沙盘师首先要做的工作是在较短的时间内让彼此熟悉起来,坚持给来访者自由和保护,取得对方的信任,同时让其初步了解沙盘疗法的基本情况。然后,沙盘师将来访者的兴趣逐渐引向沙盘疗法的材料,并明确告诉他,只要他愿意,他可以自由地使用这些材料,自由建造头脑中想象出的任何图景。

在实施本程序时,可以做如下的几种提示:

(1)请用沙子和玩具在箱子里做个什么,做什么都可以。
(2)在沙箱里做你想做的,看到哪个玩具在和你说话,你就将它摆在沙盘上。
(3)请你用这些玩具在沙盘上做一个你想要的世界。
(4)请把你的手放在沙上,感受它,让心里的感觉涌出来,在沙盘上去表达这种感觉。
(5)请到玩具架上去看看各种玩具,也许你会在某些玩具上找到一些摆沙盘的感觉。

如果来访者是在父母陪同下前来做咨询的,我们针对其可以做得更细致一些。

孩子一般在首次咨询时是由父母陪同而来,沙盘师应先问父母一些有关问题,让父母填写一些问卷和量表,时间不宜过长,注意不要让孩子产生受冷落、受指责的感觉。然后由沙盘师直接领孩子进入游戏室,父母不跟进去。特殊情况下,如患儿有强烈的不安全感,可允许父母将其送入游戏室,但要求父母距离沙盘远一些,不能干扰孩子做沙盘。在沙盘室中,沙盘师向孩子介绍沙箱、各种玩具以及为湿沙箱提供的用水,告诉孩子可以利用这些材料在沙盘上创造出任何图景。

每次做沙盘的时间为30～40分钟,在沙盘结束前留出几分钟以便让其讲一下他所摆的是什么,给他表达内心感受的机会。成人来访者一般做沙盘的时间为50分钟,儿童来访者大约为40分钟。如果来访者用了35分钟还没有摆放结束,须提醒他时间,以便留出至少10分钟的分享时间。

在首次沙盘咨询时应向来访者明确一些沙盘疗法的基本要求:
(1)告诉来访者可以玩沙具架子上的任何玩具;
(2)如果弄坏了什么,沙盘师会去修,但不能有意破坏;
(3)游戏时不可伤害自己,也不可伤害沙盘师;
(4)沙盘工作结束后,可以共同把沙具拿回去。对于身体不便的来访者,沙具则由沙盘师来收拾,来访者不必收拾。

因为儿童来访者的理解能力和语言表达能力不强,所以沙盘师在告知这些规则时语言要力求简洁,同时还要注意不应给予过多的信息。所有的孩子都需要清晰地界定什么可以被接受,什么不可被接受,他们只有知道行为的界限时,才会有安全感。

当孩子开始自行探索沙盘和玩具后,沙盘师就退到来访者的侧后方坐下,观察并在心里记录沙盘游戏的进程。记录内容包括:来访者是如何开始的,是立即投入还是比较犹豫;来访者选择的第一件玩具是什么,之后又选择了哪些种类的玩具;玩具在沙盘中的摆放位置是怎样的,彼此的摆放关系又是怎样的;来访者在沙盘上探索的空间有多大;最终摆出的结果是什么;等等。来访者即将离开游戏室时,沙盘师要把沙盘中的图景拍下来,留作资料。如果来访者不愿意拍摄照片,那沙盘师要在来访者走之后,复盘沙盘画面,并拍照留作资料,遵守保密原则。

来访者在创造沙盘图景的过程中或在结束时会自动讲一个故事,如果来访者没讲,则沙盘师可以邀请来访者讲讲他摆了些什么,想要表达些什么感受。故事会表达出来访者的情感、沙盘所呈现的主题以及玩具的象征意义等。沙盘师不对游戏内容和来访者所讲的故事做出评价和解释,要做的只是认真倾听和接纳。卡尔夫流派强调延迟性解释,即整个疗程结束后的某个时间。如果来访者愿意,沙盘师和来访者再重新回顾保存好的沙盘游戏照片,帮助来访者更好地理解沙盘中所表达的象征意义及其情感的冲突。

沙盘疗法至少需要5才会有一个明显的效果,事前要和来访者或来访者的监护人(父母)商定他们是否可以坚持下去。如果监护人要求停止咨询,应提前通知沙盘师,沙盘师可以让来访者做好结束的心理准备,并再咨询1或2次,否则,突然中止咨询会使来访者产生不适,进而对来访者的心理产生不良影响。

2.团体沙盘治疗程序

沙盘疗法不仅可以一对一地进行疗愈工作,也可以团体的方式进行。两个人就算一个团体,一个标准沙盘可以围坐5或6人,视沙盘师的能力及目标团体的大小,一次可以进行一个沙盘团体的工作,也可以对多个团体开展心理健康及心灵成长疗愈工作。这不仅提高了沙盘工作的效率,同时也可使沙盘疗法广泛地应用到各个领域。

沙盘团体可以采取结构式与半结构式的,或非结构式的。我们以结构式团体沙盘为例,展示其工作流程:

(1)方案设计及步骤

1)招募目标人群组成封闭式小组;

2)设置工作总目标、工作次数及每一次的小目标;

3)确定每一次工作的主题及操作步骤;

4)实施方案;

5)总结。

(2)每一次的操作程序

1)沙盘师发布主题;

2)沙盘师或小组内某成员公布摆放规则;

3)实施沙盘创作过程(后文有更详细的介绍);

4)组内分享拿的是什么沙具、拿的理由、摆放的理由,摆放过程中的感受,对整体画面的感受,并为画面命名;

5)组间分享:①本小组的命名;②摆放规则;③命名背后的故事。

第二节　沙盘疗法的理论基础

一、沙盘疗法的理论基础

多拉·卡尔夫在荣格分析心理学和中国文化这两大思想来源的基础上，有效地整合了威尔斯的地板游戏，尤其是洛温菲尔德的世界技法。这也就意味着，对荣格分析心理学、中国文化和多拉·卡尔夫思想的了解，是理解与把握沙盘疗法的关键。

（一）荣格分析心理学

荣格分析心理学以心理分析之无意识理论为基础，注重共情与感应，在"沙盘"中发挥原型和象征性的作用，实现心理分析的综合效果。它的"集体无意识""原型"和"原型意象"、个体无意识、情结等概念以及词语联想、梦的分析和积极想象，特别是"相信心理事实""扩大意识容器"等，都是沙盘疗法的重要理论基础。

1. 集体无意识及原型

集体无意识是人类原始经验的集结，是人类进化的精神遗产，在每一个个体的大脑中重生。集体无意识的内容包括本能和原型。本能是行为的推动力，原型是领会和构筑经验的方式，是集体无意识的主要内容，它们像命运一样伴随我们每一个人，其影响可以在我们每个人的生活中被感觉到。荣格认为某些思想和观念的倾向是遗传的，原型用原始的形象来表达就是原型意象，即原型将自身呈现给意识的形式，包括人格面具、阿尼玛和阿尼姆斯、智慧老人、内在儿童、阴影、自性。在这些人格组合中，人是与人格日常功能最相关的原型，而自我原型是人格固有功能中最重要的一个。在沙盘疗法中，沙具、沙画等体现了我们集体无意识的情节，并启动自性等原型的力量，原型发挥了极大的治愈力量。

2. 个体无意识及其情结

个体无意识是指保存在个人无意识中不被自我承认的经验、思想、情感以及知觉，个人的冲突、未解决的道德焦虑和充满感情的思想是个人无意识的一个重要部分，它们也是被压抑的或个人难以接受的。通常这些因素作为个人无意识的内容出现在梦中，并且在梦的演出中扮演主动的角色。有时思想和感情是彼此互相联系的或代表某个主题，当它给个体带来感情冲突时，则被称为"情结"。个体无意识主要是由各种情结构成的。我们拥有情结，学会关照与协调我们的情结，我们就会把控我们的生活；而如果情结拥有我们,心理病症就开始表现了。在沙盘中往往情结会呈现出来,每一个沙具或沙画场景都是情结的呈现。沙盘师的目标是帮助来访者通过探索让情结集结成的个体无意识转化为意识,并将与个体无意识连接集体无意识的积极力量发挥出来。需要说明的是,并不是所有的情结都是的,有些情结也许是积极的。

3. 荣格的词语联想

通过词语联想技术及其临床应用,荣格发现了情结的存在及其作用。1904－1911年,荣格通过对词语联想的研究,提出了他的关于情结的心理学理论。他发现联想测验中的情结指标,不仅为心理世界提供了情感能量,而且为其提供了有关无意识的潜在内容及其所具备的情感能量。

4. 分析心理学的梦的分析与积极想象

梦是精神病学和心理学中不可或缺的要素,积极想象是荣格发明出来的最重要的心理分析方法。无论运用积极想象,还是分析梦,这两种内在工作的核心在于找到无意识中需要整合的一部分—人格化—与之对话—和解。

5. 扩大意识容器的意义

意识作为人类精神过程的存在,无论教育还是心理治疗,对其来说都是不可或缺的,只有通过学习扩展自己的意识范围或意识容器,个人才能获得充分的发展。

(二)中国文化

多拉·卡尔夫在勾画其沙盘疗法体系的时候,也在努力发挥中国文化对于心理分析的影响和作用,其中主要涉及《易经》和阴阳五行的思想,以及周敦颐所开创的新儒学的整合性哲学。中国文化中的阳明心学也是其重要理论基础。

(三)卡尔夫的整合性思想

多拉·卡尔夫认为,在自由与受保护的沙盘疗法过程中,来访者会表达前言语阶段的经历和受阻的心理能量,并且可以表达其原型和内心的世界,有助于来访者产生调和与整合心象,重新确立自我和自性的重要联系,重新获得体现自性的机会,发挥出内在自性的作用,获得一种心理的整合性发展。这也是荣格所强调的心理分析的目的——获得自性化过程及其发展。"为来访者提供一个自由与保护的空间,是促发来访者内在力量的前提,是所有治愈的条件中最基本的条件",通过游戏,在这种自由与保护的空间中获得自性的体验与自性的发展。"自由与保护""安全和安全感"是儿童健康成长的必需条件,也是治愈的重要因素。在沙盘创建的安全环境中,心理问题和创伤经验,不再被隐藏和压抑,而是通过沙盘"游戏",获得了表现和转化。借助于沙盘及沙具,来访者创建起与其内心相呼应的外在图画。通过自由与创造游戏,来访者的无意识过程,以一种三维的形式在图画的世界中得以视觉地呈现——经由一系列的意象,自性化的过程会被激发和实现。

二、沙盘疗法的基本原理

无意识是相对于意识而言的,是个体不曾察觉到的心理活动和过程。无意识是不能自觉调节和控制的心理现象,而意识是能够被主体觉知到的成分。个体无意识是一个容器,蕴含和容纳着所有与意识的个体化机能不一致的心灵活动和种种曾经一时是意识经验,不过由于各种各样的原因受到压抑或遭到忽视的内容,如令人痛苦的思想、悬而未决的问题、人际间冲突和道德焦虑等。这些无意识的内容看不见摸不着,无法用语言来表达与形容。沙盘疗法为无意识的表达提供了空间,在沙盘中无意识内容被揭示,当意识与无意识相遇后,无意识意识化,意识容器变大,就更能接纳自己,接纳别人,使自己的身心达到和谐与统一。

(一)沙盘是通往无意识的最好途径

沙盘疗法(沙盘游戏)的创始人多拉·卡尔夫认为,意识与无意识的分离导致心理问题的产生,即一个如果人意识与无意识相互矛盾无法整合,则会产生心理问题。为此须寻找一种方法去了解自己的无意识,使意识与无意识进行对话与沟通,并进行整合。而沙盘疗法为来访者提供了接触内在心灵的通道,是运用非言语的工作形式通往无意识的最有效工具。对来访者来说,沙盘疗法是一种自然的心理方法。

(二)尊重、接纳是面对无意识的态度

面对无意识,我们就要采取尊重、容纳、信任、支持的态度,因此在来访者制作沙盘过程中沙盘师不是默默的旁观者,更不是分析、解释、评估、判断者,而是拥有"游戏"心态积极、认真、用心的来访者,带着关爱的陪伴、观照、守护者,耐心的倾听、等待者,默默欣赏者、用心感受者、必要时真诚分享者,"感受"和"接受"沙盘制作过程中发生的一切。如果采取上述工作态度及工作方式进行有效的工作,则需要沙盘师通过整合沙盘疗法的诸因素而创设一个自由和受保护的安全空间,在这个安全空间里来访者能够充分表达前言语阶段的经历,让他们的意识和无意识在沙盘中相联系。因为这个空间可以融合心理的所有维度,所以有助于来访者调和与整合心像,重新确立意识自我和自性的重要联系。

(三)无意识的意识化是心理转化的基础

在沙盘疗法中,来访者在沙盘限定的区域里,借助于沙盘、水、沙具和一些其他的材料等发挥自主想象创造一些场景,这就像是"一座心灵花园"(茹斯·阿曼),像一个展示来访者心灵内容的容器,使来访者的内心世界在沙盘中具象化、具体化,来访者把其与内在自我的关系带到外在现实,并且允许无意识内容被揭示。这种无意识内容被具体形象地呈现,就可以把来访者被压抑的或未知的东西带入意识中并呈现出来。

沙盘既是来访者内心世界与外在生活的"中间地带",也是沙盘师与来访者的"中间

地带"。一方面,沙盘师把这个"中间地带"营造得安全和可接纳,来访者就会在这个地带运用自己鲜活的创造力,敞开心扉,使意识层面和无意识层面的内容得以展开且一起呈现出来,并得以具体形象化,创造着自我的"世界";另一方面,沙盘师与来访者的无意识与意识也在这个"中间地带"相遇及互动,沙盘师与来访者一起成长。沙盘是通过赋予模糊内容一个可见的形式来澄清它,这种方式常常是必要的。

当来访者通过创造沙盘世界看到了自己的未知领域并且对无意识内容有了更多的了解时,他们就能够获得原来被他们否认的能量和领悟。有学者总结了荣格理论来说明沙盘疗法:"意识和无意识的合作导致个体心灵上的整合和力量的产生。"沙盘疗法提供了这种意识和无意识合作的框架,让无意识意识化,使治愈与转化有了可能并得以实现。

(四)沙盘疗法发挥效力的工作机制

沙盘疗法是如何起作用的,如何让来访者发生转化的呢?沙盘游戏就像生活本身一样,发挥效力的机制的产生耐人寻味。

1. 游戏是连接过去与现实的桥梁

皮亚杰认为,游戏是儿童发展的最主要动力来源。荣格认为,"幻想"是所有可能性之母。在幻想中,内心世界与外在世界就像是所有的心理对立一样,被结合在一个活生生的联合体之内。人们需要并渴望通过游戏来释放创造力、内在感觉和记忆,并将它们带到外在现实中。沙子和水是幻想游戏特别有力的工具,大部分人童年都有玩沙玩水的经历。可以说,沙盘疗法起到了连接过去经历的作用,它创造出一条通向人们内心世界的桥梁,激发人们内在的创造能力。

2. 调动了多种感官,提高了整合效力

沙盘疗法为来访者的内在想法和感觉提供了有形的证据,沙盘世界可以看得到、听得到、摸得到、嗅得到,并且可以按自己的意愿来改变。荣格认为,一个无法靠认知方法理解或化解的情绪体验,常常可以通过赋予它一个可见的形状而得到处理。在自己创造的世界中,一些无意识的解决方案这时就能传递到建造者的手中,一个被整合的实体跃然沙盘之上,这时来访者或许会顿悟,为自己找到答案而感到惊喜。

3. 心灵通用语言提供了表达心灵内容的可能

沙盘疗法中的沙具、沙、水等具有象征意义,是一种心灵的通用语言,有很多时候我们说不清楚我们内心到底发生了什么,而通过使用沙具、水、沙盘等工具,来访者就能不断地把内在的未知内容表现出来。沙盘疗法为来访者提供了一个表达他们内在想法和感觉的途径。因为沙子和水可以启动前语言阶段的意识,沙具等又能使来访者表达他想表达的,故在理解心灵表达时,语言技巧就不再是必须的了。而对于那些凭借语言来使自己的思维变得理性和逃避问题实质的来访者,沙盘疗法会阻止他们理性的心智,让其无意识地以非言语形式讲出"自己的故事"。

4. 安全的空间软化防卫、减少抗拒,有利于转化

当来访者抗拒某些困难时,沙盘疗法就是一个比谈话疗法具有更小威胁的方法。在整个沙盘疗法过程中,沙盘师始终以尊敬和尊崇的态度,秉承"不分析、不解释、不评价、不判断"的工作原则为来访者提供一个自由、安全、受保护的环境,有利于来访者对过去经历和创伤的表达。在这个安全、自由、受保护的环境中,来访者通过不断地创造、破坏,再创造、再破坏,来展现和审视他们自己的沙世界。他们可以及时地从过往经历的"受害者"转变成旧体验的主人和新体验的改变者、创造者。这个安全空间可以减少来访者的防卫和抗拒,而无须任何语言,来访者内心最关心的问题就会自然地浮现在沙盘上。只要有呈现,问题就有了解决的可能。

5. 调动每个人内在的"天理良知",激发天生的成长力量

王阳明认为,"天理良知"在每一个人内心,"吾性自足,不假外求",我们只需要坚信自己内心的"天理、良知"或"24种积极心理品质","向内看"并在"事上练"即可。荣格认为每一个人都有解决自己问题的能力,每一个人都通过自性的发挥而成为一个完整的人。而沙盘疗法就为来访者提供了自己解决问题的平台和让受害者转变成自愈者、创造者的机会,激活每个人的内在力量来决定自己的成长历程和方法。来访者自己决定在沙盘工作中是否披露自己或将要学习什么,只有来访者自己准备好要处理无意识内容,他才会进入意识。沙盘师尊重来访者对他们自己内心"世界"的个人解释和创作,来访者独特的体验和领悟便得以证实。

6. 来访者与沙盘师共同从沙盘疗法中获益

沙盘疗法是一种处理许多生活事件的强有力的工具,这些生活事件包括创伤、人际关系问题、个人成长、灵性自我的整合和转化等,因此沙盘师与来访者都可以从中获益。并且,来访者的许多投射都映现在沙盘中,而不是都投射到沙盘师身上,因此沙盘师处理移情所需的能量便减少了。

第三节 沙盘疗法的方法

沙盘疗法根据不同群体有不同的方法,由于篇幅所限,本节着重阐述结构式团体沙盘心理技术。团体沙盘心理技术是由我国于晶教授为首的团队经过十余年研发和培训实践所创立的,其以分析心理学、中国文化、卡尔夫的整合性思想和积极心理学为理论基础,坚持以来访者为中心,借助于结构式团体充分发挥沙盘各要素、团体凝聚力及每一个人的能动性,通过多层次的无意识意识化过程,调整了认知与行为,达到心理健

康教育、心灵成长及心理辅导的目的。"结构式团体沙盘心理技术"的核心是让所有的来访者在团体或个体一对一的体验中注重感受,只强调沙盘的自我觉察、自发现、自我认识、自我和谐、自我成长、自我实现的功能,本着"不分析、不解释、不评估、不判断、重感受、重陪伴"的工作原则,创设一个自由与安全的空间,使来访者在体验过程中加强意识与无意识的沟通与对话,并使其转化,获得自愈。

一、团体沙盘心理技术的核心要素

(一)强调沙盘的自我成长功能

沙盘心理技术的主要功能是自我探索、自我认识、自我教育、自我成长、自我实现,而不是评估诊断。以没有常模、非标准化的沙具作为一项评估诊断工具,远不及那些有常模、标准化的、信效度高的心理量表更可信、更有效。因此,"结构式团体沙盘心理技术"强调把"不分析、不解释、不评价、不判断、重感受、重陪伴"的原则贯彻落实到沙盘心理技术培训和实践的每一个环节中,使学习者真正感受到沙盘神奇的工作效果。

(二)坚持"四不二重"的原则,提供自由、安全与保护

在团体沙盘心理技术培训与应用中,提倡坚持沙盘的"四不二重"工作原则,以及为来访者营造"自由、安全、受保护的空间";并坚持在工作中实施"以游戏的心态积极、认真、用心地参与,带着关爱、陪伴、守护、观照,耐心倾听和等待(静待花开),默默欣赏,用心感受,必要时真诚分享"的工作要点。

(三)设置"轮值组长",体验来访者的沙盘工作过程

设置"轮值组长",让来访者体验更多的被保护与被支持的过程。在团体沙盘心理技术应用中,"轮值组长"的设置使每个成为"轮值组长"的学员都能体验到自己在做组长时比自己作为普通组员时拥有的、逐渐增加的职责,以在团体的帮助下促使每一个人获得觉察与成长。

(四)加强感受性,提高共情能力

此心理技术把"感受"在沙盘情境中特别界定为"对情绪的觉察与感受和体验伴随着的身体感觉(具体的部位、程度和性质),以及在此基础上脑海里出现的意象、画面、回忆、想法等"。在沙盘工作中能够感受到的"感受",就是对自己无意识的一次认识。因此,在培训过程中,训练每一位学习者在沙盘情境中,通过"感受"向内求索,感受自己的无意识,而非把自己的感受当作来访者的感受,从而避免用解释、分析、评价、判断等方法向外求索。通过这种方式的培训让学习者可以渐进地感受和理解无意识,体验无意识与意识的多层次沟通与对话,从而更多地理解自己,理解别人,更容易共情他人,促进良好关系的形成。

(五)促进团体凝聚,促使成员相互成长

团体沙盘心理技术培训借助了结构式团体小组的形式,重视在结构式团体框架下获得沙盘体验。通过团体有规则的游戏,逐渐建立个体在沙盘心理技术培训团队里的安全感,即建立团队安全模式。小组成员间的真诚分享,不仅能让人深刻体验到自己在沙盘情境中的感受,从而觉察自己、认识自己、接纳自己和表达自己,还能让人觉察、认识、理解别人和尊重、接纳、包容别人,从而使小组内的每一个成员都能获得成长。

(六)贯穿始终,强调并促进人格发展

任何和心理有关的治愈工作都需要心理工作者的主人格相对稳定,这是共情、共鸣的重要心理基础,更是保证来访者利益最重要的因素,对沙盘师来说尤其如此。而影响沙盘师人格稳定的最重要因素是次人格,亦即情结,特别是和钱、性等有关的几个最重要的情结。因此沙盘师个人情结"发现"和"处理"得越多,就越能与来访者产生共鸣与共情,并起到较好的心理辅导效果。

团体沙盘心理技术培训不仅强调在沙盘团体体验中加强对沙盘各要素的感受和理解、对操作原则及理念的掌握、对操作过程的熟练,更强调沙盘师的人格成长。我们综合很多心理理论,提炼出结构式团体沙盘疗法培训独具特点的自我成长图解,让每一个学习者依据这个图解可以在沙盘情境中、在日常生活中,通过觉察与对话的反复练习获得个人成长,直至成为一个优秀的沙盘师。

(七)注重课后的体验实践与督导

团体沙盘心理技术培训的课上体验仅仅是沙盘师成长的开始,我们以"复杂的事情简单做,简单的事情重复做,重复的事情认真用心做"的理念设计了课后作业,旨在通过大量的操作体验及课后督导,陪伴和督导学员学会发现自己的"情结",并处理自己的"情结"。这既可以让学员掌握和提高与来访者共鸣与共情的能力,又可让学员逐渐成长为一个合格的沙盘师。

二、团体沙盘师的角色定位及能力

(一)沙盘师的角色定位

沙盘心理技术的工作原则决定了一个好的沙盘师扮演的应是一个陪伴者、保护者的角色,同时也是一个调解者,相信沙盘的成长能力,相信来访者有改变自己的动力和能力。沙盘师的工作就是带着关爱去陪伴,陪伴来访者探索自我。沙盘师的能力决定了陪伴来访者探索自我的深度和广度。因此,沙盘师要不断学习,不断成长,提高与沙盘心理技术相关的能力。只有这样,无论来访者走多远,沙盘师才都能陪伴着来访者。

(二)沙盘师的专业能力

1.包容的能力

一个好的沙盘师是一个心理容器,能容纳来访者在沙盘室内发生的所有状况,诸如来访者扬沙子、堆砌沙具、掩埋沙具,或不动沙具、不在沙盘中摆放、大喊大叫,等等。并且能守住沙盘,为来访者提供一个安全、自由、受保护的空间,不仅在语言上,而且在心灵上(嘴上不说,心里也不活动)既不打扰来访者也不让别人来打扰他,为来访者提供自由表达心灵的空间。

2.尊重的能力

对于来访者在沙盘中表现出来的忧郁、悲伤、情结、阴影、成长与希望等都持尊重的态度,完全地陪伴,认真地倾听,全情地关注。要坚信来访者经历过的、能够呈现出来的内容,对来访者来说一定是重要的感受。因此,对于来访者的任何一个表达,沙盘师都要采取"不分析、不解释、不评价、不判断"的态度,尊重、理解来访者任何一个无意识的表达。

3.非言语的能力

在沙盘师营造的安全、自由、受保护的空间里,来访者内在的心理感受能够凝聚在沙盘的意象中,这是积极想象的重要基础,也是疗愈起作用的基础。无意识水平的工作是从认知到体会,再从体现到体验以及体悟的过程,因此,这是一个非言语工作状态和工作过程。在整个沙盘工作中,除了用几个开放式句子进行工作,沙盘师更多的是倾听来访者的述说,因为来访者是他自己未知心灵领域的主人,沙盘师要掌控住自己的好奇,等着来访者带领你"游览他的花园"。

4.协助和支持的能力

沙盘过程通常会唤醒深层情绪和领悟,并且将它们从原本隐藏的状态带入可观察和可感知的层面。沙盘师在面对来访者被激发起的情绪时,能够协助或支持来访者体验这些感觉,而不是阻止或转移感受。一般用这样的语言:"我们来感受一下。""请带着我欣赏一下你的花园。""请感觉一下你现在的感受。"当来访者有情绪反应时,我们就默默地陪伴他,而不是用如"不用难过""没关系,都过去了""有什么好难受的"等语句来转移来访者的这种感受,阻拦他成长的脚步。这种做法可能是因为沙盘师自己不敢面对自己的情绪,借以转移自己的情绪而已。

5.共同探索的能力

沙盘疗法是来访者探索心灵的旅程,沙盘师是在这个旅程中的共同探索者,来访者在前面带路,沙盘师紧随其后,引发来访者更多地去探索。对于沙盘师来说,最重要的是尊重、信任、耐心倾听,等待来访者自己找到通向"花园的路",而不是急于"引领、或引导"来访者"深入"探究。这正如茹斯·安曼所说:"装有精神分析对象(心灵过程)的容器正在烹调,沙盘师必须小心地把握火候,既不能让炉火熄灭,也不能让炉火烧得过旺,以免锅里面的东西溢出来或被毁坏。"静待花开是沙盘心理技术最佳的工作状态之一,即陪伴来访者,等待他自己找到解决问题的路径。共同探索的能力也决定了沙盘师能否陪来访者走下去,或能走多远。

6.回应的能力

在陪伴来访者的工作中,沙盘师促进了无意识群聚。对来访者而言,有个值得信赖和尊敬的人来见证自己的那些不同于意识的事情会使他们感到更安全和踏实。来访者常常不确信他们自己的领悟,沙盘师此时的口头回应通常可以帮助来访者看清他自己,并且也会促进他们将沙世界更进一步地应用到他们自己的生活中去。"噢""是这样""我也感觉到了"等简单的回应就足够了。

7.自我成长的能力

要成为一个好的沙盘师,不仅要不断地学习相关理论和技术,更要自己多进行沙盘体验并接受一定的专业督导。个人体验是沙盘师从来访者的角度体验沙盘的过程,这将有助于提高沙盘师理解来访者的能力。沙盘师通过自己经历做沙盘过程,不仅能有效调节和强化观察力以及运用各种感官的能力,同时也培养了创造力和想象力,更能觉察自己隐藏的无意识内容,减少自己投射到来访者身上的情结、阴影。接受专业督导是沙盘师解决自己工作和体验过程中遇到的问题,反思自己工作和体验的过程,这是每一个沙盘师成长的必由之路。

三、团体沙盘心理技术的操作方法

结构式团体沙盘心理技术培训在强调沙盘心理技术的主要功能是自我探索、自我认识、自我教育、自我成长、自我实现等而不是评估诊断的同时,把"不分析、不解释、不评价、不判断、重感受、重陪伴"作为沙盘培训和实践的基本工作原则。这不仅为来访者提供了自由、受保护的空间,还在这个工作过程中通过"四不二重"原则下的关爱与陪伴让来访者敢于表达自己的无意识,并通过"感受"与自己无意识沟通对话,从而提炼自己无限的生命能量。在结构式团体沙盘工作里,我们把沙盘工作实施的过程总结为"以游戏的心态积极、认真、用心地参与,带着关爱陪伴、守护、观照、耐心倾听和等待,默默欣赏,用心感受,必要时真诚地分享",具体的操作方法如下。

(1)组建团体(以班级为单位或以目标为导向招募团队)

(2)说明工作目标

(3)说明无意识工作的原则与工作过程

(4)摸沙带入(通常成人需要,儿童可以省略)

(5)说明主题及操作规则

(6)沙盘摆放环节(无意识工作)

(7)组内分享(无意识意识化的过程)

(8)组间分享(促进无意识意识化)

(9)大组分享

宣誓结束此次操作。

(一)结构式沙盘团体的组建

"良好的开端是成功的一半。"一个接受团体沙盘疗法培训的新团体往往需要先破冰,以打破学员之间的陌生感,为建立安全的团队做准备。而已经参加过团体沙盘心理技术培训的团体在接受进阶培训时,破冰操作又有不同。破冰、组建团队可以为后续的结构式团体沙盘培训操作奠定良好的基础。

沙盘的无意识工作需要给来访者带来安全及受保护的感觉,团体在一起做沙盘时更需要做到这一点。所以,沙盘团体工作开始之前,我们要建立一个封闭式的、结构化的安全小组,然后用其特有的方式,如沙具及沙盘呈现、分享来加深对彼此了解,并建立小组。这种破冰行动可以帮助来访者理解"四不二重"的理念及团体沙盘的工作原则。

1.热身

目的:"打开"身体,破除防御,快速投入接下来的活动。

操作:(1)围着圈活动,从活动自己的身体开始,如用身体写"大"字,再做两人或多人游戏(如围成圈按隔壁人的肩)。这既可以打破彼此的隔阂,又可以增加活动的感受性;

(2)身体接触要适当,接触面积不宜大,不宜多;

(3)选取与年龄、民族、职业等情况相匹配的音乐和活动;

(4)可以在活动之后,请两三个组员谈谈自己在活动中的感受;

(5)活动时间15分钟。

带领者:(1)开放与示范;

(2)让团体中的每一个人尽可能地参与进来。

2.分组

目的:为接下来的小组活动做准备。

操作:(1)围成圈报数,视沙盘数量定小组人数,以 4~7 人一组为宜;

(2)按性别、年龄、职业或参与的时间等进行分组,并按组站在一侧。

带领者:(1)随机分组,不提前预设队伍;

(2)尽可能保证每一小组的人数是一致的;

(3)尽可能把熟悉的人(如家人、好朋友等)分开;

(4)内训,可根据组织的要求进行分组。

3.用沙具介绍自我

目的:让组员初步与沙、沙具接触,感受无意识,使组员进一步认识自我。

操作:(1)让组员在舒缓的音乐中摸沙,在感受沙的过程中,稳定情绪;

(2)在组员摸沙 3 分钟左右的时间后,带领者给出明确的指导语:"你是谁?"请组员在回答问题时,说出自己姓名、职业、兴趣爱好、童年乳名、童年时期最高兴的事,其中最后两项通过回忆的方式使组员初入潜意识;

(3)带领者反复讲述指导语三次后,倒数五个数"唤醒"大家;

(4)视小组人数及时间,带领者请问每个组员拿 1~3 个沙具;

(5)要求组员回到小组里,组员尽可能地在距离自己比较近的地方自由地摆放沙具;

(6)请组员顺时针循环坐到每一个人的椅子上进行默默的"投射",即默想"你看别人的沙具体会到了什么?"这一问题;

(7)进行组内分享,请组员讲述"你的沙具让我投射了~~"的感受,沙具的主人在倾听的过程中感受即可(他们是否用了判断、分析、评价、解释? 是否有 get 你,你的感受是什么)。全部组员"投射"结束后,再由沙具的主人来介绍自己,说明自己的沙具表达的是什么;

(8)组内分享活动过程中的感受。

4.团队建设

目标:为接下来的更深入的沙盘工作建立一个安全小组。

操作:(1)组员进行自我介绍后,小组以"队长、队名、队员(+童年乳名)、队呼、队歌、队形展示"为内容进行 10 分钟的讨论;

(2)每一个小组有 3 分钟的展示时间。

(二)说明工作目标及对带领者的要求

1.成长(教育)性沙盘团体的目标及对带领者的要求

成长(教育)性沙盘团体也称发展性沙盘团体,其一般以由正常的、健康的青少年学生及企事业员工等组成。在成长(教育)性沙盘团体中,成员通过设置的沙盘团体游戏来共同探讨成长发展中大家关心的问题,加深对自我的认识及对他人的认识,开发身心潜能,以及促进人格成长。现在以团体沙盘为心理技术在大中小学校开展的"心理健康课""校本课程""活动课""同伴关系""自我成长""生涯规划"等课程或活动,企事业、机构等开展的"阳光心态(情绪管理)""自我成长""爱岗敬业""不忘初心"等课程,绝大多数是成长性沙盘团体活动。这些活动的目标是通过一次或数次的沙盘团体活动,释放团体成员的负面情绪,提高其认知水平,促进其心理健康发展。

成长性沙盘团体的带领者要本着发展性原则及教育性原则,相信沙盘、相信团体、相信每一个人的力量,在主题的一次次引领下,带领参与者做出积极的改变。成长性沙盘带领者还要有广博的心理学及相关学科知识和经验。随着沙盘团体活动的推进,不同的问题可能在不同阶段出现,这时团体带领者就需要在专业知识及相关学科知识的帮助下开展大量的辅导工作。

2. 训练性沙盘团体的目标及对带领者的要求

成员通过沙盘团体游戏可以学会如何有效地处理人际关系，提高某项生活技能，提高其社会适应能力。现在针对大众开发的训练性沙盘团体课程有很多，如针对大中小学生的训练性沙盘团体课程有"和谐沟通""团队凝聚力""学习能力""家庭积极心理辅导""写作能力""青少年积极心理品质""主题班会""宿舍人际和谐""学生会干部领导力"等；针对心理咨询师的训练性沙盘团体课程有"咨询师基本功训练""咨询师共情能力训练""咨询师个人成长训练"等；针对家庭训练性沙盘团体的有"亲子和谐训练""夫妻和谐训练""超越原生家庭""好爸妈成长"；针对企事业单位设计的训练性沙盘团体课程有"沟通能力训练""新员工适应""好人际训练""积极心理品质""领导力训练""团队凝聚力训练"等。

在这样的沙盘训练团体工作中，带领者要以训练目标为引领，引导成员作出积极的反应与讨论。因此，在这类沙盘团体活动中，带领者既是教育者，也可能是讨论的推动者。带领者角色是教育者或讨论推动者确定的，带领者根据活动目标来设置不同的教育主题或引发讨论的主题及活动步骤。成长性沙盘团体的带领者需要有广博的心理学及相关知识和经验。与成长（教育）性沙盘团体活动一样，随着沙盘团体活动的推进，不同的问题可能在不同阶段出现，这时团体带领者就需要在专业知识及相关学科知识的帮助下开展大量的辅导工作。

3. 治疗性沙盘团体的目标及对带领者的要求

我们可以将有一般心理问题或严重心理问题的成员组成一个沙盘治疗团体，探索更深层的无意识的问题，以缓解或消除成员的症状，使成员恢复心理平衡，促进其人格成长与发展，达到恢复心理健康的目的。学校、机构或精神卫生部门可以由有资格的心理治疗师、熟练掌握了团体沙盘心理技术的带领者组织"减压团体""孕期减压""产后抑郁沙盘团体""术后心理康复团体""心脏病心理康复团体""阿斯伯格团体""抽动症心理团体"等，还有组织针对重大事件的"突发事件应邀晤谈沙盘团体"。

生活中的一些心理问题比较严重的人，其主要症状表现为情绪障碍、学习障碍等，我们把遇到同类严重心理问题的成员组成一个沙盘小组，在带领者的协助下为其提供支持、关心、感情宣泄等带有治疗因素的沙盘团体活动。在团体沙盘活动的帮助下，团队成员可以改变自己的人格结构，最终恢复健康。治疗性沙盘团体活动的时间一般比较长，所处理的问题也是较为严重的问题，工作的重点多放在过去的经验影响以及无意识等因素上，会或多或少地对成员的的人格结构产生影响。

治疗性沙盘团体咨询对带领者的要求要比发展性团体咨询更严格，它要求带领者拥有丰富的经验，能时时掌握治疗团体中的每一个人的变化，在沙盘团体工作中有的放矢进行有效的工作。例如对于遭遇重大事故，如痛失亲人、患上绝症等的人，带领者如不及时地对其进行心理辅导,其可能会留下永久的伤痛,甚至对人格产生影响。在此类沙盘团体活动中,带领者需充分利用团体的资源,鼓励参与者多体验与交流,为成员提供最大的支持。在此类工作中,带领者的目标是促进成员互动,使他们了解团队成员是如何应对问题的,从而使彼此之间成为支持与学习的榜样。带领者在此过程中一定要保持价值中立的立场,带着关爱与陪伴,尽可能用共情的方法对待团体中的每一个人。

4.每一次工作的小目标

每一个沙盘团体工作都有一个主题,在某种程度上来说,这个主题就是目标,如成长性沙盘团体活动的主题为"自我成长",也即自我成长为本次活动的总目标,而"认识我自己"则是活动的一个小主题,也即一个小目标。带领者在开始工作前可对此次活动作简单的说明,说明今天工作的小目标"认识我自己"、"认识我自己"的意义、今天的沙盘工作的目标。

(三)说明操作原则与操作过程

在遵循"自由且受保护"操作原则的前提下,我们对操作原则进行了细化,即"不分析,不解释,不评价,不判断;重感受,重陪伴",让每一位参与者理解参与沙盘活动所依据的法则或标准。另外,我们还规定了"以游戏的心态积极、认真、用心参与,带着关爱陪伴、守护、观照,耐心'倾听'和等待(静待花开),默默欣赏,用心感受,必要时的真诚分享"的操作过程。

(四)摸沙带入

第一次参与主题抽象的沙盘活动,带领者可以指导参与者通过摸沙的形式带入其中。但在大部分情况下,儿童团体无需做次此操作。

摸沙指导语参考:

请大家安静下来……把你的坐姿调整到最舒适的位置,并调整你的呼吸……慢慢地闭上眼睛……跟随我的指导语进入冥想的过程,尽可能保持关闭视觉通道的状态,最后我会用指导语唤醒大家。

请在你闭上眼睛的过程中体会自己一吸一呼的过程,你的气息是如何从鼻腔到达胸腔、再到达腹部的,然后体会气息又是如何呼出体外的。我们可以一次又一次地感受这个过程……

现在,请把你的双手放到沙盘的沙子中,用你用自己喜欢的方式如摸、抓、握、捧、捏等来接触沙子……把注意力放在手和沙接触时的感觉上……默默地感受就好。体会一下你此时的情绪及伴随着情绪的身体感觉,比如沙子留在身体的哪个部位、给自己带来了什么感觉(如简单的疼与不疼)、这种感觉的程度如何(很疼还是轻微疼),以及这种情绪和身体感觉出现时,大脑中出现的画面、意象、想法以及回忆……也许一幅幅画面会出现你的大脑中,当你想留住一个画面时,你也可以温柔而坚持地让思绪回到这一画面上;如果你想让你大脑中的画面任意翻转也是可以的。总之,在摸沙的过程中,大脑中的一切想法都是允许存在的。

此时,我给大家留2分钟左右的时间,让你们专注于感受自己的身体、自己情绪、自己的思维,尝试与自己的心灵进行对话。2分钟后,我再给出我的指导语(留白2~3分钟)。

无论你的思绪在哪里,请各位一直闭着眼睛听我的指导语。

〔此时,带领者可以带入主题,如感恩。请大家回忆一下在自己的生命历程中,有哪些人、哪些事给过自己帮助,哪些人或事值得自己感恩,让大家把这些人与事的细节放大,最后定格。留白1分钟。〕

最后,请大家调整一下坐姿和呼吸……按照自己的呼吸频率做深呼吸,吸气的时候想象着大地、自然界、宇宙的精华和正能量随着气流进入我们的身体各处,让气息在腹部多停留一会儿,使腹部尽可能地鼓起来,停留三秒钟……呼气的时候收回腹部,想象着把身体的代谢废物、负能量随着二氧化碳排除体外……吸气和呼气的时候体会一下气流在鼻孔中流动的感觉……让我们的情绪慢慢地平静下来(此时可以慢慢地增加室内灯光的亮度)……带领者倒数5个数,当数到1时,请大家按照自己的节奏睁开眼(有节奏感的)。

(五)说明主题,说明操作规则

1. 主题

结合积极心理学原理及大学生心理健康指导纲要,我们规定,一次团体沙盘操作40~70分钟,一次操作完成一个主题。我们的主题分为一般指导性主题和积极心理品质主题。

(1)一般指导性主题参考

(温馨的、幸福的、和谐的、团结的、美丽的)家(校、医院、公园)

(快乐的、幸福的、充满欢乐)童年

(成长中的、发奋的、有荣誉感的)少年

(神奇的、天然的、美妙的)四季

(幸福的、快乐的)一生

在一般指导性主题设置中,我们应避免使用不确定的或负面否定词语作为前缀,如"难忘的""印象深刻的""悲伤的""苦难的""讨厌的"等。这既是出于伦理方面的考虑,也是出于无意识工作的考虑,更是出于对带领者胜任力的考虑。

(2)积极心理品质主题参考

积极心理品质主题可以为"感恩""勇敢""坚持""自律"等,我们最好结合"道德与法制"课程的主题来设置团体沙盘活动主题。

2.操作规则

规则一:请大家寻找主题下的1~N(带领者根据小组人数及培训时间来确定拿沙具的数量)个沙具回到小组,之后参与者根据自己摆放沙具;界定动沙子是否算一次动作。参与者把沙具全部摆完后,与大家一起分享自己沙具摆放的成果。

规则二:请大家寻找主题下的1~N(带领者根据小组人数及培训时间来确定拿沙具的数量)个沙具回到小组中并等待片刻,然后再根据一次一个人摆一个(或两个),下一个人摆一个(或二个)的规则来摆放沙具,直到摆完全部沙具;界定动沙子是否算一次动作。参与者摆放完全部的沙具后与大家分享自己摆放沙具的成果。

规则三:在主题下的指导下,参与者依次去拿沙具并轮流摆放沙具,如先由一个人拿两个沙具摆在沙盘里,然后第二个人去拿两个沙具再摆放在沙盘中,第三个人也如此,依此类推明,直到所有人摆放了沙具。在第二轮中,第一个人再去拿两个沙具摆上,第二个人也再去拿两个沙具摆上,第三个人看第二人摆放结束后,再拿自己的两个沙具摆在沙盘上,依此类推,直到所有人摆放结束。界定动沙子是否算一次动作。参与者摆放完全部的沙具后与大家分享自己摆放沙具的成果。

规则四:在沙盘师的音乐或感人故事的带领下,大家拿回数量不等的沙具回到小组里进行自由摆放。全部沙具摆放结束后,轮值组长率先分享自己的沙具及沙具故事。小组成员全部分享之后,再由轮值组长决定是否再制定新的规则来重新摆放沙具(这个新规则更适用于抽象的主题设置)。

(六)沙盘摆放环节(无意识工作)

沙具摆放的过程就是无意识表达与整理的过程。无意识水平的工作是非言语的,因此,整个沙具摆放的过程中是非言语(有声与无声)的;自己决定自己的沙具的摆放位置;沙具一旦摆放好后,自己就不能再动沙具了;别人的沙具无论在组内分享还是组间分享时,任何人都没有权力触碰。

(七)组内分享(无意识意识化的过程)

组内分享是一个非常重要的过程,可以加强意识与无意识的沟通及对话。低年龄阶段的小学生可能说不出自己的感受,但是认识沙具及摆放沙具的过程就是其自愈的一个过程,带领者要相信学生们自己的内在力量。

主要分享结构:

第一轮:自己拿了什么沙具,它们代表什么,拿这些沙具的理由是什么,摆放的理由是什么?

第二轮:摆放过程中自己的感受,自己对整体画面的感受?

例1:在我放完了自己的X沙具后,(谁)又在我的沙具旁边放了一个X沙具,我高兴[难受,甚至害怕(表达情绪)];这个沙具一放,我特别的~(表达情绪)

例2:这个画面越来越让我感觉完整(或凌乱、有序……)

例3:我看到他摆的……,我喜欢(不舒服),让我想起……

第三轮:命名(最后沙具呈现的画面如果与主题不符,我们可以对其进行重新命名)

(八)组间分享(促进无意识意识化)

组间分享既开拓了意识与无意识多层次的沟通渠道,又扩大了意识容器(可以有同一主题或类似主题,画面也不同,叙事也不同),同时也提升了团体的安全感与凝聚力。

组间分享结构:

沙具呈现的画面的主题是什么?

与主题相关的故事(讲解者按照自己的理解或根据组内集体的智慧,作1～2分钟的讲解)

(九)大组分享

请大团体中的两三个人再次作分享。分享一方面可以让大家了解全体成员对沙盘活动的理解,另一方面也可以帮助带领者反思自己的工作状态。

(十)宣誓结束此次操作

带领者领读宣誓词:我只带走我的感受,留下别人的故事!宣誓人:XXX

四、半结构无主题沙盘操作

随着小组成员越来越成熟,有时"轮值组长"也可以不设置主题,以便让自己与小组成员的无意识可以得到更加顺畅的表达。

步骤1:设置"轮值组长";

步骤2:"轮值组长"规定是否要有主题,是否要有规则等;

步骤3:创作沙盘画面;

步骤4:由"轮值组长"决定如何开始组内分享;

步骤5:"轮值组长"决定规则来调整小组画面;

步骤6:小组成员给沙画命名;

步骤7:组间分享(两个组以下,可以进行组间分享);

步骤8:拍照;

步骤9:请两三位体验者谈谈今天的感受;

步骤10:总结并结束。

五、团体沙盘核心下的一对一个案操作

团体沙盘中有时不能照顾到个别人的个别问题,需要进行一对一的沙盘工作。

步骤1:请来访者(成人)进来坐下,简单介绍沙盘心理技术;

步骤 2：请问他想坐在哪里（最好坐在沙盘边上），并请问他希望你（沙盘师）坐在哪里，如果他没有要求，沙盘师就选择坐在与来访者相隔稍远一点的位置上，或是自己更习惯的位置上；

步骤 3：告诉他时间设置，并告诉他可以随意拿沙具，想怎么摆就怎么摆。如果来访者（成人）不知道如何开始，可以带着他摸摸沙，或看看沙具，有他喜欢的就拿回来；

步骤 4：以来访者为中心，他想拿多少就拿多少，想如何摆放就如何摆放，直到他满意为止。这个过程是一个非言语的过程，沙盘师关照他、守护他，不打扰他进行无意识的创作。如果他一直在摆，可以提醒他时间；

步骤 5：来访者摆放结束，可以请他说说他的心灵花园。特别是成人来访者，问一个开放式的问题后，如果他没有马上回应你，则可以留出一定的时间，等待他感受与思考。沙盘师一定要秉承"四不二重"的原则，带着关爱与陪伴，积极倾听、默默欣赏与等待；

步骤 6：用开放式语句请他谈谈对沙画的某一部分或某一个沙具的感受；

步骤 7：告知来访者可以随时修改自己的沙画；

步骤 8：到时间后可以结束沙盘工作；

步骤 9：拍照及拆除等。

六、结构式沙盘团体不同阶段的设置

真正的沙盘工作一般一个疗程为 12 次以上，进行 1~15 次团体沙盘工作的是短期沙盘团体；进行 16~30 次团体沙盘工作的是中期沙盘团体；30 次以上的是长期沙盘团体。在进行团体沙盘操作时，遵循"复杂的事情简单做，简单的事情重复做，重复的事情认真、用心做"的原则，相信沙盘的自我成长功能，相信团体的互动与凝聚力，相信每一个人都有成长发展的内驱力。我们可以根据受训人群具体情况来设置培训目标，并根据培训目标来选择如下的操作。

1. 短期结构式沙盘团体的设置

第一次团队破冰、分组与建设；

结合培训目标进行一般主题及积极心理品质主题的设置，前后主题要有逻辑递进关系，如在目标下我们先解决什么问题，后解决什么问题。按着这样一个脉络进行设计。

2. 中期结构式沙盘团体的设置

能走到中期的团体小组成员对于设置更加熟练，并且个人成长意愿更强，相互之间的接纳与包容更多，因此在中期结构式团体沙盘设置中，小组可以是半结构式的，一切都交给"庄家"。在以"庄家"为主的沙盘操作体验与讨论中渐进式地触摸个体无意识，"发现"情结并学会"处理"情结，特别是处理"性情结"与"钱情结"。在不断操作体验中，深入体会沙盘疗法工作的自由、安全、受保护的意义。

3. 长期结构式沙盘团体的设置

累积工作30次以上的沙盘团体的操作应用更注重小组成员相互之间的安全感,进一步提高来访者在沙盘情境中觉察个人"情结"及处理"情结"的能力,并让来访者逐步掌握在沙盘情境中发现阴影及处理阴影的能力,提高共情能力,同时注重个人成长,逐渐修通个人的成长之路,并逐步掌握相关技能。

七、沙盘团体操作中应注意的问题

1. 当团队成员不遵守规则时

当有的团队成员在沙盘操作活动中不遵循规则时,培训师所做的提醒不要针对某一组或某一人。对培训师来说,最重要的是自己相信并能让学员们相信沙盘的治愈功能,相信团体的凝聚、互动能力,相信他们自己内在的成长能力。为此,团体带领者要有足够的耐心等待下去,也许两次、三次、四次,甚至几十次,最终他们会在团体沙盘体验中获得治愈。

2. 成员有情绪反应时

在团体沙盘操作过程中,若有成员情绪特别是负性情绪反应比较大,培训师首先要"保持住",相信他自己和小组成员的治愈能力,给他足够的时间表达情感。必要时可以调动小组成员用他们自己的方式来陪伴这位同伴。如果他情绪反应特别激烈,可以适当地拥抱这位成员。

3. 当团体沙盘中有突发状况时

当团体沙盘中有成员突然大喊、大叫,或与别人爆发激烈争吵时,培训师要给他足够的时间表达情感,相信他自己和小组成员的内在沟通能力和内在解决问题的能力。也可以根据实际情况做些干预,将争吵平息下来,并将其作为在小组内进行讨论的问题之一,在培训中或者培训后讨论这个问题。

4. 团体沙盘工作的时间提醒

在团体沙盘工作中,根据时间设置可适当提醒成员关于沙盘工作的时间。

5. 当小组成员不想表达时

当小组成员不想表达时,我们应关爱和陪伴,给他一定的时间与耐心。如果他实在不想说,我们就静静地陪伴一会儿。

6. 被邀请参加小组活动时

当只有一个小组在进行沙盘操作时,若培训师受到组员邀请进入小组活动时,则培训师可以放下"专家面具"进组一起"玩"。但如果有两个以上的小组在进行沙盘活动时,建议培训师尽量不参加任何一组的活动。

7.有人不想参加活动时

小组成员是否参加沙盘活动要采取自愿原则,如果有的成员不想参加某一轮的沙盘活动,应尊重他的选择,不强迫他。

8.小组某成员报告有人"捣乱"时

当有小组成员向培训师报告小组内有人"捣乱",培训师要给"捣乱"的人足够的时间,让他通过"捣乱"来表达需要,相信他自己和小组成员的内在沟通能力和内在解决问题的能力。培训师可以把这个问题交给这个小组来讨论,相信小组能很好地解决这个问题。

9.小组某成员询问是否可以多拿沙具时

小组某成员询问他是否可以把一组沙具算一个沙具时,把这个问题也交给小组来讨论,或最后由"庄家"来决定。

八、团体沙盘案例报告的总结与督导

(一)团体沙盘案例报告的总结撰写

1.人员构成:自然情况(年龄、性别、民族、社会角色、成长环境、诉求问题、是否有诊断);他人主诉状态;沙盘师观察;

2.团体形成过程;

3.设置(共几次,每次的时间长短,规则由谁制定,程序等;此设置的理由);

4.过程(每一次):

(1)具体时间(某年某月某日某时某分开始~某年某月某日某时某分结束);

(2)规则设置如何(一次几个,摆放轮次,由谁开始,动沙是否算动作等);

(3)画面的形成过程(画面呈现一定要标注"庄家"的位置);

(4)分享感受(每一个人的感受);

(5)沙盘师的感受。

5.怎么结束(每一次结束;整个疗程结束);

6.结束时每一个成员的状态如何;

7.沙盘师对自己工作的反思;

8.列出需要督导的问题。

(二)沙盘个案报告的撰写

1.来访者的一般情况(年龄、性别、民族、社会角色、成长环境、诉求问题、是否有诊断);

2.家庭背景资料;

3.个人成长经历;

4.沙盘师对其的印象；

5.有关的评估；

6.协商的方案、时间、收费等；

7.每一次工作日期及工作时间；

8.每次沙盘的形成过程(特别是初始沙盘要尽可能的详细)：

(1)沙具的摆放顺序(动作、表情、速度……)；

(2)来访者的感受；

(3)沙盘师的感受；

(4)工作的介入点。

9.沙盘实施经过总结；

10.列出需要督导的问题。

(三)团体沙盘师工作后的反思

体验式学习既是沙盘疗法学习者学习的方式，又是学习者以一个沙盘来访者的身份体验心路成长的历程。在了解掌握相关理论的基础上，通过不断体验和累积案例获得内心的稳步成长，成为一个真正合格的沙盘师。因此，每一次工作都是一次成长的过程，每一次沙盘工作后都应做如下工作。

1.觉察自己的不舒服

在每一次沙盘工作后，沙盘师都要去发现自己的"舒服"与"不舒服"，特别是要在自己的"不舒服"中寻找自己的"情结"，并分享与这个不舒服连接的个人故事来处理这个"情结"。如果仅仅是"感觉难受"，但并不知道这个难受的根源或"情结"的内容是什么，也不用太着急，只要能感受着当时的感觉觉察并尝试接纳当时的状态就好，也许在某一天这种持续的感觉会让你一下子顿悟，并找到理解和处理好自己的"情结"的方法。

2.向来访者学习

沙盘师要以虔诚、虚心的学习态度来鼓励来访者继续谈其对自己沙盘的看法和感受，沙盘师从来访者的叙述中学习和成长。

3.必要时真诚地分享

如果沙盘师认为条件许可(与来访者建立起了安全的关系)，那么可以谈谈自己的感受(刚才沙盘过程中自己的情绪体验、身体的感觉以及与这种情绪感受、身体感觉相连接的自己的故事)，特别是"真诚地分享自己的故事"非常重要。

4.工作后的反思

当一个来访者再三邀请沙盘师谈一谈对其沙盘的看法和评价时……

来访者的语言让你不舒服时……

来访者认为做沙盘没有意思时……

来访者分享的内容越来越少时……

来访者越来越快地结束沙盘并想早点离开时……

来访者没有达到你期望的次数时……

面对诸如以上情况,沙盘师首先要进行反思:

第一,我在刚才的过程中是否做到了以游戏的心态积极、认真、用心地参与其中?

第二,我是否做到了带着关爱陪伴、守护、观照来访者?

第三,我是否做到了耐心地"倾听"和等待?

第四,我是否完全做到了(不仅在口头上,而且也在心里)不分析、不解释、不评价、不判断?

第五,我是否在默默地欣赏,是否做到了用心感受?

第六,我是否真的相信沙盘疗法的自我功能?

第七,我是否真的相信团体的凝聚力、治愈力和转化的动力?

第八,我是否真的相信每个人内心具有良知,即人类"24种积极心理品质"并在"事上践行这种信念"?

(四)团体沙盘案例督导

接受督导是心理学工作者成长中最重要的工作之一,是成长中的沙盘师接受更高一级的沙盘师督导或平辈督导,帮助成长中的沙盘师深入觉察自己的工作理念、工作态度、工作过程等的一个非常好的方式。接受督导一方面可以促进沙盘疗法经验的累积并提高能力,另一方面也可以加快沙盘师的人格成长与发展。

进行团体沙盘案例督导时我们仍坚持"四不二重"的工作原则,并且遵循工作流程,让被督导者在安全保护中成长。

1.团体沙盘疗法的平辈督导

每一次团体沙盘工作最好有两位以上培训师,或成长小组在做完一次沙盘体验之后,每一位成员及时坐下来真诚地分享与讨论在沙盘工作过程中自己的感受:第一,总结从小组成员的带领中学习到什么;第二,讨论"假如我是你,我在某一点上会如何做"。这样的讨论既遵循了"四不二重"的原则,又从自己的视角讨论问题并给出解决方案。

2.团体沙盘疗法的案例督导

(1)请接受督导者提交并报告个案;

(2)请接受督导者先转换角色"督导自己";

(3)邀请在场的其他沙盘师谈学习感受及针对督导问题以第一人称单数表述自己的工作经验;(适用于团体督导)

(4)督导师先谈自己的学习感受;

(5)督导师谈针对个案报告的总结;

(7)督导师对需督导的问题以第一人称单数回应；
(8)总结有关理论及介绍相关资料和信息；
(9)说结束语。

第四节　沙盘疗法的应用

从沙盘疗法的使用领域来看,沙盘疗法最初被应用于临床,近十年才被引入学校;从使用价值来看,该技术既可以用于治疗,又可以用于正常人的心理保健;从适用人群来看,该技术对不同年龄段的人都适用;从使用方式来看,沙盘疗法最初用于个案研究,近年来才开始尝试团体沙盘心理技术的应用。由于篇幅所限,本节主要介绍结构式团体沙盘心理技术在高校的应用。现在结构式沙盘心理技术在各高校应用较多,如大学生心理健康课程、辅导员减压、宿舍管理、党群建设、团队凝聚力等。下面仅是应用过这一技术的案例中的一小部分实例。

一、教师压力应对实例——学生工作者的减压沙盘团体方案

1. 破冰热身；
2. 摸沙静心,0 代表没有压力,10 代表有非常大的压力,选取一个压力值在 4～6 分的压力事件,感受这个事件带给你的困扰；
3. 选取 2 或 3 个沙具代表这个压力事件,并将沙具摆放在沙盘中；
4. 顺时针方向依次观察和感受小组成员的沙具；
5. 依次分享自己的压力事件及感受,依次听取小组成员对自己摆放的沙具的感受,扩大意识容器；
6. 选取一个沙具代表你正在采取或想对自己的压力事件所采取的应对方式,同时为每一个成员选取一个沙具代表"假如我是你,我将如何应对这个压力事件"；
7. 依次分享,并挨个儿送上代表自己的应对方式的沙具；
8. 整合沙盘,分享感受；
9. 拍照,保密宣誓。

该活动结束后一般来访者均会反馈其感受到的压力值明显减小,甚至完全消失,感觉收获了很多应对方式和方法,内心充满力量。此方案可应用于辅导员团体的工作减压和工作热情的恢复,为思政工作提供人力保障。

沙盘制作过程要求保持非言语状态,分享过程要求成员耐心倾听、默默欣赏、用心感受。具体操作还需接受过团体沙盘心理技术培训的人员灵活掌握,遇到困难和问题

需及时寻求督导和接受个人体验以促进个人成长,在活动中发现需要寻求进一步帮助的个体时须及时引导其接受个体咨询。

二、学生干部队伍建设应用实例——学生团队建设沙盘团体方案

1. 破冰热身;
2. 根据学生人数分成 5~8 人一个小组;
3. 摸沙静心,思考"我是谁""我最欣赏的自己的一个优点是什么";
4. 每人选 2 或 3 个沙具代表自己,在非言语的状态下将沙具摆放在沙盘中;
5. 用猜拳的方式选出"轮值组长",从"轮值组长"开始依次分享所选沙具代表的含义,介绍自己;
6. 根据小组成员特点选出队长,确定队名、队歌、队形,在队长的带领下用大家所选的沙具共同创作一个团队的沙盘作品;
7. 在大团队中依次分享和展示小组风采,包括介绍团体沙盘和第 6 步中的所有内容。

此方案可应用于多种团队建设,如学生会、团委、班级、党支部、支教团等,可快速凝聚团队,使成员认识了解彼此。活动时间至少需要一个半小时,时间越多分享越充分,感受和收获更多。如果只有一组人员,可将第 6 步改为:选出一个队长,在大家必须共同遵守的团体沙盘游戏规则(如在摆放过程中不说话,不可能移动他人的沙具)下,由队长制定补充规则,用大家所选的沙具共同创作一个沙盘作品。然后依次分享创造过程中的感受,分享对团队作品的感受,期待改变的地方,对希望调整的沙具征求主人的意见,沟通互动,调整整合,直至大家都满意。最后共同商议作品主题。

三、突发事件应激晤谈沙盘应用实例——同学突然离世后的生命教育主题班会

1. 摸沙静心,回忆知道该事件后给自己带来的影响和冲击,关注自己的情绪感受、伴随的身体感觉,在此基础上头脑中出现的画面、回忆、意向及想法等;
2. 选取一个"轮值组长",确定一个顺序,依次分享自己听到或看到此事的经历;
3. 再拿一件沙具来代表此事发生后的感受及受到的影响和冲击;
4. 再次摸沙静心,回忆与该同学相处的一件快乐的事,越具体生动越好;
5. 选取一个沙具,依次分享你与该同学之间发生的宝贵的故事;
6. 选取一个沙具,代表你从该同学身上学习到的优点,依次分享;
7. 选取一个沙具,代表你从这件事中所体悟和学习到的关于生命的内容,依次分享;
8. 虽然该同学已经离开,但假设该同学听到他的过去和他的离开都有助于你,你想他会跟你说什么? 依次分享;
9. 选取一个沙具,代表你送给该同学的祝福;

10. 由"轮值组长"带领,整合所有的沙具,完成一个以"生命"为主题的团体作品;

11. 为沙画命名,依次分享今天的学习和感受。

12. 拍照,保密宣誓。

本次班会主题是生命教育,融合了叙事的团体危机干预的理念,用沙盘的方式可以让同学们的情感表达得更充分,对生命主题感悟得更深。班会可以有很多主题,均可用结构式团体沙盘的方式进行操作,如压力应对、考前焦虑缓解、人际关系、生涯规划等。

还可以根据学校实际情况,有创造性地开展各种团体沙盘活动。

四、主题教育沙盘应用实例——感恩教育活动方案

1. 破冰热身;

2. 带领者拿一个沙具分享自己的一个感恩故事;

3. 摸沙静心,回忆自己的生命历程中最想感恩的人和事;

4. 选取 3 或 4 个沙具代表想感恩的人和事;

5. 选出"轮值组长",依次分享感恩故事;

6. 由"轮值组长"带领,按照一定规则,用所选的沙具共同摆出一个以"感恩"为主题的团体沙盘;

7. 依次分享制作过程中的感受,为沙画命名。

8. 拍照,保密宣誓。

五、大学生恋爱成长与指导系列课

我们主要利用团体沙盘心理技术让大学生进行自我认识,提高自己对两性关系的认识,并通过形象指导,促使大学生达到身心合一的目的。

课程形式:5 或 6 人组成一个沙盘团体小组,100 人可以同时进行团体沙盘体验。

单元	课程内容	目标
第一单元:团体沙盘情境下的加强主人格稳定	沙盘主题:"我最棒"	通过一系列沙盘操作,让每一个来访者正确地认识自己,修正自己,培养优秀品质(主人格),扩大意识容器,以便有更宽广的心胸看待恋爱婚姻中的问题,从而更具有包容、温暖他人之心
	沙盘主题:"我骄傲"	
	沙盘主题:"感动我心"	
	沙盘主题:"温暖我心"	
第二单元:团体沙盘情境下的听听自己内在的声音	沙盘主题:送给自己内在孩子的礼物	通过一系列团体沙盘操作,了解一下自己最真实的恋爱观及恋爱需求,并满足自己的无意识需求,以达到身心合一
	沙盘主题:幸福梦想	
	沙盘主题:曾经的"爱"	
	沙盘主题:送给另一半的礼物	

续表

单元	课程内容	目标
第三单元：团体沙盘情境下影响婚恋关系的两个重要"情结"的感受与处理	沙盘操作：钱的意识的最初形成	通过此部分的操作，清晰地了解我们无意识中"性与钱"情结的影响，并能在恋爱与婚姻中摆脱这些情结的控制，多一些理性
	沙盘操作：性的意识的最初形成	
	沙盘操作："钱"情结的测量与处理	
	沙盘操作："性"情结的测量与处理	

六、大学生生存之道——职业生涯规划团体沙盘

独生子女、考试、扩招、社会岗位等问题，使大学生就业、创业成为一个非常大的难题。而影响就业、创业的不仅是专业与技术本身，更多的是人格与心态（心力量）。我们设计此系列课程，旨在训练学生养成良好的就业、创业心态，并完善人格，使之具有就业、创业的"心力量"，以减轻社会压力。

通过团体沙盘疗法训练，让每一个学生树立自信，加强优秀品质的培养，有足够多的准备来迎接来自社会大熔炉的各种考验。

1. 优势测试

(1) 职业生涯彩虹图；

(2) MBTI 和霍兰德职业测试。

2. 团体沙盘系统课程

单元		课程内容	目标
优势分析与测试		优势是天生的，我们通过测试，可以找到每一个学生的职业趋向	
第一单元：自信心提升	1	我们棒棒的	通过此环节的训练，让每一个来访者真正地了解自己的优势与优点，找到自己最深层的动力，为今后的就业与创业奠定一个良好的心理基础
	2	最骄傲的事	
	3	自卑与超越	
第二单元：就业与创业的优秀品质	1	感恩	就业与创业需要我们主人格稳定，我们通过结构式团体沙盘疗法情境，让每一个来访者调动他内在积极的力量，将其转化为他日后工作与创业的原动力
	2	坚持	
	3	创造	
	4	诚信	
	5	包容	
	6	自信	

续表

单元		课程内容	目标
第三单元:沟通能力	1	换位思考	就业与创业面对的是更加复杂的人际关系,有了较高的沟通能力就能解决因人际关系带来的困惑
	2	倾听、接纳	
	3	我说你听	
第四单元:明确方向	1	未来愿望	不断明确职业目标与人生目标,并在沙盘工作中了解实现这些目标的途径与愿望
	2	实现愿望	
	3	荆棘与克服	
	4	梦想实现	

团体沙盘疗法正在申请中国心理学会标准化建设项目中。十几年的实践已使团体沙盘疗法让沙盘游戏走下神坛,一般学生工作者经过适当培训后均可掌握并操作这一疗法,在进行团体沙盘疗法的过程中无论带领者还是来访者的获得感都显著增强。但需要强调的是,该技术虽然入门快,但要成为一个合格的团体沙盘师,不仅需要参加专业的培训,还需要进行重复的持久的个人练习,并在实践过程中接受专业的督导。我们认为,团体沙盘带领者需要具备包容的能力、尊重的能力、非言语的能力、协助和支持的能力、共同探索的能力、回应的能力、自我成长的能力。格斯拉·德·多美尼科认为,沙盘师需要有自觉地投入体验的能力,需要有容纳新体验的能力,需要有从容进出体验的能力。这些能力的获得和提升无不需要长久的学习。但只要体验就有成长,只要实践就有收获。

思考与练习

1.沙盘疗法的发展历程是怎样的?
2.沙盘疗法的主要程序是怎样的?
3.结构式团体沙盘疗法操作中要注意哪些问题?

推荐书目

1.伊娃·帕蒂丝·肇嘉.沙盘游戏与心理疾病的治疗[M].广州:广东高等教育出版社,2006.
2.董琳琳.团体沙盘游戏新世界[M].北京:中国石化出版社,2019.
3.[英]乔尔·莱斯·梅纽因.莱格学派沙盘游戏疗法[M].北京:中国人民大学出版社,2018.

第九章

书道疗法

内容简介 书道艺术是书法与艺术表达的完美结合,是书法家综合素养与人生境界的体现,突出了书道疗法的文学性与美学性。本章主要介绍了书道疗法的源起及发展,从六个方面分析了其理论基础,重点阐述了书道疗法的具体实操方法及其在不同领域中的应用。

学习目标 1.了解书道艺术的发展历史;

2.学习书道临习摹写的方法;

3.提高文化修养,传播书道精神。

第一节 书道疗法概述

一、传统文化与书道艺术

中国是世界四大文明古国之一,中华文化源远流长。被称为"中华传统文化的长城"的中国文字,更有着"立马昆仑独步青云"的高雅特质,从仓颉造字到商朝的甲骨文以及后来的钟鼎文,都记录着中华的文化精神。它承载着中华文化思想的表达和交流,经过漫长岁月的积累和发展,已经形成了一门独特的书道艺术。中国传统文化与书道艺术之间的关系是相辅相成、互相渗透、各具特色而又紧密相连的。

中国传统文化涵养了中国书道艺术。文化是随着人类的出现而产生的,是人与自然界发生关系后而留下来的人化的印记,它包括三个层面:观念文化、制度文化和物质文化。书法是在观念文化产生后作为思想文化表达和交流的工具而出现的。书法开始是作为表达交流的符号,但随着积累、创造和发展,书法逐渐演变成一门富有美感的艺术,其最典型的代表就是中国书法。中国书法是世界上独特的书法,它是图像化、节奏化了的自然,也是中国特有的文化现象。中国书法开始是以象形为基础的,后来虽然逐步抽象化,但无论发展到哪个阶段,抽象到什么程度,其精髓里仍然保留着象形文化的神韵。中国历代书法家前仆后继地钻研提升,使中国书法从"泥土"走向"书卷",品位越来越高,最终成为世界上独特的文化艺术。

中国书道艺术展现了民族文化的美感。三国时期伟大的政治家、书法家钟繇论书法:"笔迹者界也,流美者人也,非凡庸所知。见万象皆类之,点如山颓,摘如雨线,纤如丝毫,轻如云雾,去者如鸣凤之游云汉,来者如游女之入花林。"这里说的是书法和绘画是相通的,具有表达绘画艺术的功能。唐人李阳冰论笔法:"于天地山川得其方圆流峙之形,于日月星辰得其经纬,昭回之度。近取诸身,远取诸物,幽至于鬼神之形状,细至于喜怒舒惨,莫不毕载。"这段话说明书法与文章相通,它取象于自然的规律、人心的逻辑,贯穿于文学的美感。近代雷简夫说:"余偶画卧、闻江涨瀑声,想其波涛翻翻,讯决掀摇,高下蹙逐奔去之状,无物可以寄其情,遽起作书,则心中之想尽在笔下矣。"这段话的意思是说写字可网罗声音意象,具有音乐的美感。对古代文人而言,读书治学与写诗填词是家常事,也是书法创作必不可少的文化素养,还是书法风格形成以及书法精神内涵表达最为重要的因素。研究书法最重要的是从学理层面探求书法的本质,挖掘影响书道艺术风格的根本因素;读书与诗词写作提升书法家的学养与品格,调养书法家的心性与气质,这其实就是书法艺术的风格根源所在。不仅仅是笔法、结构和章法的外显形式特征,线条粗细、字形大小、字势欹正、章法巧妙甚至包括书写时的气韵流向、节奏变化等内隐形式特征都属书道艺术风格,其中作品中的精神气质与气韵神采是书道艺术的风格核心,而这些不是书写技能这样的"表现工具"所能实现的,更不能将艺术风格等同于技法表现。书写内容与书道艺术的关系不是简单的素材与表现之间的关系,二者之间精神内涵高度融合。

二、书道艺术表现形式

我国书法历史悠久,书法字体可分为篆书、隶书、楷书、行书、草书五种。

(一)篆书

从出土的龟甲兽骨上刻划过的笔迹,可以窥见当时书写的特色,其被称为"甲骨文";商周时代出现的铸在钟、鼎、货币、兵器等青铜器上的铭文,称为"金文"或"钟鼎文",其表现出的书法字体渐趋整齐,风格圆转浑厚且字形变化丰富;春秋战国时代刻在石簋、石鼓上的文字叫作石鼓文,也叫籀文,笔画雄强而凝重,结体略呈方形,风格典丽峻奇。上述的甲骨文、金文、籀文,秦代称之为大篆。

公元前221年,秦始皇统一中国,废除六国异体字,由丞相李斯整理、简化、统一的字体,后人称之为"小篆",其字体略长而整齐,笔画圆匀秀美。

(二)隶书

隶书相传为秦末程邈在狱中所整理创造出来的,去繁就简,字形变圆为方,笔画改曲为直,"连笔"改为"断笔",线条转为笔画,更便于书写。这种书体流行于"徒隶"(下层办公文的小官)之中,故称为隶书。到汉代这种书体开始盛行起来,成为主要书体。隶书的出现是汉字演变史上的一个转折点,奠定了楷书的基础。隶书结体扁平、工整、精巧。到东汉时,撇、捺等点画美化为向上挑起,轻重顿挫富有变化。隶书增加了书法造型艺术的美感,风格也趋多样化,艺术欣赏的价值大大提高。

(三)楷书

楷书又称"正书""真书",从隶书逐渐演变而来,更趋简化,字形由扁改方,笔画中简省了汉隶的波势,横平竖直,其特点在于规矩整齐,所以称为楷体。其作为"楷模"通用的书体,一直沿用至今。楷书盛行于六朝,至唐代出现了繁荣局面,达到了高峰。这种字体至今还是初学书法的关键。

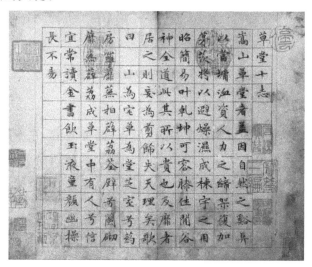

文徵明小楷

(四)行书

行书始于汉末,它不及楷书工整,也没有草书潦草。行书中带有楷书特点或接近于楷书的字体叫作"行楷",带有草书特点或接近于草书的字体叫作"行草"。

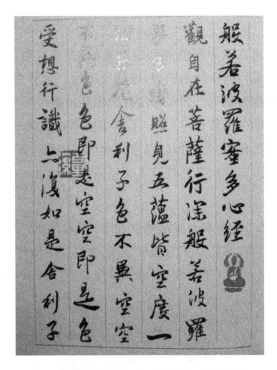

仲明子先生临摹赵孟頫《般若波罗蜜多心经》

（五）草书

草书是按一定规律将字的点画连字，结构简省，偏旁假借，并不是随心所欲地乱写，草书的特点是艺术欣赏价值大于实用价值。其一般分章草和今草两种。章草是隶书简易快写的书体，字字独立不连写；今草是楷书的快速写法，点画飞动，上下之间笔画痕迹往往牵连。

三、书道疗法的概念

书道艺术是书写内容与艺术表达形式的完美结合。书道疗法是书道艺术家所特有的才情、气质、胸襟、情感等方面的精神传递，是诗文作者综合素养与人生境界的体现，因此，书写文采绝妙的诗文是书道艺术传承的重要特点。书道艺术家书写自作诗文或书写经典更有利于展现人文情怀、艺术整体素质和高雅艺术精神。基于此，书道疗法更具文学性和美学性，易于提供适宜的欣赏和学习环境，为促进接受艺术治疗的来访者轻松学习和体验提供有效帮助。

理解和定位好书道疗法的内涵，才能更好地理解书写汉字的意义，这样才能使书写的诗文内容与书法的艺术表现高度融合，形成并体现中华民族文化特有的艺术形式与人文精神。也只有这样，才能让书法真正传承我国优秀传统文化的文脉，在社会主义中体现"文化自信"的精神内涵，才能让书法艺术的民族特色和文化精神得到弘扬与发展。

放眼世界，书道疗法已经被推到了新的历史高度。中国书法在国际上受到追捧，其艺术价值也得到人们的认同。世界上许多文明古国，如古希腊、埃及、印度也有书法，但其书法主要还是作为思想文化交流的符号，没有像中国书法那样成为一门独特的艺术。中国书法的理论也是很丰富的，如孙过庭的《书谱》、欧阳询楷书结体三十六法、尹秉绶书法教学法等。书法绘画艺术是一种含蓄的文化表达方式，尤其是书法艺术是通过象形和意象来表达思想感情的，更加有思想的隐含性，也就有更宽广的传播渠道。另外，中国书法具有强烈的美感诱导性，而审美观念又为世界各个民族所共有，因此中国书法更易于被各个民族接受。

在文化自信背景下，中国文化的内涵迅速提升，以中国书道艺术和书道疗法为工具在世界范围内进行文化传播和交流，为弘扬中华文化和推进世界文化艺术大融合做出了应有的贡献。

第二节　书道疗法的理论基础

一、传统六艺修身养德

礼——不学礼无以立。礼，即为道理，承顺天道，又合乎人情。一个人的道德仁义，乃藏于人心而发于行为，必由礼以修之，内诚于心，外导言行。好礼，故常能反躬自省，不为环境所动。乃至家国天下，无不以礼为辅。好礼，故天下国家皆得正道，民生安定康乐矣。

乐——移风易俗，莫善于乐。自有生民，即有声乐，较语言文字为先。人心感外物而生喜怒哀乐，乐生于人心以抒情。治世之音和畅庄严，提升正气，政和人乐。音出本位，沉闷忧浊，乱人心神。故音乐生于人心，通于伦理，当制当吟德音雅乐移风易俗。

射——君子无所争，必也射乎，揖躟而升，下而饮，其争也君子。中国古代的"射艺"不但是一种体育活动，更是一种修身养性的方法。古语云："射以观德。""射者，进退周还必中礼。""发而不中，反求诸己。"射礼本质上即是一种善巧的道德自省导引方式，是华夏先祖寓德于射、寓礼于射、寓教于射的珍贵人文实践成果。

御——依于仁，游于艺；宽转弯，勿触棱。御，乃驾驶技术，古人驾驭马车，今人驾驶汽车，皆为御。驾驭之术，有仁有勇有谋，依于仁方可游于艺。心存仁爱之心，"宽转弯，勿触棱"，则烈马也臣服温顺，舟车也舒适安稳；随一颗周致仁慈的爱心，则游刃有余。故御之术亦莫过于重在修心养德。

书——外师造化，内得心源，立于品，达乎形。书学，立品是第一关头。"品高者，一点一划自有清刚雅正之气；品下者，虽激昂顿挫，俨然可观，而纵横刚暴，未免流露于楮外。故,以道德、事功、文章、风节著者,代不乏人。论书者,慕其人益重其书,书人遂并不朽于千古。"

数——物生有象,象生有数,乘除推阐,务究造化之源者,是为数学。在我国古代,数包括天文、历法、推步、算书、数学、占卜、堪舆、命书、五行阴阳等范畴,以诠释天地万物生化的基本规律,即现在的科学技术。"数"的应用,向内应尽心尽力,向外应合乎天地自然,以求得万物和谐共荣。

二、颐养情志道养生

书道疗法不仅具有养生的作用,而且对于精神情志、五官百骸及人文修养、品质升华具有积极的作用。这是不少学书法的人的共识。有人把这些作用总结成四句话:"洗笔调墨四体松,预想字形神思凝。神气贯注全息动,赏心悦目乐无穷。"

"洗笔调墨四体松"是书道养生第一阶段。在这一阶段,通过洗笔、调墨等预备动作,以达到四体放松,疏通全身气血经络的目的。

"预想字形神思凝"是书道养生的第二阶段。王羲之说:"凝神静思,预想字形大小、平直、振动,令筋脉相连,意在笔先,然后作字。"这就要集中思想,把意识调节到最佳状态。这样人们才能进入形象思维,就会顿觉心旷神怡,气力强健。

"神气贯注全息动"是书道养生的第三阶段。把神、气贯注于书法运动的全过程,关键要做到神领笔毫、气运于手,以此带动全身心的活动。这个阶段可以说是书法运动最实质性的阶段。

"赏心悦目乐无穷"是书道养生的第四阶段。好的作品可以使人赏心悦目,令人乐在其中。学习书法,从自己的创造中得到满足感,心境也随之得到超然与净化,心绪舒畅。

颐养情志,正心养心,养学养礼,学书悟道,可得长寿。书法能让人的心静下来,通过学习书法凝神静虑,少躁动。

1. 学书养心

学习书法可以培养我们耐心、细心的素质。耐者恒也;细者微也。老子说:"天下大事,必作于细。"杜甫有诗曰:"始知豪放在精微。"书法的起笔收笔可培养我们精微的好习惯。

2. 学书养目

书法要心悟手出,耳濡目染,而观察最为重要。孙过庭在《书谱》中说:"察之者尚精,拟之者贵似。"书法尤其注重培养眼的观察能力。

3. 学书正心

柳公权说"心正则字正",通过写字可以提升人格。书法是人心灵的心电图,即"写好字,做好人"。

4. 书法养学

学习书法不仅是在学写字,同时也是在学习传统文化,诸如经子史集等传统文化。孟子说"吾善养我浩然之气",此气至大至刚也。我们注重书法的气息、气韵的培养,更强调"浩然之气"的培养。这是一种向上的精神力量,一种吃苦耐劳的精神。学书须苦练敬字功夫。《弟子规》中说"墨磨偏,心不端,字不敬,心先病",我们做学问、学写字要有虔诚之心、敬重之心,唯持敬重之心才能领略其妙。

5. 书法养礼

不知礼无以立,通过一笔一画的学习,我们可以培养礼。子曰:"非礼勿视,非礼勿听,非礼勿言,非礼勿动。"礼的精神在当今尤有提倡的必要,通过学习书法"克己复礼"。

6. 书法养勤

练习书法需要坚持、勤奋,因而书法会培养人的耐力。唐杜甫《柏学士茅屋》诗云:"富贵必从勤苦得,男儿须读五车书。"

7. 书法养生

学书悟道,可得长寿。《心术篇》云:"书者,抒也,散也,抒胸中之气,散心中郁也。故书家每得以无疾而寿。"长年累月坚持不懈地学习书法是养生强身之妙法。自古书法家多长寿,亦人所共知。书法被认为是养生之首,古代就有"寿从笔端来"的说法,道出了书法与养生之间的关系。唐朝有个和尚叫皎然,曾作诗:"浊酒不饮嫌昏沉,欲玩草书开我襟。"这道出了书法有排解郁闷、忧愁,使人昂扬向上的作用。宋代诗人陆游说:"一笑玩笔砚,病体为之轻。"这是说练习书法,笔下生力,墨里增神,有利于防治疾病,强体健身。毛主席也曾说过:"学习书法能休养脑筋,转移精力,增进健康。"

古往今来,人们把写毛笔字与健康长寿联系在一起,是有一定科学道理的。因为练习书法是脑力劳动,它可以锻炼人的思维能力,同时它也是轻体力劳动,几乎需要周身活动。练习书法不仅要展纸挥毫泼墨,还要用心用神用气。每日临池握笔,开卷书写,必然端坐凝视,专心致志。写字时头正、肩松、身直、臂开、足安;执笔则指实、掌虚、掌竖、腕平、肘起。一身之力由腰部而渐次过渡到肩—肘—腕—掌,最后贯注到五指,运行于毫端。古人云"力发乎腰""务使通身之力奔赴腕下",就是指此而言。练字看上去只是手在动,其实全身的气血都在运行,书写者绝虑凝神,心正气和,身安意闲,血脉通畅,完全进入了"练功"的境地。因此练习书法被许多人比喻为"练气功"。

中医学认为:"人有五脏化五气,以生喜怒悲忧恐。"七情太过可使脏气失调,书法可调整心态,使情绪稳定。狂喜之时,习书能凝神静气,精神集中;暴怒之时,习书能抑郁肝火,心平气和;忧悲之时,习书能散胸中之郁,精神愉悦;过思之时,习书能转移情绪,抒发情感;惊恐之时,习书能神态安稳,宁神定志。可见,书法能调节情绪,促进人的身心健康。可以说书道疗法是防治心身疾病的非药物疗法。

甲骨文《黄帝内经》

根据中医经络学说,手挥笔管,可摩动"足三里"这个强壮穴。我们常用的五指执笔法,不仅可以把字写得刚健有力,而且通过手指活动能调和气血、活络关节、平衡阴阳、有益身体,促进生命活力。同时,写字还具有不可忽视的心理保健作用。唐太宗《笔法诀》说:"夫欲书之时,当收视反听,绝虑凝神。心正气和,则契于去妙;心神不正,字则欹斜;志气不和,书必颠覆……""喜则气和而字舒,怒则气粗而字险,哀则气郁而字敛。"不同的心理状态会使人受到不同的影响暗示,写出的字也各不相同。

敦煌出土《道书大藏》正书

三、笔迹与心理：书为心之像

我国历代书法家、文学家、文献学家、医学家、哲学家对此都有深刻的认识。西汉扬雄说："言，心声也；书，心画也；声画者，君子小人之所以动情乎？"唐代韩愈在评论张旭的草书时说："喜怒窘穷，忧悲，愉逸怨恨，思慕，酣醉，无聊，不平，有动于心，必不草书焉发之。"清代文学家刘熙载在《艺概》中断言："书，如也。如其学，如其才，如其志。总之曰：如其人而已。"这就是著名的"书如其人"观点的由来。在我国民间，也流传着"相人不如相字""见字如面"的说法。可见，笔迹学在我国流传久远而又普遍。国外也有笔迹与心理的研究成果。笔迹评估作为一种心理学的评估手段，只能属于投射测验的范围。它既具有其他投射的优势，又在很多方面与其他的投射测验不同。第一，笔迹评估取样非常灵活，不像传统的投射测验那样需要墨迹、图画等促使被试者做出一定的反映，它仅需要被试者的自然笔迹产品。第二，笔迹产品反映了作者长期以来形成的书写习惯，而这种书写习惯与作者的视觉、动作协调、情绪、注意、思维，乃至个性和能力等心理活动相关，其中含有很大的值得我们去研究的信息量，它比传统的投射测验包含的信息量可能要大得多。

四、书道艺术与疗愈

颜真卿楷书

楷书，字体端正工整，结构紧密，笔法严谨，沉着稳重，适合调节焦虑、紧张、恐惧症、冠心病、高血压、心率失常来访者的心理。

行书,字体如行云流水,轻松自如,对抒发灵性、培养人的灵活性和应变能力很有帮助,适合忧郁症、有强烈自卑感、手足麻痹、脑血栓来访者练习。

草书,体态放纵,笔势连绵回旋,离合聚散,大起大落如风驰电掣,一气呵成,尤其适合精神压抑、忧郁者抒情达性,而不适用于焦躁者。

隶书,书体从容,风格变化多端,形象丰富,对于调节焦躁不安、固执偏激的情绪有帮助。

篆书,严正安稳、行笔缓慢,尤适合焦虑、紧张和躁动者练习,有利于调节心理,适合冠心病、高血压来访者的辅助治疗。

五、敬畏艺术,敬天爱人

书道艺术必须苦练敬字功夫,也就是敬畏艺术,敬天爱人。

所谓"敬天",就是按事物的本性做事。这里的"天"是指客观规律,也就是事物的本性。书道艺术用之于艺术疗愈,应遵守以下基本原则:明确艺术疗愈的意义;设立具体的目标;胸怀强烈愿望;以坦诚之心待人,以诚挚之心处世。这是一般事物的本性要求,按这些本性要求去做事,就是遵循天道,遵循天道则无往而不胜。

所谓"爱人",就是按人的本性做人。这里的"爱人"就是"利他","利他"是做人的基本出发点,利他者自利。书道艺术用之于艺术疗愈,要从"自我本位"转向"他人本位",以"他人"为主体,明确自己是服务于他人,辅助于他人的。

六、五行相生,五步心法

五行相生以利身心,五体书法艺臻至境。习字修身,俭以养德,怀真抱素,书道至乐。书道艺术,身体力行,五步功法,书道可成。

第一步:核心一字——敬,五行——木。

要领:端正身体,敬字功夫。

练习心法:心存敬畏艺术、敬天爱人之正念,整理书屋,备齐五宝(纸墨笔砚、字帖等),洗手执笔,五行东方木,心中默默祈请,仓颉文曲,莅临加持,读帖读文数遍,端坐身体——头正身直足安,进入书道之门。

第二步:核心一字——净,五行——火。

要领:打扫心田,呼吸匀缓。

练习心法:心无旁骛,唯精唯一。见字放光,大如牛斗。深呼吸五遍,一腔浩然气。打扫心田,呼吸匀缓。提笔临写,笔法俨然。心中字字珠玑,胸腔点点烛光。全身发热,五脏舒泰。三遍描临,一遍心临,再书一遍,以摹象为唯一标准。每次练字以一刻钟为宜。通篇巨制,连续书写,达到把控全局,通天彻地,行云流水,周流六虚。此时之境,进入书道之中堂。

第三步:核心一字——静,五行——土。

要领：静而愈定，安之若素。

练习心法：承接上步，再次练习，每天坚持四次，每次不少于一刻钟，坚持三十一天，则可掌控"察精拟似"的黄金之法，即书法学习的金科玉律，也就是《书谱》里面的"察之者尚精，拟之者贵似"十字。观察范字，要求基本笔画、间架结构、笔势走向要精准，描摹书写乃是拟势着力，目的是要临得像，求其绝相似。临写或者书写创作时，心怀感恩，经典华章，德厚心慈，必得厚土，根基厚重，朴实无华，静观字态，律动字势，动而愈出，静而徐清，清明乐土，静中有定，定而可安，安之若素。此时之境，乃入书道之朝堂。

第四步：核心一字——精，五行——金

要领：巩固革新，精在书艺。

练习心法：金石之机，宇宙汇至。四方上下，古往今来，宇宙在手，吐故纳新。临帖书写，如有神助，帖在眼前，真神亲临，右军洗笔，白鹅点墨，东坡寒食，松雪游戏，眼见诸神，自然融通。再建自信，心则定安。念由心生，心念一体，笔势笔力，均是心力使然。笔力千钧，笔为巨阙，身为君王，心为主帅，神将前锋，书阵乃合。此时之境，已入书道之玄府玉都。

第五步：核心一字——境，五行——水。

要领：上善若水，澄明仙境。

练习心法：承接上步，金石之功，相辅相成。欲再精进，宝剑淬炼。火煅七宝尘，水击三千里。水火既济，蛟龙飞天。上善水德，九九鉴真。书道亦善：居，善地；心，善渊；与，善仁；言，善信；政，善治；事，善能；动，善时。夫唯不争，故无尤。人无常在，心无常宽，上善若水，在乎人道安定，书道汇真，在乎心如止水。明心见性，澄若仙境。书道至臻，直达天庭。

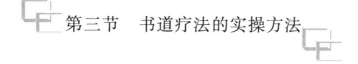

第三节　书道疗法的实操方法

一、书道一百三十六字诀

书道六十四字诀·甲品

一卦开天，仓颉非仙。

【道生一则两仪出】

神越字华，德真行崛。

至精芒中，臻境填膺。

内生柔术，外饰仁义。

【二生三而万物全】

人主之思，怀其兰溪。

甘雨及时，慧谷永年。

春生夏长，秋收冬藏。

干令支冲，终岁纳贡。

【四时以序身不贵　五音相合体无累】

书道七十二字诀·乙品

诗可怡情，歌赋冥灵。

养正为公，玉笔化筋。

法明致方，意通浑圆。

凡圣空虚，去除机心。

见素自然，抱朴忘道。

上下响应，阴阳无形。

地势坤物，载魂聚魄。

大善小水，乾坤泰否。

修炼本元，书言唯一。

仲子明先生书道书诀作品（行书）

仲子明先生书道书诀作品（隶书）

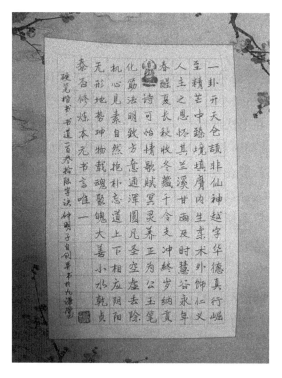

仲子明先生书道书诀作品（硬笔楷书）

书道艺术具体教学实践，以理论为先导、欣赏为桥梁、摹写为契机，提升创作与艺术素养，进而达到身心灵和谐敦敏的境界，实现艺术疗愈的效果。

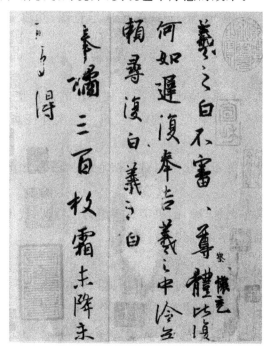

书圣王羲之行书作品

二、临摹与创作交融的七种训练方法

当代著名书法家、鲁迅美术学院书法教授王大公先生认为:临帖是书法学习的唯一门径。无论初学书法者,还是小有成就者抑或是有建树的书法家,都离不开临帖,离不开对传统的遵循和继承。在书法实践中,临摹与创作互为彼此,创作有境界的高下,临摹也有功底的深浅,而两者之间有机结合才是提升书法技艺的根本所在。临摹与创作是相互转化、相互促进的过程,即在创作实践中,有不断对传统的掌控和把握,在临摹过程中,有主体意识的浸透和潜入。具体做法是在学习的各个阶段对应地展开临摹与创作。王铎所谓"一日临帖,一日应请所"深刻地印证了这个道理。王大公先生总结出以下七种临摹与创作交融的训练方法。

(一)形式练习

1.训练方法:改变原作章法,将其临摹成斗方、扇面、立轴、中堂、对联等样式。

2.训练目的:通过章法的重新建立,提高认识单字结构、字组、行等因素的相应变化的能力。

3.步骤与要求

(1)以某一书家的某一作品为例,尽心严格对临,做到章法、字法、字组、行字数、虚实关系、书写节奏等因素尽量接近原作;

(2)分析并掌握原作章法结构、一般规律,画出章法分解图;

(3)设计斗方、扇面、立轴、中堂、对联等章法示意图,并将原作改造临摹成以上诸形式。

(二)补白练习

1.训练方法:按照从易到难的原则,依次遮住原作的几个字,一行或一个段落,进行补字、补行、补段练习,第一层次补原作的内容,第二层次补任意内容,但必须合乎所遮字数。

2.训练目的:通过补白练习强化学生对原帖笔法、结字章法的理解与掌握。

3.步骤与要求

(1)仔细观察体会某一名帖(碑)的单字及字组构成特征,找出一般规律;

(2)做出它们的字轴线、字组轴线及行轴线;

(3)遮住某字、字组、行及段落,背临;

(4)以非原帖(碑)内容、字、词、句等填补所遮挡的位置;

(5)检查填补部分笔法、字组、法等因素与原作的相似度。

(三)风格练习

1.训练方法:选择同一书家不同时期的两件作品进行风格转化练习,即用 A 帖风格临写 B 帖内容,或以 B 帖风格临写 A 帖内容;选择不同书家的作品进行风格转化练习,即用 A 书家风格写 B 书家某作品内容,或用 B 书家风格书写 A 书家某作品内容。

2. 训练目的:提高对某一书家某一时期作品或某一书家整体风格的综合理解与把握能力。

3. 步骤与要求

(1) 选择某一书家如米芾不同时期的作品《蜀素帖》与《苕溪帖》,选择不同书家如王羲之、颜真卿的作品《圣教序》与《祭侄文稿》,进行整体风格分析,明确相互间的特点;

(2) 风格转换临摹;

(3) 比较临作与范本间的风格共性与特点,进行有针对性的强化练习。

(四) 空间练习

1. 训练方法:重新构造原帖(碑)局部空间与整体空间。

2. 训练目的:感受并分析字句与段落,重新构造组合所形成的新的风格样式。

3. 步骤与要求

(1) 将原帖(碑)分字组、分行剪开,重新拼贴,拼贴时增大或减小字距、行距,临摹时进行调整,达到各种关系的和谐;

(2) 观察并分析临作与原帖空间异同给人的不同感受,比较各种状态中的情调差别。

(五) 提按练习

1. 训练方法:以某一经典作品为例,进行接近原作线条粗细、提笔(比原作线细)、按笔(比原作线粗)练习。

2. 训练目的:判断、控制书写时所使用的力量以及认识改变原作线条的粗细对作品风格的影响。

3. 步骤与要求

(1) 用三种不同提按方式临摹某一经典作品,观察提按不同对作品风格的影响;

(2) 用三种不同光洁度与不同渗水性的纸张进行提按转换临写并加以比较;

(3) 用三种不同硬度的毛笔进行提按转换临写比较。

(六) 节奏练习

1. 训练方法:以某一经典作品为例,进行放慢、相近、加快节奏转换练习。

2. 训练目的:明确并理解不同的书写节奏对作品风格的影响。

3. 步骤与要求

(1) 临写某帖节奏放慢,各段线条内部速度均放慢;

(2) 临写某帖,接近原帖速度,尽量不做明显的速度改变;

(3) 临写某帖,节奏加快,速度变化强烈;

(4) 从书写时的感觉和线条的质感两方面检查临写字迹,找出与自己性格和内心节奏较为吻合的一种,思考其原因。

(七)墨法练习

1. 训练方法:以不同的墨色临写同一经典作品。
2. 训练目的:认识并了解书法作品中墨色变化的丰富性及其对风格形成的影响。
3. 步骤与要求

(1)笔墨练习;

(2)以不同墨色书写同一经典作品;

(3)涨墨练习;

(4)蘸墨点变化练习。

第四节 书道疗法的应用

一、笔法与炼心

沈尹默,我国著名的书法家、诗人。他崇尚晋代"二王"的书法艺术,并广集历代书家所长,得其神韵而创立了独特典雅的个人风格。其工正行草书,尤擅长行书,精于用笔,于笔势、笔法多有阐发,其书法理论对书法界有深刻影响。《学书有法——沈尹默讲书法》一书中精炼学书心法:从执笔到运腕,在技巧中炼心。

(一)写字必须先学会执笔

写字必须先学会执笔,好比吃饭必须先学会拿筷子一样,如果拿筷子不得法,就会出现夹菜不方便的现象。用毛笔写字能与前章所说的规律相适应,就是书法中所说的笔法。

(二)写字要讲究笔法

讲究笔法是为了把每个字写好,写得美观。字的形体写得美观,首先要求构成形体的一点一画美观。运笔时,时时刻刻地将笔锋运用在一点一画的中间。笔的构成,我们是熟悉的:笔头中心一簇长而尖的部分便是锋;周围包裹着的短一些的毛叫作副毫。笔的这种构成,是为使笔头中间便于含墨,笔锋在点画中间行动时,墨水也随着在它动所到之处流注下去,不会偏上偏下或偏左偏右,而会均匀渗开,四面俱到。这样形成的点画,自然就不会有上轻下重、上重下轻、左轻顺重、左重右轻等偏向的毛病。这就是书法家常说的"笔笔中锋"。书家们所写的字往往不同,结构短长疏密,笔画肥瘦方圆,可是有必然相同的地方,那就是点画无一不是中锋。

用毛笔写字时,行笔能够在一点一画中间,不是一件很容易做到的事情,笔毛即使是兔和鼠狼等兽的硬毛,也总归是柔的,使用时很不容易把控它,从头到尾使尖锋都在点画中行而一丝不走,这不是人人都能够做得到的。为了使笔锋能够随时随处都在点画当中,人们就利用手臂的作用,用腕去运已经走出中线的笔锋使它回到当中位置,所以向来书家都要讲运腕。但是单讲运腕是不够的,因为先要使这管笔能听从腕的指挥,才能每次将不在当中的笔锋,不差毫厘地运到当中去;若只顾运腕,而笔管却没有被五指握住,摇动而不稳定,那就无法如腕的意,腕要运它向上,它或许偏向下,要运它向左,它或许偏向右。因此,就得先练习执笔,笔执稳了,腕运才能奏功,腕运够奏功,才能达成"笔笔中锋"的目的,才能不仅懂得笔法,还可以实际运用笔法。

(三)五字执笔法

书法家向来对执笔有种种不同的主张,但是历史的实践经验告诉我们,只有一种是合理的,那就是唐朝陆希声所主张的,由二王传下来的擫、押、钩、格、抵五字执笔法。笔管是用五个手指来把握住的,每一个指都各有它的用场,前人用擫、押、钩、格、抵五个字说明它的用场,是很有意义的。五指各自照着这五个字的含义去做,才能把笔管捉稳,才好去运用。

1.擫字是说明大指的用场的。擫是按的意思。大指用力紧贴笔管内方,好比吹笛子时用指擫着笛孔一样,但是要斜而仰一点。

2.押字是说明食指的用场的。押有约束的意思。食指第一节斜俯着用力贴住笔管外方,和大指内外配合起来,约束笔管。这样一擫一押,笔管就捉稳了,但还得利用其他三指来帮助它们完成执笔任务。

3.钩字是说明中指的用场的。大指食指已经将笔管捉住了,再用中指的第一、第二两节弯曲钩着笔管外面。

4.格字是说明无名指的用场的。格取挡住的意思。无名指用指甲之际紧贴着笔管,用力把中指钩向内的笔管挡住向外推。

5.抵字是说明小指的用场的。抵取垫着、托着的意思。无名指力小,不能单独挡住和推着中指的钩,还得要小指来衬在它的下面去加一把劲,这样无名指才能够起作用。

五指像这样结合在一起,笔管就会被它们包裹得很紧。除小指贴在无名指下面外,其余四指都实实在在地贴住笔管。

综上所说,能够照这样执笔,可以说已经打好了写字的基础,站稳了第一步。

(四)运腕

指法掌握了,还得要掌握腕法,就是黄山谷论书时所说的"腕随己左右"。这就需要讲到全臂的作用,因为用笔不但要懂得执法,而且必须懂得运法。执是手指的职司,运是手腕的职司,两者互相结合,才能完成用笔的任务。照着五字法执笔,手掌中心自然会虚着,这就达到了"指实掌虚"的要求。掌不但要虚,还得竖起来。掌能竖起,腕才能平;腕平,肘才能自然而然地悬起;肘腕并起,腕才能够活用。肘总比腕悬得高一些,腕却只要离案一指高低就行,甚至再低一些也无妨。但是,不能将竖起来的手掌跟部的两个骨尖同时平放在案上,需将两个骨尖之一,交替着切近案面。因之捉笔也不必过高,过高了,徒然多费气力,于用笔不会增加多少好处。这样执笔很合乎手臂的生理条件。写字和打太极拳有相通的地方,太极拳每当伸出手臂时,必须松肩垂肘,运笔也要把肩松开,不然全臂就要受到牵制,不能灵活往来;捉笔过高,全臂一定也须抬高,臂肘抬高过肩,肩必耸起,关节紧接,运用起来自然就不够灵活了。

前人把悬肘悬腕分开来讲,小字只用悬腕,大字才用悬肘。其实,肘不悬起,就等于不曾悬腕,因为肘搁在案上,腕即使悬着,也不能随己左右灵活地运用腕,这是不言而喻的事情。

以上所说的指法、腕法,写四五分以至五六寸大小的字是最适用的,写过大的字就不该死守这个执笔法则,就是用掌握管,亦无不可。

二、在笔迹心理学中的应用

弗洛伊德的潜意识理论指出,人的绝大多数行为是由潜意识决定的。笔迹书写的动作和人的其他动作一样并不是杂乱无章的,都有其自身规律。数次重复的书写已经成了无意识地、自发地和不经自我分析地做出的动作。在笔迹书写时,书写者意识注意的中心是文字的规定结构,而对写画笔迹线条无任何约定俗成的规定性,对制造笔迹线条的主动触觉同样无任何规定性,书写者无意于用笔迹线条去表达与他人交流的含义。人们通常都关注文字规定的结构和文字的内容,而笔迹书写的线条不是我们意识控制的中心,它在未受意识影响的个性心理的无意识暴露的同时成为一种无意识的记录。我们把这种现象称为笔迹线条的双重无意识,即笔迹线条既是无意识的表露,同时又是可供观察的无意识记录。因为书写者和其他人都不把写画笔迹线条当作交流的形式,它是一种非社会性的动作,它完全按照书写者个人的习惯和适应性进行,社会规则不对它进行干预,所以这种自我中心动作得到了充分的空间,享有充分的个性。

(一)生理学基础

1.人类大脑是笔迹形成的物质基础

笔迹是人类书写活动的结果,书写是大脑的反射活动,大脑是笔迹形成的物质基础。从书写的生理机制来看,它是大脑对外界刺激作出的应答性反应,即书写的产生是客观世界的各种刺激作用于视觉、听觉和其他感受器,并由相应的传入神经传到中枢——大脑,经大脑一系列的心理、生理综合分析过程,才得以发出指令,然后再由相应的传出神经将指令传至效应器——手,才使书写动作得以进行。可见,书写活动是由"感受器—传入神经—中枢—传出神经—效应器(手)"这5个部分组成的弧状结构过程。

2.这一过程的顺利进行依赖于视觉

感受器和各级神经元功能的正常发挥,尤为依赖大脑。可见,书写的顺利进行有赖于大脑极其复杂的各个机能系统间的协调活动,其中任一环节的功能发生故障,都会使书写的进行受到影响。

3.生物遗传因素对笔迹形成的影响

如前所述,书写是以大脑为中枢,以各级神经元、感受器、效应器之间的电生化传导为通路组成的弧状结构过程。因此,笔迹的形成必然受到书写者的脑、神经细胞的构置特点和神经冲动的电生化传递特点的制约,而这些因素通常是由生物遗传因素所决定的。每一个个体从上一代那里获得包含在DNA(脱氧核糖核酸)中的遗传信息,遗传信息决定了大脑皮层细胞配置和细胞层结构的个体差异。苏联心理学家研究发现,人的大脑皮层细胞配置特点及细胞层结构特点,影响着人的高级神经活动的特点。

4.书写活动与整个神经中枢有关

书写活动与大脑的关系最为密切,它是脑神经、肌肉等器官协同操作的结果。高级神经活动类型的特点影响着书写活动的特点,并通过这一结果——笔迹形成的特征反映出来。高级神经活动类型的特点对书写活动的制约,也可以从气质类型与笔迹特征之间的关系中反映出来。

(二)社会学基础

笔迹与人的社会环境、生活经历、年龄阶段、文化水平和精神面貌等有密切的关系。不同的历史时期,由于政治、经济、文化、思想、观念的不同,文字的书写也有着各自不同的风格,如"晋人尚韵,唐人尚法,宋人尚意,明人尚姿,清人尚变"等。实际上这种各个时期不同的风格,也正是各个历史时期的差异所在。一个从小生活优越的人与一个从小在艰苦环境下长大的人,其字体在字态、字势、风格等多方面存在着差异。即使是同一个人,在不同的时期,笔迹特点也不同:学生时代的字,由于还没有定型,笔画稚嫩、工整、拘谨;中年时期的字,笔画熟练、流畅,个性突出;老年时候的字,笔画老辣,略显僵硬。心境不同,笔迹也不一致:心态平和时,所写笔迹端庄秀丽;心情急躁时,笔迹也浮躁潦草;等等。但在相当长的一段时间内,字体的主要特征是不变的。只是近期的字更能反映书写者最近较稳定的个性特征、情绪变化、心理特点等。笔画的特点也能反映个人的性格特征,如:笔画直显示其是理性的,弯曲显示其是感性的;断笔显示其是理性的,连笔显示其是感性的。不同的笔划反映的意义不一样:横能反映稳定性、平衡性,竖能反映原则性、意志力,撇能反映决策力、果断性,捺反映情感性、多情性,点能反映目标性、方向性,折能反映灵活性、延展性,勾能反映挑战性、好斗性,拐能反映忍耐性、抗压性。

(三)结构分析方法

1.疏密型:字写得比较密说明书写人与人沟通交流能力比较强,喜欢与人沟通交流;

字写得比较稀疏说明书写人对人防备心理比较重,不太愿意敞开心扉与人真诚交往。

2. 纵横型:字呈纵势,即字比较长,说明这个人比较进取;字体呈横势,说明这个人性格比较稳定。

3. 倾向性:整体文字呈右上倾向及左斜,反映书写人性格积极,自我意识比较强;整体文字呈右下倾向及右斜,反映书写人性格消极,自我意识比较弱。

4. 伸缩性:文字整体下缩,表示书写人自我成长不足、自卑;整体文字下伸,表示书写人性格比较压抑,有宣泄需求;整体文字左展,表示书写人理想主义非常强;整体文字右伸,表示书写人安全感强,敢于探索。

根据结构的不同,字体也可按形象分或成人式、父母式、青春式、儿童式、堡垒式、舞女式、乱麻式、倾斜式。

(四)章法分析方法

1. 核心理念:随机选择的字的不同可以反映出每个人的价值观和性格特征。

2. 深层的心理心境:字迹是否工整,字体是否相连过多等。

3. 性格特征:通篇是否一致,是否具有稳定性、多重性、可塑性等。

4. 社会的心理特征:字体是否过大过小和字间距、行距是否过大过小。如果过大则说明沟通协调能力存在问题或性格极端化,反之亦然。

对于有心理问题的人和有精神疾病的人,我们可以通过他们写的字作出一些判断,如有心理问题的人所写的字具有膨胀、纠结、扭曲、极端等特征,有精神疾病的人所写的字具有混乱、错位、刻板、残破等特征。

(五)最常见的笔迹特征

第一类,下笔轻重反映了人精神和肉体的能量。下笔重者表明其生命力强、自信、专横、顽固;下笔轻者则说明书写人敏感、主动性差、缺少勇气和抵抗力。

第二类,笔画的结构方式代表了书写人面对外部世界的态度。一笔一画标准反映了书写人办事认真、通情达理、纪律性强;笔画过分伸展、书写方式夸张则反映了书写人爱虚荣和随时想引起别人注意的心理特点。

第三类,字体的大小是自我意识的反映。大字形是情感强烈、善于表现自己和自我为中心的体现;小字形则反映了书写人具有精力集中、细致、焦虑和自我压抑的心理特点。

第四类,连笔程度反映着思维与行为的协调性。连笔型笔迹反映出书写人具有较强的判断、推理能力和恒心;不连笔型笔迹则反映了书写人具有分析能力、比较节制和独立性强的个性特点。

第五类,字和字行的方向是人自主性及与社会关系的反映。字行上倾表明书写人热情、有勇气、有抱负;字行下倾则反映了书写人具有情绪低沉、悲观、失望、气馁的心理特征。

第六类，书写速度与人理解力的快慢有关。缓慢型书写是小心谨慎、遵守纪律和思维速度慢的反映；快速型则表明书写人反应快，观察、抽象、概括能力强和恒心不足。

第七类，整篇文字的布局反映着书写人面对外部世界的态度和占有方式。它包括字距、行距和页边空白几方面。如果整篇字向左页边靠，就反映出书写人留恋过去，追求安全感和对未来勇气不足的心理状态；整篇字向右页边靠，则是向往未来和有勇气面对未来心理特点的反映。

案例一

美国某公司依据笔迹破获偷盗案件

美国一家汽车公司在一年内接连发生汽车发动机部件被盗案，前后损失达一百万美元。种种迹象表明，这是一起内盗案件。公司邀请了美国国际笔迹学会咨询处主任安德烈·麦克尼克拉协助调查此案。安德烈首先让公司职员将自己对此案可能了解的任何情况都写成一份书面材料，这样，他对所有职员的笔迹进行分析后，发现疑点集中到该公司一位副经理身上。此人的笔迹特征表明，他是一个有偷窃行为习惯的老手，且善耍诡计而又极具心机；笔迹特征还反映出，他在书写这份材料时，心神不安，有故意伪装笔迹的表现。于是，这位副经理受到了跟踪监视，没过多久，他就由于卖赃物而被当场逮捕。

三、在中小学生行为纠偏中的应用

根据笔迹心理学的理论，我们首先让小学生在一张白纸上抄写一段文字，分析其心理特征，然后根据存在的问题，选择合适的碑帖，进行楷书、隶书、或者篆书的训练。

根据笔迹心理学的原理，从以下九个方面对学生的日常书写做简单的笔迹分析：①笔力；②笔势；③结构；④笔画粗细；⑤字间距；⑥笔画间距；⑦书写的姿势；⑧书写的速度；⑨整体章法布局。

通过笔迹分析了解小学生基本性格特征以及存在的问题，再结合平时的行为存在的问题，进行为期21天至90天的书写训练，逐步养成书写习惯，纠正一些不良行为。书写训练尤其对中小学生以下行为效果显著：字体小的，可以通过写大字建立自信；笔迹潦草的，可以训练其放慢速度，培养认真的习惯；喜欢打架的，训练其调整笔画和字间距，让学生学会控制，纠正笔画纠缠、字与字之间互相侵犯的毛病后，孩子内心的秩序感渐渐建立；对于专注力不够的儿童，书写训练使孩子内心平静，做到笔随心走、笔到意到，将专注力放在一件事上，久而久之，可以获得疗愈。

具体应用方法举例：

"永字八法"书写示意图

对于内心极度不自信、退缩、胆小者,我们尝试用米宫格对其进行楷书书写训练。首先对中小学生进行笔画训练,用永字八法在空中书写笔画,缓慢地书写,配合匀长缓慢的深呼吸,将基本笔画书写得舒展、大方、匀称,掌握起笔、行笔、收笔时的动作,调整其书写习惯。在这样的训练过程中,来访者慢慢地进入放松、舒服的状态,改变原来的书写心理和书写习惯。然后再用笔在纸上训练。

楷书的书写训练适用于儿童尤其是注意力不集中的儿童,还适用于性格急躁、没有耐心的成人。经过"永字八法"的基本笔画训练后,再选择适合自己的楷书字帖,按照"席殊八正习字法",每日选择固定的时间,坚持训练一段时间,来访者的心性慢慢开始变得宁静、专注,其浮躁心性得到收敛。胆小的慢慢开始大方;退缩的、自卑的,通过笔画舒展的训练,慢慢开始自信;固执的、生硬的,随着书写笔画的柔和、稳定,变得随和;急躁、没有耐心的,每日从十五分钟,慢慢开始做到宁静练字半小时,甚至更长的时间。

四、在亚健康群体中的应用

(一)古人习字修身的方法与实践

唐太宗李世民:"夫欲书之时,当收视反听,绝虑凝神,心正气和,则契于玄妙。心神不正,字则欹斜;志气不和,字必颠覆。"

清代周星莲:"作字能养气,亦能助气。静坐作楷法数十字或数百字,便觉矜躁俱平。若行草,任意挥洒,至痛快淋漓之侯,又觉灵心焕发。"

清代杨宾:"学书必先清心。将欲临池,先扫心地,使之一念不杂,静如止水。"

曾国藩作为文韬武略的大思想家,劝其弟沅浦"在忧危忙乱中不可废习字功夫。每日临帖一百字,收敛浮躁心气"。

临书习字,按照敬字功夫的要求,每日拿出笔墨纸砚,先打扫心地,端正坐姿,做深呼吸五次约五分钟,使自己的心念专一,然后慢慢临摹字帖,逐步培养"敬"字功夫。

(二)亚健康群体书道疗法实操

第一步:先正身,再正字。

具体要求:

1. 整理桌面(左书、右本、前文具);
2. 端正坐姿(头正、身直、足安);
3. 调整坐椅;
4. 注意执笔。

第二步:先静心再察找。

具体要求:

1. 深呼吸(做五次深呼吸);
2. 闭上眼睛(轻轻地、微微地);
3. 察找就是读帖,观察范字;
4. 察找"二要":宫点,部件。

第三步:临摹。

具体要求:

1. 临摹要做到意在笔先,笔到意到,笔断意连。
2. 下笔稳、准,看准了再下笔。
3. 笔写到哪,心跟到哪。
4. 描临结合。
5. 要"写"不要"画",拒绝涂改。

五、在精神障碍和抑郁群体中的应用

对于精神障碍和抑郁群体,首先让来访者书写,然后做笔迹分析。明确知道来访者的问题所在,有针对性地根据来访者的笔迹开展书写训练,除以上的训练方法之外,还要培养来访者欣赏书法作品、鉴赏书法作品的能力。慢慢培养来访者练字的兴趣,转移来访者的注意力,让其心理健康因为欣赏书法、沉浸于训练书写的过程而慢慢得到改善。

案例二

中国第一个汉字笔迹心理研究者徐庆元

徐庆元小时候写字很慢,进了中学后,因为写字慢,所以考试时就很吃亏。

后来为了把字写快,他练了一年字,结果发现自己的性格变开朗了,人也变得外向了。从那以后,他就开始注意观察老师、同学的字和他们性格之间的关系,收集了很多笔迹进行分析研究。在高考落榜后苦闷、迷茫的时候,有个同学拿来一张字条,让他分析字迹。他看后告诉同学,写字的人正处在痛苦压抑之中,情绪十分沮丧绝望。同学听后大吃一惊,告诉徐庆元,这个人因为失恋,前天喝农药自杀了,这张字条是他自杀前一天写的。这件事给了徐庆元很大的刺激和启发,成为他研究笔迹心理学的一个动力。他在研究中发现,书写线条不是视觉而是主动触觉控制的结果,书写时握笔的松紧和行笔的轻重快慢会因人而异,笔迹线条是人在无意识活动时留下的无意识记录。从这里入手,徐庆元创造了通过笔迹线条研究人的心迹的理论和方法。1988年,徐庆元创办了贵州实通汉字笔迹心理鉴定服务科;1990年7月,成立了遵义庆元笔迹与心理研究室。他在中华百绝博览会的演示,引起了轰动。他的笔迹心理鉴定科研成果,还获得了国家发明银奖。

思考与练习

1. 书道疗法在传统文化教育中如何贯彻和升华?
2. 五步炼字心法在养生与情志历练方面有哪些重要意义?
3. 书道疗法在笔迹心理学中有哪些具体做法?现阶段其有何创新?

推荐书目

1. 雷雨田,吴传先.中国自然疗法[M].成都:四川科学技术出版社,1989.
2. 胡斌.书法心理治疗[M].广州:暨南大学出版社,2012.

第十章

舞动疗法

内容简介 舞动疗法是一种运用舞蹈或动作以促进个体情绪、身体、认知和社会整合的心理疗法。本章主要介绍了舞动疗法的内涵与意义、缘起与发展、构成要素和主要类型,从现代舞、动作分析和心理学三个方面剖析了其理论基础,重点阐述了切斯技法、荣格舞动疗法、心理动能舞动疗法和创造性舞动疗法四大主要方法及舞动疗法的应用概况。

学习目标 1.了解舞动疗法的内涵与基本理论;
2.掌握舞动疗法的基本技法。

第一节 舞动疗法概述

舞动疗法(Dance/Movement Therapy,缩写为 DMT),作为艺术治疗分支之一,又称舞蹈(动作)治疗、舞动治疗或舞蹈疗法。舞动疗法是一门以舞蹈动作为媒介工具,通过系统的舞蹈动作激发人的健康本能,来治疗个体心理、情绪、行为以及人际沟通等方面的身心障碍与创伤的多专业融合的交叉学科。它兴起于 20 世纪 40 年代,在欧美各国得到长足发展,在我国尚属于起步阶段,是传统谈话式心理治疗方法的有效补充。

一、舞动疗法的概念与意义

(一)舞动疗法的概念

舞动疗法即舞动治疗,其作为一个多专业融合的交叉学科,是以舞蹈艺术和人体运动为主要手段,融心理学、教育学、医学、艺术学以及人体动力学等学科于一体,以肢体的动作过程作为载体,运用舞蹈活动或即兴动作促进个体情绪、情感、身体、心灵、认知和人际等层面的系统整合式心理治疗方法。舞动疗法的目的在于疏导与释放情绪、整合内在意识与身体、改善身心状态，是一种透过本能的、直觉的具身体验来改变人类意识的治疗方法。下表为各国舞动治疗协会对舞蹈治疗的定义。

表 5-1 各国舞动治疗协会对舞蹈治疗的定义

行业协会	舞动治疗定义
美国舞蹈治疗协会（ADTA）	一种运用舞蹈或动作过程以促进个体情绪、身体、认知和社会整合的心理疗法（2017）
德国舞动治疗协会（BTD）	一种创造性的和以身体为导向的心理疗法。它是将动作与舞蹈用于心理治疗，个体可以创造性地投入一个过程，以促进其情感、认知、生理和社会性的整合的方法（2013）
英国舞动治疗协会（ADMT UK）	一种引入舞蹈和运动的心理疗法，该疗法能使人创造性地投入治疗，促进他们情感、认知、生理、社会因素的整合（1997）
欧洲舞动治疗协会（EADMT）	一种将动作用于心理治疗中，以促进个体在情感上、认知、肢体、灵性和社交上的整合的心理疗法（2017）

比较这几个定义，我们可以发现几个共同点：舞动治疗是一种心理治疗的方法；强调在心理治疗中使用动作、舞蹈；感知自己的身体并透过身体表达与释放情绪，强调情绪、认知、身体和社会性的整合；肢体表达是直接而又迅速的表达方式，能够真实地反映一个人的外在模式与内在心理机制；创造力是人类的意识本能，这种意识本能的体验能够激活人的生命力。

(二) 舞动疗法的意义

从舞动本身看其现实意义：舞蹈本体就具有健身功能。现代社会舞蹈事业繁荣发展，各舞种百花齐放，但舞蹈不应仅仅停留在艺术审美功能上，更应充分利用其原始功能，使舞蹈的应用拓展至更多的领域，强化舞蹈原始的健身修身功能。舞蹈的本质就是以肢体语言来表达个人内心的情感，是内在情感的外在表现，是语言形式的补充，表露口头语言无法传达的心境。在舞动疗法中舞动并非舞蹈，而是肢体的表达。这种肢体的表达既可以是治疗对象内在自我的表达，也可以成为治疗时互动干预的手段。在持续进行的互动过程中，疗法师需要有足够的觉知意识，保持观察与有意识的干预。舞动疗法并不是单纯身体层面的工作，而是透过身体与潜意识对话的工作。舞动疗法过程与舞蹈不同，一切的治愈在过程中发生，而舞蹈注重最终呈现的艺术结果。舞蹈疗法正是利用了舞蹈的这种本质，辅以更容易接受的形式，去服务社会、服务大众，在实践中实现其本体价值。

从社会角度看其现实意义：舞动疗法用相对创造性的艺术的方式，释放过往被压抑的受伤经验，在觉知中与自我意识对话，接纳和整合自我与外在环境，激活崭新的生命体验。与传统的心理治疗相比，舞动疗法有其独特之处，它强调情绪和身体的相互连接性及创造力,以之促进心理的健康。在身体层面,舞动疗法帮助人们提高肢体的协调能力,提高身体素质;在情感层面,舞动疗法通过语言所不能或不足以表达的各种情绪,如愤怒、失望等,帮助人们变得更愉悦和自信,并且给予人们治疗方法与工具进行宣泄;在精神层面,舞动疗法能提高人的认知能力、动力和记忆力。当传统的心理治疗途径难以用语言方式接近和治疗病人时,舞动疗法无疑是一种很好的选择,它不仅和传统心理治疗相辅相成,且帮助人们充分调动自身的潜力,避免了药物治疗带来的副作用。作为人类学、心理学、艺术学等学科相融合的产物,舞动疗法补充了传统谈话心理疗法的不足,使来访者通过舞动这一非语言的方式实现情感自我、精神自我、认知自我与环境的整合,其疗效也越来越得到社会各界的认可,并且对团体治疗、小组治疗有着重要意义。

二、舞动疗法的源起与发展

现代舞动疗法的理论与实践在我国大陆尚处于初期发展阶段,有关概念及其发展历程,还远远没有被大多数人所了解,因此有必要先对舞动疗法的发展做一个简要的论述。

(一) 舞动疗法溯源

舞动疗法的源起可追溯到古代的治愈实践。在人类远古的活动中,舞蹈就作为人们表达和传递情绪的方式发展了起来,并且人们很早就意识到音乐、舞蹈艺术活动中蕴含着治疗功能。从字源上看,不仅舞蹈起源于巫(即舞与巫同源),而且心理学(无)和医学(医)也都与巫同源。古代的巫师不仅是当时的"舞蹈家",而且还是当时的"心理学家"和"医生"(平心,2005)。

舞者在原始社会里,是备受尊重的教育家和疗法师。许多个世纪以来,在不同国家,舞蹈都不同程度地用于庆典、恋爱、教育、人际沟通、医疗实践、宗教仪式等活动。舞蹈在生活中与饮食、性爱和睡眠一样重要。从出生、青春期、成年、结婚直至死亡的整个生命过程中,各个阶段都有相应的舞蹈体验活动和训练;舞蹈起着联合形与神、人与人、人与社会、人与大自然的作用。人类经验表明,舞蹈作为一种非言语性的身心整合的方法,通过身体动作的表达可将内心深处的焦虑、悲哀、愤怒等情绪安全地释放出来。伴随着舞蹈的音乐,也会对人的生理和心理状态产生一系列影响。古希腊毕达哥拉斯学派的学者也认为音乐具有"净化"作用,"有医治忧郁和内心病症的旋律"。

在我国,舞蹈治疗的思想历史早有记载。舞蹈疗法在我国可以说古已有之,许多地区现在仍流传有傩舞。它原为在祭祀中所跳的舞蹈,其目的就在于驱鬼除疫,祈求健康平安。在《通鉴纲目》《路史》等史书中都有关于阴康氏制舞的记载。战国时期的著作《吕氏春秋·古乐篇》中记载:"远古地阴,凝而多寒,民气郁瘀而滞着,筋骨瑟缩而不达,故作舞以宣导之。""久郁成疾,可用舞蹈以宣泄。"可见,舞蹈可以调节人体的情绪,改善人们的心理状态。由此可以看出,舞蹈自创造之初就具有明显的健身目的,宣泄抑郁情绪和调节关节、筋骨不适的功能,为人们所认可。明代朱载堉在《乐律全书》中曾提出"舞蹈和血脉,歌咏养性情"的思想,强调舞蹈的健身修身功能,基于人体经络与舞蹈的密切关系对舞蹈健身修身的功能加以论证,并且绘制了多种舞谱,希望舞蹈被社会接纳并运用。我国蒙古族的民间歌舞"安代",就是一种专门用于治病的歌舞;藏族锅庄舞与治疗疾病并没有关系,但研究指出其也可以对人的心灵起到塑造与净化的作用,达到类似于团体心理咨询的效果。在热闹的歌舞中宣泄情绪,对于排解人内心的郁结可以起到辅助作用。

在这里,创造舞蹈的目的非常明确,就是解决人们的情绪抑郁和筋骨不适。可以看出,萌芽状态的原始养生导引疗法中,已经兼有舞蹈治疗的内容。

(二)现代舞动疗法的发展

舞蹈心理治疗20世纪初期在西方开始兴起,契机是达尔文于1872年发表的《人和动物的情感》提出表达性行为和身体构造一样对物种来说是有生存意义的,自此人们开始关注动作与内心的关系。现代舞动疗法始于欧洲,兴于美国。1940年到1960年是舞动心理治疗在理论与实践上的探索期。切斯与怀特豪斯是舞蹈治疗的先驱,她们分别于20世纪30年代和50年代在美国的东海岸和西海岸开创了舞蹈治疗的先河。随后,三个主要人物继续在美国发展了舞蹈治疗,她们分别是 Trudi Schoop,Lijjan Espenak 以及 Rudolf Laban。第二代舞动心理疗法师如玛西娅·莱文索、苏·亚夫士聚、弗兰·里维和潘尼·刘易斯使舞动心理治疗方法系统更完备。1966年,美国舞动疗法协会正式成立,制定了有关舞动疗法专业规范和要求,并出版专业会刊,组织舞动疗法国际会议,这标志着舞蹈疗法的专业地位获得了承认,推动了舞动疗法的研究和发展。现在世界上已有三十多个国家拥有了专业舞动疗法工作者。

目前从全世界来看,舞动疗法还是一个小范围内的学科门类和行业。西方的相关专业课程建设及资格认定较国内更为成熟,中国国内大学还没有设置舞动疗法这一专业。西方的舞动疗法实践多以治疗心理疾患为首要目的,并以调节人的身心关系为辅助途径,广泛应用于医疗机构、学校、养老院、孤儿院、监狱等,不断发展并完善其理论体系。英国、德国、荷兰、澳大利亚都有专门的舞蹈心理治疗机构,日本和韩国也有相应的研究,同时已建成较完整的教育体系,培训新的专业舞蹈疗法师。美国在舞动疗法这方面走在了世界的前端,其行业标准也成为世界上其他国家和地区的参照。美国舞动治疗协会(ADTA)GF 1966年成立,美国国家精神卫生疗法师协会与 ADTA 于1995年共同确认并且设立了《舞蹈治疗课程》作为高校专业学习的科目,并于2000年对舞蹈治疗进行深入的改革,认可舞蹈治疗在精神卫生专业领域独立的门类的地位。目前,美国舞动疗法从业者有1600人左右,并7所大学开设了舞动治疗的硕士和博士专业。欧洲因国家众多,融合和统一相对较晚,舞动疗法开始也只是参照美国舞动疗法,直到近年才成立了欧洲舞动治疗协会(EADMT),并在2014年举办了第一届年会。目前,欧洲有

10 所左右的大学开设了舞动疗法专业,另外还有 50 多个非学历在职培训项目(非英语培训项目居多)正在开展中。在亚太地区,日本、韩国等国家以及、中国台湾、中国香港等地区的工作要靠前一些。在中国,舞动疗法起步比较晚,但发展比较迅猛,伏羲玉兰最早将其带入中国,我国也有部分医院开始尝试和运用舞蹈治疗,主要是在康复科、心理卫生科进行,但还处于比较初级的试验阶段。中国台湾地区的实际应用稍早于大陆,早期主要由台湾辅仁大学李宗芹教授进行推广,其在荣总医院等机构开设舞蹈心理治疗项目,并著有《倾听身体之歌》和《非常爱跳舞:创造性舞蹈的新体验》两本相关书籍,现在台湾的辅仁大学、阳明大学、台中体育学院都开设了相关课程。和西方将舞动疗法大量运用在临床环境中相比,以中国为代表的一些国家,正以一种开放的创新的态度和途径来学习、接受和应用这一来自西方的心理治疗模式。2014 年,以中国为焦点的国际学术期刊《创造性艺术教育与治疗——东西方视角》创刊并在全球主流渠道发行,促进了中国学者和世界同行的交流、对话与合作。

三、舞动疗法的构成要素与类型

(一)舞动疗法的构成要素

舞动疗法的构成要素主要包括舞动疗法师、舞动疗法的对象、舞动疗法的媒介,三大构成要素缺一不可。

1. 舞动疗法师

关于舞动疗法师,美国舞动疗法协会列出了其需具备的素质条件:"必须能整合舞蹈治疗的技巧和知识,以动作作为介入的媒介;要有心理学的知识和助人的技巧,并建立多元的价值观;要能有系统地整理出动作的观察、分析、判断和评估的能力;了解个人和团体的心理动力过程;能针对不同的病患、不同的病情、不同的需要掌握治疗的目标;了解个人的专业角色和责任。"在英国,舞动疗法师的培训是在研究生水平上进行的,持续两年或两年以上的时间。课程通过作为专业组织的英国舞动疗法协会得到认证。在培训过程中,所有学习舞动疗法的学生都必须接受个人治疗。理论方面的培训横跨几个学科,包括心理学、心理治疗、解剖和生理学,当然还有舞动疗法。实践训练包括每周参加一次舞动疗法团体活动、200 个小时接待治疗对象的临床工作以及 200 个小时非面接的相关工作(记笔记、参加工作人员会议及其他相关活动)。这些实践需要接受团体督导和个别督导。

比较各国对舞动疗法师的胜任能力要求,可总结出以下基本要求:

①整合舞动疗法的知识和技巧,以动作作为介入治疗的媒介;

②具有动作的知识和技巧,并建立多元的审美价值观;

③能够系统地整理动作的观察,并做分析判断与评估;

④了解个人和团体的心理动力历程的知识;

⑤能够针对不同病患、不同病情、不同的需要,掌握不同的治疗目标;
⑥了解疗法师个人的职业角色与责任。

2. 舞动疗法的对象

舞动疗法不只是针对患有心身疾病的人,对健康者同样适用。因为舞动疗法是行动导向(action-oriented)类的治疗专业,焦点集中在以人体动作体验来调动人的健康天性,不受语言文化限制,所以治疗对象范围广阔,可以应用于不同种族背景及各个年龄阶段的人群,包括胎儿、儿童、青少年、成年人、老年人、临终者等。舞动疗法一般适合有情感、心智、沟通、行为、婚姻、家庭、人际关系及工作效率问题的受疗者,或者追求身心和谐、增加智慧和提高行为素质的有识之士。舞蹈疗法师们按自己的专长和经验来选择治疗机构和治疗对象。舞蹈治疗专业主治的临床病症包括生长障碍、行为障碍、自闭症、神经质、性格障碍、恐惧症、强迫症、情绪失调症、情感性精神病、饮食心理障碍和创伤后遗症等。

3. 舞动疗法的媒介

舞蹈和身体动作是舞动疗法的核心媒介,它在整个舞动治疗过程中成为舞动治疗对象心理和生理不可分割的生命活动载体。

舞蹈作为一种非言语沟通方式,发于情而形于体,是个体交流思想、抒发情感的表达方式,它满足了人类最基本的需求,可以触及那些难以抵达的内心深处。身体会记忆各种生活经验,人们可以通过动作引发回忆,人的情绪状态可以通过表情传达出来。比如:高兴时,手舞足蹈,动作一般呈开放状;悲伤时,掩面屈身,动作呈收缩状;感情激越时,总想腾飞、跳跃;情绪沮丧时,一般都凝滞、下沉。正所谓"情动于中而形于外""观之于形,知之于情"(赵慧琴,2003)。舞蹈心理治疗正是利用人类所普遍具有的这一特点,分析来访者的动作节奏形象,以动作共情的方式相互沟通,使人感觉到一些隐含在动作中的难以言传的情绪得到了理解;还可以通过调整身体动作,扩大动作语汇及行为范畴,用新的、积极的动作代替旧的、消极的动作,使人对自我的感觉发生变化,以达到调整情绪、治疗心理疾患的目的。舞蹈治疗中的即兴创造舞蹈,可以使人感受到创造的乐趣,使人获得满足感、消除受挫感,并给人提供一种对自己和生活的积极态度。在舞蹈治疗中,来访者可以通过舞蹈动作中的表达与创造活动,获得情感上的满足,建立信心并培养对自我价值的认识。

音乐作为一种表达性、交流性和疗愈性的模式,也是舞动疗法的重要媒介,音乐是舞蹈的灵魂,二者素来有着密不可分的关系。音乐可以用来营造治疗环境和氛围,调节来访者的情绪,提升舞动疗法的效果,对维持舞动疗法过程起着举足轻重的作用。当疗法师把外部节奏(音乐)和内部节奏(呼吸、心跳和发声等)相连时,来访者的情绪通常会被统一的音乐节奏行为所感染。一般来说,舞动疗法从始到终都离不开音乐的烘托。开始热身时,音乐可以帮助来访者放松身心,尽快融入治疗场域,并开始与其身体的各个部位进行连接。对疗法师而言,如何根据不同治疗对象群体及治疗目标,选择能贴近来访者人生和情感经历、能引起共鸣的音乐,也是需要学习和积淀的。符合并反映团体当下气氛的音乐可以提升团体凝聚力,赋予团体结构和关注点,营造良好的团体氛围。不同类型、不同主题的音乐会营造不同的治疗氛围,带来不同的运动模式,触发个体不同的情绪反应,引发一些个人片段的回忆和个体生命状态同频共振,所以选择适合的音乐媒介对舞动疗法效果的发挥也至关重要。

此外,舞动疗法的媒介还包括相应道具的使用,常用的舞动治疗道包括不同颜色的松紧布(长1.5米,宽1米,较小的,圆形或方形的)、颜色各异的弹力带、大型理疗球、软泡沫足球、小型按摩球、系列打击乐器、小木棒、柔软玩具、降落伞、扇子、照片,还包括治疗对象自己的小物件、图画、故事等(Bonnie Meekmus,2017)。

(二)舞动疗法的类型

舞动疗法依据不同的理论基础形成了不同的派系,主要包括发展性舞蹈疗法、心理动力舞蹈疗法、荣格舞蹈疗法、完形动作疗法、心理分析动作疗法、人本舞蹈疗法、心理戏剧动作疗法、表情动作疗法、体验动作疗法、真挚动作疗法、全息舞动疗法等(伏羲玉兰,2002)。从总体上看,又可以按疗法目标分为三个层次:支持性舞动疗法、内省的舞动疗法以及心理分析的舞动疗法。

第二节 舞动疗法的理论基础

作为一门现代学科,舞动疗法从产生到现在,受到了诸多心理学理论的影响,它是在现代舞、表情动作分析理论和心理学相关理论的基础上产生并发展起来的。拉班动作分析理论为舞蹈艺术家们理解人的身体如何表现内心提供了依据。此外,精神分析理论对理解人的思维和情绪也产生了巨大的影响。这些为现代舞蹈治疗的诞生奠定了基础。

一、现代舞

现代舞大力提倡用舞蹈来表达感情,表现内心世界,这促成了20世纪中期舞动疗法的发展。现代舞之母伊莎多拉·邓肯是舞蹈心理治疗得以在西方发展的奠基人。20世纪20年代,美国现代舞蹈的先驱伊莎多拉·邓肯等人把舞蹈看作一种个人表现的艺术形式,创建了以强调身体意识、自发性、创造性和个性为特征的现代舞蹈。邓肯强调舞蹈语汇的自发性、率真性和个人化的表情,并且注重个人对身体的体验与心理感情的自然流露。她的艺术主张就是"唤醒灵魂是舞蹈的第一步",她强调先意识到自己身体里的力量,意识到自己和宇宙间的关系,从而散发出心中的热情,体现出人本身的真实之美。她倡导一种不受局限的、回归自然的"心灵之舞",舞者不必做种种高难度、近乎特技的动作,只要"追求一种心灵的泉源,灌注在身体各部位,使它充满活跃的精神,这种中心原动力,就是心灵的反映"。伊莎多拉·邓肯的现代舞以传达内心深处的情感为目的,通过肢体语言寻找真我,通过对身体动作的发掘来探寻生命本质的意义,舞蹈心理治疗正是借用现代舞这种充分表达自身感情的表现手段,让人能够充分释放自己的情绪,同时去发现内心真实的情感和困扰,所以邓肯和她的现代舞的出现是舞蹈心理治疗得以在西方发展的基础。同时代的柏得·拉森所教授的自然韵律表情舞蹈,已经开始具有了现代舞动治疗的某些特点。

"美国现代舞之父"泰德·肖恩也与舞蹈疗法有很深的渊源。首先,肖恩本身是为了治疗身体疾病才走上舞蹈之路的。在肖恩年少时,因用药不当而落下轻度残疾,为了矫正运动障碍,在医生的建议下肖恩开始学习舞蹈,才有了他对美国现代舞所做出的贡献,由此也可以证实舞蹈的健身功能在西方也被大众所认可。其次,他与露丝·圣丹妮丝一起创办的舞蹈学校为美国培养了大量的现代舞人才,其中不仅有多丽丝·韩芙莉等现代舞大师,也有对舞蹈心理治疗做出突出贡献者,例如 Marian Chase。1915 年,丹妮丝-肖恩学校建立,它是美国第一所正规的舞蹈学校,并且也是美国最早提出用身体动作来训练心智、强调身心关系的舞蹈学校,舞蹈心理治疗借助的正是身心关系的相互影响,所以肖恩也对西方舞蹈治疗的发展起到了一定的推动作用。

"现代舞蹈理论之父"鲁道夫·冯·拉班的主要贡献是提出了人体动律学理论,对人体动作进行了科学的分析,也提出通过动作所显示出来的人的内心状态可以对人进行有效的改善,从而改善人所处的社会环境。在拉班的人体动律学基础上,动作分析理论形成了,使舞蹈心理治疗有了科学理论基础。20 世纪 30 年代,Marian Chase 成为美国最早的舞蹈疗法师,也使舞蹈作为治疗手段被社会所关注和了解。

二、表情动作分析系统

自从有了人体动作,就有了对表情动作的兴趣和分析研究。中国先贤知道"情动于中"的最完全表达是"手之舞之,足之蹈之";古罗马和古希腊人也对模仿动作和演讲姿态有很大的兴趣。在表情动作分析的早期发展基础上,以拉班动作分析(Laban Movement Analysis,简称 LMA)和科斯腾伯格动作分析体系(Kestenberg Movement Profile,简称 KMP)为代表的理论和方法对舞动疗法的研究做出了突出的贡献。

(一)拉班动作分析

20 世纪初,德国现代舞理论之父拉班提出了人体动律学理论,对舞蹈心理治疗有着极大的贡献。他认为"动作本身就是一种语言,动作是一个人对自己内在世界的响应,内在世界通过做、演、舞被人们表达出来……每一种动作都有它的特质,而这些特质也都离不开基本的元素。这些空间、时间、力量、流动、关系就是我们将要探索的元素",身体通过这些元素,让我们与自己和他人产生联系。拉班站在社会文化历史的高度,赋予现代舞更多的社会责任:身心健康方面的,教育方面的,社会改造方面的(秋桦,2001)。LMA 是一个多维度研究人类运动模式的体系,其核心是对人体运动基本规律的洞察、分析和整合。LMA 的独特性在于它能够在微观和宏观层面上定性和定量地识别、记录和诠释动作,并同时考虑动作的功能性和表达性内容,以及个体与环境的关系与互动。它不仅能够识别和区分所有人类共同普遍的动作模式,而且也能识别团体(包括特定文化)以及个体独特的动作行为模式。

宏观层面上,LMA 涉及主题、动作句型、发展进化三种动作模式层面。第一,"主题"包含了四个具有二元性的主题:内在和外在、稳定和移动、功能和表达、努力和恢复。每个动作有它侧重的主题,但同时与它对应的另一端的二元主题相辅相成。比如体育运动中需要大量的移动,但是如果没有稳定作为基础,移动也会受到影响。在我们观察和分析动作的时候,需要把动作的二元性随时考虑进去,这样我们看待动作和世界的视角才是全面客观的。第二,动作句型:各个可重复或者连接的独立动作单元具有某种意义,有开始和结尾,它们如同句子一样有自己"构句"的特征。第三,个体和人类发展进化的模式。这是关于一个人体动作发育进程的模式,比如婴儿动作从核心(脐带)发散到头尾(脊柱),再到上下左右,最后到对侧。这是人类个体作为一个生物物种进化发育固有的特征模式,是人类个体和整体动作的基础。

在微观层面上,LMA 分解成的四个元素身体、力效、空间、形体分别有不同的侧重点。第一,身体与感知有关,涉及全身各个部分的连接方式和关系,也包含"芭特妮芙基础"。第二,力效与感受有关,描述的是动作的能量、动力和动作品质和内在的态度。第三,空间(Space)与思考有关,涉及身体在空间中的移动、自我空间和周围环境空间之间的关系。第四,形体与直觉有关,包含了静态形状和针对自己和周围环境形状的动态改变。

拉班的理论和 LMA 对微观和宏观的强调体现在拉班空间和谐理论中。根据空间和谐理论,人体在空间中的运动可以顺应和遵循一定的维度、阶谱,以达到与空间的和谐。这种和谐可以理解为具有表达性的人体动作在这些具有结构的维度阶谱中达到的动态平衡,这如同音乐中的乐谱。拉班的空间和谐理论和中国传统"天人合一"理念异曲同工:空间和谐理论中的维度阶谱与典型体现"天人合一"理念的太极拳套路,存在彼此相通之处。无论拉班的空间和谐理论还是太极拳,追求的都不是一种静止固定的结构,而是在不断变化中形成动态的结构,进而获得一种自由而动态的平衡。空间和谐的另外一个面向是动力空间,这是比个人空间更为宏观的空间概念。它是空间环境与力效,或者说是生理和心理意图之间连接的容器。它可以是人类群体、社会和生态宇宙共享的空间,这也是拉班在英国其人生后期关注的焦点之一。

(二)凯斯腾伯格动作分析体系(KMP)

KMP是一个完整的动作分析系统,是1965年由儿童精神病医师朱迪·凯斯腾伯格与沙点动作研究组合作创立的。他们用发展的和心理动力的观点来融合前人的动作分析成果。"凯斯腾伯格动作分析体系"可以用于记录和分析人类从出生到成长过程中的动作发展特征,包括本能冲动的感受与发展、本能防卫、自我与超自我功能、物我关系、适应与不适应(如协调、抵触或冲突)行为状况、自恋症状、性格行为特征以及成长过程中的创伤影响、诊断身心行为的病征等。根据它所诊断的心理资料,疗法师能对动作感觉和非语言疗法进行量化分析,为舞动心理治疗从"应用表情艺术"转变为健康科学做出重要贡献。

三、心理学相关理论

(一)精神分析理论和人本主义理论的影响

舞动疗法先后受到弗洛伊德的精神分析理论、卡尔·荣格的心理分析理论、卡尔·罗杰斯的人本主义理论等诸多心理学理论的影响。

舞动疗法的重要理论基石是弗洛伊德的精神分析学说。它的一系列相关概念如象征、转移、投射等,都来自精神分析理论。20世纪初,弗洛伊德对意象,尤其是心像和梦中的映像进行精神分析;弗洛伊德研究了下意识的冲突和本能的表情,并于1938年提出"病征与无规则动作"。荣格的理论认为,人格可能随生活环境与个人意志发生改变。人格发展的过程受社会环境和社会规范影响很大,人的一些情感冲突被压抑在底层,而艺术、自由联想和梦,是了解来访者人格的重要途径。舞蹈治疗家玛丽·怀特豪斯将舞蹈与荣格的部分理论结合,发展出了以关注潜意识为主的"真实动作探索",又称"深层动作疗法"。对舞蹈治疗的发展起了进一步推动作用的,是20世纪五六十年代的人本主义心理学运动。人本主义强调个人有自我实现和创造的潜能,倡导现象学的观察、共情和感觉意识并积极付诸治疗实践,从而极大地丰富了舞蹈治疗的理论和实践。格式塔疗法、行为疗法等对它的发展也有一定影响。因此,舞蹈治疗实践在遵循其基本模式的基础上又呈现出多元化的发展趋势。舞动是身体的自然节奏动作,这些动作长期以来受到压制或扭曲,而舞蹈的欲望则像吃饭、跑步或游泳那样自然。现代工业文明社会无形中制约了这种和谐存在的本能与欢乐的行为。其实,如果我们将舞蹈还原到身体的动作来看待,那么舞蹈的概念便会变得较为平易,但人们往往因界定过于局限,以致失落了舞蹈的本能与热情。

(二)认知科学尤其是多元智能理论的支持

认知科学尤其是多元智能理论及大脑两半球功能分工理论,为舞动疗法提供了生理基础方面的理论依据。

加利福尼亚大学柏克莱分校语言学教授拉考夫与俄勒冈大学哲学系主任约翰森发表了对世界极富影响力的有关隐喻的书籍,强调通过身体认知世界,强调身体及其与这个世界的运动互动是分类化思考和认知的基础。他们的论点是建构在隐喻的理论基础之上的,那些隐喻从身体角度被大脑所认知,是连接表意识与潜意识的桥梁。隐喻可以像组成世界的元素一样被使用与组合,当被呈现于外在,便被看见被承认。动作则是隐喻的载体,在动作语言中,这一切被呈现出来,由无法触及的潜意识拉到表意识,从而被看见、被觉察,舞动疗法中的动作呈现出身体的记忆、真实自我与灵魂诉求。

在过往的认知科学中,数学智能、语言智能等极受重视,而如今随着科学的发展,感知被越来越多的科学仪器所可视化,感官智能、艺术智能也开始走进人们的世界。美国教育学家加德纳提出多元智能理论,认为智能是多方面的,并且有多种表现形式,其中包括语言智能、数学逻辑智能、空间智能、身体—运动智能、音乐智能、人际关系智能、内省智能和自然观察智能。在他看来,这些智力都不是独立存在的,而是相互作用的。从他的理论中可以看出,加德纳非常注重艺术,并把身体的使用当作一种智能形式。他认为当代主流文明中,身心一直处于两极分裂的情况,一方面开展推理活动,另一方面展现我们文化中的身体本质。身体和心灵的分裂经常会造成一种错误的观念,那就是认为身体所做的并不如语言、逻辑或其他的抽象系统来得重要,也不能引起特别的注意。事实上,近年来心理学家已经觉察到,使用身体与使用其他认知能力之间有密切的关系。

大脑两半球分工理论的影响。艺术治疗的观点认为,在不同流派的心理治疗过程中,言语疗法在矫正来访者由错误认知或思维所引起的疾病方面有疗效,而在处理来访者存在的情绪障碍、创伤体验等以情绪困扰为主要症状的心理问题时就存在一定的局限性。心理学家Ley认为"一个人不能用左半球的钥匙去打开右半球的锁"(孟沛欣等,2005)。而舞动艺术治疗在解决来访者情绪等问题方面存在优势,它通过发挥舞蹈律动在情绪表达和宣泄等方面的作用,对人的心理机能起到促进作用。一些在情绪障碍、自闭、创伤、丧失或损失等方面的研究成果充分证明了这一点。

(三)心身医学及身心关系研究方面的贡献

心身医学特别注重"心身互动"现象,而不只是关注生物躯体的常与异。"心身互动"是否客观存在,决定着心身医学作为独立学科能否立足。各种研究均已表明:"心身互动"不仅是客观事实,而且普遍存在,不容小觑。可以说,今天有意无意忽视"心身互动"的重要性,使人类对健康与生命的呵护举步维艰。心身医学结果显示,心理和躯体之间存在着明确的心身互动关系,即"共轭现象"。进一步研究表明,心身互动关系不是等同关系,心理对躯体的影响更为显著与强烈。量化结果提示,心理因素影响躯体领域的路径系数为0.79,而躯体对心理的影响仅为0.14。此外,社会因素对躯体生理的影响,常常并非直接的非常之高,需要通过心理的"中介",而后才能作用于躯体生理。欧美在人文学术上受到东方文化身心合一、形神交融的哲学影响,对身心关系也注重和谐、追求统一。舞动心理治疗的主要目的之一，就是要达到身心行为的平衡统一。这些相关研究领域的发展进一步推动了舞动心理治疗的理论与实践的发展（伏羲玉兰，2002）。

（四）社会心理学

社会心理学的社会具身理论认为，前语言期的运动发展并不是在这个空间中，而是在人际空间里发生的。社会心理学贡献了一系列新的基于身体的研究，达到顶峰的是社会具身方法。具身指的是"社会互动以及在社会信息处理中扮演主要角色时产生的身体的状态"。社会心理学家提出四种具身效应：第一，被感知到的社会刺激元也会引起身体层面的状态；第二，去感知他人的身体层面的状态会引起自身的身体层面的模仿；第三，自身的身体层面状态会引起情感的状态；第四，身体层面的状态和认知状态的兼容性将会调节行为和绩效上的有效性。舞动疗法扎根身体与情感交织这一假设，培养舞动疗法师发展优良的观察技术。舞动疗法师理解身体语言，并善用身体语言去产生干预，从而让这种最直接的深入潜意识的对话被拉到身体外发生可视化的效应。

第三节 舞动疗法的方法

一、切斯技法

奠定了舞动治疗基础的切斯技法是由美国的玛丽安·切斯开创的，它以舞蹈和动作为互动、沟通、表达的主要模式，是一种创造性地融合语言与非语言方式的独特的、完整的团体治疗方法。切斯技法强调舞蹈即沟通。切斯认为舞动疗法无关教授舞蹈，而是疗法师自己的专业技术引发治疗对象的创造力和自发性，促成治疗对象对内在自我与行为模式的觉察与转化。

（一）切斯技法的创立过程

在美国，玛丽安·切斯被誉为舞动治疗之母。切斯原本是一位舞者、编导和演员，有着多元和前沿的舞蹈训练功底，开创了自己的舞蹈学校，积累了丰富的舞蹈教育经验。在教育实践过程中，她发现学生们并没有表现出要成为专业舞者的状态，甚至虽坚持参加练习但对表演性舞蹈也兴趣索然，她开始试着去观察并共情学生们的非语言信息，就在这个过程中切斯累积了丰富的肢体表达语言与经验。1942年，她开始着手医院的一个"用舞蹈来沟通"的项目，尝试用舞动的方式去和一些有精神、情绪障碍的人接触，这些珍贵的经验让切斯开始开展医院、红十字会、孤儿院、特殊学校的工作，并于1946年开始在一家精神病治疗机构工作了近25年。20世纪60年代初，她与一所音乐学校合作共建了舞动疗法师的培训项目，培养舞动疗法师也成了切斯工作的重要组成部分。在这个过程中,切斯越来越确定舞动对于人的内在完形的重要性,她也意识到节奏性行动的意义,意识到它是一种自我尊重和沟通的工具,更是人际沟通、表达的和互动的有效工具。1966年,她领衔成立了美国舞动治疗协会并担任首任主席,成为舞动治疗实践与传播的先锋,其深远影响延续至今。

(二)切斯技法的基本理论

切斯的基本理论是舞蹈即沟通。切斯认为人在舞动身体的过程中,肌肉的运动与情绪的表达是一种最直接最原始的表达方式,这种表达方式不会被语言防御所阻碍。在精神病人或者退缩者的世界里,他们的语言沟通受阻,因无法依靠语言表达出自己内在的世界而与世界失去连接,而切斯依靠舞动的方式,建立连接,从而产生对治疗对象的疗愈作用。

切斯的学生将她的工作整理归纳为四个要点:身体行动,象征性,由动作建立治疗关系,团体活动中的节奏性。

1. 身体行动

切斯认为,人的情绪与身体是同步连接的,身体行动、动作探索会让身体放松、激活、觉察情绪并为表达情绪做铺垫,而内在的情绪会直接影响肢体的语言和表达方式。为了不去体验不好的情绪,身体会在不同程度上产生扭曲,而身体的舞动则会协助来访者放松肢体,协助来访者表达情绪。而这种表达中舞动的各个元素如时间、空间、力量、流动和关系都是起到疗愈作用的重要元素。身体扭曲和身体功能失调反映出的是人内在的情绪冲突和心理困扰。切斯技法中,来访者发生治疗性的改变不在于习得某个动作,而在于其敞开心扉,愿意尝试去体验和探索身体动作的各种可能性。

2. 象征性

象征性就像语言文字的建立,只是这种语言是透过肢体来表达的和更直接的,更接近感受。在治疗过程中,疗法师与来访者的肢体感受和象征语言互动,经由来访者的象征语言去交流,使得来访者与疗法师建立联系,则可以使来访者潜意识层面的讯息被意识到并得到干预。来访者的潜意识会以动作的形式被呈现、体认出来,动作由此拓展了表达、沟通和情绪感受。使用象征是一种表达和沟通的方式,舞动疗法师常常通过动作的象征性来了解并回应来访者,以建立良好的有效的舞动治疗关系。

3. 由动作建立治疗关系

由动作建立治疗关系指舞动疗法师以运动知觉觉察自己的身体动作,去感知、表达、反馈治疗的情绪表达,并借由动作建立和治疗对象之间的共情互动。在切斯团体中镜像、调频与共情反应是舞动疗法的重要元素,简单有效的镜像指在治疗对象当下的状态下与他相遇、接纳,即重现治疗的动作并体会其所表达的感受;调频指在此时此地倾听、接收和回应。这种透过镜像方式的表达传达出一种深度的连接:"我理解你的感受。"

"我愿意倾听你的声音"。"很好。""我是认同你的。"这些讯息用动作进行传导的同时,也使疗法师获得了共情连接感受,更有利于产生干预。

4.团体活动的节奏性

在团体活动中,节奏就像一种能量频率的共振,它能够创造出一种连接的整体感。节奏的感染能力甚至可以影响重度抑郁来访者的肢体行动,在一场节奏表达中会表现出和谐的整体感。当每一个个体都成为节奏中的一部分时,成员们的能量开始流动,每一个人为整体的节奏提供能量,又从中汲取能量。团体的节奏性活动有着独自舞蹈所未有的力量,强调以节奏建构起团体动作模块,支持学员以一种有组织有控制的方式表达想法和情感,是把团体凝聚在一起的力量。

(三)切斯技法的三阶段治疗过程

切斯技法以舞动作为载体进行治疗,它的治疗过程包含起始(热身)、中期(主题发展)和尾声(结束)三个阶段。每一阶段都有其自身的干预方式和目的,具体过程见下表:

切斯技法的三阶段治疗过程表

治疗过程		团体表现和动作干预
阶段一:起始(热身)	1.最初的接触	a.镜像; b.澄清和扩展动作库; c.动作的启发/动作的对话。
	2.建立团体	逐渐形成圆圈
	3.共同的节奏	团体节奏的表达暨暖身
阶段二:中期(主题发展)	1.线索	a.抓住非语言线索; b.扩展、延伸和澄清行动和意图。
	2.发展	a.言语表达(言语化); b.象征性、抽象性表达(形象化); c.丰富的主题导向(如角色扮演、象征性动作、团队主题等)。
阶段三:尾声(结束)		1.回到圆圈、围成圈的活动; 2.共有的动作; 3.讨论/交流感觉。

(四)切斯技法的团体治疗及简析

切斯技法在团体治疗中的特色和效果更加突出,切斯带领团体的过程循序渐进,她高度的敏感和娴熟的技法让她时刻根据来访者的状况去调整进程。她的方式简单、清晰而又完整。在团体活动中,暖身是一个重要的环节,活动中透过身体的打开,建立心的连接,这个过程的作用一方面在于唤起治疗对象的能量,另一方面在于让来访者与环节建立感知,降低紧张感。切斯在团体暖身后会使用围成圆圈的方式,协助治疗对象进入团体,但也会保持觉知来访者的心理进程,看其是否已经准备好融入团体,从而调整进程。这一过程既不可以太快,以防止引起集体的不适感,也不可以拖延太久以致来访者出现混乱的状况。暖身之后的进程目的在于:第一,进一步促进团体之间的连接与信任;第二,透过肢体表达,扩展出每一个独立自我的发展。在这个过程中简单而又强有力的节奏性动作是最好的选择,可以跺脚、摇摆,借助于节奏性的音乐也会带来很好的效果。结束的环节,切斯仍会有意识地带领来访者回到圆圈,让来访者持续在支持、安全的环境中完成最后的整合。

切斯技法整体简析见下表:

玛丽安·切斯技法简析表

理论基础	沙利文:团体是治疗的重要资源 赖希:在身体工作中进行强化和宣泄,释放紧张,开放情感
动作方式	身体行动,主要是节奏性的动作
团体方式	圆圈、同伴;节奏性的团体活动
适用人群	最初用于住院来访者、慢性精神病来访者
内在过程	启动个人记忆;象征性;内化被看见的体验
治疗关系	共情的互动;镜像;引入新的体验
言语表达	说出想法和感觉;谈论此时此地及过往的回忆
治疗技术	围成圆圈;用拉班动作类型来增强动作
治疗目标	建立更多身体觉察、信任、表达;扩大情感范围

切斯创造性地将舞动与身心治疗相结合,建立肢体语言的深层次沟通,为身心治疗的发展做出了巨大的贡献,值得每一位心理工作者好好学习。

二、荣格舞蹈疗法

荣格舞蹈疗法又被称为深层动作疗法,是由玛丽·怀特豪斯将舞动与荣格的精神分析理论相融合,发展出的以关注潜意识,包括一切被压抑的经验和被遗忘的记忆、直觉为主的深层动作治疗。真实动作是荣格舞蹈疗法的重要技术,它强调动作者深入倾听自己,闭上双眼在见证人面前用舞动展开、呈现自己的生命故事,是一种设置简单,却能很好地促进动作者聆听自己内在感官的声音,相信直觉并与潜意识直接对话的舞动治疗技法。

(一)荣格舞蹈疗法的创立过程

荣格舞蹈疗法的创始人是玛丽·怀特豪斯,她是美国西海岸进行舞动疗法实践与教学的重要先驱,其舞动治疗工作和教学深深地影响了舞动治疗的后继者们。她最初既是一名舞者也是一名舞蹈教师,在习舞过程中渐渐认识到应该赋予舞蹈新的生命和意义,将舞蹈作为一种自我表达和沟通的方式。荣格的心理分析理论对于怀特豪斯的影响非常大,她曾是荣格的来访者,在治疗与学习过程中,她开创了舞动语言与象征性的实验,促使她认识到舞动中的表达、沟通和自我心灵的意义。怀特豪斯认为:动作是与自我那个看不见的、未知的部分去接触和连接的方式。对于怀特豪斯来说,荣格舞蹈疗法不只是单个动作,也不在于动作的关系和回应。怀特豪斯的工作对象大多是一些功能良好的人士,她认为对于功能良好的人可以更多地展开潜意识的探索,而对于来访者应更有针对性地进行结构性较强的肢体表达训练。怀特豪斯一生都在致力于释放人的本能冲动,她在自己的教导过程中发现,她所教的不是舞蹈技术而是更深层次的人本身,而舞蹈的内驱力,其实在人的内部。当她发现这些便开始致力于挖掘每个人的内在动力,并称这种基于人的内在动力做出动作为荣格舞蹈疗法。

(二)荣格舞蹈疗法的基本理论

怀特豪斯将魏格曼即兴舞蹈理论和荣格的心理分析理论充分融合并与实践相结合,创立了荣格舞蹈疗法的理论与技术。在荣格舞蹈疗法中,怀特豪斯重点阐述了"动感知觉""对立性""积极想象力"和"真实动作"等理论在临床实践中的运用。

1. 动感知觉、对立性和积极想象力

怀特豪斯认为"动感知觉是指个体对生理自我的内在感知"(Mary Whitehouse,1963),个体的动感知觉无论强还是弱,都是可以被唤醒、培养和激发的。动感知觉在舞动治疗中具有重要作用,治疗对象通过模仿彼此的舞蹈动作能感知自己和他人的身体,觉察客观环境和主体状态并投射他们的感知。怀特豪斯认为对立性或两极内驱力出现在个体生活与情感的方方面面,影响着个体的心理和生理功能。治疗对象通过舞动治疗活动的"上下、轻重、快慢、开合、曲直、宽窄"等两极对立动作的体验可以综合分析并萃取相关的客观刺激和信息。积极想象力是一种释放个体联想,使其投入各种有意识和无意识的舞蹈活动中去的荣格式方法。

2. 动作者和见证人

荣格舞蹈疗法的动作者在过程中是闭着眼睛或佩戴眼罩的,这样有助于动作者把注意力收回到自己的内在,而不被外在信息所干扰,这就需要动作者进入到一种全然信任的状态,即使摔倒也不恐惧,而是继续在自己的内在中展开探索。所有的动作都是自然发生的,没有重复或思维的干预。对于来访者来说,建立与自己连接的意图是开启身体觉知和潜意识探索的重要前提。

见证人即外部见证人,在动作者做动作的过程中坐在一旁,全身心地关注、见证、陪伴和支持他们的旅程。见证人密切关注和跟踪动作者的身体动作及顺序,也觉察自己的身体反应、情绪、想法、意向和回忆。见证人不做任何干预和评判,见证人要做的是全身心地进入当下,与动作者共同体验他所体验的一切感受。见证者的另外一个重要作用就是成就动作者的"被看见",一个人的被看见就是存在,见证人更像动作者的一个外在的觉知意识,让动作者在探索自己潜意识的过程中不会迷失自己,而始终能够一边进行经验和探索,一边又能在觉知中灵活、积极主动地观察自己。

3. 内在见证人

荣格舞蹈疗法鼓励动作者去发展自己的内在见证人,这份见证会使动作者对于自己有一个更清晰的认识,并能够透过潜意识里的探索,觉知到自己的内在信息。内在见证人是外在见证人将动作者足够看见的体验内化后唤醒和滋养出来的。在心理学上,每个人只有被看到,才能看见自己,而内在见证人则正是经由见证人的见证,得以发展和看见自己的。荣格舞蹈疗法的发展过程即为动作者先被看见,再成为见证本身。在现实生活中,每个人都带着自己的伤痛,带着伤痛的人很难产生"看见"对方、为对方抚平伤口的空间。而荣格舞蹈疗法则是去协助每个人发展自己的内在见证人,产生不带评判的见证自己与他人的空间,从而起到疗愈的作用。

4. 内在舞动

荣格舞蹈疗法中,在外部见证人的见证下,动作者闭着眼睛或佩戴眼罩,带着一种向内的关注去倾听自己的身体,聆听自己内在的声音,发展出一个逐渐展开、积极主动的自然探索与表达的状态。当个体真正地身心合一,与身体进行了很好的连接后,潜意识会通过身体体验中的感受进入意识和知觉中。

5. 内在倾听与看见

对于荣格舞蹈疗法而言,倾听与看见内在信息是最重要的环节。内在倾听与看见就是对自己内在信息的觉察,这些觉察包含身体感受、意象和感觉,并且动作者将这些感觉以肢体动作表达出来。在荣格舞蹈疗法过程中,等待是一种必要的过程,任何时候动作者与见证人都要允许等待的发生。只有在每一个当下,人们随心而动,真实地表达出内在信息,永远不为动而动,才能够真实地表达出内在的声音。过程中见证人与动作者意识的高度聚焦同样重要,在这种高强度的内在聚焦中,动作者的内在见证会不断地被拉伸、被熟知,从而提升动作者对自己内在信息的感知。

(三)荣格舞蹈疗法的程序与简析

荣格舞蹈疗法中动作者的内在通常会经历三个阶段:觉察自己的身体和动作;想想内在冲动和允许动作的发生;连接外在世界。在具体实施程序中,则可以灵活调整。在荣格舞蹈疗法过程中,动作者对见证者建立不被评判的信任也是非常重要的,这是动作者回归内在真实表达的前提。

1. 热身

荣格舞蹈疗法的热身主要是让动作者熟悉见证人,这是荣格舞蹈疗法实现的必要设置,疗法师则可以提出一些简单的动作要求,而动作者可以采纳,也可以不采纳。在这个过程中,动作者可以充分感受到他是安全、自由、被允许的,他可以随时找到或离开见证人。

2. 真实动作

自发的动作表达是不可重复和复制的,是未知的、自发的,有着独特而丰富的个人意义。真实动作的开始通常以某种击打乐器的声音作为提示,当声音响起,动作者就必须闭上眼睛,开始内在的探索。为了让动作者完全不受外在干扰地进入内在世界,找到自己内在的韵律与声音,在荣格舞蹈疗法过程中也不会播放音乐,一切都以动作者真实的内在感受为基础,让其不断探索和回应自己内在的声音。这些声音可能是潜意识、无意识、集体无意识甚至是超意识的,所有的声音都可被看见并被允许表达出来。通常一场联系会持续30~45分钟,如果是初次接触则15~20分钟更为合适。在真实动作过程中,治疗对象运用肢体自发表达,疗法师只做见证者去观察但不予干预,荣格舞蹈疗法的作用就是协助治疗对象进入自己的深层意识,探索自己意识不到的部分。

3. 静默时间

当动作者结束荣格舞蹈疗法探索后,动作者和见证人都进入10分钟的静默时间。当再次听到乐器的击打声音,则代表练习结束。动作者可以逐步睁开眼睛,而见证人也可以在动作者睁开眼睛后,停止全身心地关注动作者。所有人在这个过程中保持静默10~15分钟,感受自己内在真实的感觉。静默期间,可以用绘画、书写等方式梳理、表达在荣格舞蹈疗法过程中的体验,也可以喝水、上洗手间,还可以到户外去,但一定不能说话或交谈。

4. 分享

每次荣格舞蹈疗法练习后都有一个形式自由的分享环节。舞动疗法师不提问、不采访、不反馈,支持每个人自由而充分地表达自己。首先由动作者站在见证人的位置,针对自己整个练习的感受进行分享,分享自己的感受与感悟。在见证人分享的过程中,其他人不打断,不做评判。动作者分享结束,见证人也可以分享自己的感受,但全程无关对动作者的评判。

荣格舞蹈疗法技法简析表

理论基础	荣格;积极想象力;转换、改变
动作方式	深度动作;真实动作
团体方式	启动集体无意识;伙伴/围成圈的见证
适用人群	普通人、社会功能健全的治疗对象
内在过程	积极想象力;启动个人记忆;无意识变成意识
治疗关系	见证;建立信任;未知
言语表达	深度加工与思考;与自身过往相关
治疗技术	退行、回归;从内在感知;积极想象力;无音乐
治疗目标	统整无意识的部分;转换、改变;调动自我疗愈的力量

三、心理动能疗法

心理动能疗法又称精神运动疗法,是由莉莉安·艾斯本纳克根据阿德勒的心理分析理论、洛温的精神分析理论以及躯体理论等衍生出来的一种通过运用医疗模式进行观察、诊断和治疗并扩展的舞动治疗方法。

(一) 心理动能疗法的创立过程

心理动能疗法的创立者是出生于挪威、后移居美国的莉莉安·艾斯本纳克。艾斯本纳克从小热爱并研习了各类舞蹈,尤其是在20世纪20年代后期,她来到以不论美丑、倡导自由表达和激发内在感受而负有盛名的魏格曼舞团学习和工作。这对她影响很大,为后来的舞动治疗实践积淀了丰富的动作资源。20世纪40年代,因政局动荡,她来到美国一所特殊教育学校教授舞蹈,并开始做些舞蹈表演和舞蹈教育工作。期间尤其有影响力的是,情感表现力充沛的她在剧场根据观众喊出的情绪而做出相应的动作,并在舞蹈教育中让学员们课前课后的心情发生变化,感受舞蹈的疗愈效果。20世纪50年代后期到60年代早期,艾斯本纳克逐渐意识到要了解学员动作背后的意义需要补充心理学知识,于是她来到阿德勒学院研习心理分析理论并在阿德勒精神保健诊所担任舞动治疗专家。她非常推崇阿德勒认为人是由情感驱动、头脑思考和身体行为组成的主张,即坚持情感、心灵、身体三位一体的连接与统一。她还通过洛温的方法帮助治疗对象感知以前没有意识到的身体部位,觉察他们自己的能量。艾斯本纳克整合阿德勒的自卑情结、好斗情绪、社会感和洛温的精神分析等理论,结合自己的经验创立了包括诊断、重构、整合的心理动能疗法。

(二) 心理动能疗法的基本理论

1. 身心灵统一

在心理动能疗法的理论中,人身体的动力、思想和心灵并不是各个分离的部分,而是统一成个体人格的整体表现。心理动能舞动重视通过直接与身体工作、立定扎根、发展生理上的力量来应对身体反映出来的自卑感,通过接纳身体、宣泄情绪、发现自我表达的特质来发掘治疗对象的身体动力和力量感,转而超越自卑感并拥抱优越感。艾斯本纳克认为,人的身体结构和身体的各个部位就像一张心灵图表,有着重要意义。

2. 动作诊断测试

动作诊断测试作为一种对舞动治疗效果进行科学评估的最常用方法,也是心理动能疗法的主要技术,与舞动治疗过程关系密切,便于舞动治疗初期、中期和末期评估结果的比较,以及临床后的评估推广,具有可复制性。艾斯本纳克的舞动治疗动作诊断测试分成七个测试领域:动驱力的程度、控制性动驱力、动作的协调、专注力与耐力度、生理勇气、自我意象、人格和情绪状态。其特点是标准化和结构化,有一定的测评程序、方式和时间要求。下表展示了艾斯本纳克动作诊断测验在舞动治疗评估过程中的运用机制。

艾斯本纳克动作诊断测验表

基本信息					
姓名		年龄	测验日期		手机
地址			转介由来		
过去治疗经验			时间		地点
生理机能与障碍					

分数:	
领域	测试
1.动驱力的程度(能量)	推椅子、推桌子、背部推墙、弯曲膝盖弹起离地跃到空中
2.动驱力的控制(时间、节奏)	速度回应、节奏模式、放松休息
3.动作的协调(身体觉察和行动)	走及四肢爬行、协调的动作、侧面行走、手臂甩动(华尔兹节奏)
4.专注力与耐力度(注意力的持续性、容忍度)	动作的重复、扩大或缩小聚焦点(可进行单腿跳、做入水前动作等)
5.生理勇气(勇气、勉强、恐惧)	倒着走、向后翻跟斗、地面不同方向翻滚、摔倒、跌落
6.生理意象(自我概念)	踮脚尖(站着、行走)、抬高(张开)手臂、两者结合
7.人格和情绪状态(在即兴中表达)	音乐刺激、心理状态、创造性的回应
总结:	
	签名:

艾斯本纳克为每个测试建立了如同基准线一样的动作和谐功能的标准。在测试中疗法师考察了个体的生理和人格两个方面,并在技术上将空间的使用及隐喻用来诠释动作中的情绪。需要注意的是,指导测验的舞动疗法师需要受过专门的动作观察和分析的训练。

(三)心理动能疗法的程序

第一阶段:重构

重构主要指通过现实的身体觉察,寻求改变协调性和实现身体自由表达。本阶段的方向是让治疗对象重新认识和悦纳自己的身体,实现个体身心统一或者身体与自我的和谐。艾斯本纳克依据治疗对象的治疗目标设计了一系列身体动作练习,如行走、跳跃、跑动、翻滚等发展性动作和呼吸、体态、平衡与摇摆练习,使治疗对象身体和动作行为发生改变。这些身体练习不但可以重构治疗对象的体态和动作能力,还能重建身体自信、发展身体意向并释放情感。随着身体层面相关满意度的体验,治疗对象的身体意向会发生重构和相应的改变。艾斯本纳克会持续观察并了解治疗对象的阻抗表现及其潜意识动力,并发展出解决治疗对象需求和问题的有效策略。

第二阶段:即兴、整合

本阶段的方向是通过自由即兴舞动将潜意识里压抑的情感、恐惧、联想整合进意识层面,最大程度地重建治疗对象身体与自我的和谐状态。艾斯本纳克主要采用的即兴治疗有四类:音乐—旋律、音乐—节奏、象征性和自由幻想、日常生活的画面和情感动力(Liljan Espenak,1981)。音乐旋律在即兴舞动过程中具有很强的表现性,不同形式的音乐都可以作为即兴舞动的刺激源和情感催化剂。艾斯本纳克利用不同的器乐和声音给治疗对象不同身体部位提供即兴节奏训练,注重节奏从简单到复杂的建立。在治疗中节奏能唤起治疗对象自发的身体反应和反思性的体验,使其听觉意识化,从而找到适合自己的即兴表现方式。在即兴舞动过程中,疗法师为治疗对象提供与其匹配的音乐、运动来维持即兴感,治疗对象以象征性的音乐为联想媒介,通过边听音乐边根据头脑中的自由幻想展开即兴舞动。治疗对象按照自己的日常行为与生活方式做出各种即兴动作,疗法师引导他们关注使动作和行为保持一致的情感动力,使他们对过往经历进行重构,发展出独一无二的生活方式,在充满着功能、任务、渴望和关系的世界中更有成效地生活。

在艾斯本纳克将舞动和表达、心理学知识与个人、社会经验整合而成的心理动能舞动疗法中,诊断、重构、整合三个阶段是一个有机的整体,相辅相成、相互促进,这一疗法被广泛运用在各类群体中,影响深远。

四、创造性舞蹈疗法

创造性舞蹈疗法后来也被称为舞蹈动作言语治疗,是由布兰奇·埃文(Blanch Even,1909—1982)创立的一种发挥舞蹈本身创造性力量,将舞蹈当成灵魂表达和投射技巧,与心理学理论结合之后形成的创造性艺术层面上的舞蹈疗法。它强调作为艺术创造形式的舞蹈可以反馈治疗对象内心的想法和情感状态,推动着舞动疗法师们去追溯舞蹈艺术本质,寻找舞动治疗的本质。

(一)创造性舞蹈疗法的创立

创造性舞蹈疗法的主要创立者布兰奇·埃文是一位于20世纪30~80年代都活跃在全美的舞蹈老师和舞动疗法师,自幼习舞的埃文后来在自我心理学的阿德勒中心完成了言语疗法师的训练,修学了异常心理学的课程,但她更喜欢为正常人而不是精神病人工作,于1967年在纽约成立了自己的舞动治疗中心。埃文在舞动治疗中尊重和信任治疗对象有改变自身的能力,并根植于舞蹈中不断提炼思想和方法去帮助治疗对象促进心理成长、从困顿到清晰、建立自信并实现自我疗愈。布兰奇·埃文的著述颇丰,除了先后在各类杂志上发表过40多篇文章外,还撰写并出版了《儿童世界与舞蹈学的关系》《对于普通正常来访者的舞蹈动作言语治疗》《功能性技法体系》等著作,在舞动治疗界影响深远。

(二)创造性舞蹈疗法的理论与实务

1.心身统一

布兰奇·埃文舞动治疗的基本目标便是实现心身的统一或整合,舞蹈被理解为一种个体生理和心理的双重表达。她用"心身表达"这一术语来描述个体思维、感觉和行动作为整体同时发生在心身层面的体验,显示了身心的互动是双指向性的、相互影响的。埃文强调"去体验心身的统一是一种基本的需求。达到和谐身体的功能表达也许就是最终的任务"(Blanch Even,1949)。通过舞蹈,心身领域可以得到充分探索和表达,可以克服身体的羞耻感,接纳感觉的生理部分,修复肌张力,校准体态,发泄情感,刺激领悟和洞见,提升治疗效果。

2.创造性舞蹈

布兰奇·埃文的创造性舞蹈是一种非风格化的个人表达性的舞蹈。它刺激治疗对象以一种全新的、心身解放的方式让身体动起来,体验心灵与身体的对话,刺激他们被抑制的想象力、幻想、意向,唤醒想象力与思维,表达他们的情感。创造性舞蹈以多元的主题如夜空呢喃、海浪翻滚、野兽咆哮等来促使治疗对象使用多种舞蹈元素去探索身体的状态,表达不同的情感,为其情感、意向和幻想、梦赋予象征性的外形,促进自我表达性的即兴创编。即兴创编是一种形式和内容合一的自发性创作,是一种很自然地从自我自发性流淌到舞蹈的体验,身心统一的即兴发挥是创作性工作的主要源泉。

3.投射技法

投射技法指舞动疗法师通过选择富有创造力的投射物,如帮助个体在舞动中借助于动植物、乐器或通过角色扮演、讲故事等方式探究个体生活中特定的人和事,表达情感和思想,整合认知和社会行为。在创造性舞蹈疗法中,疗法师还可以使用具有相反意义的一对动词和形容词如快慢、轻重、开关、上下、温柔—粗野、美丽—丑陋等来唤起个体对立的情感。

4.功能性技法

布兰奇·埃文的功能性技法作为其独创的一种动作教育的方法,是一种非风格化的舞蹈技巧。其聚焦在身体技术上,主要指通过舞蹈活动和媒介激发治疗对象身体内部的力量,使其表达情感,正确运用肢体并带进与功能障碍部位的联系中,以改善治疗对象的功能障碍的方法。功能性技法的特点是再复健和再教育式,包括系统连续的练习和动作序列,以建立和提升能动性、灵活性、韧性、节奏感、鲜活的肌肉运动直觉以及与个人结构相关的力量。埃文强调在功能性技法的选择上要考虑多种因素,如治疗对象独特的生理结构、原生家庭背景、创伤经历等,使治疗对象的身体从过往的限制中挣脱出来并自由支配其身体,对其身心进行赋能。

第四节 舞动疗法的应用

一、舞动疗法在生理领域的应用

舞动疗法永远是协助舞者表达出自己的内心,没有心动的舞动是枯燥的,是没有灵魂的。身心不协调的人,很难拥有真正健康的体魄。在舞动中,舞者可阳刚,可阴柔,可宁静,可狂放。人们不但舒展了身体,也体验了无限的创造力。舞动疗法的终极目的虽不是促进形体完美,但也在治疗中起到了促进身体协调的作用。

(一)改善亚健康状态

亚健康状态的概念在现代才出现,生活节奏加快、压力增大与环境污染等问题让许多人感到身体在没有患上疾病的时候也会有种种不适,例如:出现失眠、头痛、关节及肌肉劳损等症状,到医院就诊也无法找出确切的病因;部分人群抗压能力较弱,在忙碌的生活状态下变得暴躁易怒、抑郁,容易与人发生冲突,心理状态扭曲,但又不愿接受专业心理疗法师的辅导。亚健康状态的调整方法多种多样,是当今世界医学研究的一个重要课题。在我国传统医学中医理论中也有"治未病"的说法,即未患某种疾病,但任其发展在未来就会促使疾病的产生,这时就要采取相应的措施来防治。用现代的说法解释,亚健康即属于内分泌紊乱造成的身体状态失调。对于此类人群,舞动疗法可以起到缓解压力、改善身心关系的作用。伴随着音乐进行舞蹈活动,是对心理状态行之有效的调节方法。早在古希腊时期,人们就发现音乐有可以舒缓人体的精神紧张和压力的功效,巫医的音乐弹奏就已成为治疗疾病的一种方法,而且清新的音乐可以净化人的心灵,抑制人类的不良和紧张情绪的产生。舞蹈运动能够适量地增加体能消耗,可以使人在身体略感疲惫或者兴奋感逐渐趋于平缓的状态下安然入睡,同时适当的拉伸动作可以舒松肌肉和韧带。在舞蹈过程中,血液循环的改善和美感刺激可以缓解精神紧张,动作可以成为心理压力的发泄途径,使人在舞蹈中充分释放并感觉到全新的自己,从而建立和谐的身心关系,改善亚健康状态。

(二)预防和辅助治疗心脑血管疾病

心脑血管疾病以冠心病为主,常见的还有心绞痛、心肌梗死等。防治心血管疾病首先要做的就是使血管保持年轻状态,使其柔软有弹性,并保持良好的循环状态。舞蹈对心脑血管的刺激和增强新陈代谢的功能恰好能起到维持血管年轻状态的作用。长期精神紧张意志消沉会引起血管收缩、血压升高,在舞蹈中放松心情,可以有效地缓解压抑的状态,通过舞蹈运动代谢掉多余脂肪也能使血液黏稠度降低、血液循环更为顺畅。但如果做强度大的激烈运动,则会引起血压骤然上升,所以可以通过节奏舒缓、怡情养性的舞蹈进行有规律的锻炼,对心血管疾病的高发人群进行预防和辅助治疗。

(三)改善形体发育

舞蹈锻炼对人的生理健康最直观的功效就是塑造优美的体形,形体美最重要的元素在于身体比例均衡与协调,即体形匀称及体重合理。舞者体脂率低,肌肉比重大,而且肌肉纤长,线条柔美,舞蹈训练可以在保持体形健美、改善形体发育方面起到良好的作用。对于处在发育期的青少年,舞蹈是促进其生长发育的有效途径,尤其是跳跃动作对下肢骨骼的刺激可以加强血液循环,促进营养物质的输送和吸收。对于肥胖症患者或者发育不良人群,可选择强度较大、节奏较快,并且跳跃动作较多的舞蹈进行锻炼。舞者的身体通常会呈现出协调的美感,特别是在生长发育期持续跳舞的孩子,成年后身型会比较优美又柔和。即使是成年人,在不同种类的舞动中也可以找到自己的节奏。舞动疗法师可以根据被治疗者的兴趣进行调整,使其充分运动,加强代谢功能。

(四)提高身体素质

舞蹈作为一种人体动作的艺术表现形式,对加强身体素质有着直接的促进作用。在完成舞蹈动作的过程中,肌肉力量、肢体柔韧度、整体灵活性等身体素质都会得到锻炼与提高。舞蹈之美刚柔并济,时而温婉如水,时而坚韧挺拔,既要充分协调运用身体各部位,又要做到对自身重心、力度以及节奏、路线的控制和把握,这就是舞者本身良好身体素质的体现。如果身体素质低下,连站稳都难以做到,就更无法做到一系列协调的、舒展的、优美的舞蹈动作。

二、舞动疗法在心理领域的应用

(一)舞动疗法与精神分裂症

精神分裂症是一种常见的重型精神疾病,发病时通常伴有妄想和出现幻觉的表现,并产生恐惧、愤怒、焦虑、悲伤、担忧的情绪。精神分裂症通常使用药物治疗,但药物会带来体重增加、震颤、肌肉僵硬等副作用。对于精神分裂症患者,通过舞动疗法对其进行引导,将音乐与有针对性的物理治疗动作相结合,可以对此类人群的情绪和情感产生迅速和强烈的刺激影响。舞动疗法还能够促使来访者的心理产生一种积极的心理动力,改变来访者不良的思维习惯,使精神分裂症变得更容易被治愈。2015年,Hye-JinLee等人的一项关于舞动疗法对精神分裂症来访者的影响研究发现,与对照组相比,舞动疗法对精神分裂症来访者改善愤怒和抑郁症状、改善阴性精神病症状、控制愤怒情绪显示出显著的积极作用。越来越多的证据表明身体导向型心理治疗对精神分裂症有疗效。Laura Galbuserad等人在关于追求自我意识的研究中,对精神分裂症身体导向心理治疗经验的解释性现象进行分析发现,团体的舞动疗法可以帮助精神分裂症来访者恢复身心统一的感觉,身体导向的心理治疗赋予精神分裂症来访者自主权力,培养了来访者在精神康复过程至关重要的元素和自信心。舞蹈治疗可以提升病人的社会交往能力、新鲜感和思维能力,改善压抑的状态。舞蹈治疗动作舒缓的过程,可以减轻药物对于精神分裂症患者的副作用,结合来访者的兴趣,可以辅助药物进行康复性治疗和长期巩固性治疗。

(二)舞动疗法与神经官能症

神经官能症又称神经症,多数是因心理因素引起的精神障碍,例如神经脆弱、过分敏感等,也有部分是由神经系统受到损害引起的,另有小部分缘自遗传。舞动疗法可以帮助神经官能症患者减轻症状,特别是焦虑感。有研究表明,有32例来访者在超过16周的时间里接受了舞蹈心理治疗。在第3周左右,来访者的抑郁和焦虑症状就开始减轻,工作效率提高,并且保持着积极的状态,一直持续到研究结束。2014年,Sabine Koch等人对舞动疗法与心理健康关系进行研究,对1996年以来18年中的舞动疗法研究进行分析,从23项初级研究中对生活质量、身体形象、健康状况和临床结果的变量进行了分析,并对抑郁、焦虑、人际关系等指标进行了次要分析。结果表明,舞动疗法对于提高生活质量和减少抑郁症和焦虑症等临床症状有效,对主观幸福感、积极情绪、身体形象的

西华师范大学举办的舞走抑郁工作坊

提升也有积极的效果,治疗对象人际交往能力改善显著。但由于方法缺陷,数据的异质性需要进一步循证研究。2015年,芬兰的一项在所有中度或重度抑郁症成年来访者中对21名来访者增加12周的DMT干预研究结果显示,与常规治疗组相比,舞动疗法干预对治疗抑郁症来访者有益。对于这部分来访者,舞动疗法可以转移社会环境对机体的刺激,使其集中于感觉而非症状,从而使心理压力得以释放和缓解,在审美与感受美的过程中也可以使这部分人群的消极心理得到很好的调节。

案例一

舞动疗法在大学生抑郁情绪障碍中的应用探索

目的:探讨舞动疗法对治疗大学生抑郁情绪障碍的可行性和有效性,以及内在作用机制。

方法:以舞动疗法团体心理干预活动为手段,使用抑郁量表(CES-D)和抑郁自评量表(SDS)筛选出有中轻度抑郁情绪的24名大学生志愿者作为实验对象,随机分为对照组12人和实验组12人。实验组连续进行8周"舞走抑郁团体工作坊",1次/周,90min/次的舞动治疗干预实验,最后采用CES-D、SDS和自编被试感受自评问卷作为评定工具,评定被试者情绪改善的情况。在实施团辅后三个月通过SDS量表追踪施测被试者,对不同的实验处理组进行方差分析,同时对舞动疗法的干预效果进行质性研究。再采用实验组和对照组前后测设计,进行心舞疗法团体抑郁情绪障碍实验研究。将不同实验处理方式用于两个不同组别的大学生,观察并测量其实验前后的差异。

研究结果:实验组被试者的CES-D和SDS得分的前后测成绩均有显著差异;实验组和对照组的CES-D和SDS得分的后测成绩均有显著差异。

研究结论:(1)舞动疗法的自发性与创造性能使人获得满足感,消除受挫感,使人产生一种对于自己和生活的积极态度,建立信心并培养对自我价值的认同,实现自我疗愈。(2)舞动疗法能够充分运用舞动的直观、感应、参与、互动、协作性及其特殊的表达指代性,起到释放大学生情绪、唤起大学生自我体验意识、建立自我调节能力、激发自我潜能、提升社会功能等作用,受到干预的团体在快乐程度、活力度、自信心、轻松感、团队合作力、身心一致性、自我接纳感和释放感等方面都得到了明显的改善,说明舞动疗法对大学生抑郁情绪障碍有着显著疗愈效果。

(三)舞动疗法与精神发育迟滞

精神发育迟滞是以智能低下和社会适应困难为显著临床特征的精神障碍,多在中枢神经系统发育成熟(18岁)以前发病。大脑发育不全、智力低下、精神幼稚、精神发育不全等都是患有此类疾病的人群的症状。此类疾病也可能会由生物学因素、心理社会因素等所引发,主要表现为语言能力较弱、躯体功能异常、缺乏自理能力等。对于此类人群,舞动疗法或许能使其无法用语言表达的感觉在运动中表现出来,是进入来访者内心世界,并帮助其恢复躯体运动功能的有效途径。舞蹈的过程可以促使人的兴奋度增加,改善长期压抑的心理状态,使舞蹈的感觉深入来访者身心,有序地调节压抑和兴奋指数,提高脑部的含氧量,改善脑部血液循环。我国南京师范大学的庞佳老师对舞动治疗在有智力障碍等症状之特殊儿童康复治疗中的应用做了大量研究。以下案例节选自庞佳所著的《特殊儿童舞动治疗》一书。

案例二

对象:梦梦(2003—),女,轻度智力障碍儿童。梦梦动作不协调,胆子较小,有依赖性,不自信,接受事物的速度慢,表达能力较弱,注意力很难集中,生活不能自理。

长期目标:能用连贯的句子表达自己的情感和愿望;生活基本能自理;建立自信心,主动参加集体活动。

中期目标:能听指令做动作;能用言语表达自己的意愿;能在40分钟的治疗中,集中注意力达到20分钟;能参加大部分的集体活动。

短期目标:能模仿他人的姿势和动作,提高身体协调能力;识别身体,知道身体各部分的作用,增强动觉意识;在他人的帮助下,愿意学习日常生活技能;愿意与他人身体接触,具有合作意识。

治疗形式:个体与团体治疗相结合。

治疗技术:动作模仿、镜面反射、角色扮演、身体动作探索、即兴舞动等。

治疗方法:切斯技法、荣格舞动疗法、心理动能舞动疗法、创造性舞动疗法、心舞疗法等。

治疗方案:家校结合进行融合治疗、个体与团体治疗相结合。

治疗频率:每周两次,每次40分钟,周期一年。

治疗步骤:热身活动—主题活动—分享交流。

治疗效果:通过韦氏儿童智力量表、儿童适应行为量表和舞动治疗评估量表及各量表的交互分析,梦梦在动作、认知、语言、社会行为和舞蹈等方面的能力显著提升,舞动治疗效果明显。

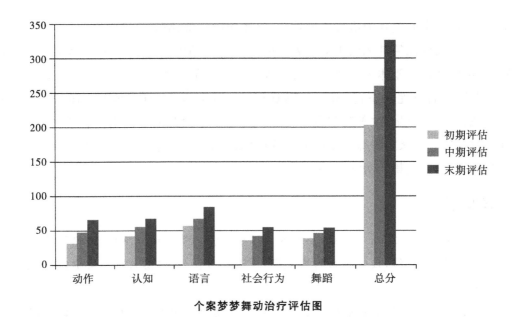

个案梦梦舞动治疗评估图

（四）舞动疗法与失智症

失智症也称痴呆症，是一种脑部伤害或疾病所导致的渐进性认知功能退化的疾病。最常见的失智症种类是老年失智症（即阿兹海默氏症）。据估计，到2050年，全球约有1.35亿人将患有失智症。最新的失智症防治指南强调了失智症的不同阶段和症状的不同治疗方案，包括非药物治疗。舞蹈运动治疗是一种具体的干预方式，能改善来访者身体、情感、社会和认知过程，因此可能对失智症来访者有效。2016年8月发表的《舞动疗法和感觉刺激》提出，舞动疗法对失智症来访者来说是易于接受的治疗。舞动疗法过程中出现的身体情绪的感觉，通过记忆、自我表达、自我体验，刺激并促进了心身的联系；在DMT中感觉刺激的治疗价值对失智症人群有积极影响，是一种治疗失智症的有效的非药物方法。它提高了人们的生活质量，减缓其认知衰退速度，具有比较好的成本效益。这篇文章肯定了DMT的感觉刺激是一种整体、经济和富有成效的失智症护理方法。2003年在《新英格兰医学杂志》上发表的一项对老年人群中的休闲活动和罹患失智症风险的为期21年的研究发现：在所有的身体活动中，包括散步、跑步、游泳等，只有经常参加舞蹈可以减少患失智症的风险，这可能与频率较高的舞蹈活动能提高神经重塑、增加脑源神经营养因子的水平有关。

（五）舞动疗法与儿童心理健康

欧洲和北美42个国家的青少年研究表明，约1/5的女孩报告健康状况不佳。其内在化障碍包括如头痛、胃痛、疲乏等躯体症状和焦虑、紧张、抑郁等精神健康问题。一项舞蹈运动治疗对自闭症谱系障碍年轻人的影响的可行性研究发现，在每周一次共7周的舞动疗法结束后，干预组的来访者报告，表明来访者健康状况改善了，身体意识和自我区别意识改善了,社会技能提高了。基于舞蹈运动疗法的镜像方法似乎比目前流行的心理理论方法更多地涉及自闭症的主要发展方面,舞蹈运动治疗可以说是自闭症谱系障碍有效可行的治疗方法。

某福利院少儿心理成长舞动沙龙

三、舞动疗法的学科建设与本土化

舞动疗法的学科建设是舞动疗法工作中非常重要的组成部分。舞动疗法的学科建设包括四个方面:一是专业培养(学历与非学历);二是科研及学科的认可;三是执业标准和职业发展,这里主要指政府的立法监管;四是专业认证,即专业协会对舞蹈疗法师专业水平的评估。舞动治疗的专业学习和学科建设有其特殊性和复杂性,其由于极强的学科交叉性,要求艺术和心理学积极联合、相互适应与融合。欧美在舞动疗法的学科建设方面较为领先,它们除了建立自己的专业协会之外,还拥有自己的学术期刊,还在大学开设了舞动治疗硕博专业。如美国的大学,舞动治疗的学习一般需具有研究生的水平,需要两三年的时间。美国目前有7所大学开设舞动治疗专业,包括硕士和博士水平以及其他非学历的培训(所谓侧类途径)。在美国,舞动治疗设立在不同的院系,包括艺术系、健康护理系和应用心理系,所以在艺术、心理学、医学和科研各个层面不同的倾向和侧重造就了不同学校舞动治疗专业不同的风格特点。舞动治疗已经逐渐开始受到大家的关注,其前景被看好。但作为新学科和新方向,舞动治疗在概念上还不够清晰,对于课程设置和师资配备大家还比较陌生,要进入实施阶段还需一段时间的准备过程。舞蹈疗法是现代卫生保健中的重要部分,随着科学的进步,这一新领域将愈来愈为人们所关注。

在中国,舞动治疗还处于萌芽阶段,国内高校还未开设舞动治疗专业甚至几乎没开设舞动治疗课程,也没有本土的官方舞动治疗协会来组织和监管。我国可以在高校中将舞蹈疗法作为专门的课题开设,这样可以保证研究的持续性,也可以汇集更多的文献资料。国内目前主要由少数商业机构引进欧美舞动治疗培训项目,主要针对在职人士的非学历培养。要拿到北京某培训机构欧美认证的舞动疗法师证书,少则需花费十多万元,多则二十几万元,这样昂贵的学习费用不是一般老百姓或普通心理学爱好者能承受的。由于舞动治疗最早是由欧美的舞蹈家们创立的,所以其有着过多强调动作分析和与传统谈话式心理疗法融合不够紧密等局限性。另外,在舞动治疗中心理因素也起到非常关键的作用,无论对于需要接受治疗的人群,还是对于中国人的体质特点和身体语言表达习惯而言,都要进行细致的区分,以最终找到适合国人的舞动治疗。舞动治疗亟待学科化、专业化、本土化、正规化发展。

在推进舞动治疗本土化过程中,我国西华师范大学张小兰博士创立的心舞疗法为其做出了可贵的探索和重要的贡献。心舞疗法又称身心整合式心理疗法,是张小兰博士以"海纳百川、兼收并蓄、融会贯通"的学习精神,在践行并受益20多年的心灵舞蹈基础上,吸取西方舞动治疗的精髓,融合催眠、认知行为治疗、正念、家庭治疗等各传统心理咨询流派与技术和音乐、绘画等表达性艺术治疗,心身医学、禅舞、中国手语舞等于一体的具有中国本土特色的舞动治疗。心舞疗法虽于2016年才开始创立,在科研上却已取得四项科研课题立项,其中还有一项是省级重点课题;在实践运用和传播上,已先后走进大中小学、医院、精神卫生中心,尤其是在灾后学校、养老院、孤儿院、福利院、残疾人学校和企事业单位及社区,开办了上百场体验性公益工作坊和"舞走抑郁"治疗性长程工作坊及两期种子师资工作坊。2018年,心舞疗法全国公益性活动正式启动,以普通老百姓都能接受的低成本公益价传播心舞疗法,深受人们欢迎和好评。心舞疗法注重身心整合的整体治疗观,强调以身心合一、形神交融的心舞为载体,突出谈话式疗法与表达性艺术治疗的整合,植根于传统文化,彰显中国特色。

目前,舞动疗法的发展面临着多方面的挑战。第一,舞动疗法学科规模较小,即使与音乐治疗相比,规模也显得很小。第二,舞动疗法在临床治疗中还处于辅助和从属地位,没有真正地被医院的精神科、心理科放在重要的位置上。第三,舞动疗法的实证实践及科研较少,有待进一步加强。第四,各个国家行业标准参差不齐,即使是欧洲的职业培训项目,各个国家和培训项目的标准也相差很大。比如有些国家舞动疗法的实习时数长达800个小时,有些短至80个小时。第五,男性疗法师占极少数,这使得以男性居多的医学界和科学界对舞动疗法的接受程度有限,导致舞动疗法师的职业身份认可度不高。

想要真正地推广舞动疗法,一方面需要在临床外进行创新性的扩展应用,另一方面在临床上还需要最终将它纳入医疗保险系统,同时要积极使舞动疗法和其他创造性艺术治疗进行合作与联合,脚踏实地地做好科研职业培训和认证标准工作。虽然舞动疗法在中国的学科建设还未开始,缺乏大量的循证研究,更缺乏有使命感和扎实专业背景的舞动疗法师,舞动疗法的中国本土化、专业化和正规化更是任重而道远,但我们相信舞动疗法在中国和世界的前景很广阔。我们期待更多的有识之士来共同完善舞动疗法理论体系,进行更广泛的实践传播和实证研究,为帮助更多的生命获得健康和生活得更幸福而不遗余力。

思考与练习

1. 舞动疗法的理论依据主要有哪些?
2. 舞动疗法四大基本技法的理论与程序是什么?
3. 如何看待舞动疗法的学科建设与本土化?

推荐书目

1. [英]Bonnie Meekmus.舞动治疗[M].余译梅译,重庆:重庆大学出版社,2017.
2. 庞佳.特殊儿童舞动治疗[M].南京:南京师范大学出版社,2015.
3. 李微笑.舞动治疗的缘起[M].北京:中国轻工业出版社,2014.

第十一章

传统运动疗法

内容简介 传统运动疗法是艺术疗法的一个重要分支,是将传统运动和艺术美感相融合,具有更好的疗愈作用的一种运动疗法。本章介绍了传统运动疗法的概念与种类、起源与发展以及作用与意义;阐述了传统运动疗法的基本原理、艺术表达和特点;详述了传统运动疗法的主要功法,包括不同功法的动作要领和作用机理,对于实践操作的重要指导意义;列举了传统运动疗法在"三高"症、癌症康复以及治疗心理亚健康中的应用,并进行了案例分享。

学习目标 1.理解和掌握传统运动疗法的概念;
2.理解传统运动疗法的作用与意义;
3.熟悉和掌握传统运动疗法的主要功法,会在生活中运用运动疗法;
4.了解传统运动疗法的起源与发展概况。

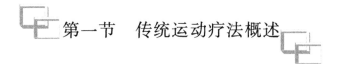

第一节 传统运动疗法概述

一、传统运动疗法的概念与种类

运动是生命存在的基本形式,没有运动就没有生命。目前常说的运动疗法是指利用器械或来访者自身力量,通过某些运动方式(主动运动方式或被动运动方式等),使来访者恢复全身或局部运动功能、感觉功能的一种训练方法。运动疗法已成为康复治疗的一个重要组成部分。本章所说的传统运动疗法是指在中国历史背景、社会制度及文化影响下形成,并经过世代相传,集形体运动、呼吸吐纳以及精神意念于一体的一种保健强身、防治疾病、增进健康的运动疗法。传统运动疗法是较高层次、自成套路的系统运动疗法,包括八段锦、太极拳、五禽戏等。

传统运动疗法中，形体运动的方式以体育运动为主，体育运动以身体活动即体育锻炼为实现方式，以增强身体素质为直接目的，其形式多样，包括走、跑、跳、投以及舞等。呼吸吐纳也是传统运动疗法中的一个重要方面，进行缓慢而有意识的深长呼吸可帮助培蓄人体内部之真气，以达到修真养性、延年益寿之目的。"吐纳"语见《庄子·刻意》："吹呴呼吸，吐故纳新。"吐纳即呼吸，呼吸包括外呼吸和内呼吸两种。外呼吸是指在肺内进行的外界空气与血液的气体交换，也称肺呼吸；所谓内呼吸，是指血液与组织细胞的气体交换，也称组织呼吸。精神意念即意识（包含显意识和潜意识两种）而成信念的精神状态，是主体轻度入静后原神能动的自律性调控自然积淀因的亚无极思维态。

传统运动疗法是中国劳动人民智慧的结晶。古人在阴阳五行等思想的深刻影响下，将身体活动方式与儒、释、道相关理论相融合，创造出丰富的身心并调、内外兼修的运动功法，并不断在实践中充实完善，形成了独具中华民族特色的传统运动疗法。传统运动疗法通常有一定的理论指导，需要经过系统的学习和训练才能掌握。这些运动功法大多源自道家和佛家：道家运动功法主张以养气为主，强调"导引"和"养形"的理念，其代表性的运动功法有华佗的五禽戏、马王堆出土的《导引图》和《胎息经》、八段锦、太极拳等；佛家运动功法源于禅定修心，通过一些手段和方法来活动筋骨、疏通血脉以达到禅修的目的。

二、传统运动疗法的起源与发展

传统运动疗法源远流长，它是在中国人民长期的生活、劳动以及与疾病、衰老做斗争的过程中逐步形成和完善起来的。随着实践的开展以及知识的积累，运动的形式和内涵不断得到丰富和完善。为了让传统运动疗法得到更好的传承和发扬，我们有必要对其历史渊源、形成发展过程和特点有简要了解。

传统运动疗法起源于春秋战国时期，百家争鸣对医疗卫生的发展起到了一定的推动作用。这一时期，导引术有了较大的发展，并形成了一定的理论和方法。导引术是我国古代的呼吸运动（导）与肢体运动（引）相结合的一种养生术，也是气功中的动功之一，与现代的保健操相类似。从战国后期起，学术发展呈现相互吸收、相互融合的趋势，人们在阴阳五行图式的基础上，总结了丰富的医疗、保健、运动、养生经验，构筑了我国古代人体科学理论体系，进而形成了我国历史上影响深远的一部医学著作《黄帝内经》。《黄帝内经》中记载："中央者，其地平以湿……故其病多痿厥寒热，其治宜导引按跷，故导引按跷者，亦从中央出也。"这说明导引疗法产生于"中央"之地，善治"痿厥寒热"。此外，《黄帝内经》的其他篇章亦有不少类似论述，如《素问·血气形志》中载："形苦志乐，病生于筋，治之以熨引。"这说明导引疗法已用于治疗运动系统病。《素问·奇病论》载："病胁下满，气逆……病名曰息积，此不妨于食，不可灸刺，积为导引服药，药不能独治也。"这说明导引法亦用于治疗情志抑郁病。

秦汉时期,社会相对稳定,传统运动疗法有了进一步的发展。1973年12月于长沙马王堆汉墓中出土的帛画《导引图》中记载了我国古代的导引术,图上描绘了44名男女老少分四行排列练功的各种姿势和动作。《导引图》真实地反映了汉代导引术的实际应用情景,而且现代健身操中的很多动作在《导引图》中都有体现,如扩胸运动、体侧运动、转腰运动、腹背运动、踢腿运动等。这说明汉代人已经在利用各种形式的运动进行保健养生了。汉末名医华佗在总结两汉导引术的基础上,创编了简单易学、形象生动的健体养生操五禽戏,鲜明地展现了我国传运动疗法的独特风格。此时期,武术也成为盛行的健身养生方法,武术的发展受到了宗教的大力支持,印度高僧达摩在少林寺创造《达摩易筋经》,发展了武术。

隋唐时期是我国传统运动疗法发展的鼎盛时期。隋太医博士巢元方等人编撰的《诸病源候论》全面总结了前人导引治病的经验与方法,并加入了巢氏的心得和体会。全书共有导引治病的具体术式和操作方法280多条,对于各种疾病的治疗均有详细说明。唐代著名医家、养生家孙思邈在《千金要方》中提道:"养性之道,常欲小劳,但莫大疲及强所不能堪耳,且流水不腐,户枢不蠹,以其运动故也。"其他道家导引法、佛家导引法也有大量论述和记载。

到了宋代,"以动养生"有了更进一步的发展,不少有利于身体健康的运动疗法问世,其中影响最大、流传最久远的当属八段锦。八段锦的出现,使我国传统运动疗法的发展又上了一个新的台阶,是古代导引术逐步走向简约化的表现。

明清时期,传统运动疗法得到更深入、更完善和更系统的发展。传统运动疗法理论得到了升华,各种理论专著接连问世,诸多医家搜集、整理、创编了大量有价值的有关运动疗法的文字资料,并配图予以说明,其中比较著名的有《遵生八笺》和《赤凤髓》。此外,这一时期中国武术发展到顶峰,武术和导引的结合促进了太极拳的诞生。《易筋经》成功创编,它同时注重"内功"和"外力",这也标志着传统运动疗法在理论和实践上发展到了一个新的高度。

从鸦片战争到新中国成立之前,我国经历了一段屈辱的岁月。由于中国传统文化和习俗受到排斥和限制,崇洋媚外的情况严重,再加上西方运动的传入,传统运动疗法的发展遭遇了严重的阻力,处于一个极其缓慢的发展阶段。

新中国成立后,党和政府非常重视传统运动疗法的传承和发展,把增强人民体质、提高全民族的健康水平作为社会主义建设的一个重要任务。1954年,国家体委专门设立了民族形式体育委员会来负责传统运动的挖掘整理及开展工作。唐山和上海相继建立了研究导引养生的疗养院和研究所,分别推广了"内养功"和"放松功"。从1957年开始,国家体委组织部分武术家,在继承传统的基础上,先后整理出版了关于简化太极拳等20多种运动项目的图书。由于中华民族的繁衍生息和中华文化一脉传承,传统运动疗法的发展进程从未中断过,仍表现出一脉相承的连续性和强大的生命力,并在其发展过程中顺应时代的变化而不断改进和完善。近十几年来,随着运动疗法机理研究的深入,传统运动疗法在国际上越来越受到重视,来我国学习考察传统运动疗法的外国人士日益增多,这更加促进了我国传统运动疗法的发展。

三、传统运动疗法的作用与意义

传统运动疗法通过锻炼形体、活动筋骨,使周身经络气血畅通,滋养整个机体;通过呼出浊气、吸入清气以解除疲劳、使头脑清醒,调节五脏,调呼吸以练气,以"气行则血行"来推动气血运通,畅流全身;以意领气,调意识以养神,神能御气,以气导形。传统运动疗法的作用与意义在于使机体进入"阴平阳秘"的健康状态,从而增进人的身心健康,使人保持美丽的外形和旺盛的生命力。

1. 对形体的强健美化作用

传统运动疗法强调的形体运动以肢体运动为主,讲究动作到位、姿势优美、连贯灵活。在肢体运动时,肌肉收缩对骨骼的牵拉及重力作用,使得骨骼的新陈代谢加强,骨骼的血液循环改善,进而使骨骼的营养和形态结构改善。随着形态结构的改善,骨骼变得更加粗壮和坚固,机械性能大大提高,抵抗弯曲、折断、扭转、压缩和拉长的能力大大提高。如手指、脚趾抓握,可滑利关节,使起止于关节附近的肌肉筋骨得到充分锻炼,强壮肌肉,灵活关节;锻炼拉伸肌肉群较多的背部、臀部和腿部,能使人体脊柱、髋、膝关节屈伸更加灵活和稳定,使得该肌肉群发达并提高其运动时的协调能力。

由于形体运动能直接作用于骨骼的生长发育,而骨骼的生长发育直接影响着人体的外部形态,因此形体运动和良好形体的塑造与保持有着极为密切的关系。经常进行体育锻炼还能使脊柱、胸廓、骨盆、足弓发育良好,有效地避免脊柱弯曲、驼背、骨盆狭小和平足;能使肌肉匀称美观,柔韧度好,光泽而富有弹性,肌力增强;还能防治老年人骨质疏松、弯腰、驼背、关节老年化、肌肉萎缩等症状。

健壮的体格、匀称的体形是人体健美的基本标准。古希腊雕刻家米隆的杰作《掷铁饼者》,把竞技者健壮的体格、匀称的体形和人体的和谐韵律融为一体,充分表现了人体的美。长期坚持正确的传统运动疗法则可塑造这种美,对强壮体格、健美身材、端正姿势、协调动作均具有积极的促进作用。

2. 对脏腑气血的调节作用

传统运动疗法对脏腑具有良好的调节作用,可增强脏腑功能。传统运动疗法不仅重视形体运动,还注意与呼吸、意念的配合,这也是传统运动疗法不同于一般体育运动之处。

当全身拔伸俯仰时,体腔内的脏腑受到挤压和拉伸,再配合呼吸,如吸气时收缩腹部与肛周肌肉,上有膈肌的下压,下有肛周与腹部的挤压,对体腔的五脏六腑均有很好的按摩揉压、牵拉舒展的作用,自然可以增强脏腑功能。具体而言,运动能使血脉流畅,有利于血液在周身的布达与环流,使各脏腑组织得到更多的血液充养,又可以调节心神,使人思维敏捷、精神旺盛,有利于对其他各脏腑组织的调控;能增强肺主气、宣发、肃降的功能,加大呼吸深度,有利于吸入更多的清气,以充养人体各脏腑组织;能增进食欲,增强脾的消化功能和运输功能,使人体的脏腑、肌肉获得更多的营养,从而使人脏腑健旺、肌肉丰满、身体强壮;能增强肝的藏血、主筋功能,使肝储藏血液和调节血量的功能得到增强,筋得血之濡养而关节活动屈伸自如;运动能培补人之肾精,肾精充足则使人生长、发育旺盛,骨骼强壮、耳聪目明,排泄功能良好,保证了人体代谢的平衡。传统运动疗法对六腑的作用更为显著,六腑主传导排泄,运动对腹部的按揉挤压力度强,所以对增强六腑的功能亦有显著的作用。

除了对脏腑具有良好的调节作用外,传统运动疗法还对气血津液的生成、代谢有良好的调节作用。气血津液是脏腑正常生理活动的产物,受脏腑支配。配合呼吸、意念的传统运动可通过增强脏腑功能,进而增强脏腑气化生成气血津液的能力,让全身的脏腑经络、四肢百骸、皮毛筋骨都能得到充养。此外,传统运动疗法还可促进体内废物和毒素通过深呼吸和汗液排出体外。

3. 对精神情志的怡养作用

精神依附于形体。传统运动疗法在外可让习练者通过肢体运动宣泄情绪,放松全身,通过形体美化使心情愉悦,自信乐观;在内则重视静功,静可凝聚意念,以意导气,以气导动,通过意识进行调息、调身的锻炼。现代医学和心理学研究发现,学会肌肉放松、深长平稳呼吸可改善不良情绪,提高人体自身抵御和治疗身心疾病的能力。因此,经常运动会让人心情舒畅,神清气爽。传统运动疗法还能锻炼人的意志和勇敢精神,增强自信心,集体锻炼还可培养人团结协作的集体主义精神。

传统运动疗法融形、息、神于一体,动中有静,静中有动,并受哲学、宗教、医学等学科的综合影响,使习练者在运动中慢慢体会运动功法的奥妙和真谛。

第二节 传统运动疗法的理论基础

一、传统运动疗法的基本原理

东汉末年,华佗就指出:"人体欲得劳动,但不当使极耳。动摇则谷气得消,血脉流通,病不得生。譬如户枢,终不朽也。"18世纪法国思想家伏尔泰也有"生命在于运动"的格言。这些都体现了形体运动对于身体健康的重要性。传统运动疗法首先强调的是形体运动。现代研究证明,科学适度的形体运动可促进血液循环,增强脏器的生理功能;可调节神经递质的分泌,使人保持旺盛的情力和稳定的情绪;还可使心肌发达,收缩有力,增强心脏的活力及肺脏的呼吸功能,改善末梢循环;能增强膈肌和腹肌的力量,促进胃肠蠕动,防止食物在消化道中滞留,有利于消化吸收;可增强机体的免疫机能及内分泌功能;可增强肌肉关节的活力,使人动作灵活、轻巧,反应敏捷、迅速。

传统运动疗法除注重形体运动外,还注重与呼吸吐纳、精神意念的配合。通过均匀深长的呼吸,可以培养宗气、元气,进而促进气血运行。中医认为,气是构成人体组织器官和维持人体生命活动的最基本物质,没有气的功能活动,是没有生命的运动。同时,均匀深长的呼吸还可帮助按揉体腔内脏腑,增强脏腑功能。通过精神意念的配合以养神,神能御气,以气导形,进而使呼吸动作协调,让整个身心得到锻炼和放松。长期坚持传统运动疗法,可使人形神兼备、百脉流畅、内外相和、脏腑协调,使机体进入"阴平阳秘"的健康状态,从而增进机体健康,以保持旺盛的生命力。

二、传统运动疗法的技术与艺术表达

所谓艺术,就是指人类运用物质文化实体,遵循审美或反审美的规律,创造具有大美学特征和内容的精神文化的创造行为。通俗地说,艺术就是人的知识、情感、理想、意念综合心理活动的产物,是人们现实生活和精神世界的形象表现,它的主要作用是让人有"美"的享受。

传统运动疗法本身的形体运动就可以帮助习练者纠正不良姿态,使身体端正挺拔。随着社会的发展和人们需求的多元化,传统运动疗法增强了趣味性和艺术性,以更美的运动形态实现最佳的效果,如由太极拳演变来的太极剑和太极扇,深受男女老少的喜爱。另外,运动能消耗大量的能量,有利于减去多余的脂肪,保持适当的体重,为塑造优美的体形奠定了基础。

在传统运动疗法技术的形成过程中,操作运动技术的主体是有思想、有情感的人。因此,运动技术的呈现不仅是动作的伸展挥舞,而且是意象、意境、意义的跌宕起伏;运动的表达不仅在于动作外部的姿态与轨迹,而且在于其内在精、气、神的传递,在于运动者内心生命节奏的表达。虽然运动疗法的动作套路基本相同,但是不同个体在完成同一动作的过程中,也会表现出浓厚的个人技术风格和特色,这与人的气质直接相关。此外,运动动作的解说和联想对于美的感受也是十分重要的,动作套路是流动的画,动作解说是画中的诗。传统运动疗法将形体运动与呼吸吐纳、精神意念相融合,让习练者达到身心与自然交融的境界,真正地融入自然,零距离地感受自然界的运动规律,从而达到庄子那种"独与天地精神往来"的物我两忘的自由境界,这也是"天人合一"思想的体现。

三、传统运动疗法的特点

传统运动疗法是我国劳动人民智慧的结晶,是在不断的实践中发展和完善的,融合了中国传统文化思想以及中医养生治病的理论和经验,具有鲜明的特点。

1. 融传统文化、诸家思想、传统医学理论和经验以及多种功法于一体

融诸家之长于一体,是传统运动疗法的突出特点。传统运动疗法与古代的医学、道教、佛教、哲学等密切相关,以中医的阴阳、脏腑、气血、经络等理论为主要依据,用阴阳理论指导运动的虚、实、动、静,用整体观念说明运动中形、神、气、血、表、里的协调统一;以养精、练气、调神为基本要点,以达到通气活血、调和脏腑的目的;以动形为基本锻炼形式,融气功、武术等于一体,如源于导引气功的五禽戏、八段锦等,源于武术功法的太极拳、太极剑等。所以,传统运动疗法是集百家之所长而形成的,具有深刻的理论渊源和厚实的实践基础。

2. 注重形体运动与呼吸吐纳、精神意念的协调统一

传统运动疗法强调形体运动、呼吸吐纳和精神意念的配合和统一,要求形神一致、意气相随、形气相依、内外和谐、动静相宜,方能起到养生、健身、治疗的作用。练静功时,一般采用坐、卧、站等安静的姿势,以意念的集中与各种呼吸的方法相结合进行锻炼。肢体运动虽表现于外,但要求"动静结合",即注意力集中,情绪安定,并根据动作的变化,配以适当的呼吸方法,从而达到形、意、气的统一。

3. 具有普遍适用性和特殊性

传统运动疗法内容丰富、形式多样,易于传授和学习,不受场地和器械的限制,任何人均可根据自己的需要和条件,选择合适的项目来进行锻炼,这有利于传统运动疗法的普及。但是,由于不同的功法有着不同的动作结构、技术要求、量及强度,因此,不同的人应该根据自身的特点选择不同的运动疗法。如:老年人的运动量应小于青年人的运动量;爱美女士可以选择练太极扇、太极剑;八段锦虽然适合大部分人,老少皆宜,但急性脊柱损伤者、腰部突然出现疼痛者不宜练习。

第三节　传统运动疗法的主要功法

传统运动疗法内容丰富,种类繁多,各有特色,比较经典的有八段锦、太极拳、五禽戏等。其中,八段锦易学且功效好,可作为初学者的首选;太极拳难度居中,但后续深造受益无穷,可以终身体会和感悟其中的奥妙;五禽戏流派最多也最复杂,层次较高。这些传统运动疗法,大多源于道家和佛家,世代相传,又不断得到充实和发展。无论这些功法的特点如何,只要坚持不懈地练习,其促进健康的效果就会非常明显。

一、八段锦

八段锦是从古代流传下来的一种著名的传统运动疗法。八段锦由八节不同的术势

组成,故名"八段";"锦"指术势的珍贵与奥妙,也有人认为这种功法可以强身健体,祛病除疾,延年益寿,犹如给人们展示一幅绚丽多彩的锦缎,故称之为"锦"。

八段锦之名最早出现在南宋洪迈撰写的《夷坚乙志》中:"似炬素于声色薄,多独止外舍,效方士熊经鸟伸之术,得之甚喜。自是令席于床下,正熟睡时,呼之无不应。尝以夜半时起坐,嘘吸按摩,行所谓八段锦者。"明代嘉靖年间,王廷相托名为河滨丈人撰《摄生要义》,以坐式八段锦为基础,编成《导引约法十六势》,后冷谦在其《修龄要旨》中将其改称为"十六段锦"。清代,徐文弼撰《寿世传真》,对上述功法套路进行了调整,并将之命名为"十二段锦"。立式八段锦的内容首见于南宋曾慥《道枢·众妙篇》,清末《新出保身图说》首次以八段锦命名,并绘有图像,形成了较完整的动作套路,具体功法如下。

预备式:运动开始时身体呈站立姿势,两脚距离与肩同宽,膝微屈,但髌骨不超过脚尖垂线,五趾抓地,头向上顶,收颔抵舌,含胸拔背,目视正前方,呼吸处于自然状态,全身肌肉放松,意念守于丹田。

(一)双手托天理三焦

1.功法动作

两臂自体侧缓缓上举至头顶,双手十指交叉,手腕内旋,使掌心朝上。与此同时,两腿挺直,脚跟抬起,呈现上下拔伸之态,头正颈直,目光平视前方,随后两臂按原来路线慢慢放下,复原。上托时深吸气,复原时深呼气。一般要求重复上述动作8次,恢复预备式。

2.防治疾病机理

"三焦"为六腑之一,是上焦、中焦、下焦的合称。将躯干划分为三个部位,横膈以上内脏

双手托天理三焦动作展示

器官为上焦,包括心、肺;横膈以下至脐内脏器官为中焦,包括脾、胃、肝、胆等器官;脐以下内脏器官为下焦,包括肾、大肠、小肠和膀胱。这个功法动作要求腰以上的躯干、头颈和上肢朝上拉抻,腰以下的胯、膝、足朝下拉抻。通过人体外在筋骨的整体导引,牵拉触动人体内在三焦的经络血脉,使三焦的脏腑功能得到全方位的调理,使其清气上升、浊气下降、脉道通畅、气血调和。这个功法动作中,上肢十指交叉托天,下肢十趾用力蹬地,使人体十二经脉的起止点都得到了有效的启动和调理,人体手三阴、手三阳和足三阴、足三阳的经脉也得到了全面的锻炼。故此,这个功法动作能使人体阴阳平衡,确保人体健康之基石稳固。

3. 要领

(1)动作要在周身关节、肌肉放松的情况下进行,不要过于紧张、别扭。

(2)动作必须与呼吸配合,口微闭,舌尖轻抵上颚,用鼻呼吸。

(3)意念守于丹田,也可以在预备式时由足心(涌泉穴),随动作渐渐上提,至丹田处停止。托天意想三焦畅通,要有撑天拄地的感觉。

这套功法动作从动作上看是四肢和躯干的伸展运动,和伸懒腰相似。伸懒腰是人体常见的生理现象,它可以影响胸腹腔血流的分配,有利于肺部的扩张,使呼吸加深,吸进更多的氧气,对消除疲劳、增进食欲、促进代谢有一定的作用。由于这套动作是全身的伸展活动,又伴随深呼吸,因此它对内脏器官有调理作用,也就是上文所说的"理三焦"。另外,本套功法动作对于提高关节灵活性、防治肩骨颈椎疾患同样具有良好的作用。

(二)左右开弓似射雕

左右开弓似身射雕动作展示

1.功法动作

左式为左脚向左横开半步,两腿下蹲呈马步状。双臂屈肘,两掌在胸前十指交叉。然后左手握拳,食指与拇指上翘呈"八"字形,并向左推出至手臂完全伸直;与此同时,右手变拳展臂屈肘向右拉,呈拉弓状。头随左臂伸出时向左旋转,目平视左手食指、拇指指间。右式动作同左式,方向相反。左右动作交替进行,每侧三至五次。拉弓时吸气,复原时呼气。

2.防治疾病机理

这个功法中的马步动作,汲取了武术站桩功中的练法。它能稳固人体下盘的气血能量,使人体进入上"虚"(清虚)下"实"(充实)的最佳生理状态。这个功法中的射雕动作,能充分地展肩扩胸,激发肺脏的主气功能,使其吐故纳新的作用倍增,继而舒展心气,使心气推动血液运行的作用得以增强,同时可刺激督脉背部俞穴,调节手太阴肺经等经脉之穴。因此,这个动作可改善人体心肺功能,充盈人体内气,畅通全身血脉。

3.要领

(1)两腿呈马步状时,要求呈半蹲状,切忌蹲点过高或过低。上身保持正直,挺胸,拔背,收胯,落臀,五趾抓地。

(2)拉弓时要求身体用力,速度宜慢不宜快,尽量扩胸吸气。

(3)呼吸应与动作配合。一脚侧挪时吸气,下蹲时呼气;拉弓射雕时深吸气,复原时呼气。

(4)意念开始自丹田至商阳穴,然后随动作收回至丹田。要有拉弓射雕的意念。

这套动作能有效地发展下肢肌肉,提高平衡和协调能力,同时通过扩胸伸臂可以增加前臂和手部肌肉的力量,提高手腕关节及指关节的灵活性,并有利于矫正驼背、肩内收等不良姿势,很好地预防肩颈疾病。

(三)调理脾胃需单举

单举动作展示

1. 功法动作

预备式站立后,重心上提,两掌上提至肚脐时左掌随臂内旋上托,经面前上穿,上举至头的左上方,掌心向上,指尖向右。右掌同时随臂内旋下按至右髋旁,指尖向前,掌心向下,与左手配合上下同时用力,举按数次。随后两腿膝关节微屈,重心下降,同时左臂屈肘外旋,左掌经面前下落于腹前,同时右臂外旋,右掌外旋向上捧于腹前,目视前方。右式动作与左式相同,唯方向相反。如此左右反复,每手上举五至七次。手上举时吸气,复原时呼气。

2. 防治疾病机理

脾胃是人体的"后天之本",是人体生长发育的重要器官,是滋补人体先天元气的工具,是确保人体生命质量的关键之一。在这套功法动作中,一手上举根据脾气主升的道理,健全脾脏的生理功能,从而使其运化水谷精微的能力得以提高。另一手下按,根据胃气主降的道理,增强胃部的生理功能,从而使其腐熟水谷的消化功能得以强化。这套功法动作通过人体外在动作的升降导引,用以激发人体脾胃的升降功能,从而使脾胃经络中的瘀滞之处得以疏通,血脉动行得以调理到最佳状态,使人体后天之精逐渐充盈饱满。

3. 要领

(1)两手动作相对,一手上举,一手下按,上下用力对拉,使内脏器官和肌肉、筋络得到舒展、牵拉。

(2)上举之手掌心应向上,五指并拢,指间指向对侧,屈腕;下按之手掌心应向下,五指并拢,指间指向前方,屈腕。

(3)配合呼吸,配合意念,意念随手臂上举而向上,直达上举之手指尖,然后随手下引归于丹田。

这套动作能使肌肉、经络、内脏器官受到牵引,特别是使肝、胆、脾、胃受到牵拉,使胃肠蠕动和消化功能得到增强,久练有助于防治肠胃疾病;可以刺激胸与斜骨的相关经络,以及背部腧穴等;可使脊柱内各锥骨间的小关节及小肌肉得到锻炼,从而增强脊柱的灵活性与稳定性,有利于预防和治疗肩颈疾病。

(四)五劳七伤往后瞧

1. 功法动作

预备式站立后,头慢慢向左转,眼向左侧后方看,头旋至最大限度,稍作停顿后缓缓转正,然后头慢慢向右转,方法同左式。如此左右反复,每侧五至七次。配合呼吸,头向后转动时吸气,还原时呼气。

往后瞧动作展示

2.防治疾病机理

"五劳"是指人们在日常生活中的五种过度的行为:久视则伤血,久卧则伤气,久坐则伤肉,久行则伤筋,久站则伤骨。"七伤"是指人体在日常生活中的精神情绪活动变化太过所构成的致病因素:过喜则伤心,过怒则伤肝,过思则伤脾,过悲则伤肺,过恐则伤肾。人体的肢体行为、脏腑功能和精神活动,都要在正常的负荷内进行。用之过度,必定会加剧人体气血的耗损,从而使其肢体蒙受伤害、脏腑功能失调、精神情绪紊乱。人体机能受到破坏后,主要靠先天"元神"的作用来修复。诸如人的血压、心律和体温等生理指数的稳定,都是靠"元神"来维持的,只有在体松心静的"气功态"中,才能最大限度地发挥其修复脏腑功能的作用。头脑的内核是"元神"的居处所在,头部的左右转动拔抻,疏通了经络中的瘀滞,促进了头脑的气血供应,从而使"元神"的工作能力得以提升。

3.要领

(1)转头时身体不能晃动或跟着旋转,下颌内收,头部应保持正直,不能仰头或低头。

(2)跟随头部旋转慢慢向后看,速度宜慢,以免头晕、恶心。

(3)本套动作中意念无特殊讲究,可随意选择。往后看时可意在大椎穴。

这一套动作是头部反复左右转动,眼球尽量往后看,是一种头部旋转运动,对促进头部血液循环、锻炼颈部肌肉和改善颈椎活动有较明显的作用,有助于解除中枢神经系统的疲劳。此外,这一动作还能增大眼球的活动范围,增强眼部肌群的功能,对预防颈椎病、高血压、动脉硬化等老年病有一定的作用。

(五)摇头摆臀去心火

1. 功法动作

两脚分开站立,间距与肩同宽,双腿屈膝下蹲呈马步状,两手扶膝关节上方,虎口对身体。头和上体前俯深屈,随即使尽量向左的弧形摇转,同时臀部则相应右摆,右腿及右臀适当伸展,以辅助摇摆,复原。随后上体前俯深屈,随即向右做弧形旋转,方法与左侧动作相同,复原。动作应配合呼吸,头做侧向摇转时吸气,复原时呼气。摇头意在放松大椎,摆尾意在转动尾闾,意想涌泉。

摇头摆臂动作展示

2. 防治疾病机理

中医认为,心属火,肾属水,"心肾相交"(水火相济)是人体健康之本。有不少失眠症状是由肾水不足而心火太旺造成的。人体的心与脑是相互作用的。因此,功法中,头部轻微摇晃,对心火下降入肾、以助肾阳有促进作用。肾居腰中,柔和地摆动腰部,能促进肾水向上以滋养心火,使其不致太过。

3. 要领

(1)本套动作强调放松,因此在做动作时应避免过于生硬。

(2)动作时要求重心始终落于两脚之间,不能随上体摇转而前倾后倒。

(3)当头摇转向侧至近点时,可以慢慢地仰颈坐臀,使躯干伸展。

这一套动作双腿下蹲,摇动尾闾,可刺激督脉。通过摇头可刺激大椎穴,从而达到舒经泄热的目的,有助于去除心火。在摇头摆尾过程中,脊柱、腰段、颈段大弧度侧屈,反转及回旋,可使整个脊柱的头、颈段,腰腹及臀骨部肌群参与收缩,既增加了颈、腰、髋关节的灵活性,也锻炼了该部位的肌力。

(六)两手攀足固肾腰

1. 功法动作

两腿并拢站立,两臂平举自体侧缓缓抬起至头顶上方转掌心朝上,向上托举。稍作停顿后,以腰为轴,身体前屈,两手下垂握住两脚足尖,抬头,目视前下方,上身徐徐向上起身挺直,双手贴于两腿后侧朝上滑动至后腰,使双掌的"劳宫"穴捂在后腰左右的"肾俞"穴上。随后,两掌沿地面前伸,随之用手臂带动上体立起,两臂肘关节伸直上举,掌心向前,再自身体两侧缓缓下落于体侧。该动作式一上一下为一次,共做六次。

两手攀足动作展示

2. 防治疾病机理

中医认为,人体的双下肢是足少阴肾经循行的部位,肾脏居于腰间。故此,本套功法动作通过俯腰之法,使肾经上的筋骨肌肉得到牵拉舒展,内在的肾经得到疏理,从而使肾脏获得了充足的气血供养。

3. 要领

(1)上体前屈时应注意尽量避免膝部屈曲,这样可使身后部经脉得到充分牵引、舒展。

(2)上体前屈时注意力应集中于腰部,不然很容易导致腰部软组织扭伤。

(3)这一套动作运动幅度大,头部体位的变化迅速,高血压和冠心病动脉硬化患者应特别注意,头部不宜垂得太低。

通过大弧度前屈后伸,可刺激脊柱、督脉,以及阳关、委中等穴位,有助于防治生殖泌尿系统的一些慢性病,达到固肾壮腰的目的。可有效发展躯干,加强前后伸屈肌群的力量与伸展性,同时对于肾、肾上腺、输尿管等器官有良好的牵拉按摩作用,可以改善其功能,刺激其活动。

(七)攒拳怒目增气力

1. 功法动作

预备式站立后,左脚向左开一大步,屈膝下蹲呈马步状;双手握拳置于腰侧,拇指在内,拳眼向上,目视前方。左拳向前猛力冲击,拳心由向上变向下,两眼通过左拳凝视远方,右拳同时后拉,与左拳出击形成一种"争力"。随后,左拳收回,击出右拳,要领同左。以上动作反复数十次,最后恢复成预备式。

攒拳怒目动作展示

2. 防治疾病机理

本套节功法动作汲取了武术中的马步桩功之法,以起到培补元气固肾精的作用。运用本法能够强健人体下盘筋骨,起到预防"人老腿先老"的保健作用。马步桩能蓄积丹田内气,在每次冲拳时,要把丹田之气运至于手,并配合怒目瞪眼,舌抵上腭(接引任督二脉之气)和扣齿,用鼻短促呼气(肺开窍于鼻,肺有主气之能,故此以气催力)。出拳时要运用武术中的"寸劲"。本套功法动作的锻炼能振奋精神,激活经络气血的运行,增强人体内在的劲力。

3. 要领

(1)锻炼时要求两拳握紧,两眼努力睁开,聚精会神地注视前方。

(2)冲拳前拳心向上,在冲拳过程中前臂旋前,拳心逐渐转向下。

(3)冲拳发力将拳冲至最后1寸之间,武术中称之为"寸劲"。

(4)一拳冲出与一拳收回同时进行。

该式动作的怒目瞪眼,可刺激肝经,使肝血充盈、肝气输泄。两腿下蹲、脚趾抓地、双手转拳、旋腕,手指足节强力抓握等动作,可刺激手足、三阳、三阴经脉和督脉,同时可使全身肌肉、经脉受到劲力牵张刺激,长期锻炼可使肌肉结实有力,增加气力。

(八)背后七颠百病消

1.功法动作

预备式站立,两足跟同时提起,离地一至两寸,跷足,上身保持正直,挺胸,收腹,头向上顶,目视前方。意念由丹田向后沿督脉上升至巅顶,此时背部肌肉轻度紧张。随后背部肌肉放松,足跟轻轻下落,但不能落地,意念随之下落至足跟。动作反复进行七至十四次,最后恢复成预备式。脚跟提起时吸气,脚跟下落时呼气。

背后七颠动作展示

2.防治疾病机理

双脚一起一伏与地面产生有节律的震动,自踝关节传向膝关节、胯关节,再传向腰椎、胸椎、颈椎和肩关节、肘关节、腕关节,使人体九大关节和内在脏腑都能感受这种震动波带来的那份惬意。本套功法动作,通过外在筋骨和内在脏腑抖颤的导引作用,化散了脉络中的瘀滞之物,使正气虚弱之处得以培补。

3.要领

(1)两足跟上提时应尽量踮起,背部肌肉应保持一定的紧张度。足跟下落时背部肌肉放松,但仍应保持足跟不与地面接触。

(2)踮足时,头部应保持正直,避免头颈前俯后仰。

两脚十趾抓地,可刺激足部有关经脉,调节相应脏腑功能,同时踮足可刺激督脉,使全身脏腑经络,气血通畅,阴阳平衡;可发展小脚后群肌力,拉长主体肌肉韧带,提高人体的平衡能力;落地振动可轻度刺激下肢各关节内外结构,使全身肌肉得到很好的放松、复位,有助于缓解肌肉紧张。

二、太极拳

太极拳是我国传统的健身养生拳术之一。它以中国传统儒家、道家中的太极、阴阳辩证理念为核心思想,集颐养性情、强身健体、技击对抗等多种功能于一体,并结合易学的阴阳五行之变化、中医经络学、古代的导引术和吐纳术而形成。其动作舒展轻柔,刚柔相济,形气相随,外可活动筋骨,内可疏通气血,不但可用于技击、防身,而且可更广泛地用于健身防病,深为广大人民群众所喜爱,是一种行之有效的传统运动疗法。

太极拳以"太极"为名,取自《周易·系辞》中"易有太极,是生两仪"之说,"太极"指万物的原始"浑元之气"。其动而生阳,静而生阴,阴阳二气互为其根,此消彼长,相互转化,不断运动则变化万千,因而太极图呈浑圆一体、阴阳合抱之象。太极拳正是以此为基础,形体动作以圆为本,一招一式均由各种圆弧动作组成,故其形连绵起伏,动静相随,圆活自然,变化无穷;在体内,则以意领气,运于周身,如环无端,周而复始。意领气,气动形,内外合一,形神兼备,浑然一体。由上足以看出,太极拳以"太极"思想指导拳路,拳路的一招一式又构成了太极图形。拳形为"太极",拳意亦为"太极",体现太极之美。以太极之动而生阳、静而生阴,使人体自身的阴阳气血进入"阴平阳秘"的状态,使生命保持旺盛的活力,这就是太极拳的奥妙所在。

太极拳的起源及创始者尚待考证,就文献及传说而言,众说纷纭。有云南北朝时即有太极拳;创始者有云为唐代许宣平,有云为宋代张三峰,有云为明代张三丰,也有以为是清代陈王庭和王宗岳,究竟如何,尚无确论。然而,能比较清楚地论及师承脉络、分支流派者,当在明末清初。此后,即有陈氏太极之说,后由陈长兴弟子杨露禅经改编而形成杨氏太极拳。后来,又从杨氏太极拳派生出吴式(吴鉴泉)太极拳、武式(武禹襄)太极拳和孙式(孙禄堂)太极拳。太极拳经历了长期的充实、发展和演变,由重视技击发展为技击、健身、医疗并重的拳术。

(一)太极拳运动疗法的特点和要领

1.神静体松,刚柔并济

练习太极拳时首先要精神专注,身体放松。精神专注是指思想上排除杂念,将神收敛于内，不为他事分神。身体放松是指身体在保持正确动作姿势的基础上处于自然放松的状态。太极拳动作要求柔和缓慢、中正大方。而神静体松能充分体现一个"慢"字，以慢生柔，以柔生刚，在螺旋缠绕的运动中产生出劲力，刚柔相济。

2. 连贯圆活，和顺自然

所谓连贯是指从起势到收势过程中，动作之间没有明显停顿，姿势的转换紧密衔接而一气呵成，绵延不绝。圆活是指上肢时刻保持弧形而下肢呈柔和的半弯曲状。太极拳的动作姿势要求身体各部位必须保持一定的弧形或圆形，使身体时刻处于有效的放松状态，而和顺则确保机体周身各部动作的协同。动作连续，则气流通畅；轻柔自然，则意气相合，百脉周流。

3. 意为先导，气劲相随

意是指人的思维意识，是大脑中枢神经对人的生命过程中动态变化的控制。太极拳无论桩功、套路还是推手运动，首先都是意念运动，其次才是形体运动，即人们常说的形神兼备。太极拳与其他拳种的最大区别就在于它是一种用意不用力、重意不重形、以意念支配身体的运动。太极拳行拳走架，全神贯注，以意导气，所有外形变化的一招一式，都讲求意在身先，意不动身不动，意动身随，意静形止。

(二) 太极拳对疾病的防治作用和机理

太极拳将意、气、形融为一体，使人的精神、气血、脏腑、筋骨均得到濡养和锻炼，进而进入"阴平阳秘"的平衡状态，所以太极拳能起到防治疾病的作用。现代医学研究发现，太极拳对人体循环系统、消化系统、呼吸系统、神经系统、免疫系统、泌尿系统等的功能均具有积极的调节作用。

1. 对循环系统功能的调节作用

循环系统包括心血管系统和淋巴系统。心血管系统由心脏、血管及血液组成，是人体进行物质交换和气体交换的场所。淋巴系统包括淋巴管和淋巴器官，是血液循环的支流，属循环系统的辅助部分。良好的血液循环、充盈的血液供给，既是人体各部分功能正常运行的基本保障，也是决定人生命长短的根本因素。

传统中医认为心主血脉、主神志，心血运行不畅、心血亏虚都会影响心脏的功能。太极拳讲究气沉丹田、以意导气、以气运身，内气上至百会，下通涌泉，达于四梢，促进了血液循环，疏通了经络。在练习太极拳的过程中，肌肉有节奏的放松和收缩以及毛细血管的反射性扩张，可使血流通畅、静脉回心血增加，从而减轻心脏的负担，降低血压，减少血脂在血管壁上的沉积。长期坚持太极拳锻炼，可有效地推动骨骼肌、胸腔、腹腔做周期性的收缩和舒张运动，提高左心室心肌收缩能力、心脏泵血能力和心肌舒张能力，增加心脏每搏输出量和每分输出量，降低安静状态下的心率，增强心脏功能。而且，太极拳运动柔和绵长，不会像其他某些过于激烈、强度过大的运动加重心脏负担而为医所忌。

2.对消化系统功能的调节作用

消化系统由消化道和消化腺两大部分组成。消化道包括口腔、咽、食管、胃、小肠和大肠等,消化腺有小消化腺和大消化腺两种,小消化腺散于消化管各部的管壁内,大消化腺包括唾液腺、胃腺、肝脏、胰腺和肠腺。消化系统的基本生理功能是摄取、转运、消化食物和吸收营养、排泄废物,其中口腔和咽还参与呼吸和语言活动。

中医认为,脾主运化、胃主受纳、肝主疏泄,三者的功能影响着正常的气机升降出入和人体的正常消化功能。太极拳通过中正安舒、螺旋缠绕的动作和开合鼓荡的内气配合,使胸、腹、背、腰等处的肌肉有规律、有节奏地收缩舒张,这种导引方法不但使内脏得到了充分的"自我按摩",而且导引了气机的升降出入。此外,练习太极拳的过程中,舌抵上颚可促进唾液分泌,从而调节了脾之运化、胃之受纳、肝之疏泄功能。

3.对呼吸系统功能的调节作用

呼吸系统由鼻、喉、气管及肺组成,是人体与外界环境进行气体交换的场所。机体在新陈代谢的过程中,经呼吸系统不断地从外界吸入氧,由循环系统将氧运送至全身的组织和细胞,同时将全身的细胞和组织所产生的二氧化碳再通过循环系统运送到呼吸系统排出体外。

中医认为,肺司呼吸、朝百脉,有宣发、肃降功能。肺若患疾,则咳嗽、多痰、呼吸不畅,宣肃功能失调,卫外功能减弱。太极拳运动先是要求"深、长、匀、细"的自然呼吸,进而要求做到"气沉丹田"。太极拳动作绵缓,通过"气沉丹田"的腹式呼吸运动,可以锻炼呼吸肌,改进胸廓活动度,加大呼吸深度。这既能按摩脏腑,又能促使呼吸道阻力减小、肺通量增加,促进全身新陈代谢,还可加大毛孔通气量,有利于增强肺之宣肃功能和肺朝百脉的作用。

4.对神经系统功能的调节作用

神经系统主要由神经组织组成,分为中枢神经系统和周围神经系统两大部分,对机体内生理功能活动的调节起主导作用。中枢神经系统包括脑和脊髓,周围神经系统包括脑神经和脊神经。

杨式太极拳名家李雅轩先生说:"人身之灵机,最为宝贵。凡一切处世接物,皆全赖于此,不独打拳推手也。但机灵是出于大脑神经,所以太极拳的功夫,首要在稳静的基础上练功,以养其大脑中枢神经。"人体老化,最先发于神经系统的萎缩和衰竭,如:面部皮肤松弛起皱、前额脱发,源于细胞再生神经的功能下降;耳聋眼花,源于听、视神经的老化;反应迟钝、记忆力下降,源于分辨检索神经的老化;腿脚不利索,源于中枢支配神经的老化。现代人生活和工作的压力常使大脑皮层相应区域长期处于高度兴奋的紧张状态,极易导致交感神经过度兴奋,而副交感神经兴奋性相对降低,两者处于失调状态。太极拳是一种用意不用力、重意不重形,以意念支配身体的运动,强调心静自然,要求做到恬淡虚无、全神贯注,因此在练习太极拳时大脑得到动态休息。故太极拳具有调节大脑皮质的功能,对中枢神经作用明显。长期练习太极拳能增强人体反应功能和神经系统的灵敏性,对由大脑皮质功能失调引起的各种慢性病有缓解和治疗作用。

5.对免疫系统功能的调节作用

免疫系统由免疫器官、免疫细胞和免疫活性物质组成,是机体执行免疫应答及免疫功能的重要系统,具有识别和排除抗原性异物,与机体其他系统相互协调、共同维持机体内环境稳定和生理平衡的功能。

现代研究表明,长期进行太极拳运动能够提高机体细胞免疫的调控能力,增强机体的细胞免疫功能,并有助于提高机体体液免疫水平及抵抗外来细菌、病毒等有害物质侵袭的能力,对人体自身的稳定和免疫监视具有较好的保护作用。太极拳运动要求精神内守、全身放松,以腰带动四肢,劲变意连、刚柔并济,以充分调动机体神经-内分泌-免疫系统的调节功能,增强机体的免疫功能。此外,练太极拳时舌尖轻抵上腭,有利于督、任二脉沟通,且有唾液时要及时吞下。太极拳运动后的唾液被视为"金津玉液",其中的分泌型免疫球蛋白含量增加,将有助于全身黏膜系统免疫功能的加强。咽下的唾液,对消化系统黏膜免疫功能的增强也有裨益。

6.对泌尿系统功能的调节作用

泌尿系统由肾脏、输尿管、膀胱及尿道组成,主要负责排泄。

中医认为,肾藏精、主水、主纳气,肾功能失调(主要是阴阳气血失调),元阴元阳受损,影响人体生长、发育和生殖功能。肾主水功能失常,必然导致全身水液代谢障碍。太极拳以意念为先导,意念从"命门"出发引导"气"到"百会"再到"丹田"的行进过程,首先对肾进行"自我按摩",使运动后消化功能增强、新陈代谢加快,其次通过气之吐纳修炼,使后天之本与宗气得到充分补充,进而对肾中之元阴、元阳进行了补给。

太极拳疗法有坚实的理论基础和深厚的文化底蕴,其理论与《周易》、道家阴阳学说、中医基础理论有密切的关系。总体来说,太极拳运动通过调节人体阴阳平衡,以达到治病健身的目的。

(三)二十四式简化太极拳

太极拳流派很多,各有特点,但习练时均以"掤、捋、挤、按、采、挒、肘、靠、进、退、顾、盼、定"等为基本方法,要求动作徐缓舒畅,正腰、收颚、直背、垂肩,有飘然腾云之意境。清代拳师称其"拳势如大海,滔滔而不绝"。

目前,太极拳中普及度较高的是二十四式简化太极拳。为了便于在广大群众中推广太极拳,1956年国家体育总局组织太极拳专家在杨式太极拳(主要是杨露禅之孙杨澄甫修改定型的85式)的基础上,取之精华,删去繁难和重复的动作,编串成二十四式简化太极拳。与传统的太极拳套路相比,简化太极拳内容更显精练,动作更显规范,并且充分体现了太极拳的运动特点。其各式名称如下:①起势;②左右野马分鬃;③白鹤亮翅;④

左右搂膝拗步;⑤手挥琵琶;⑥左右倒卷肱;⑦左揽雀尾;⑧右揽雀尾;⑨左单鞭;⑩云手;⑪右单鞭;⑫高探马;⑬右蹬脚;⑭双峰贯耳;⑮转身左蹬脚;⑯左下势独立;⑰右下势独立;⑱左右穿梭;⑲海底针;⑳闪通臂;㉑转身搬拦捶;㉒如封似闭;㉓十字手;㉔收势。

三、五禽戏

五禽戏是东汉名医华佗根据导引、吐纳、熊经、鸟伸之术,研究虎、鹿、熊、猿、鸟五禽的活动特点,并结合人体脏腑、经络和气血的功能编成的一套导引术。戏,即游戏、戏耍之意。五禽戏寓医理于动作之中,寓保健康复效益于生动形象的"戏"之中,这是它区别于其他导引术的显著特征。

以模仿禽兽动作来治病强身,最早见于《庄子·刻意》:"吹呴呼吸,吐故纳新,熊经鸟伸,为寿而已矣。"华佗在其基础上创编了五禽戏,《后汉书·方术列传·华佗传》载:"吾有一术,名五禽之戏,一曰虎,二曰鹿,三曰熊,四曰猿,五曰鸟。亦以除疾,兼利蹄足,以当导引。"南北朝时期陶弘景在《养性延命录》中对五禽戏有比较详细的记载,不仅对其具体操作步骤进行了描绘,而且还提出了锻炼原则——"任力为之,以汗出为度"。五禽戏发展至今,形成了不同的流派。2001年,国家体育总局健身气功管理中心编写出版了《健身气功·五禽戏》,其动作编排按照虎、鹿、熊、猿、鸟的顺序,动作数量按照陶弘景《养性延命录》的描述,每戏两个动作,共十个动作,分别仿效虎之威猛、鹿之安舒、熊之沉稳、猿之灵巧、鸟之轻捷,力求蕴含"五禽"的神韵。新编五禽戏相对简单明了,易学易懂,具有健身祛病的功效。

(一)五禽戏运动疗法的特点和要领

五禽戏是一种外动内静、动中求静、动静兼备、有刚有柔、刚柔相济、内外兼练的仿生功法。锻炼时要注意全身放松,意守丹田,呼吸均匀,外形和神气都要像五禽。

总体来说,练习五禽戏的要领包括以下几点:

1.全身放松,呼吸均匀

放松不仅肌肉要放松,精神情绪也要放松。要求松中有紧,柔中有刚,切忌用僵劲。放松的精神情绪可使气血通畅、精神振奋。只有全身放松才能保证动作柔和连贯,使出来的劲才会柔中有刚。练功前,先做几次深呼吸,调匀呼吸。练功时,呼吸要自然平稳,均匀和缓,不能憋气,要多用腹式呼吸。吸气时,口要合闭,舌尖轻抵上颚;呼气时,可用嘴呼气。呼吸和动作的配合通常是起吸落呼,开吸合呼,先吸后呼,蓄吸发呼。需要注意的是,呼吸的量和劲都不能太过、太大,以不疾不徐为宜,逐步达到缓慢、均匀、深长的程度。

2.意守丹田,进入意境

这是指练习五禽戏时要排除杂念,尽可能排除不利于身体健康的情绪和思想,在习练开始时通过意守丹田,使思想集中,做到心静神凝。意守丹田有助于形成腹式呼吸,增加呼吸深度,改善五脏六腑功能,促进血液循环。在练习时,要进入"五禽"的意境,模仿不同动物的姿势和神韵。练虎戏时,要意想自己是深山中的猛虎,表现出威猛的神态,目光炯炯,摇头摆尾,扑按搏斗等;练鹿戏时,要意想自己是原野上自由奔跑的梅花鹿,心静体松,姿态舒展,表现其探身、仰脖、奔跑、回首之姿势和神态;练熊戏时,要意想自己是山林中的黑熊,憨厚刚直,步履沉稳,表现出撼运、抗靠、步行时的神态;练猿戏时,要意想自己是花果山中的灵猴,行动敏捷,轻松活泼,表现出纵山跳涧、攀树蹬枝、摘桃献果的动作神态。练鸟戏时,要意想自己是湖边的仙鹤,伸筋拔骨,展翅飞翔,要表现出亮翅、轻翔、落雁、独立等动作神态。

3. 循序渐进,因人制宜

首先,初学者必须掌握动作的姿势变化和运行路线,不要急于求成,做到"摇筋骨,动肢节"即可;其次,在习练中注意动作的细节,可采取分解练习的方法,然后过渡到以腰为轴的完整动作习练中;最后,熟练动作,符合规范,注意动作和呼吸、意识、神韵的结合,真正进入"形神兼备,内外合一"的状态。针对不同的习练者,练习的时间、速度、幅度等也会不同,练功的效果是运动后感到精神愉快、心情舒畅,没有明显的疲倦感。

(二)五禽戏对疾病的防治作用和机理

五禽戏属古代导引术之一,它要求意守、调息和动形协调配合。意守可以使精神宁静,神静则可以培育真气;调息可以行气,通调经脉;动形可以强筋骨,利关节。由于是模仿五种禽兽的动作,因此意守的部位不同、动作不同,所起的作用也就有所不同。

根据中医的脏腑学说,五禽配五脏。虎主肾,模仿虎威猛的神气、善用爪力和摇首摆尾、鼓荡周身的动作,并要求意守命门,命门乃元阳之所居、精血之海元气之根、水火之宅,意守此处,有益肾强腰、壮骨生髓的作用,可以通督脉、去风邪。鹿主肝,模仿鹿的形象,长寿而性灵,意守尾闾,尾闾是任、督二脉通会之处,因此可以引气周营于身,通经络、行血脉、舒展筋骨。熊主脾,练熊戏时,着重于内动而外静,可以使头脑虚静,意气相合,真气贯通,且有健脾益胃之功效,并要求意守中宫(脐内),以调和气血。猿主心,模仿猿机警灵活、好动无定,外练肢体的灵活性,内练抑制思想活动,达到思想清静、体轻身健的目的,并要求意守脐中,以求形动而神静,能养心补脑开窍益智。鸟主肺,鸟戏又称鹤戏,模仿鹤的形象,动作轻翔舒展,意守气海,气海乃任脉之要穴,为生气之海,因此鹤戏可以宣肺宽胸,调达气血。

五禽戏的五种功法虽各有侧重,但同时又是一个整体,经常练习能起到养精神、调气血、益脏腑、通经络、活筋骨、利关节的作用。神静而气足,气足而生精,精足而化气动形,达到三元(精、气、神)合一的境地,则可以收到祛病、健身的效果。

(三)新编五禽戏

新编《健身气功·五禽戏》与华佗传统五禽戏不同。传统五禽戏,五戏共有动作54

个,而新编五禽戏,每戏分两个动作:虎举、虎扑;鹿抵、鹿奔;熊运、熊晃;猿提、猿摘;鸟伸、鸟飞。每种动作都是左右对称地各做一次,并配合气息调理。具体功法如下:

五禽戏具体功法展示

1. 预备式:起势调息

起势调息动作的习练目的是调整呼吸,使身体放松,为练功做好准备。其有两个动作要点。一是松沉。在两脚分开站立后两手上举前,身体有个向下松沉的动作,松沉的实质就是脊柱的微屈与骨盆微前倾,同时两膝关节微屈。松沉的要领是注意肩关节的放松,即"沉肩坠肘"。二是圆活。起势调息的两手上提下按,切忌直上直下,要做到圆活自然。上提时,在松沉的基础上,微伸膝、微伸髋使骨盆微后倾;当两手上提接近于胸高时,伸腰、伸胸,胸廓微开展,同时两手边上提边内合,从而使两手在上提与内合的过程中自然画出圆弧形。

2. 虎戏

(1)虎举。

掌心朝下,指尖向前;双手手指张开弯曲,从小指起依次屈指握拳(拳眼斜向上),向上提起,高与肩平时,拳慢慢松开,掌心转向上举起;再屈指握拳,拳面向上,下拉至胸前,再变掌,掌心向下按;指尖由斜向前转到向前,然后落下。反复上述动作。需要注意的是,两掌上举时要充分向上拔长身体,提胸收腹如托起重物,下落含胸松腹,如下拉双环,气沉丹田。上举时吸气,下按时呼出浊气。

(2)虎扑。

两手经体侧屈指上提,舒指前伸,上体前俯变虎爪;再下按到膝部两侧。经体侧上提向前下扑,同时迈出左脚,脚跟着地。再换做右势。两手前伸时上体前俯,下按上提时,先膝部前顶,再髋前送,身体后仰,形成躯干的扭动。虎扑要注意手型的变化,上提时握空拳,前伸下按时成虎爪;上提时再变成空拳,下扑时又变成虎爪。速度由慢到快,劲力由柔转刚。腰前伸时要塌腰头前引,不能拱腰低头。臀部后顶对拉拔长腰部。下扑时要配合快速呼气,以气催力,力贯指尖。虎扑使脊柱发生了折叠伸展变化,锻炼了脊部各关节的柔韧性和伸展度,有疏通经络、活跃气血的作用。虎戏结束,两手心向上侧提平举至肩高,屈肘至胸前内合下按,做一次调息。

3.鹿戏

(1)鹿抵。

练习鹿抵时以腰部转动来带动上下肢,动作配合协调。先练习上肢动作:握空拳两臂向右侧抬起,与肩等高时拳变鹿角随身体左转,两手向左后方伸出。再练习下肢动作:两腿微屈,重心右移,右脚提起向右前上步,脚跟着地屈膝,脚尖外展,左腿蹬直;收回右脚,成开立步。先左后右。练习时应注意脚尖外展约90度,转腰注视脚后跟,身体稍前倾。上臂充分前伸,腰部展开,眼睛通过肩上方看到后脚的脚后跟。提腿迈左步,两手向右向上再向左画一个大圆弧伸出。转腰下视。后收势。再做另一侧动作。鹿抵有锻炼腰部、强腰固肾的作用。

(2)鹿奔。

左脚向前迈步,两臂前伸收腹,两手由空拳变鹿角。收腹拱背,全脚着地,重心前移拳变角;弓步手下落,左脚收回。右势与此相同,注意换脚。练习时应注意腕部的动作,空拳上提向前画弧屈腕,变角时旋腕,掌心向外,含胸低头,两臂在头侧,腰后撑,尾闾前抻,变弓步两臂下落,收脚换步。收势调息同前。

4.熊戏

(1)熊运。

两手呈熊掌状,置于腹前,上体前俯随身体顺时针画弧,向右,向上,向左,向下;再逆时针划弧,向左,向上,向右,向下(立面画圆弧);头也跟着摇晃。开始练习时要体会腰腹部的压挤与放松。两腿保持不动,腰腹要整体运动,注劲腰胯,动作要配合协调自然。可先练习腰腹动作,再加上手的动作练习。上提吸气,下沉时呼气。此动作能调脾胃助消化。

(2)熊晃。

提髋落步,屈后腿后坐,前靠。两臂前后晃动(先左势后右势)。初学时可先单独原地练习提髋,两肩不动收起腰侧,以髋带腿,左右交替,反复练习。应用身体下压,膝踝关节放松,前脚掌着地,使振动感传到髋部。重心转移时腰腹两侧交替压挤放松。熊晃能起到锻炼中焦内脏,增进髋关节的作用。收势调息同前。

5.猿戏

(1)猿提。

两手置于腹前,十指张开外旋内转成猿勾(五指缩拢屈腕),肩上耸,缩脖,勾提至胸前,收腹提肛,脚跟提起,头向左转,再转回。肩放松,松腹落肛,脚跟着地,两勾变掌,掌心向下,下按至腹前。再做右势,顺序同左势。以膻中穴为中心,上下左右向内合力,然后再放松还原;上提要保持平衡,意念百会上顶。此动作起按摩上焦内脏的功效,增强心肺功能。

(2)猿摘。

右脚虚左脚实,身左转,右脚跟提起;右掌指内屈,掌心向里,屈肘,右转头。然后退步画弧,丁步下按,上步摘果;复原成丁步,右掌托左肘,左掌心斜向上。模拟猿猴攀树摘果。手型和眼神的变化较多,眼先随左手,当手摆至头右侧时,眼看桃,下蹲,攀树,摘果。变勾速度要快。下肢动作为左脚左后方撤步,右脚收至左侧变丁步。右脚提胯上步,转身右手攀树,左手摘桃。再收回变丁步。再重复。收势同前。

6.鸟戏

(1)鸟伸。

两手折叠重合上举,左手在右手上,均手心向下。两手上举,耸肩缩顶,尾闾上翘,手部水平。下按时身体放松,重心右移后再后伸左腿,两臂在髋旁展开身体。两手腹前相叠,上举至头前上方,手掌水平。此动作使身体疏通,有打开任、督二脉精气之作用。

(2)鸟飞。

两手在腹前相合,屈膝侧举起,起身提左膝;下落,再起身提左膝,两手上指至头顶,手背相对。再下落换做右势。手腕平举时比肩略高,下落时掌心相对;上举时手背相对,扣成一个向上的喇叭口。初学时可单独练习上肢,先沉肩再提肘,继而提腕,形成一个波浪形。下落时先松肩,再沉肘按掌,使肩部同手臂成一个波浪形。此动作有利于气血流通。再练习下肢动作;一腿提膝时,支撑腿伸直;下落时支撑腿弯曲,脚尖点地。练习鸟飞时要上下肢配合协调,身体保持平衡,常练习能增强双腿功能,提高平衡能力。鸟戏结束,两手侧前举,下按收势,做一次调息。

7.收势:引气归元

两手侧举向上,吸气;体前下落呼气。最后两手于腹前相合(男左手、女右手在内),目视前方,仪态安详,呼吸均匀,气沉丹田收势。

第四节 传统运动疗法的应用

一、在治疗"三高"症中的应用

"三高"症是指高血压、高血糖和高血脂,是现代社会派生出的"富贵病"。"三高"症可单一存在,也可相互影响关联而并在。高血压是最常见的慢性病,以体循环动脉血压(收缩压和/或舒张压)增高(收缩压≥140毫米汞柱,舒张压≥90毫米汞柱)为主要特征,也是心脑血管病主要的因素,其产生与遗传、精神情绪、环境、生活习惯、年龄等因素密切相关。高血糖是指血糖值高于正常范围,主要受到遗传因素(如糖尿病家族史)和环境因素(如不合理的膳食、肥胖等)的影响。高血脂是指血脂水平过高,其可引发一些严重危害人体健康的疾病,如动脉粥样硬化、冠心病、胰腺炎等。高血脂可分为原发性高血脂和继发性高血脂两类。原发性高血脂与遗传因素或环境因素有关;继发性高血脂多发生于代谢性紊乱疾病,或与其他因素如年龄、环境、生活习惯、精神情绪等有关。

长期练习八段锦可有效控制血糖水平,很好地降低2型糖尿病来访者的糖化血红蛋白。一项针对30名糖尿病患者进行八段锦锻炼的研究结果表明,运动前糖化血红蛋白达标者为29.6%,每天定时以标准式的动作练习八段锦,练习4遍,中间休息10分钟,3个月后运动前糖化血红蛋白达标率为59.3%,达标率增长了两倍。

太极拳是非药物治疗一、二级高血压的常见方法之一。据报道,50~89岁的人中,长期坚持太极拳运动的人的平均血压是134/80mmHg(17.82/10.64Pa),明显低于不练太极拳同年龄组人的血压154/82mmHg(20.48/10.91Pa)。高血压来访者打一套太极拳后,收缩压能下降10~15mmHg(1.33~2.00kPa)。中医没有高血压这个名词,但有对高血压症状的许多描述,如眩晕、头痛、肝风等。中医认为高血压的发病机理为上实下虚,上实为肝气郁结,肝火、肝风上犹,气血并走于上;下虚为肾阴虚损,水不涵木,肝失滋养,而致肝阳偏盛。太极拳通过中正安舒、螺旋缠绕的动作和开合鼓荡的内气配合,不仅可以濡养五脏六腑,还可导引气机的升降出入,有效地促进血压下降。此外,太极拳还可以促使机体代谢,降低血脂水平和胆固醇,防止动脉粥样硬化。体力较差的可以打半套,或者只练几个动作也能取得一定效果。

五禽戏锻炼能有效降低练习者血脂水平,调节血脂异常作用,并能降低高甘油三酯血症来访者细胞黏附分子水平。高甘油三酯血症来访者每天进行1次共60天的五禽戏锻炼后,血液中s ICAM-1、s VCAM-1、P-选择素、纤维蛋白原、甘油三酯、总胆固醇和低密度脂蛋白水平明显降低,高密度脂蛋白水平明显升高。

二、在癌症康复中的应用

癌症患者的康复是在放化疗过程中或整个治疗过程结束后开始的。这个阶段,来访者通常情绪不稳定,身体极度虚弱,因此,动作较舒缓的中国传统运动是癌症患者恢复期增强体质、提高免疫功能、防止癌症复发、改善情绪、陶冶性情的首选锻炼方式。

太极拳将意、气、形融为一体,通过舒缓灵活的全身运动,使机体进入"阴平阳秘"的平衡状态。现代临床和理疗研究均发现练习太极拳既能从心理方面消除癌症患者的悲观情绪、减少心理恐惧和焦躁情绪、消除疼痛感、提高与人交往的能力,又能在生理方面改善癌症患者的心血管、微循环、呼吸系统以及消化系统功能,在防止癌症患者肌肉及骨骼的退化,调节内分泌以及提高免疫力方面也有明显的作用。

八段锦属于中小强度的有氧运动,简单易学,体能消耗少,可疏通气血经络,具有保精、养气和存神的作用。研究发现,长期坚持八段锦练习,可显著改善癌因性疲劳,缓解疼痛,增强机体免疫功能,减少癌症的复发次数。

目前,许多太极拳、八段锦协会都有专门针对癌症患者的专属团体,而癌症康复中心也有专门的太极拳、八段锦、气功等课程。

三、在治疗心理亚健康中的应用

亚健康是指人体健康和疾病之间的一种状态,通常表现为非器质性改变或未确诊某种疾病,但身体出现功能性的变化。这种状态可表现为生理或心理的自觉症状,影响着人们的生活质量。据流行病学调查,我国有70%以上的人群不同程度地处于亚健康状态。心理亚健康是亚健康的一个亚型,表现为情绪低落、抑郁或焦虑、记忆力减退、注意力不集中等心理状态,严重者还会出现反应迟钝、失眠多梦或嗜睡、头痛、头昏等躯体症状。目前全国有3000万名青少年处于心理亚健康状态,近年来此数字还有上升趋势。

传统运动疗法能促进气血运行,协调脏腑,强健筋骨,宁神定志,对亚健康人群的身心有良好的调节作用。在形体运动时,精神放松,意念集中,能减轻或消除大脑皮层各种不良刺激,调节中枢神经,减轻或消除亚健康的焦虑情绪。注重呼吸吐纳,可使气血流通、真气内守。因此,目前有很多人选择传统运动疗法来治疗心理亚健康,太极拳、八段锦等也成为多数高校大学生的必修课程。

科学研究发现,太极拳对改善大学生焦虑烦躁、易疲劳、失眠多梦、记忆力下降症状有明显的效果;美国加州大学的研究者们通过对112位60岁以上的老人进行调查后发现,经过10个星期的对照治疗,服用抗抑郁药物与练太极拳相结合的来访者中,65%的老人的抑郁症得到了有效缓解,而在服用抗抑郁药并参加健康教育课程的老人中,抑郁症得到改善的只有51%。钟爽川对20名中年亚健康者进行了研究,发现坚持3个月的八段锦练习可改善不良情绪,如焦虑、抑郁等。吴家舵等人研究中老年人练习五禽戏,发现其能起到稳定情绪、调节身心状态及改善生活质量的作用。

> 朱女士,48岁,绝经期,2016年开始跟随李达老师学习八段锦、四方太极和二十四式太极拳。那时她体质很差,心脏跳得快,膝关节疼痛以致不能下蹲,而且心情很不好。通过两年的练习,每周练习4或5次,现在身体好了,并且情绪也转好,心态平和,面色红润,年轻靓丽。

思考与练习

1. 什么是传统运动疗法?
2. 传统运动疗法的作用和意义是什么?
3. 传统运动疗法的特点有哪些?
4. 试述八段锦、太极拳、五禽戏的功法要领。

推荐书目

1. 邓铁涛,白家祯,曾一玲.八段锦:邓铁涛健康长寿之道[M].广州:广东科技出版社,2004.

2. 周庆海.传统养生功法:八段锦　五禽戏　太极拳　易筋经[M].北京:化学工业出版社,2011.

3. 杭成刚,潘建荣,王九龙.运动养生[M].北京:北京出版社,2002.

第十二章

中国茶疗

内容简介 茶是中华民族的举国之饮。茶最早被人类发现并运用时既不是饮品,也不是礼品,而是治病的药品。茶疗是指以茶作为单方或配伍其他中药组成复方,用来内服或外用,以达到养生保健、防病疗疾目的的一种治疗方法。中国茶疗通过茶道、茶艺、药茶等形式调整人的身心健康状态,以及治疗常见的心身疾病。

学习目标 1.掌握茶疗的概念、分类、起源、发展及特征;

2.熟悉中国茶疗的理论基础和方法;

3.了解中国药茶在常见心身疾病中的临床运用。

第一节　中国茶疗概述

自《神农本草经》首次记载茶有解毒治病的作用以来,历代医药学家均把茶作为防病治疾、养生保健的良药来论述和应用。茶是一味很好的中药,我国历代学者将茶的医疗效用总结成茶的传统二十四效,即少睡、安神、明目、清头目、止渴生津、清热、清暑、解毒、消食、醒酒、去肥腻、下气、利水、通便、治痢疾、祛痰、祛风解表、坚齿、治心痛、疗疮治瘘、疗饥、益气、延年益寿及其他功用。

一、茶疗的概念

茶疗是指以茶作为单方或配伍其他中药组成复方,用来内服或外用,以达到养生保健、防病疗疾目的的一种治疗方法。单味茶叶的使用称为狭义茶疗,复方茶叶的使用称为广义茶疗。真正意义上的茶疗是以中医药文化与茶文化为基础的一种养生方式,具有实效性、安全性、享受性、艺术性及便捷性等优点。

二、茶疗的分类

社会上各种养生之道不胜枚举,诸如"饮食养生""嗜好养生""情绪养生""运动养生""功能养生""书画养生"等。而茶是健康饮料、文明饮料,这已是大多数人的共识。目前全球有160多个国家与地区近30亿人饮茶。沏茶、赏茶、闻茶、饮茶有助于增进友谊,美心修德,学习礼法,是一种很有益的和美仪式。从养生保健的角度来看,茶疗的分类方法有很多,比如,从冲泡实物上可大致分为汉方药草茶、青草茶、芳香花草茶与健康五谷蔬果茶等;从茶疗的应用上可以分为内服、外用两种不同的应用方法;从对身心的影响角度来看,可以分为养心、养身两类。

(一)养心

1. 心理需要与茶疗

需要是由生理上或心理上的缺失或不足所引起一种内部的紧张状态,是个人活动积极性的源泉,是有机体、个人和群体对其存在与发展条件所表现出来的依赖状态。西方心理学家马斯洛将人的需要按从低到高的顺序分为生理的需要、安全的需要、归属和爱的需要、尊重的需要、自我实现的需要。

生理的需要是人类维持自身生存的最基本要求,包括食物、水、空气、睡眠、性的要求。如果这些需要得不到满足,人类的生存就成了问题。从这个意义上来说,生理的需要是推动人们行动的强大的动力。

安全的需要是人类要求稳定、安全、受到保护、免除恐惧和焦虑等方面的需要。明代李时珍在《本草纲目》中明确指出茶的药用价值与药理,指出茶具有减肥保健功能,还记载了许多以茶治疗疾病的验方。现代科学证明,茶叶富含人体所必需的多种氨基酸、维生素和微量元素,对人体保健有着特殊的功用。茶的这些特性满足了人们对健康的追求,迎合了马斯洛所说的生理的需要和安全的需要,这是它得以发展的必要条件。

爱与归属的需要,包括两个方面。一是爱的需要,即人人都需要亲情、友情、爱情,人人都希望爱别人,都渴望得到别人的爱。二是归属的需要,即人都有一种归属一个群体的感情,希望成为群体中的一员,并相互关心和照顾。魏晋以来,天下骚乱,文人无以匡世,渐兴清谈之风。这些人终日高谈阔论,必具助兴之物,而茶成了他们的首选。在政治家那里,茶是提倡廉洁、对抗贵族奢侈之风的工具;在辞赋家那里,饮茶是引发文思以助清兴的手段;在道家看来,饮茶是轻身换骨的好方法;在佛家看来,茶又是禅定入静必备之物。茶甚至可以通"鬼神",所以茶用于祭祀,是一种沟通工具。直至唐朝,饮茶更成了雅俗共赏的娱乐节目,大家以茶会友。到了宋朝,民间更出现了斗茶,茶已经成为人们社交所必备的一种工具了。

尊重的需要可分为内部尊重和外部尊重,也就是自尊和受别人尊重。内部尊重是指一个人希望在不同情境中有实力、充满信心、能独立自主。外部尊重是指一个人希望有地位、有威信,受到别人的尊重、信赖和高度评价。马斯洛认为,尊重的需要得到满足,能使人对自己充满信心,对社会充满热情,体验到自己的用处和价值。茶历来与儒家礼仪有着悠久和深刻的关系。在古代,世家大族以茶待客,泡三道茶:一杯接风,二杯畅谈,三杯送客。直至今天仍然有很多地方保留了这个习俗,其寓意是欢迎远方的客人,对客人表示尊重。在古代的婚礼中,茶也是聘礼定亲之物。在官场中,茶礼则演化为一种区别官阶等级的程式,点茶与点汤成为官场的待下之礼。唐朝用严格的科举制度来选才授官,非科甲出身不得为宰相。每当会试,不仅举子被困考场,而且连值班的翰林官也劳乏不得了。于是,朝廷特命人将茶送至考场,以茶助考,以示关怀,因而茶被称为"麒麟草"。举子们来自四面八方,都以能得到皇帝的赐茶而感到无比自豪,这种举措在当时社会上有着很大的影响,也直接推动了茶文化的发展。茶成为人们渴望获得实力、成就、适应性、面对世界的自信心、独立与自由的象征,成为人们渴望名誉与声望的象征,满足了人们的尊重的需要。

自我实现的需要是最高层次的需要,它是指实现个人理想、抱负,发挥个人的能力到最大程度,完成与自己的能力相称的一切事情的需要。这就是说,人必须干称职的工作,这样才会感到最大的快乐。自我实现的需要促使人们努力挖掘自己的潜力,使自己越来越成为自己所期望成为的人物。茶圣陆羽有一位忘年之交皎然,比陆羽年长十几岁,是一位诗僧。他在《饮茶歌诮崔石使君》一诗中,提到了饮茶的三个层次:"一饮涤昏寐,情思朗爽满天地。再饮清我神,忽如飞雨洒轻尘。三饮便得道,何须苦心破烦恼。"他所说的"涤昏",就是茶具有的兴奋中枢神经的作用。"清神",就是饮茶之后神清气爽,头脑更加清醒。"得道""何须苦心破烦恼"就是说,若达到了这个境界,那么一切烦恼愁苦都烟消云散,心中不留芥蒂了。饮茶达到了这个境界,就达到了"品茶悟道"的最高境界,也就达到了心理养生的最高境界。可见茶在多种文化中扮演了重要的角色,会饮茶的人才是一个自我实现的人。

中国的茶史可以追溯到四千多年前,传说"神农尝百草,日遇七十二毒,得茶而解之"。今天我们用美国人马斯洛的需要层次理论来分析饮茶这一日益普遍的行为,就会发现茶的兴盛是意料之中的,茶不仅满足了人们的生理需要,而且满足了人们的心理需要。

2.情绪与茶疗

情绪是多种感觉、思想和行为综合产生的心理和生理状态。中医把情绪描述为七情,即人的七种情绪体验:喜、怒、忧、思、悲、恐、惊。情绪体验和个人的经历及体验有关,在不同的场合中,接触不同的人和物所产生的情绪体验是不同的。

在茶道中,情绪显现的特征跟场景直接相关。茶道是一个特别的场景,在这个场景中,人的情绪会随着茶艺的进程发生微妙的变化。中央电视台播出的纪录片《茶,一片树叶的故事》里面所记录的国内各地的茶文化,就体现了喝茶的场景和仪式带来的不同的情绪体验：在四川的大众茶馆里，做苦力的工人坐到竹椅上，喝上一壶滚烫的茶，就是对自己辛苦劳动的犒赏；云南的茶俗则与重大的节庆有关，例如婚礼、生子、立盟约，有更多的仪式感贯穿其中；广东的茶楼则是传统亲友常规聚会的场所。潮州的工夫茶，则是通过一件件器皿和一道道工序展现出来的作品。在各地的文化中，喝茶有着各自历史沿袭的场景。这个场景，也仿佛一个戏景。在戏景中，人的自我感觉是会发生变化的。这就是人在茶道中情绪产生变化的前提。

情绪是一种混合的心理现象。它是由独特的主观体现、外部表现和生理唤醒三部分组成的。情绪有积极的情绪，如快乐；也有消极的情绪，如愤怒、悲伤、恐惧、焦虑等。情绪有多种功能，它是动机的源泉之一，是动机系统的一个基本组成部分。情绪状态还可以影响学习、记忆、社会判断和创造力，而且情绪在人际间具有传递信息、沟通思想的功能。

在生活当中，我们总会有各种各样的消极情绪。适度的消极情绪有时是有益的，如在适度的焦虑情绪下，大脑和神经系统的张力增强，思考能力提高，反应速度加快，因而提高了工作效率。过于强烈和持久的消极情绪则对人的健康和社会适应能力有害，它会引发正常行为的瓦解，并使工作和学习效率降低。如果消极情绪长期存在，而个人的心理适应能力又差，不能及时对其进行疏导、缓解，就可能会引发相应的心理疾病。这就需要调节情绪。调节情绪的策略有很多，比如回避和接近策略、控制和修正策略、注意转移策略、认知重评策略、表情抑制策略、合理表情策略等。中医认为，可以通过茶疗调节五脏而起到调节情绪的作用，所谓肝在志为怒，心在志为喜，脾在志为思，肺在志为悲，肾在志为恐。

茶疗，指以茶作为单方或配伍其他中药组成复方，用来内服或外用，以达到养生保健、防病疗疾目的的一种治疗方法。由于身心合一，身体与心理相互影响，相互作用，因此茶疗不仅可以养生保健、防病疗疾，而且对促进心理健康也有一定的帮助。

（1）怒与茶疗

当人们愤怒时，生理上可表现出交感神经系统激活的改变，如心跳加快、血压升高、血糖浓度增加，因此强烈持久的愤怒可导致多种疾病的产生，临床上常见大怒引发心脑血管疾病甚至猝死的情况。中医所说的"大怒则形气绝，而血菀于上，使人薄厥"是非常有道理的。除此之外，愤怒情绪还会促使心脏病的产生。中医认为，怒伤肝，肝在志为怒。在一般情况下，短暂的、有节制的愤怒，是表达情感的一种方式，有利于郁闷心情的排遣。愤怒如果没有节制，就会对人体产生一种不良的精神刺激，使肝的功能失常，气血逆乱。过度愤怒使肝气亢奋，升发太过而产生疾病。同时，肝功能的失常时常也会导致人出现烦躁易怒等表现。

因此，在愤怒时，人们可以饮用清肝、泻肝火的药茶来缓解自己的愤怒情绪，比如野菊花龙胆茶、桑叶黄菊茶等。

(2)喜与茶疗

中医认为,喜伤心,喜在志为喜。喜是心情的喜悦,是心对外界信息的反应。正常的心情喜悦,能使人气血调和,营卫通利,有利于心理健康。过度喜乐,则会影响心神。心的功能失常也会导致出现喜的异常,如心的功能亢奋人可能喜笑不休,心的功能不及人就会悲伤不止。过喜也会出现心律失常。因此过喜的情绪可用清心火的药茶来缓解,也可用治疗心律失常的药茶来缓解。

(3)思与茶疗

关于思的实质,杜文东先生曾有专篇论述,他认为,中医七情中的"思"不是思维之思,而是与"喜、怒、忧、悲、恐、惊"一样同属情绪的范畴的一种情绪。同时,他还把思伤脾的病机和所致病症的具体表现,与抑郁障碍的评定标准进行了比较分析,得出了七情之"思"类似于抑郁情绪的结论。在中医上,脾在志为思,思是思考、思虑,是人体意识思维活动的过程和状态。正常的思考、思虑对人体的生理功能不会有不良的影响。但是,思虑过度、所思不遂等情况,就会影响机体的生理功能。脾主运化,化生气血,脾的功能正常,化生的气血充足,则思考、思虑等心理活动过程就能正常进行。如果脾气不足,气血虚弱,人就可能出现思维迟钝,或思虑而不能释怀的情况。思虑太过又容易影响脾的功能,形成脾失健运。因此在脾气不足、气血虚弱时,可饮用补脾的药茶。

(4)悲与茶疗

悲哀是一种消极的情绪体验,它的紧张度相对来说要小于其他消极情绪的紧张度。但过度悲伤的持续存在对身心健康有严重损害。如典型的C性格者情绪经常是消极悲观的。据研究,C型性格者容易罹患抑郁症、心血管疾病、消化系统疾病甚至癌症等疾病。中医认为,肺在志为悲,正常的悲,是正常的。但是,过度的忧愁悲伤,就属于非良性的心理活动。悲伤主要损伤人体肺气,同时,肺气虚弱时,机体对于外来不良的精神刺激的耐受能力会随之下降,人体也容易产生忧愁悲伤的情志变化。因此,在人过度悲伤时,可饮用补肺养阴的药茶。

(5)恐与茶疗

在情绪心理学中,恐和惊区别不大,统称为恐惧。从情绪的性质来看,恐惧是一种消极的情绪,同时由于引发恐惧的事情往往具有突然性、新异性和剧烈性的特点,因此其激动度和紧张度在所有情绪中是最大的。恐惧的内心体验主要为感到受到惊吓,产生慌乱情绪、不安全感和危机感。恐惧情绪的持续存在对身心健康将产生巨大的危害。强烈的恐惧会对人的认知功能产生很大的影响,导致人思维缓慢,意识范围狭窄,肌肉紧张,行动僵化、刻板,同时,生理活动高度唤醒,如心跳加快、血压升高、血糖浓度增加。恐惧状态下的生理唤醒模式与愤怒是一致的,在应激研究领域被称为"战斗或逃跑反应",但愤怒多伴有攻击行为,而恐惧的行为反应则是逃避。中医认为,肾在志为恐,是人们对事物惧怕时的一种精神状态。如果恐惧过度会损伤肾的功能,使肾气不固,使人出现大小便失禁,男子失精、女子半产漏下等表现。恐伤肾可饮用滋阴补肾、补肾益精的药茶。

(二)养身

茶汤有消食功效早已是人们的共识,当代年轻人多以饮用普洱茶来消脂减肥,老年人偏爱清香馥郁的茉莉花茶,红茶经过发酵烘制颇有养胃消炎的功效。《唐本草》言,茶能"清宿食",《本草纲目拾遗》则有"久食令人瘦,去脂"的记载。顾况《茶赋》云:"滋饭蔬之精素。攻肉食之膻腻。发当暑之清吟。涤通宵之昏寐。"常见的,比如普洱茶,属于黑茶的一种。这种茶出产于云南西双版纳等地区,于普洱县集散,故名。它有降脂减肥、抑菌暖胃、生津止渴、醒酒解毒等多重功效,香气独特,滋味甘醇,在宋代已是贡品名茶。还有白茶,素有"三年药,七年宝"之说,口感较淡,滋味温和,可降低血脂、血糖水平,适宜老年人饮用。

根据古籍医书、笔记小说的记载以及民间口耳相传的解酒常识,茶汤醒酒的说法由来甚久。《本草纲目拾遗》载:"普茶最治油蒙心包,刮肠、醒酒第一。"明代李时珍《本草纲目》:"茶苦而寒,最能降火,火为百病,火降则上清矣!温饮则火因寒气而下降,热饮则茶借火气而升散,又兼解酒食之毒,使人神思闿爽,不昏不睡,此茶之功也。"清代汪昂在《本草备要》中介绍,茶能解酒食、油腻、烧炙之毒,利大小便,多饮消脂等。

以茶漱口,可以清除牙齿间残留的肉菜残渣,预防龋齿,有保护牙龈的功效,优于用清水漱口。宋苏轼《仇池笔记》中的《论茶》一则提道:"除烦去腻,不可缺茶,然暗中损人不少。吾有一法,每食已以浓茶漱口,烦腻既出,而脾胃不知。肉在齿间,消缩脱去,不烦挑刺,而齿性便漱濯,缘此坚密。率皆用中下茶,其上者亦不常有,数日一啜,不为害也,此大有理。"茶叶含氟量高,氟化物可以促进牙齿的再矿化;茶多酚具有清除自由基的作用,可以抑制变形链球菌活动,从而预防龋齿,强健牙齿。

茶的明目功效,自古以来就为人所乐道,从功效而言,称茶"明目"者有《本草纲目拾遗》《茶经》《调燮类编》《茶谱》和《随息居饮食谱》等书;称茶"清于目"者有《食物本草会纂》。就主治而言,《茶经》称茶叶"治目涩",《本草求真》称茶叶疗"火伤目疾"。喝茶能静心、静神,有助于陶冶情操、去除杂念,这符合儒、道的"内省修行"思想。

就饮茶除烦而言,传统医书把"安神"称作"清心神"。中医认为,心主神明,因于心火旺盛或心气亏虚则"阳浮于外",遂出现烦、闷等症状;严重者,惊、厥、癫、痫等也会发生。又"神不安于宅,则意乱、健忘",所以《千金要方》又称茶有"悦志"的功效,《华佗食论》称"苦茶久食,益意思",《本草纲目》称"使人神思闿爽",另外还有"益思能诵无忘""破孤闷""醒神思"等说法,主治"体中烦闷"。

茶道精神是茶文化的核心,是茶文化的灵魂,以求味和心为最高享受。随着生活水平的提高和健康意识的增强,人们纷纷开始注重养生,而饮茶就是养生的方法之一,茶与养生的概念正被越来越多的人所关注,所以中国茶产业不断发展。

茶的功效很多,吃茶养生之道,其本身既可以强身健体,又可以陶冶情操,修身养性,甚至祛病延寿,令人开悟。因为茶能清心,悦神,所以在那种"人我同心,心物同体"的轻松氛围中,人们易于接受一种文化的熏陶,乐于面对真实的自我,在潜意识中无异于下了一番洗心革面的功夫,使真情得以流露,心力得以提升,进入更高的人生境界。茶馆在给忙碌的都市人提供一处品清茶、平静心情的好去处的同时,又能让人们在闲暇之余品茗赏艺,增添生活情趣。无论从事什么职业,你都能在其中找到自己心灵的慰藉。先贤讲究吃茶之道,他们借茶功以济生养命。品茶啜饮,既可得茶药功效之神益,又可收茶艺陶冶情操、健全心理之效应。而且,身心彼此相互影响,增益健康之效将更为显著,这既符合现代医学原理,也体现着茶疗中茶的药疗对心理具有调节作用,促使人身心健康,快乐成长。

三、茶疗的起源

茶最早被人类发现并运用时既不是饮品,也不是礼品,而是治病的药品。狭义的茶疗,是指用茶作疗理之用。无论绿茶还是红茶,茶的疗理功能相当有限,这就延伸出了许许多多以茶作为载体名称,以其他植物的根、茎、叶为材料的广义茶疗。

茶疗始于神农氏。成书于2世纪的我国现存最早的中药学专著《神农本草经》载:"神农尝百草,日遇七十二毒,得茶而解之。"神农就是炎帝,中华民族的人文始祖之一,茶树的最早发现者。在远古时代,自然条件特别恶劣,人类以采摘野果、捕食野兽为生,一不小心,就会因为误食有毒的果实而生病甚至死亡。当时爱民如子的首领神农非常痛心,就决定品尝百草,以身试毒。神农是远古时代人类最具智慧的首领之一,他从来不喝生水,即使在野外尝百草,也会把生水煮沸了再喝。一日,神农尝了一种有剧毒的草,水还没烧开他就晕倒了。不知过了多久,神农在一阵沁人心脾的清香中苏醒,听到水沸腾的声音,知道锅里的水已经烧开了,就艰难地挺起上身准备用碗舀水喝,却发现锅里的水已经变成了黄绿色,里面还飘着几片绿色的叶子,更神奇的是,一股沁人心脾的清香飘了出来。神农用碗舀了点汤水送入口中后,只觉这汤水清香中略带苦涩,咽下去后,似乎比开水更能解渴,就又喝了几碗。几个小时后,神农身上的毒居然解了!他非常开心,想不到因祸得福,得到了解毒的仙药。仙药是什么呢?带着疑问神农开始细心地查找,很快发现锅的正上方有一棵似树非树的植物,而锅内的叶子就是从这棵植物上飘落下来的。神农采摘了很多叶子,回到部落后,再次取其嫩叶熬汤试服,发现这些用嫩叶熬的汤汁不仅有生津解渴、利尿解毒的作用,而且还能提神醒脑、消除疲劳。神农非常高兴,就将它取名为"茶",即开白花的植物,用作部落的"圣药"。唐朝年间,饮茶之风大盛,人们对茶的认识水平显著提高。由此可见,数千年前,茶首先以"药"的身份出场。以后历代医药学著作均有茶剂的记载。

四、茶疗的发展

东汉张仲景在《伤寒杂病论》中记载了用茶治疗下痢脓血的药方。梁代陶弘景认为茶"(主)好眠"。唐宋时期,茶疗理论基本形成,《唐本草》对茶叶的功效记载已趋完善:"(茶叶)主瘘疮,利小便,去痰热渴,主下气,消宿食。"《外台秘要》中有"代茶饮方"的记载,应是较早的茶疗方。唐代刘贞亮总结说,茶有十德:以茶散郁气,以茶驱睡气,以茶养生气,以茶除病气,以茶利礼仁,以茶表敬意,以茶尝滋味,以茶养身体,以茶可行道,以茶可雅志。由此可见,以茶疗身心,不仅能治病养生享健康,而且还能品茶、品人生。宋代茶疗法的应用范围逐渐扩大,各种医药专著记载的茶疗方也比较多,官方颁布的带有法典性质的专著中都有专章介绍"药茶"。992年,由宋代朝廷组织有关名家编著的大型方书《太平圣惠方》正式刊行,书的九十七卷中载有"药茶诸方",列有茶疗方八种,至此,"药茶"一词首次载于医书。1078年,由宋代太医局编成的《和济局方》中也有对药茶的专篇介绍,其中的"川芎茶调散"一方可称得上较早出现的成品药茶。宋政和年间撰成的大型方书《圣济总录》中载有大量的民间经验方,也记载了应用药茶的经验。元代邹铉增编的《寿老养亲新书》中载有防治老年病的药茶方二张,为槐茶方和苍耳茶。元代饮膳太医忽思慧在《饮膳正要》中较为集中地记载了各地多种药茶的制作方法、功效和主治病症等。元代的《瑞竹堂经验方》一书中载有治痰喘病的药茶方。明代李时珍的《本草纲目》除了对茶的功能主治有精辟的论述外,还载有治疗"气虚头痛""热毒下痢""解诸中毒"等茶疗方16种。《本草纲目》解释茶的药理作用为,"机曰:头目不清,热熏上也。以苦泄其热,则上清矣。且茶体轻浮,采摘之时,芽蘖初萌,正得春升之气。味虽苦而气则薄,乃明中之阳,可升可降。"陈藏器在《本草拾遗》上有记载:"诸药为各病之药,茶为万病之药。"至明清时期,茶疗之风盛行,药茶的内容、应用范围和制作方法等不断被更新。在此背景下,茶疗第一人刘明甫创建德甫堂中药茶疗铺。茶疗将药与茶完美结合,能防疾病,能品茶趣,常饮茶能祛顽疾、强体魄、安心神、润喉肠、降脂减肥、益寿延年。

五、茶疗的特征

(一)历史性

茶文化的形成和发展历史非常悠久。药茶的制作始于唐代,在《外台秘要》的《待茶新欣方》一节中就有药茶的制作方法和主治疾病的记载,开创药茶正式制作之先例。随着时代的推进,现代中医学或相关研究者,已开始将药茶运用于治疗老年疾病与现代文明病(心理上的疾病)及养颜美容上,以达到减肥、降压、延年益寿的目的。茶文化是伴随商品经济的出现和城市文化的形成而诞生的。历史上的茶文化注重文化意识形态,以雅为主,着重于表现诗词书画、品茗歌舞。茶文化在形成和发展的过程中,融入了儒家思想、道家和释家的哲学色泽,并演变为各民族的礼俗,成为优秀传统文化的组成部分和独具特色的文化模式。

(二)时代性

茶文化有长久的历史渊源,茶叶也已成为丰富西方文明不可或缺的重要饮料,而且茶具有深刻的科学和文化内涵,被誉为20世纪以来最文明的饮料。物质文明和精神文明建设的发展,给茶文化注入了新的内涵和活力。在这一新时期内茶文化融进现代科学技术、现代新闻媒体和市场经济精髓,其价值功能更加显著,其建设文明的现代化社会的作用进一步增强。

(三)民族性

各民族酷爱饮茶,茶与各民族文化生活相结合,形成各民族特色的茶礼、茶艺、饮茶习俗及喜庆婚礼。以民族茶饮方式为基础,经艺术加工和锤炼而形成的各民族茶艺,更富有生活性和文化性,表现出饮茶的多样性和丰富多彩的生活情趣。藏族、土家族、佤族、拉祜族、纳西族等民族的茶与喜庆婚礼,也充分展示了茶文化的民族性。中国幅员辽阔,茶叶的种类和品种繁多,饮茶习俗各异,加之各地历史、文化、生活及经济差异,形成各具地方特色的茶文化。

(四)便捷性

药茶原本就有调理五脏的机能,男女老少皆宜,有调整体质、滋补强壮、延年益寿、少副作用的优点。加上制作容易,茶材能长期保存,以备不时之需,对忙碌的现代人来说,他们多了一种保健饮品的新选择。因此只要咨询医师确定本身体质适不适合,再针对欲获得的疗效选择饮用适合自己的药草茶,就可以达到养生舒心的目的。

(五)国际性

古老的中国传统茶文化同各国的历史、文化、经济及人文相结合,演变成英国茶文化、日本茶文化、韩国茶文化、俄罗斯茶文化及摩洛哥茶文化等。作为经济、文化中心的大城市,以其独特的自身优势和丰富的内涵,形成独具特色的都市茶文化。茶人不分国界、种族和信仰,茶文化可以把全世界茶人联合起来,切磋茶艺,进行学术交流和经贸洽谈。

第二节 中国茶疗的理论基础

药茶的保健机制与其他中药药方治病的道理相通,即通过药性与病理的互相调和、对抗,使用药性来对身体进行正气协调,以达到治病的目的。中国的药文化,由于有着数千年的悠久历史,因此底蕴十分丰富。它以独特的整体观念、阴阳五行学说等理论为基础,指导着人体生命活动及疾病问题的解决。纵观中华上下五千年历史,茶与中医药的关系更是密不可分,茶疗学以哲学、医学和茶学理论为指导,融合了阴阳、经络、脏象、气血、精、气、神、茶德、茶道等学说思想的精华,体现了天人合一、人和社会统一的整体观念,具有扶正祛邪、康复颐养、预防和治疗相结合的特点。

一、中医五行原理

陆羽的《茶经》开篇第一句就说,茶是我国"南方"的"嘉木",理所当然,茶首先属木。陆羽将"五行"纳入"煎茶"的茶道中,他认为金、木、水、火、土与茶相结合才能煮出好茶:煎茶用的风炉,属金;炉立于土地上,属土;炉中沸水,属水;炉下木炭,属木;用炭生火,属火。这五行相生相克,阴阳调和,从而达到茶"祛百疾"的养生目的。

现代制茶工艺中,采摘下的茶青(属木),经炙热铁锅(属金)"杀青",揉捻后慢火(属火)烘焙成干茶。"金"克"木",又被"火"克,性质大变,从而制成成品茶。冲泡茶叶所需的沸水(属水)和茶具(属土),也属五行之列。中医认为,一个人五行平衡、生克得当,即可强身体健,命运亨通。茶叶经过反复生克、攻伐、合化、博取,吸收了阴阳五行的精华灵气,这正是茶叶诸多养生功效的根源所在。

茶也可以分五行:

绿茶——五行属木,代表茶有碧螺春、毛尖、毛峰、猴魁、龙井。

红茶——五行属火,代表茶有川红工夫、滇红工夫、祁门工夫。

黄茶——五行属土,代表茶有霍山雪芽、温州黄汤、君山银针。

白茶——五行属金,代表茶有银针白毫、贡眉、白牡丹。

黑茶——五行属水,代表茶有普洱茶、湖南黑茶。

茶疗多选用中国的古曲,古曲中的五行音乐——宫、商、角、徵、羽各有不同的情绪调节作用。《黄帝内经》中的《金匮真言第四》指出:宫为脾之音,大而和也,叹者也,过思伤脾,可用宫音之亢奋使之愤怒,以治过思;商为肺之音,轻而劲也,哀者也,过忧伤肺,可用商音之欢快使之高兴,以治过忧;角为肝之音,调而直也,叫呼也,过怒伤肝,可用角音之悲凉使之哀伤,以治过怒;徵为心之音,和而美也,喜也,过喜而伤心,可用徵音之火热使之惊恐,以治过喜;羽为肾之音,深而沉也,吟者也,过恐伤肾,可用羽音使之思索冥想,以治过恐。可见茶疗中使用五行音乐可促使大脑系统调节人的情绪,使人产生情感上的共鸣而引起情绪反应,产生不同的情绪体验,从而治疗相应的情绪疾病。

二、中医七情致病原理

情志病是指因七情而致的脏腑阴阳气血失调的一种疾病,包括癫狂、百合病、脏躁、郁证、不寐等。情志病不及时诊治,常可导致人罹患其他疾病。

众所周知,人一发怒则血压升高,中医认为这是怒伤肝,因怒属肝,肝性刚直,阳常有余,阴常不足,肝藏血,怒则血随气上。可见,情志对健康的影响很大。继《黄帝内经》之后,中医的心理保健思想继续发展,如三国时名医华佗,以激怒疗法治愈笃病;唐代名医孙思邈,专有"养性"之论,不仅整理了唐以前有关调神养心方面的论述,而且还提出了自己独特的见解;宋代陈无择《三因极一病证方论》认为七情的刺激是三大类致病因素中的一大类,强调了心理因素在疾病发生发展的过程中所起的重大作用。世界卫生组织给健康下的定义中,健康不仅仅是没有疾病,而且是"个体在身体上、精神上、社会上完好的状态"。可见,健康不只是躯体没有疾病,心理健康也是非常重要的。现在"人类已进入情绪负重的非常时代",由精神因素引起的心身疾病已是人类社会普遍存在的多发病和流行病。因此,情志保健必须重视,不可等闲视之。

情志过亢而导致肝的疏泄太过,肝气有余,肝火上逆,表现为气血逆乱之证。例如眩晕、耳鸣、胁痛等。忧思抑郁,导致肝的疏泄不利,气机阻滞形成肝气郁结,表现为各种郁证。例如郁证、梅核气、脏躁等。可见,情志因素是导致人体疾病的重要因素,且其致病机理在于扰乱人体的气机。既然如此,我们可以采用调理气机的方法来治疗情志疾病,比如,通过药茶疏肝理气,或者通过观赏或操作茶艺调节情绪等。大家都知道喝茶是一种享受,可以静心神,修身心。在茶道中,音乐的节奏可以明显地影响人的呼吸频率、心率。当人处在焦虑、紧张不安的情绪状态下,呼吸是短浅而急促的,而舒缓、慢节奏的音乐可以放松人们的神经,调节人体吸呼的频率,使呼吸变慢而均匀,从而转化人的情绪,使其回复到平和状态。

三、茶叶成分原理

在药理及生化等新型科学实验方法的推动下,人们对茶叶的药用有效成分及其功效有了更为深入的了解。茶叶中所含的化学成分在茶叶从生产到加工的过程中逐步变化,茶叶中含有的450多种化学成分,比如蛋白质、维生素、氨基酸、咖啡碱、酚类化合物、矿物质等人体必需的营养物质,具有多种药用功效。多饮茶即能补充多种营养、增强体魄,也能达到防病治病的目的,因此茶被称为"万病之药"。其中,茶氨酸、茶多酚、咖啡碱等成分在人们饮茶时可以使人凝心静神、平心静气、舒血降压、提神益思、祛除疲劳。

(一)茶多酚

茶多酚是茶叶中多酚类物质的总称,包括黄烷醇类、花色苷类、黄酮类、黄酮醇类和酚酸类等。茶多酚具有很强的抗氧化作用,能清除体内自由基,延缓细胞衰老,可降低血脂,预防动脉硬化,对心血管系统有一定的保护作用。

(二)咖啡碱

咖啡碱是从茶叶、咖啡果中提炼出来的一种生物碱。咖啡碱能兴奋中枢神经系统,起到提神醒脑、消除疲劳的作用,还可以增加肾脏血流量,提高肾小球过滤率,有利尿作用。

(三)茶氨酸

茶氨酸是茶叶中特有的一种氨基酸。茶氨酸可以促进大脑分泌α波,使人体产生放松、宁静的感觉,有助于缓解紧张、焦虑情绪,让人心情愉悦、放松;有助于提高学习能力和记忆力,对大脑功能有积极的影响。

(四)维生素

茶叶中含有多种维生素,如维生素 C、维生素 E、维生素 B 族等。维生素 C 具有抗氧化作用,能增强人体免疫力;维生素 E 也有抗氧化功能,对皮肤和心血管健康有益;维生素 B 族对神经系统功能的正常发挥起着重要作用。

(五)矿物质

茶叶含有钾、镁、铁、锌等矿物质。钾有助于维持心脏正常的功能和血压稳定,镁对神经系统和肌肉功能有着调节作用。

第三节 中国茶疗的方法

随着唐宋社会文明高度发达,各种思想交会融合,以儒、释、道三家与茶相结合所产生的茶道应运而生。茶道在形成、发展的过程中,又与中医调神养生的理论和实践进行良性互动,经过岁月沉淀,确立了以茶为中心的茶道养生方法。

茶道是以修行得道为宗旨的饮茶艺术。茶艺是茶道的基础,是茶道的必要条件。茶艺可以独立于茶道而存在。茶道以茶艺为载体,依存于茶艺。

茶道的重点在于"道",旨在通过茶艺修身养性、参悟大道;茶艺的重点在于"艺",重在习茶艺,以获得审美享受。茶道的内涵包含茶艺,茶艺的内涵小于茶道。茶艺的外延大于茶道,其外延介于茶道和茶文化之间。这里所说的"艺",是指制茶、烹茶、品茶等艺茶之术;这里所说的"道",是指艺茶过程中所贯彻的精神。有道而无艺,那是空洞的理论;有艺而无道,艺则无精、无神。茶艺,有名有形,是茶文化的外在表现形式;茶道,就是饮茶艺术的精神、道理、规律、本源与本质。它是看不见、摸不着的,却完全可以通过心灵去体会。蔡荣章先生认为:"如要强调有形的动作部分,则使用'茶艺';强调茶引发的思想与美感境界,则使用'茶道'。指导'茶艺'的理念,就是'茶道'。"

茶艺与茶道结合,艺中有道,道中有艺,是物质与精神的高度统一。茶艺、茶道的内涵、外延均不相同,应严格区别二者,不要使之混同。

茶是中国的国饮,中国是世界上最早发现和利用茶叶的国家。茶在利用的过程中,与科学、艺术、宗教、道德、信仰、法律、风俗等结合在一起,形成了丰富的茶文化,而茶道和茶艺是茶文化的核心。

一、茶道

茶道起源于中国,中国茶道的核心是和。通过品茶,引导个体在体验平和、安静、愉悦的过程中让心灵回复平静、和谐的状态。

(一)茶道的内涵

在"茶人精神"的激励下,茶赋予人们"节俭、淡泊、朴素、廉洁"等人格思想,同时还与儒、释、道等哲学思想交融,是一种"绿色的和平饮料"。所以,饮茶不但有利于人的身体健康,而且还有利于人的心理健康,有利于精神文明建设。

周作人先生这样描述茶道:"茶道的意思,用平凡的话来说,可以称作为忙里偷闲,苦中作乐,在不完全现实中享受一点美与和谐,在刹那间体会永久。"我国台湾学者刘汉介先生则将茶道提高了一个境界,他说:"所谓茶道是指品茗的方法与意境。"日本学者谷川激三先生在《茶道的美学》一书中,将茶道定义为"以身体动作作为媒介而演出的艺术"。它包含了艺术因素、社交因素、礼仪因素和修行因素四个因素。日本人本茶汤文化研究会仓泽行洋先生则认为茶道是"通向彻悟人生之路,茶道是至心之路,又是心至茶之路"。

茶艺是茶道的基础和载体,人们通过茶艺的艺术性获得审美享受,从而达到放松情绪、明心见性、参悟大道的目的。茶艺是指制茶、烹茶、品茶的过程,是茶文化的外在表现形式;茶道则更贴近于人们的精神、心灵,它通过茶艺、音乐、环境,引导和带领人们在品茗的过程中与自然连接,与自我连接。在茶艺的整个过程中,与他人的互动构成和谐、静穆的氛围,滋养情绪、安定心灵,从而进入人、境、物一致的状态。

(二)茶道中的仪式感

"仪式是一种有规律的象征性活动,文化是体现于象征形式(包括语言行动及各种有意义的物品)中的意义形式。人们依靠它相互交流并共同拥有一些经验、概念与信仰。"茶道中的仪式感是通过茶艺,提供一种浓淡相宜的文化氛围,使得进入仪式场地的观众和主持人能够迅速进入参与并完成仪式所需要的情绪中。它是茶道的构成要素,也是神奇的催化剂,它的每一处景致都混合着茶文化的古韵新曲,每一个细节都散发着茶香的诗意氛围。

"仪式是用来建构一个有秩序和意义,能够用以支配和容纳人类行为的文化世界。"它规范了主持人与来访者在仪式过程中的行为尺度以及仪式的节奏,以保障整个过程的顺利进行。仪式在调动来访者的情绪投入上起了重要的作用。它迅速地使人从外界的喧嚣和纷扰中脱离开来,转换情绪,安定心灵,投入到茶香四溢、宁静雅致的文化氛围中。它拉近了人与人之间的心理距离,在举手投足和眼神交接中优雅地传递和交流内心的体验和感受。

仪式感体现了文化的认同感和身份的归属感。在一定的程度上,它甚至使具有相同价值观的人汇聚在一起。人们通过某种仪式,形成了特定的圈子和群体。

在当代茶艺馆或静修中心,通过音乐、肢体语言艺术、景观布置,营造了人际间心灵交流的氛围。通过一呼一吸、一闻一吮,激发来访者的参与热情,唤醒来访者的觉知力,从而使来访者达到内省修行、明心见性的境界。

二、茶艺

茶艺源远流长,历史悠久,文化底蕴深厚。它包括茶叶品评技法和艺术操作手段的鉴赏以及品茗美好环境的领略等整个品茶过程的美好意境,其过程体现形式和精神的相互统一,是饮茶活动过程中形成的文化现象。

茶艺萌芽于唐,发扬于宋,改革于明,极盛于清,可谓有相当的历史渊源,自成体系。最初僧侣用茶来集中自己的思想,唐代赵州从谂禅师以"吃茶去"来接引学人。唐代煮茶,多用姜盐添味,世称姜盐茶,诗人薛能《茶诗》云:"盐损添常戒,姜宜煮更黄。"宋初流行点茶法,把茶叶碾成细末,冲出来的茶汤要色白如乳。明以后才发明的泡茶,就是现在人们所习惯的喝茶方法的雏形。

茶艺"三法"指制茶法、烹茶法、佐茶法;茶艺"四要"指精茶、真水、活火、妙器,四者缺一不可。茶品以形、色、香、味分高下,水品以清、活、轻、甘、冽别优劣,火以活火为上,器以宜兴紫陶为佳。

茶艺表演是一门集音乐、舞蹈、人文精神于一体,适合在室内或舞台表演的茶叶冲泡艺术。它承担着普及茶文化的时代责任,引导人们去重新品味古人早已参透但近百年逐渐被遗忘的中国茶文化的精髓。

(一)茶艺表演的分类

1. 民俗茶艺表演

民俗茶艺表演取材于特定的民风、民俗、饮茶习惯,以反映民俗文化等为主,经过艺术的提炼与加工,以茶为主体。如"西湖茶礼""台湾乌龙茶茶艺表演""赣南擂茶""白族三道茶""青豆茶"等。

2. 仿古茶艺表演

仿古茶艺表演取材于历史资料,经过艺术的提炼与加工,以反映历史原貌为主体。如"公刘子朱权茶道表演""唐代宫廷茶礼""韩国仿古茶艺表演"。

3. 其他茶艺表演

其他茶艺表演取材于特定的文化内容,经过艺术的提炼与加工,以反映该特定文化内涵为主体,以茶为载体。如"禅茶表演""火塘茶情""新娘茶"。

(二)茶艺特点

1. 文质并重,尤重意境

孔子有言:"质胜文则野,文胜质则史。"这一点恰与茶艺的内涵不谋而合,一次完整高品质的茶艺,应该在各个方面都是优秀的。

2. 百花齐放,不拘一格

随着时代的发展,茶艺演变出不同的类型。宫廷茶艺,如唐代的清明茶宴、清代的千叟茶宴等;儒士茶艺,如颜真卿等名士月下连茶联、宋代文人斗茶时的点茶法等;民族茶艺,如藏族的酥油茶、蒙古族的奶茶、白族的三道茶;宗教茶艺,如禅茶茶艺、佛教茶艺、观音茶茶艺、太极茶艺等。这些不同的茶叶加工工艺和冲泡方式,无疑为中国茶艺增添了生动别致的一笔。

3. 道法自然,崇静尚简

中国茶道经历漫长岁月之后归于自然质朴,力求物我合一。在饮茶、制茶、烹茶、点茶时的身体语言和规范动作中,在鸟语花香、溪水、流云和悠扬的古琴声中,茶人的精神得到升华,这一点恰与茶艺中的"境之美"相符合。以"自然"之境,来衬托"道"之所终。

4. 注重内省,追求怡真

茶饮具有清新、雅逸的天然特性,能静心、静神,有助于陶冶情操、去除杂念、修炼身心,这与提倡"清静、恬淡"的东方哲学思想很合拍,也符合佛道俗的"内省修行"思想。至善的境界,是存天性,去物欲,不为利害所诱,格物致知,精益求精,换言之,就是用科学方法,求得一切事物的至诚。饮茶之真谛,在于启发智能与良知,使人在日常生活中淡泊明志,俭德行事,达到真、善、美的境界。

另外,在茶艺背景的选择中,应该根据不同的茶艺风格,设计合适的背景。在背景的设计中,在心理学上,色彩对眼睛及心理的作用,包括眼睛对它们的明度、色彩、纯度以及刺激性所留下的印象。在茶艺背景中,各种器具、服饰、景物都有其颜色,多种颜色构成色调,起主导作用的颜色是主调。不同的茶艺背景,主调不同,对眼睛及心理的作用也不同,故有着不同的象征意义和感情影响。色彩和人的主观反映的联系是人们在长期的日常生活中形成的,如红色具有较强的刺激性,所以常用于醒目的标志。不同色彩的光学属性用于视觉而产生不同的感受,进而在生活中衍生出一定的象征意义。

总之,茶艺是形式和精神的完美结合,其中包含着美学观点和人的精神寄托。传统的茶艺,是用辩证统一的自然观和人的自身体验,从灵与肉的交互感受中来辨别有关问题。在技艺当中,既包含着中国古代朴素的辩证唯物主义思想,又包含着人们主观的审美情趣和精神寄托。

三、药茶

对于药茶的食疗作用古人早有认识。如成书于战国时期的《神农本草》就叙述了茶的药性和作用:"茶味苦,饮之使人益思、少卧、轻身、明目。"由此可见,药茶的确有一定的安神、提神、除心烦的作用,而且长时间饮用也有益于身心健康。

(一)茶的饮用方法

药茶的饮用方法主要有泡、煎、调三种。

(1)泡:取花类或切成薄片、捣碎,或制成粗末的茶方,或袋泡茶、块茶。取适量放于茶杯中,将开水沏入,再用盖子盖好,焖 15～30 分钟,即可以饮用,以味淡为度。

(2)煎:一部分复方药茶,药味多,茶杯内泡不下,而且有一部分厚味药、滋补药的药味不易泡出,茶方药效自然降低。所以,须将复方药茶制成粗末,用砂锅煎药汁,加水煎 2～3 次,合并煎液过滤,装入保温瓶中,代茶饮用。煎茶多用砂锅、瓦罐,而不用金属器皿,因为金属器皿易与茶中某些药物成分发生化学反应,使茶汤变质、变味或产生沉淀物,影响疗效甚至可能产生副作用。煎茶常用自来水、清洁的河水或井水。煎茶剂多是将茶叶和其他药物或食物一起水煎,如防暑茶就是将茶叶和藿香、佩兰等药物一起水煎。煎茶用水多少,应以水没过茶叶、药物或食物的吸水量,根据煎茶时间的长短,头煎与二煎之不同,而适当增减水量。一般是头煎多加水,植物药多又难煎的药茶,所需时间长,水也需多加。先用多量水煎茶叶 15～20 分钟,然后再加入其他药物或食物同煎,在其他药物或食物煎好前 3～8 分钟,再放入茶叶同煎;有的还需用纱布将药物或食物包起来再与茶叶同煎;有的需单独煎茶叶。煎茶的火候,分"武火"和"文火",一般是先武火后文火。武火猛而不缓,以沸溢为度;文火缓而不猛,以不得沸溢为度。煎滋补食物,宜用文火。

(3)调:有的茶药方为药粉,可加入少量的白开水调成糊状服用,如八仙茶等。泡茶和调茶的过程中我们都可以根据自身情况来调整自己的心态,在茶道中根据自己的体质特征选择不同的茶,在茶中添加不同的食材、药材来调理自身的身体情况。中医认为人的体质有燥热、虚寒之别。燥热体质的人,应喝凉性的茶,如绿茶、黄茶、普洱生茶、白茶、部分乌龙茶;虚寒体质者,应喝温性的茶,如黑茶、普洱熟茶、岩茶、红茶等。身体肥胖而体热之人,喝凉性的茶;身体肥胖而体虚之人,喝温性茶,其除了具有去脂减肥的作用外还可调节体内生理平衡,这只是一般规律。有抽烟、喝酒习惯,上火、热重、较胖的人喝凉性茶;肠胃不适、睡眠不好、消化吸收功能差、体寒者应喝温、暖性茶,特别值得一提的是老年人和处于亚健康状态的人比较适合饮用红茶、普洱熟茶、老岩茶、黑茶,根据自己的情况可在茶中加奶、糖、姜汁、柠檬汁调饮或熬煮后饮用。妇女经期前后以及更年期,性情烦躁,饮用花茶有疏肝解郁、理气调经的功效。常年食较多牛羊肉的人,可以多喝些砖茶、饼茶等经过后发酵的紧压茶,如普洱茶、黑茶,有助于食物的消化。青年人正处发育旺盛期,以喝绿茶为宜。

(二)药茶的饮用时间

药茶的饮用时间,应根据药茶性质和疾病状况而定。如发汗解表用的药茶,宜温饮顿服,不拘时间,病除为止。发汗以微微出汗为度,不可大汗淋漓,以免虚脱。补益药茶宜在饭前服用,使之充分吸收。对胃肠道有刺激的药茶,应在饭后服用,以减轻对胃肠道的刺激。泻下药茶宜早晨空腹服用,使之充分吸收,并能观察服药后大便的次数、色质等,如泻下次数过多,可食冷粥即止。安神药茶,宜在晚上临睡前服用。防疫药茶,宜掌握疫病流行季节选用。老年保健药茶,治疗慢性病的药茶,应形成一定的服务规律,做到经常化和持久化。

(三)药茶的饮用禁忌

临床饮用药茶,为了确保安全有效,除了注意中药的"十九畏""十八反"和妊娠禁忌外,还应注意服药的"忌口"。人生病后吃药要忌口,这是有科学道理的。人在生病后,人体内部会发生一系列复杂的病理变化,有些食物对治疗疾病有利,有些食物吃后对身体有害,所以,饮用药茶须忌口。如服解表药,宜禁生冷、酸食;服止咳平喘药,宜禁食鱼虾之类食品;服清热解毒药宜禁食油腻辛辣、腥臭食品;服理气消胀药,宜禁食豆类、白薯等。

饮药茶,还需弄清"茶忌":一忌烫茶伤人;二忌冷茶滞寒聚痰;三忌胃寒者饮过量浓茶;四忌哺乳妇女饮浓茶;五忌冠心病者饮过量浓茶;六忌服用阿司匹林后喝茶;七忌茶水服药;八忌空腹饮茶冲淡胃液,妨碍消化;九忌饮过夜茶,伤脾胃,使人消瘦无力;十忌饮用发霉的茶。

第四节 中国茶疗的应用

茶疗的应用主要体现在艺术应用和临床应用上。艺术应用表现为茶道和茶艺对人精神境界的影响,临床应用表现为药茶对人躯体或心理疾病的影响。

一、艺术应用

(一)茶道

中国茶道的精神特点主要体现在以下四个方面。

(1)为中和之道。"中和"即中庸,人们常常把这种相对的和谐当作一种理想的境界。人的生理与心理、心理与伦理、内在与外在、个体与群体都达到高度和谐统一,便是人们追求的理想状态。

(2)为自然之性。这里的"自然"有两个含义:一是天地日月、风雨雷电、春夏秋冬、花鸟鱼虫等现象;二是人们在大自然中获得思想和艺术启示,是人在自然境界里的升华。

(3)为清雅之美。这里的"清"可以指物质的环境,也可以指人格的清高。品茶的环境要优雅,茶具要干净,茶客要有修养。无雅则无茶艺,自然也达不到茶道的境界。

(4)为明伦之礼。追溯到原始社会,礼仪是人类形式化的行为体系。历代封建统治者以"礼仪"维系社会秩序,而将"非礼勿视,非礼勿听,非礼勿言,非礼勿动"作为社会成员之间的交往规则。

古人十分注重品茶的环境和氛围的营造,认为茶、水、器皿以及地点的选择,以及主泡的个人状态都会直接影响品茗的体验。《徐文长秘集》中说道:"品茶宜精舍、宜云林、宜寒宵兀坐、宜松风下、宜花鸟间、宜清流白云、宜绿鲜苍苔、宜素手汲泉、宜红装扫雪、宜船头吹火、宜竹里飘烟。"茶道是观看、品味、体验、感知品茶的过程,透过茶道可缓解人们的精神压力,释放负面情绪,使身心调整到平和的状态。

(二)茶艺

茶艺表演,均有礼仪的规范。如"唐代宫廷茶礼"就有唐代宫廷的礼仪:表演服装的式样、款式多种多样,但应与所表演的主题相符合,服装应得体、端庄、大方,符合审美要求。茶艺表演环境的选择与布置是重要的环节:表演环境应无嘈杂之声,应干净、清洁,窗明几净,室外也须洁净,环境宜为气爽神清之佳境,或松石泉下。表演的音乐与茶艺表演的主题应该相符合。茶艺表演中的位置、顺序、动作所遵循的原则是合理性、科学性,符合美学原理,遵循茶道精神的"和、敬、清、寂""廉、美、和、敬",符合中国传统文化的要求。

在茶艺表演中,我们不仅能领悟到茶艺表演行为艺术潜隐的茶道精神,而且还能享受到茶艺表演的美。如"清",让人头脑清醒,有助于人的思维净化,拂去人们心灵上的尘埃,心静自然,感受相聚在一起品茗的不容易。如"净",茶具应洗涤干净,水应干净,符合饮用要求,茶叶应干净,无杂物。此外"静"还指人思想上、心灵上的净化,无杂念、邪念。

中国茶艺体现出共性与个性的和谐统一。在与儒学的关联上,表现为"茶礼"与儒雅的风度;在与道学的关系中,则体现养生与对自然的崇尚;在与佛家的关系中,则表现在"茶禅一味"的理念与佛家饮茶的实用上。譬如"淡泊以明志,宁静以致远"的观念,儒家用之取其人格的"自修",道家用之合其生命之"虚静",佛家用之悟其精神之"空灵"。在茶艺表演中,茶艺师的技艺以及茶、水、器具的质量,茶室的意境等共同传达出一种人生状态。欣赏茶艺表演实则是在动静之间洞察万物玄妙,领悟人生哲理,感受人文精神,是审美主体无形的心理感受和情绪体验转化为有形物境和情感载体的过程。

二、临床应用

自汉代起,经过历代医药学家的不断摸索、总结,茶疗已成为医药学在防病治疾、养生保健中的一大特色。茶疗的适用范围很广,内、外、妇产、儿科等各科的多种疾病,均可辨证论治,在此我们只介绍茶疗在常见的心理疾病治疗中的运用。

(一)药茶与神经衰弱

神经衰弱,属于神经官能症,是一种常见病。根据巴甫洛夫学说,神经衰弱主要是大脑皮层内抑制和兴奋两个过程的减弱所致。从现代心理学上来看,神经衰弱是一种常见的精神障碍。其导致的心理异常及躯体异常表现为自控能力下降、易烦躁、对刺激物的感受性异常增高、特别敏感,失眠、多梦易醒,头部持续性钝痛、头昏脑涨,注意力涣散、记忆力减退、易疲劳、心悸、食欲不佳、腹胀、腹泻、便秘、尿频、月经失调、遗精等。神经衰弱是神经官能症中最常见的一种病症,其发病原因是精神高度紧张,思虑太过,中枢神经兴奋与抑制过程失调,高级神经活动规律被破坏所引发的一种功能性疾病。

茶叶内含有的咖啡碱,除能增强兴奋功能外,还有提高内抑制过程的功能,因此,对神经衰弱有治疗作用;特别是对虚弱型(即表现为夜间失眠,白天萎靡不振)的神经衰弱,尤为适宜。饮茶具有明显的利尿效应,有利于乳酸随尿液排出。而人体中的乳酸是一种使人疲劳的物质,会使肌肉感觉疲劳,因此乳酸排出体外能使疲劳的机体获得恢复。另外,茶叶中特有的儿茶素类及其氧化物可使咖啡因的兴奋作用减弱并且持续时间增长,所以开长途车或者需要长时间持续工作的人可以喝茶以保持头脑清醒,也能保持和恢复耐力。

综上所述,喝茶能够起到提神、益思、清心的作用。茶叶中含有多种维生素和氨基酸,饮茶对于清油解腻、增强神经兴奋具有一定的作用,但并不是喝得越多越好。一般健康的成年人,平时又有饮茶习惯的,一日饮茶12克左右,分3~4次冲泡是适宜的,而神经衰弱者饮茶量应适当减少。从改善神经衰弱症状的角度看,喝淡茶为好。淡茶内咖啡碱含量较少,能提神醒脑,使人恢复体力,保持清醒,而且不会影响睡眠。

神经衰弱,失神的茶疗介绍。

(1)单味茶:白天可适量喝茶(不宜过浓),再配上一些镇静药物,有一定疗效。亦可将泡饮后的茶叶晒干,再加入少量茉莉花或菊花,拌匀做成茶叶枕。其有降火、降压、清热、明目等功效,还可治头晕、目眩、神经衰弱等证。

(2)人参枣仁饮茶方:适用于神疲乏力,心悸气短,心神不宁,惊恐。茶方:人参5克、茯苓15克、枣仁10枚,水煎服。治则:养心、益气、安神。

(3)安神茶:适用于心神不安,失眠,心悸。茶方:龙齿10克,石菖蒲3克。龙齿要先煎沸10分钟,后放入石菖蒲再煎沸10~15分钟,代茶饮。治则:宁心安神。

(二)药茶与抑郁

抑郁症又称抑郁障碍,以显著而持久的心境低落为主要临床特征,是心境障碍的主要类型。迄今,抑郁症的致病原因并不清楚,但可以肯定的是,生理、心理与社会环境诸多方面的因素参与了抑郁症的发病过程。临床可见心境低落与其处境不相称,情绪的消沉可以从闷闷不乐发展到悲痛欲绝,自卑抑郁,甚至悲观厌世,产生自杀倾向或行为。有人甚至会出现木僵,部分病例有明显的焦虑和运动性激越,严重者可出现幻觉、妄想等精神病症状。每次发作持续2周以上,长者甚或数年,多数病例有反复发作的倾向。每次发作大多数病情可以缓解,部分人可能存在残留症状或转为慢性现象。

《黄帝内经》指出:"忧思则心系急,心系急则气道约,约则不利,故太息以伸出之。"这句话是说,忧虑思虑会使人的心系急迫,心系急迫则约束气道,使呼吸不利,人就会通过叹气来使气息得到伸展。人长期忧伤而无法自拔,会因"忧伤肺"而进一步损害身心健康。七情发病与抑郁症关系非常密切,在情绪不快时,往往导致气机郁滞发病;而在气机郁滞时,易扰乱五脏,导致五神不宁,发生情志病变;对脾脏影响较大,若过分思虑或思考久而不解,就会消沉,气结于内而不畅,影响脾胃消化功能,引起食欲减退、精神不振等证。

抑郁症的茶疗介绍。

(1)思虑过重,心悸,失眠,多梦,纳呆,面色萎黄,手足麻木,头晕,气短,乏力,自汗,腹胀,月经不调,舌质淡嫩,舌苔白,脉细弱。茶方:养心安神茶。用药:当归 10 克、茯神 10 克、酸枣仁 10 克、龙眼肉 10 克、白术 10 克。治则:养血安神,补气健脾。

(2)善恐易惊,自卑绝望,难以决断,悲伤欲哭,心悸,气短,自汗,胸闷,多梦,面色发白,舌质淡或黯,脉沉细或细而无力。茶方:安神定志茶。用药:茯神 10 克、远志 6 克、龙骨 10 克、党参 8 克。治则:益气,安神,定志。

(3)精神抑郁,性情急躁,头痛,失眠,健忘,胸胁痛,或身体某部位有发冷或发热感,妇女月事不调。舌质紫暗,或有瘀斑,脉弦细。茶方:郁青玫瑰茶。用药:郁金 10 克、青皮 10 克、玫瑰花 20 克。治则:活血化瘀,疏肝理气。

(4)抑郁寡欢,胸胁苦满,善太息,纳呆,面色萎黄,脘腹胀满,腹痛,肠鸣,便溏,咽中不适,如有物在哽,舌质淡,舌苔白,脉弦细或弦滑。茶方:香芍茶。用药:香附 10 克、白芍 10 克、白术 10 克、陈皮 10 克、当归 10 克。治则:疏肝理气,补气健脾。

(三)药茶与焦虑

焦虑症又称为焦虑性神经症,是神经症中最常见的一种疾病,以焦虑情绪体验为主要特征。焦虑可分为慢性焦虑,即广泛性焦虑和急性焦虑。其主要表现为无明确客观对象的紧张担心,坐立不安,还有植物神经功能失调症状,如心悸、手抖、出汗、尿频及运动性不安等。注意区分正常的焦虑情绪,如焦虑严重程度与客观事实或处境明显不符,或持续时间过长,则可能为病理性的焦虑。

目前焦虑症的致病原因尚不明确,可能与遗传因素、个性特点、认知过程、不良生活事件、生化、躯体疾病等均有关系。

中医治疗焦虑症,提倡治疗与调理相结合,疏肝、益肾、健脾、宁心安神,调理气血,平衡阴阳;增强人体免疫力,改善人体生物节律,提高细胞活力。

焦虑症的茶疗介绍。

(1)惊恐不安,急躁易怒,头昏目眩,口干口苦,舌红,苔黄厚腻,脉弦滑数。茶方:黄连竹茹茶。用药:黄连 3 克、竹茹 15 克、茵陈 15 克、茯神 30 克、甘草 3 克。治则:泻火逐痰。

(2)情绪不宁,心烦不安,兼口舌生疮,渴欲饮冷,舌苔薄黄,脉数。茶方:导赤茶。用药:生地 30 克、竹叶 10 克、甘草梢 3 克、黄连 10 克。治则:清心泻火。

(3)善恐易惊,精神乏力,夜寐不安,舌苔薄白,脉细数。茶方:滋阴清心茶。用药:麦冬 10 克、茯神 30 克、酸枣仁 15 克、百合 15 克、甘草 3 克。治则:养阴清热安神。

案例一

茶道与学生心理健康

小王是大一新生,就读大学是他第一次离家外出。小王平素性格内向,不知道如何与陌生的老师和同学相处,进入新环境一个月后出现了一系列不适应的症状:善恐易惊,自卑绝望,难以决断,悲伤欲哭,无能力感,在学习上注意力难以集中;心悸,气短,自汗,胸闷,多梦,面色发白,舌质淡或黯,脉沉细或细而无力。经过医院心理科医生诊断,小王产生了适应障碍伴抑郁情绪。

在心理医生和辅导员的建议下,小王选修了大学生互选课程《茶文化修养》。通过学习,小王同学知道了投茶时,可遵照五行学说按木、火、土、金、水五个主位一一投入,不违背茶的圣洁物性,以祈求茶带来更多幸福。冲泡茶时,水温应控制在95℃左右,先用回旋冲泡法,依次向盖碗内注入约四分之一的开水,再用凤凰三点头手法,依次向盖碗内注水至七分满,凤凰三点头,擎执壶冲水似高山涌泉,飞流直下。这一手法除了向嘉宾们行礼致敬以示欢迎,同时还有利用水的冲力来均匀茶汤度的功用。斟茶时只需斟七分满即可,茶道中向来有"茶浅酒满,七分茶三分情"之说。该同学表示,在学习茶文化的过程中,在自己融入到茶道的氛围与音乐中时,会不自觉地被这种氛围所感染,茶的静雅会使人的内心变得更加平和;亲自参与泡茶环节时,通过与茶、水的亲密接触,可以让自己进入心灵平静、怡然自得的境界;在互相敬茶的过程中,学生之间可以构建和谐的人际关系。学生恭敬地说一句:"同学请用茶。"接茶人再客气地回敬一句:"谢谢同学。"这样可以使人与人之间和睦相处,建立良好的人际关系。

此外,小王同学在老师帮助下调配药茶"安神定志茶"用于日常饮用。此茶方能益气、安神、定志。一学期结束后,该同学不适症状得到缓解。

高校心理健康教育的主要目的是帮助学生改善心理机能,培养良好的心理品质,塑造健全的人格,并提升思想境界。这个目标与中华茶道的目标一致,中国茶道思维会感染大学生,使大学生的情感得到熏陶,对其未来发展产生重要影响。

案例二

茶疗与焦虑抑郁情绪

小琳,高三学生,学习压力较大,模考成绩不理想,不愿多说话,整天把自己关在房间里,吃饭也没胃口,睡眠质量差,最近她总是感觉呼吸不畅,心跳加速。她去医院呼吸科和心内科检查身体,结果显示均无异常,家长很着急。据介绍,她是一个文静的姑娘,一直表现得很优秀。这次模考失败,让她无法接受这个结果,面临高考,她非常紧张。心理医生在和其交流的过程中,借助于茶疗对其进行治疗。

心理医生:你平时喜欢喝茶吗?

(小琳:摇摇头)

心理医生:我教你泡茶吧,体验一下泡茶的感觉。

播放《高山流水》曲目,拿出两只玻璃盖碗,拿了一罐茉莉花茶,用茶匙教她置茶冲泡,并告诉她茉莉花茶性温和,可以舒缓情绪,平衡内分泌,美颜护肤,同时可以消除疲劳,缓和情绪。一朵朵茉莉花在水里缓缓绽放,非常漂亮。

此时配以花茶茶艺解说:"花茶是诗一般的茶,它融茶之韵与花之香于一体,通过'引花香,增茶味',使花香茶味珠联璧合,相得益彰。从花茶中,我们可以品出春天的气息"。

第一道:烫杯

我们称之为"竹外桃花三两枝,春江水暖鸭先知",这是苏东坡的一句名诗。苏东坡不仅是一个多才多艺的大文豪,而且是一个至情至性的茶人。借助于苏东坡的这句诗描述烫杯,请你充分发挥自己的想象力,看一看在茶盘中经过开水烫洗之后,冒着热气的、洁白如玉的茶杯,像不像一只只在春江中游泳的小鸭子?

第二道:赏茶

我们称之为"香花绿叶相扶持"。赏茶也称为"目品"。"目品"是花茶三品(目品、鼻品、口品)中的头一品,目的是观察花茶茶坯的质量,主要观察茶坯的品种、工艺、细嫩程度及保管质量。

如茉莉花茶。这种花茶的茶坯多为优质绿茶,色绿质嫩。茶中还混有少量的茉莉花干花,色泽白净明亮,这被称为"锦上添花"。在观察了茶坯之后,还要闻花茶的香气。通过上述鉴赏,我们一定会感到花茶确实是"香花绿叶相扶持",极富诗意,令人心醉。

第三道:投茶

我们称之为"落英缤纷玉杯里"。"落英缤纷"是晋代文学家陶渊明在《桃花源记》一文中描述的美景。当我们用茶匙把花茶从茶荷中拨进洁白如玉的茶杯时,花干和茶叶飘然而下,恰似"落英缤纷"。

第四道:冲水

我们称之为"春潮带雨晚来急"。冲泡花茶也讲究"高冲水"。冲泡茉莉花茶时,要用90℃左右的热水。热水从壶中直泻而下,注入杯中,杯中的花茶随水浪上下翻滚,恰似"春潮带雨晚来急"。

第五道:闷茶

我们称之为"三才化育甘露美"。冲泡花茶一般要用"三才杯",茶杯的盖代表"天",杯托代表"地",茶杯代表"人"。人们认为茶是"天涵之,地载之,人育之"的灵物。

第六道:敬茶

我们称之为"一盏香茗奉知己"。敬茶时应双手捧杯,举杯齐眉,注视嘉宾并行点头礼,然后从右到左,依次一杯一杯地把沏好的茶敬奉给客人,最后一杯留给自己。

第七道:闻香

我们称之为"杯里清香浮清趣"。闻香也被称为"鼻品",这是三品花茶中的第二品。品花茶讲究"未尝甘露味,先闻圣妙香"。闻香时"三才杯"的天、地、人不可分离,应用左手端起杯托,右手轻轻地将杯盖揭开一条缝,从缝隙中去闻香。闻香时主要体会三项指标:一是香气的鲜灵度,二是香气的浓郁度,三是香气的纯度。细心地闻优质花茶的茶香,是一种精神享受,在天、地、人之间,有一股新鲜、浓郁、纯正、清和的茶香伴随着清悠高雅的花香,沁人心脾,使人陶醉。

第八道:品茶

我们称之为"舌端甘苦入心底"。品茶是三品花茶的最后一品:口品。在品茶时依然是天、地、人三才杯不分离,依然是用左手托杯,右手将杯盖的前沿下压,后沿翘起,然后从开缝中品茶,品茶时应小口喝入茶汤。

第九道:回味

我们称之为"茶味人生细品悟"。一杯茶中有人生百味,无论茶苦涩、甘鲜还是平和、醇厚,品味一杯茶人们都会从中收获优美的感悟和联想,所以品茶重在回味。

第十道:谢茶

我们称之为"饮罢两腋清风起"。唐代诗人卢仝的诗写出了品茶的绝妙感觉。他写道:"一碗喉吻润;二碗破孤闷;三碗搜枯肠,唯有文字五千卷;四碗发轻汗,平生不平事,尽向毛孔散;五碗肌骨轻;六碗通仙灵;七碗吃不得也,唯觉两腋习习清风生。"

然后心理医生让小琳品一下自己泡的茶,问她品出什么味了没有。

小琳:很清香,有一点点涩。

心理医生:心里是什么感受?

小琳:渐渐放松下来。

……

一边品茗,一边慢聊,话匣子慢慢打开了,交流中发现她可能因为学习紧张,成绩上不去,老担心考不上大学,所以心情郁闷。爸爸妈妈对她期望很高,小琳感觉压力很大,心理医生告诉她放松自己,一切顺其自然就好……

中医认为,茉莉花有理气开郁、清肝明目、松弛神经的功效,它对抑郁症和焦虑症有辅助治疗的作用。因此想消除紧张情绪的人不妨来一杯茉莉花茶,在获得幸福感的同时,也有助于保持稳定的情绪。

通过一个下午的饮茶与咨询,小琳的心情缓解了很多。以茶作为载体,通过对话放松心情,解开心结,缓解焦虑。

思考与练习

1. 茶疗的基本概念是什么?
2. 茶疗对心理健康有何影响?
3. 中医药茶在心身健康保健方面的作用有哪些?

推荐书目

1. 林乾良,陈小忆.中国茶疗(第二版)[M].北京:中国中医药出版社,2012.
2. 程爵棠.药茶疗法治百病(第2版)[M].郑州:河南科学技术出版社,2017.
3. 蒋力生,叶明花.中国药茶大全[M].上海:上海科学技术出版社,2014.

第十三章

中国香疗

内容简介 中国香文化,在实际生活中,常被叫作香学或香艺。作为香学重要组成部分的香疗,利用纯天然植物的芳香气味和植物本身所具有的治愈能力,让香气被嗅觉器官和皮肤吸收,到达神经系统和循环系统,使身心的紧张状态得以缓解。并实现其保养皮肤和改善健康状态的功效,从而使人的身心平衡和谐,进而达到预防疾病的目的。

本章不仅言及未病预防,而且论及已病养生,着重阐述香之秉性,即"安一己之分,养君子之德,观眼鼻之心,开品性之智"。此为源远流长的香学文化精髓,也是于浮华繁忙的当下,认知香学艺术的意义所在。知香行香的过程,是个人修行的过程,讲求流程美学,有利于修身养性,培养高尚情操。

学习目标 1.了解香疗的概念、起源、发展历程;

2.知悉香品分类,香疗的原理和功效;

3.掌握正确的用香理论与法则;

4.运用香疗保障养生,调和身心,治未病。

第一节 中国香疗概述

许多学者提出,21世纪是东方文化的时代,是中国文化的时代,我们国家也描绘了中华民族伟大复兴的宏伟蓝图。能否实现这一目标,很重要的一点在于我们能否全面地、准确地、实事求是地去把握传统文化。当前对传统文化的研究范围之广,数量之众,堪称空前。但是,在数千年来始终与国人同行的香文化研究领域却罕有人涉足。在很长的一段时间里,香在人们的生活中销声匿迹,后来又大多出现于祭祀与宗教领域。于是,许多人一提到香首先想到的就是祭祀、迷信。这使研究者望而却步,认为香文化不足以成为一个有研究价值的课题。或许正是因为人们忽略了它,冷落了它,任其自行发展,才使它日益沦为迷信之物而流布于世。事实上,历史上的香并非如此。所以,我们有义不容辞的责任来正视它,研究它,引导它,还原其原貌,并以此增进对我国历史与传统文化的理解。

一、中国香疗源起

香疗是指利用纯天然植物的芳香气味和植物本身所具有的治愈能力,缓解人体身心的紧张状态,并实现保养皮肤和改善健康状态的功效,从而使人身心和谐、阴阳平衡的一种疗法。到达神经系统和循环系统,进而得以达成预防疾病的效果。

香可以在书斋、琴房,也可以在家中使用。香能使你沉静怡情,又能助你化病疗疾。纯天然植物的芳香气味经由人体嗅觉器官和皮肤的吸收,于有形无形之间调息、通鼻、开窍,妙用无穷。香学之妙,在于其构建出一个清、静、和、寂的世界。知香行香的过程不仅是人们修行、讲求流程美学的过程,还是人们注重修身养性、培养高尚情操的过程。

(一)香文化的起源

根据《说文解字》可知,"香"是个会意字,上"禾"从黍,代表谷物;下"日"从甘,表示甘甜美好,故香之本义是五谷煮熟时散发出的香气。"香"常与"芳"字组成"芳香"一词,本意表示一切植物所散发出来的美好香气,故而"芳香"泛指一切好闻的气味。这仅是我们根据香的释义,从广义上来理解香的范畴与本源的。自人类诞生以来,人类便擅于甄别气味,随之便有了香文化。

(二)香的祖师——神农氏

作为中华文化当之无愧的人文始祖之一,神农氏对中华文化做出很多贡献,如播种五谷,发明耒耜,亲尝百草,发明医药,治麻为布,做五弦琴,制作陶器,重卦观象,创制蜡祭等。后世的文明建构逐渐把神农氏的氏族特征简化去除,将其精神凝聚成神农这一象征性的人文符号,因此神农也被称作农皇、五谷先帝、药王、先啬、田祖等,成为农业、医药业、陶瓷业、贸易业等诸多行业的鼻祖。

由于神农氏发明耒耜以耕种五谷,尝百草以辨识药性,并且制作陶器蒸煮食物、熬炼药物,那么五谷花草的芳香自然是被神农氏最早辨识的,相关的知识开始形成并不断地被丰富,从而才有了后世有关香料以及用香的知识。

另外,神农氏设立了蜡祭之礼,在岁末之时蜡祭百神,作为年终大祭,如《史记·补三皇本纪》所云:"神农氏作蜡祭,以赭鞭鞭草木,始尝百草,始有医药。"此礼沿袭至明清。

中华香文化的发展总的来说有两条线索,一是风香传统,即生活用香;二是颂香传统,即祭祀用香。这两条线索都可追溯到神农氏开创文明之时,然后这两个传统在发展中相互交叉形成雅香传统,贵族或文人雅士纷纷品香。神农对香之贡献主要体现在以下四个方面。

其一,香的本义为五谷香气,而五谷的发现、耕种和烹制都是神农氏开创的,故而香

之来源应归功于神农;

其二,神农尝百草,分辨其可否食、可否药或是否有毒,认识到众多芳香草木对人的作用,由此才有了使用香草的各种习俗,故而神农开创了风香传统;

其三,神农氏创立蜡祭,以燔烧谷物香草等物而生出的烟火香气来祀神,赋予了香气以精神的含义,故而神农开创了颂香传统;

其四,雅香传统是风香和颂香两大传统发展到后世逐渐交融产生的一种形态,并非独立发展于两大传统之外,故其根本仍在于神农。

因此,从香文化历史发展的纵向轨迹看,原始的香文化体现在"神农尝百草,辨识百草香;先民驱虫疫,屡屡起烟霞"方面。宋代丁谓所著《天香传》有云:"香之为用,从上古矣。所以奉神明,可以达蠲洁。"说的是用香的历史可追溯到上古时期,用香来供奉神明,可辟秽清洁。我们无法证明史前先民是否已开始用绿植熏香,在意识形态领域里徜徉,但是我们有理由推断,史前先民已开始用绿植熏烟,抗击蚊虫和瘟疫的袭扰。

(三)古代文献关于香的记载

古代文献对先秦用香的记载大都与祭祀有关,许多人也以为中国的香起源于祭祀。其实,古代的香一直有两条并行的用途,即祭祀用香与生活用香,两者都可以追溯到上古以至远古时期。

早期的祭祀用香主要体现为燃香蒿、燔烧柴木、烧燎祭品(及供香酒、供谷物)等祭法。如甲骨文记载了殷商时期"手执燃木"的"祡(柴)"祭,《诗经·生民》记述周人的祖先在祭祀中使用香蒿("萧"),《尚书·舜典》记述舜封禅于泰山,行燔柴之祭。从考古发掘来看,燔烧物品的"燎祭"很早就已出现,可见于距今6000多年的湖南城头山遗址及上海淞泽遗址的祭坛。距今四五千年,燎祭已十分普遍(燔燎祭祀的遗存物不易分辨,故统称"燎祭")。生活用香的历史也同样悠久,4000~5000年前已经出现了作为生活用品的陶熏炉。如辽河流域发现了5000年前的陶熏炉炉盖(红山文化),黄河流域发现了4000多年前的蒙古包形灰陶薰炉(龙山文化),长江流域也发现了4000多年前的竹节纹灰陶熏炉(良渚文化)。其样式与后世的熏炉一致,而异于祭祀用的鼎彝礼器,并且造型美观,堪称新石器时代末期的"奢侈品"。可以说,在中华文明发展的早期阶段,祭祀用香与生活用香就已出现,这也从一个独特的角度反映出早期文明的灿烂辉煌。

二、中国香疗的概念与发展

(一)香疗的概念

《辞源》中说:凡草木有芳香者皆曰香,如芸香、檀香等。所以广义的香是指芳香气味。香是飘逸在自然界中的合和元素,它看不见、摸不着,不以人的意志而存在,但人是可以通过感知器官去感知和品味它的美妙。人类的本能之一就是"趋香恶臭",所以,从人类出现开始就喜好、推崇、研究和发展香。

第十三章 中国香疗

　　天然的香药,是大自然赐予人类可供选择的原料,天然香料营养成分十分丰富,自然界中已发现的香料有3600余种,常用的约400种。植物的根、干、皮、叶、花、果实、树脂皆可成香,香药大多数都可入药,对人有非常奇妙的影响。传统香药即是通过修制、蒸馏、煮、炒、炙、炮、焙等物理方法对天然的香料进行加工,制成保留所需功效而且实用的材料,或分离出精油、浸膏等。唐宋以来,中医就有芳香化湿、芳香开窍类的验方,指导人们用香药疗病化疾,而香家用来和香。

　　再好的香药材都必须根据需求进行组方,形成君、巨、佐、辅的配伍,并对香药进行炮制,依工艺要求制成各种香品。其虽类似于中药配伍却又存在很大不同:中药的首要功用是治病,而香被用于治"未病之病";中药根据不同的病症对症下药,以克除病灶、调节体内的阴平阳秘为目的;而香以培补道德、颐养性情,达到性命相和、保健养生、治未病之病为目的。和香不是简单的香药添加,而是人与香的相和,香与天时地利的相和,香药的和合。其中用古法制成的香还必须根据需求经过窖藏,才能成为真正意义上的香品。

　　我国的香品从诞生到完备经历了数千年的岁月,其间根据各种不同需求和配备产生了各种不同形态的香品,用于焚烧、佩戴、涂覆、沐浴、食用、建筑等。至汉代时,已形成了完备的和香礼法。在古人智慧的凝合之中,一款香品带给人们的绝不是简单的香味,重要的是从道德修养、怡情养性、品味熏陶、防病治病等多个方面给人以整体呵护与滋养。

　　"缘何御百疫,唯有药香来。"我国香文化已有三千多年的历史,香药自汉代起就被纳为中医药范畴,起到防病治未病的作用,成了保健养生良药。自古以来,熏香为帝王将相、文人墨客、高官贵族的一种高雅、舒适、健康的生活方式。早在先秦时期,香料就被广泛应用于生活。从士大夫到普通百姓,都有随身佩戴香囊和插戴香草的习惯。我国古代名医华佗曾用香(麝香、丁香、檀香)制成粉末,装入丝绸制成的锦囊里,悬挂于室内,以治疗呼吸道和上消化道疾病。除了将芳香之气佩戴于身上之外,亦有香炉、鼻烟壶等器具辅助使用。香文化的鼎盛时期在宋代,宋代香方最初被列入与医方同属的诸法中。随着宋代医药发展,对于芳香气味之追求,与药学之君臣佐使、七情和合的药方配伍观相合,人视合香如合药。

　　从中医的角度来看,香味可通过口、鼻、毛孔进入人体,从而影响脏腑功能,调和气血。从现代药理的角度看,闻香时,气味分子可以刺激人体以产生免疫球蛋白,提高身体的新陈代谢能力,调节人体的神经功能,达到治病、防病或振奋精神的目的。

　　总之,香疗主要表现形式为香道和香气疗法,本书侧重香气疗法。我们结合传统,将香疗定义为:通过品味和燃香,使来访者与疗法师(香学导师)深度连接,借助于香气缓解压力、减少或消除环境污染对人体的负面影响,远离亚健康,从而使人获得身心平衡。

　　大医不治已病治未病,如果身体不适,或是为养生保健,都可以精选一款上好的药香进行香气治疗,会收到良好的效果。香学疗法融合了香道和香气疗法的精华,首重品质,次之品味,再之品察,而后品相,则知灵性。

历来一些著名的香道家及学者都曾对香疗做过精辟的阐述。

"品香的神奇就在于在半小时内,你能体会到不同的气息。香是有生命的,它在燃烧的过程中不停与你对话,你用心灵与它沟通,它就会报答你。"

——日本香道家色梨乡

"以我的理解,所谓香道,就是通过眼观、手触、鼻嗅等品香方式对名贵香料进行全身心的鉴赏和感悟,并在略带表演性的程式中,坚守令人愉悦和规矩的秩序,使我们在那种久违的仪式感中追慕前贤,感悟此时此刻,享受友情,珍爱生命,与大自然融于美妙无比的寂静之中。"

——台湾逢甲大学教授刘良佑

"闻香是一种考验人学识和感觉的近乎艺术的行为,要求习香者通过鼻子辨识出各种不同香的种类,它的目标是一种闲寂、优雅的内心状态和生活方式。"

——上海作家沈嘉禄

(二)香疗的发展

香文化历史悠久,是中华民族在长期的历史进程中,在政治、经济、文化等各个方面,在不同的场合、运用不同的香料、采用不同的出香方式进行的文化活动,表现出生活举止,进而演绎出中国特有的香文化制度,即由文化现象上升为文化观念。香文化伴随中国人特有的政治观、宗教观、文化观、生活观,融于中国传统的哲学体系之中。

殷商时期的甲骨文中就有熏燎、艾热和酿制香酒的记载,《诗经》中就有"采艾"和"采萧"等有关采集香药的诗文。到春秋战国,人们对香的认识则更进了一步,诚如《尚书》所说的"至治馨香,感于神明,黍稷非馨,明德惟馨"。《礼记·内则》讲:"男女未冠笄者,鸡初鸣,咸盥漱栉縰,拂髦总角,衿缨,皆佩容臭。"这里所谓的"容臭"即香包。朱熹解释说,佩戴容臭,是为了接近尊敬的长辈时,避免自己身上有秽气而触冒他们。又说:"妇人或赐苣兰,则受而献诸舅姑。"指出凡媳妇赐受白芷、佩兰等香药,需敬献给公婆。《大戴礼·夏小正》还有"五月蓄兰,为沐浴"的记载。可见,当时沐浴兰汤、赠送和佩戴香包已蔚然成风。

《诗经》中不乏记述采撷香药的诗文,如"彼采萧兮,一日不见,如三秋兮。彼采艾兮,一日不见,如三岁兮"。伟大诗人屈原在《离骚》和《九歌》等著名诗篇中也记载了许多香料和香草,他还用比拟的手法用香草来歌颂贤德,用莸草来痛斥奸邪。《离骚》中有"扈江离与辟芷兮,纫秋兰以为佩""朝搴阰之木兰兮,夕揽洲之宿莽"。《九歌》中写道,要用桂木作栋梁,用木兰作屋椽,用辛夷和白芷点缀门楣,其目的也是用这些香木来驱邪。

战国时期,我国第一部医学典籍《黄帝内经》,总结了我国人民与疾病长期斗争的医疗经验和当时医学发展的成就,奠定了中医学的医学基础。其是最早将"香薰"作为一种治疗疾病的方法介绍于世的著作,称香薰为"灸疗"和"香疗"。如《素问·异法方宜论》中提道,对于居住在北方,喜食牛羊乳汁而易使内脏受寒,患胀满等疾病的人,对其治疗宜用艾火灸灼。《易经》中也谈到了香,《周易·筮仪》中说:"置香炉一于格南,香合一于炉南,日炷香致敬。"这不仅意味着焚香可以祈求上界的神灵指导日常的行事,而且意味着对香气这种功能的感受也被提升为人类品格行为的指南。

秦汉时期,由于封建制度的巩固,华夏大地的统一,科学文化和生产力的发展,人类生活水平的提高,特别是汉朝的张骞出使西域之后,丝绸之路的开通,中外文化实现了大交融。加上西方的一些香料源源不断地进入中国,更加丰富了中国香文化的内容。到汉武帝时期,由于汉武帝信奉道教神仙,用香来祭拜,于是烧香祭祀兴盛起来。焚香的缥缈和天空中仙境的气氛完全吻合,故此,焚香就成为当时联系人神的重要精神工具和桥梁。

汉武帝还曾遣使至安息国(今伊朗地区)了解安息国的祭祀方法。《汉书》中说:"安息国去洛阳二万五千里,北至康居,其香乃树胶,烧之通神明,辟众恶"。1972年,长沙马王堆古墓中出土的尸体手中就握有香料,椁箱中有四个香囊,六个绢袋,一个绣花熏香枕和两个香熏炉(其中都装有香料)。从中可知当时人们用香囊、香枕、香炉等来防治疾病,辟秽消毒,清洁环境已成为一种习俗。

魏晋以来,熏香应用已蔚然成风,宫殿中使用的香料也更加讲究豪华奢侈,致使高官贵人以及民间纷纷效仿。正如东晋葛洪的著作《抱朴子》所记载:"人鼻无不乐香,故流黄、郁金、芝兰、苏合、玄膳、索胶、江蓠、揭车、春蕙、秋兰,价同琼瑶。"一批医学家也纷纷研究香药的医疗作用,如葛洪的《肘后备急方》、贾思勰的《齐民要术》、南朝范晔的《和香方》、陶弘景的《名医别录》都大量地记载了香药的临床应用情况,为熏香的发展提供了药物学依据。

隋唐时期,封建社会的高度发展、国家统一、海陆交通的发达,促进了经济和文化的对外交流,出现了文化鼎盛时期,而香文化也发展到了鼎盛时期。《贞观纪闻》记载,隋炀帝杨广每年除夕之夜,殿前设火山数十座,每一山焚烧沉香木数十车,再灌浇甲煎,火焰高数丈,香闻数里。佛、道二教自六朝以来得到较大的发展,在国家处于至尊地位,二教皆尚香。颜氏《香史序》中说:"返魂飞气,出于道家;旃檀枷罗,盛于缁庐。"几乎所有的佛事活动都会用香,在佛教经文中专有《炉香赞》:"炉香乍爇,法界蒙熏,诸佛海会悉遥闻,随处结祥云。诚意方殷,诸佛现全身。南无香云盖菩萨摩诃萨。"可见,燃香是人佛沟通信息的桥梁。不仅敬佛、供佛时要上香,而且在高僧登台说法前也要焚香。在当时广为流行的浴佛法会上都要以上等的香汤浴佛,在佛殿法坛等场所还要泼洒香水。道教无论拜师祭祖还是平时集会更是香烟缭绕,使人产生无限的遐想。佛教和道教对香的使用极大地促进了民间烧香风俗的形成。此时,文学和医学类人才辈出,并著有大量的传世之作。如欧阳询主编的《艺文类聚》、李珣的《海药本草》、孙思邈的《千金要方》和《千金翼方》、王焘的《外台秘要》,都大量记载和赞美了香药的使用和传播,医药学家又把香熏大量用于临床治疗,香药发展可谓是盛况空前。公元743年,唐高僧鉴真率弟子几经波折东渡日本,不仅传播了佛法和中医,而且也将大量香药传到日本,使日本形成了香道流派。日本有多个香道代表团来中国寻根、斗香,他们遍访北京、南京、上海、广州等地也只能在博物馆里见到中国传统香炉用具,而更高层次的香文化交流已不可能。

到了宋代,香熏文化已发展到全盛时期。宋代的航海技术高度发达,南方的"海上丝绸之路"比隋唐时期更加繁荣。巨大的商船把南亚和欧洲的乳香、龙脑、沉香、苏合香等多种香药运抵广州、泉州等东南沿海港口,再转运至内地,同时将麝香等中国盛产的香药运往南亚和欧洲。由于沿"海上丝绸之路"运往中国的物品中香药占有很大的比重,故其也被称为"香料之路"。宋代还出现了新的熏香方法——"隔火熏香":先将特制的小块炭烧放入香炉中,然后用细香灰填埋,在香灰中戳些孔,再放上瓷片、银叶、金钱或云母片制成的"隔火"盛香,如此慢慢地熏烤。这既可以消除烟气又能使香叶的散发更加舒缓,其法可谓极尽巧思。

1974年,在福建泉州湾发掘出土一艘完整的宋代沉船,就是著名的"香舶",从船中取出的文物主要是香药。《宋会要·职官》记载,当时设有库使、监员及押送香药纲至内库的官员。宋朝的税收仅仅市舶司香药税率一项,从宋初的一千六百余万缗至南宋末年增至六千余万缗,成为南宋朝廷的主要财政收入来源之一。此时,香文化终于从皇亲国戚、文人士大夫阶层扩展到普通百姓之间,遍及社会生活的方方面面。并出现了《洪氏香谱》等一批关于香文化的专著,中国香文化步入了鼎盛时期。

在元代的对外经济贸易中,香药仍是主要商品之一。马可·波罗在《东方见闻录》中说:"欧洲人未到以前,香料交易以中国人为主,中国人贩运此种香料于印度,重载而归。"他还说在阿拉伯看到的大量中国船只,带着当地人没有的香料、丝绸、瓷器和其他物品,经商人运往亚丁,再转运到西方各国。

到了明朝,郑和七下西洋,前往南洋、印度洋沿岸以及波斯、阿拉伯等三十多个国家,其中香药仍是主要商品。不仅如此,明朝时期香熏炉的制造技术也达到了登峰造极,其主要代表作是"大明宣德炉"。宣宗皇帝曾亲自督办,差遣技艺高超的工匠,利用西方进贡的几万斤黄铜另加入国库的大量金银珠宝一并精工冶炼,制造了一批铜制香炉,这就是被后世推崇备至的"宣德炉"。

明朝伟大医药学家李时珍在其传世之作《本草纲目》中,对香药的功效及特点有比较详尽的论述。收集历代和民间有效验方一万多张,其中收录香药近百种,分别归在芳草、香木二类中,详加考正阐述。如对"龙脑"的记载:"以白莹如冰,及作梅花片者为良,故俗呼为冰片脑或云梅花脑。"其中还专门指出,用纸卷起龙脑,烧烟熏鼻,吐出痰涎,就可以治愈很多头痛病。"煎汤浴风疹,可治风寒风湿";"乳香、安息香、樟木并烧烟熏之,可治卒厥"。"沉香、蜜香、檀香、降真香、苏合香、安息香、樟脑、皂荚等并烧之可辟瘟疫"等。书中不仅论述了香的使用,而且记载了许多制香的方法,如书中所记:使用白芷、甘松、独活、丁香、藿香、角茴香、大黄、黄芩、柏木等为香末,加入榆皮面作糊和剂,做成的香

"成条如线"。这一制香方法的记载还是现存最早的关于线香的文字记录。

清朝中前期香熏文化的发展,虽不及隋唐和宋代,但香料在宫中和达官贵人中流传得也十分广泛。现在的影视作品中,均能发现它的身影,香炉的造型也和朝服一样,有着严格的等级限制。从钱汉东所著的《日照香炉:中华古瓷香炉文化记忆》就能窥见一斑。清代康熙之时,陈梦雷等主编的《古今图书集成》中,也专设有香部。张玉书等编纂的《佩文韵府》也编有香疗方面的内容。清代著名医学家赵学敏在《本草纲目拾遗》中收集的香药遍及海内外,补正明代医药学家李时珍之误。清代晚期,由于清政府昏庸无能,多次遭到外国列强凌辱和侵略,以致香文化几近灰飞烟灭。

民国时期,战火不断,人们生活在水深火热之中,各类祖国宝贵遗产遭遇灾祸,同时香文化也不可避免地遭到摧残。

野火烧不尽,春风吹又生。好的东西自然有其强大的生命力。在民间,香火即使在战乱中也从没有熄灭。每到端午节各地民众仍沿袭传统,采艾挂于门前用来祛病辟邪,燃香上供来祭拜祖先、结义联盟、拜神求佛、祈求平安等。

随着人们物质与精神生活水平的提高,近年来已有越来越多的人喜欢品香、用香,并对香的品质有了更高的要求,同时也有更多爱香、懂香的人开始致力于对优秀传统香文化的继承与弘扬。伴随社会经济文化的进一步繁荣昌盛,中国香文化也必将焕发蓬勃生机,在这个伟大的时代中,展露出美妙夺人的千年神韵。

(三)传统香品的分类

1. 从香文化的性质特点横向划分

一是礼教香文化,即原始的敬天与祭祖,周秦以来香用于礼政、礼乐等;二是宗教香文化,即香用于礼佛、礼道、礼儒;三是社交香文化,香用于茶席、琴桌、文房等;四是居家香文化,香用于驱蚊虫、避瘟疫、熏衣被等。

2. 从香料的分类及出香特点划分

一是树脂类香,如沉香、檀香等,其味道以香甜为主,出香特点是热火熏烧。二是膏脂类香,如龙涎香、麝香等,其味道以香腻为主,出香特点是既薰又熏。三是花草类香,如蕙兰、蒿草等,其味道有香甜和辛辣,出香特点是既薰又熏。四是瓜果类香,如佛手瓜、柏树子等,其味道有香甜和辛辣,出香特点是既薰又熏。五是合(水)类香,如香粉、香露等,其味道有香甜和辛辣,出香特点是既薰又熏。

3. 按香品的形状分类

香品的使用历史悠久,范围广泛,因调香技术的不断改良与创新,而创造出了形态丰富的香品世界。根据香品的形态可将其分为线香、印香、盘香、塔香、香锥、刻香、香丸、签香、香粉、香膏、香珠、特型香、原态香材、牙香等种类。

线香:指用不同的配方制成的,粗细、长短有一定规则的直线状香品。明代之后,线香成为常用的香品形式之一，其使用方便，适用于家居、熏香、宗教场所等多种用香场合。

印香：又称篆香，是用模具"香印"（又称印香模、香篆模）将香粉框范、印压而成的香品形式。香粉线条回环萦绕，如连笔的图案或文字（篆字），点燃后可顺序燃尽。印香在唐宋时已流行，是唐代以来主要的香品形式之一。而且香篆便于手工制作，有无限的创作空间，历代以来深受文人青睐。历史上苏东坡、黄庭坚等大家都有亲手制作香篆的经历。现在的盘香制作原理即源自印香。

盘香：将线香香条在平面上按螺旋规则回环盘绕的香品，许多"盘香"也可以悬垂如塔，与"塔香"类似。盘香燃烧时间久，携带方便，既适用于居家、修行、礼佛等，也适合于外出旅行中使用。

塔香：类似于盘香，一般比盘香大。使用时以支架托起或悬挂于空中，下垂如塔，故名。它多用于寺庙等香火不断的场所。塔香源自明代的"龙挂香"。

香锥：指形如圆锥体的香品，现代也称之为"塔香"或"香塔"。适合居家使用，也适合外出旅行使用。

刻香：是古代用来计时的香。制作方法及形态近似于篆香，是用严格计算好燃烧时间的范模将香粉框范而成，有着明显的时间刻度。它是我国古代的计时形式之一。历史上制作精严的刻香，不仅能够计时，而且能够将时间精确到刻。

香丸：用香药配伍和合研磨成香粉，调香泥制成大小不等的丸状香品。香丸既便于使用，又便于存放和携带，是古代常用的香品形式之一，多用于隔火熏香。古代还有可以食用的，能够香身、祛病、养身的香丸。

签香：又称棒香、芯香。以竹、木等材料作香芯，呈直线形。用竹签者常称"竹签香""篾香"。签香又有手抟香、淋香和机制香等种类。

香粉：指单用某一种香药，或按一定的配方将多种香药配制后，磨制成粉状，以供涂、洒、直接焚烧。可用于制作篆香等香品或作为制香的半成品原料。

香膏：将香药配制好后，调成膏状，装入瓷罐密封窖入地窖中。用时按量取出，与香丸同为常规的熏香香品。

香珠：一种或多种香药制成的"圆珠"状香品（先研磨成粉粒状，再揉和成圆珠；或以香木雕成），可串成"香串"，道家、佛家多用作挂在身上的佩饰。

特型香：特殊形状的香品，也是真正的"工艺香"。例如元宝形、动物形、花形等。有些精巧的动物形香品（类似于动物形的香炉），腹中留空，香烟可从兽口吐出，使焚香过程增添了许多趣味。

原态香材：芳香动植物原料经干燥、分割等工艺简单加工制成的香品，如木块、干花、树脂块等。片状或段状的原态香材也称瓣香。

牙香：以沉香、黄熟香、馢香为主要原料，切片后进行炮制，再根据功效需求以多种香药浸泡，蒸炒窖藏而成，是古代高档香品之一。

4. 天然成品香

第一类，是使用单一香料的单品香（或是基本保持香料的原态，如块状、条状或粉末状；或是制成线香、盘香等形状）。古代文人曾经提及檀香单焚，裸烧易气浮上造，久之使神不能安，其实并非如此，所以不能说单品香不好！毕竟古人所能见到，所能品到的香材与香料，由于时空环境的限制，绝对无法揣摩现代化社会之中，单品香居然会有如此丰富多彩之绝妙！单品的特色在于修心辨明，强调个性化及稀缺性。汉唐之后主要使用的是和香（调和多种香料制成）。

第二类，是调和多种香料制成的和香，形状上多为线香、盘香等。而传统合香的制造，不仅要有天然香料作原料，而且要有合理的配比，严格的炮制方法和制作工艺。现在市场上能见到的为数不多的天然香料和香，也大多强调以天然香料为原料，真正依古法制作的正宗合香，数量极少。

第二节　中国香疗的原理与功效

我们祖先的用香形式是丰富多彩的，几乎涉及衣食住行各个方面。从中医养生的角度来说，焚香当属外治法中的"气味疗法"。《神农本草经》载道："香者，气之正，正气盛则除邪辟秽也。"香药秉天地纯阳之气而生，为纯阳之物，有扶正祛邪、生发阳气之功；香气进入身体后，通过肺气的宣散，振奋人体正气，调和五脏功能，使气血畅通充盈，阴阳平衡。

一、香对人体的理疗作用机理

人类对香的需求是身体和心性整体的需要。首先是身体本能的需求，人闻香则气血顺行，闻臭则气血逆行。香还是扶正祛邪，通经开窍，活血化瘀，治未病之病的良药。《黄帝内经》曰："五气各有所主，惟香气凑脾。"脾脏是阳明经的归根处，香气在人体的运化过程，也是对阳明经的运化和养护过程。"阳明经"为阳气生化之海、运行之通衢，被称之为人体的"龙脉"。《黄帝内经》说，"阳明虚，则恶气易入"。口鼻乃"阳明经"之窍，是人体防病的主要门户。香通过口鼻起到免疫避邪、祛除秽气的作用，使"阳明经"达到健康状态，始终保有抵御"外邪"的能力。所以说阳明经的健康是人体健康的重要体现。

香又是本性的食粮,颐养身心的良药。按我国传统医学及哲学思想对人体的解读,人的本性才是根本的主宰。所以,为了本性的养护,我们的祖先在汉代就形成了以香气养性的完备理论体系。从此,香品也就从不同的层面和角度肩负起了人们养性、养生的重任,成为人们养护心性和身体都不可或缺的日常生活用品。

香对人体的理疗途径表现为以下几个方面:一是由外及内,即通过口鼻及周身毫毛孔窍作用于人体;二是通过严格配伍后形成的形而上的能量,直接作用于先天本性,贯通天地;三是通过扶正祛邪等功效作用于燃香的场地空间,使场内充盈着正气、阳气,形成对人的外围养护,从而达到不求治病而病自治的效果。所以,在用药配伍上也至少有四个层面的考虑:一是通过口鼻主要对阳明经的作用部分,二是通过气味对本性直接作用的部分,三是通过周身毫毛孔窍由外及内作用的部分,四是对外部环境作用的部分。

古人流传至今的香是内涵丰富的妙物,它是芳香的,又是审美的,讲究典雅、蕴藉、意境,其香品、香具和用香、咏香方式也多姿多彩、情趣盎然。它还是"究心"的,能养护身心,开启性灵;它更是妙用的,在用香、品香上讲究对心性的领悟。"香气养性"的观念贯穿香文化的各个方面。就用香而言,不仅用其芳香,而且用其养生养性之功,从而大大拓展了香在日常生活中的应用,从古至今,历代生活用香几乎没有添加安神类药物,而用香后睡眠质量的提高,正是香品合和、平衡作用的结果。一炉好香,香气充盈,可安和身心,培补元气,调节阴阳,扶正祛邪,神何以不安?又何愁不能入睡。生活用香使品香、用香从享受芬芳进而发展到富有诗意、禅意与灵性。就制香而言,则是遵循法度,讲究选药、制作、配方,从而与中医学、道家的养生学及炼丹术、佛医学等有了密切的关系,并很早就将香视为养生养性之药。如范晔《和香方序》云:"麝本多忌,过分必害。沉实易和,盈斤无伤。零藿虚燥,詹唐黏湿。"古代的许多医家对传统香都卓有贡献,如葛洪、陶弘景、孙思邈、李时珍等,《神农本草经》《千金要方》《名医别录》《肘后备急方》《本草纲目》等历代医书都有许多关于香药或香的内容。

香是自然造化之美,爱香是人的天性。人们习香学香,通过香这个载体,达到修养身心、培养高尚情操、"静心契道,调合身心"的目的,故而香疗能让用香之人达到五脏和、气血和、性命和、人天和的效果。故可知,以香养性、以性养命是人类修养道德与健康养生的方法之一。

《明清香集》中有关于"香医"的详细阐述,摘自如下。

> 肺气通于天,鼻为司香之官,而肺之门户也。故神倦服气,呼吸为先,清浊疾徐,咸有制度,而皇帝岐伯之绪言遗论亦谓心肺有病,鼻为不利,分营析卫,示理明察。夫人具形骸,俨然虚器,在气交之中,象邮传之舍,寒暑燥湿,五六互换,腥膻焦腐,触物不同。气有宛曲,则血为之留连;气有骤激,则血为之腾跃;气有不足,则血为之槁绝;气有过量,则血为之滥溢。故极北风沙之人,不晏于

岭海山栖;润饮之客,不展于都会内外。异同脉络,倒置皆蘖,呼吸出纳,感气乖和,未可谓馨香鼻受,杳冥恍惚也,故养生不可无香。香之为用,调其外气,适其缓急,补阙而拾遗,截长而佐短。《汉武故事》称武帝烧兜木香,香闻百里,关中方疫,死者相枕,闻香而疫止。《拾遗记》有石叶香,香叠叠状,如云母,其气辟厉,魏时题腹国献《洞冥记》载薰肌香,用薰人肌骨,至老不病。《三洞珠囊》称峨眉山孙真人燃千和之香,而《本草》亦有治瘵香,其方合元参、甘松,起疾神验,闭门管窥,遇古书丹记诡谲神奇之迹,壹谓之不经,私计文人弄笔墨事等之,烟云变幻,此犹曹子桓不信火浣之布也。

香近于甘者,皆扶肝而走脾;香近于辛者,皆扶心而走肺;香近于咸者,皆扶脾而走肾;香近于酸者,皆扶肺而走肝;香近于苦者,皆扶肾而走心。扶者,香之同气以相助也;走者,香之遇敌以相伐也。不助无赏,不伐无刑。无赏则善屈,无刑则恶蔓。故消暑宜蒸松叶;凉膈宜蒸薄荷;辟寒宜蒸桂屑,又宜蒸荔壳;解吞酸宜蒸零陵,酸者肺之本味也,金来乘木,肝德不达,故肺味过盛而形酸,以甘补肝,以辛治肝,故又宜蒸木香;益中气宜蒸枣膏;眼翳宜蒸藕花、竹叶,又宜茶;解表宜蒸菊花,宜薄荷;治腹痛宜蒸松子、菖蒲;开滞宜蒸桎柳花;疏解郁结宜蒸橘叶;除烦宜蒸梅花、橄榄;治头痛宜蒸茶;治滞下宜茶、宜松叶,治滞下气不可以酷烈,酷烈伤胃;治呕宜蒸丁香、又宜梅花,神清气寂而呕止矣;治不欲食宜蒸松莽;治不睡宜蒸零陵;治湿宜蒸柏子;治神躁宜蒸杉;治神懒宜蒸檀;治神浊宜蒸兰;治神昏宜蒸腊梅。

董子既大有功于香苑,其友谋所以颂董子者,一以为香祖,一以为香神,一以为香医,董子曰:余愿为香医。

二、"闻香祛病"的原理

"闻香祛病"的疾病防治方法在我国由来已久。香气具有易渗透性、高流动性和高吸入性等特点,易于通过肌肤渗透或通过嗅觉器官吸入体内,从而达到养生效果。

香气被人吸入身体后,能够刺激人的呼吸中枢,使人大量地吸进氧气,呼出二氧化碳,大脑也因此可以得到充足的氧气供应,从而使人的思维清晰、敏捷。与此同时,随着香气的扩散,空气中的阳离子,又能进一步调节人体的神经系统,刺激血液循环和加速新陈代谢,使人体的相应器官分泌出有益健康的激素和体液,增强人体的免疫力和机体活力,有效地预防各种疾病。

古人将各种木本或草本类的芳香药物燃烧所产生的气味,用于免疫避邪、杀菌消毒、醒神益智、润肺宁心等。

历史上也有许多用香药来预防流感、瘟疫等传染性疾病的实例。早在汉代,名医华佗就曾用丁香、百部等药物制成香囊,悬挂在居室内,用来预防肺结核。明代医家李时珍用线香"熏诸疮癣"。古人也焚香用来熏衣,衣冠芳馥更是被东晋南朝士大夫所推崇。据史料记载,历史上曾有葛洪、陶弘景、张仲景、李时珍等许多名医用香药组方直接治病,涉及内服、佩戴、涂敷、熏烧、熏蒸、泡浴等多种用法。

古人用香汤沐浴,也是一种绿色环保、简便易行的保健养生方法,如道家的五香汤,千百年来深受人们欢迎。五香者:白芷,能去三尸;桃皮,能辟邪气;柏叶,能降真仙;零陵香,能集圣灵;青木香,能消秽召真。在清代医药档案中,慈禧太后、光绪皇帝御用的香发方、香皂方、香浴方等更是内容丰富。即便到今天,民间亦有端午节挂香袋、戴艾蒿的习俗,目的是驱邪避灾。

三、香疗的能量与价值

(一)香疗的能量

人们用香不仅仅是为了满足感官的享受,更是为了在焚香时获得一种力量。这种力量能降服人的躁欲心火,使人安静,使人喜悦,启迪人的才思灵感,使人在静谧和谐的环境里完成"为天地立心,为生民立命,为往圣继绝学,为万世开太平"的人格塑造。正心正行,为社稷民生,为实现自己的理想抱负鞠躬尽瘁,死而后已。说它是中华文化的脉,是因为它使天人整体、性命相合的民族思想之本得以延续、拓展,从而孕育出了以清正、含蓄、圆融、健康向上为主要特征的主体文化和民族品格。孕育出了与之浑然一体的诗词文章、琴棋书画以及恬淡儒雅的生活情调和生活节奏。形成了独立于世界的、特有的、延绵不断的哲学文化体系。明屠龙对香的总结:"四更残月、兴味萧骚,焚之可以畅怀舒啸。晴窗塌帖,挥尘闵吟,温灯夜读,焚之以远避睡魔。谓古,伴月可也。红袖在侧,秘语谈私,焚以熏心热意。谓士,助情可矣。尘雨闭窗,午睡初足,就案学书,啜茗味淡,一炉初热,香蔼馥馥撩人。更以醉筵醒客。皓月清宵,冰弦曳指;长啸空楼,苍山极目,未残炉热,香雾隐隐绕帘。又可祛邪辟秽。随其所适,无施不可。"可以说这是对香与生活的关系最生动的总结。

(二)香疗的价值

中国传统香从满足人们喜好所需开始,逐渐融入到人们的整体生活之中。传统香文化之所以能伴随中华民族的发展,走过了千年的历程,是因为传统香品严格按照传统香药药理药性、结合五行之规律,配伍、炮制而成,有很强的养性、养生之功,亦具备祛疫避秽、通经开窍、安神醒脑之功效。

在居室内燃一炉清香,香溢炉暖,可以营造一个暗香盈室、阳气充盈的氛围,既有利于本性的愉悦、心神的安守,使人心情平静、舒畅,也有利于居住环境的阳气生发,以达到陶冶性情的效果,从而促进人体细胞及机能新陈代谢并充满活力,使人体的潜能更好地被激发,以达到性安命和的状态。

香气养性的理念与儒家的"养德尽性"理念一致,即先要修身养性,才能齐家、治国、平天下,这与道教的"修真炼性"、佛家的"明心见性"一样,都要解决人生的根本问题——如何开发性灵,启迪自性。中华文化的特质即是以"性命学说、人天整体观"为本体,以"道德化育"为能。传统哲学思想中,人是天地整体中的一部分。人以"性"和之于天,顺之于道。性与命的和合才会有强壮的身体和圆融的智慧,才构成了一个健康完美的生命。顺道者,喻之为有德。人如何达到这一境界呢?本性的成长除了需要修养炼化而外,香则是人类找到的滋养本性的美妙食粮。孟子说,"以鼻之于臭,为性之所欲,不得而安于命"。香之作用与价值由此可见。道德是衡量一个人价值的重要尺度,道德高尚之人泽惠于众生,行不言之教而功成,恰似一炷馨香燃尽自己播撒芳香而无求。汉初《春秋繁露·执贽》用郁金草酿制的香酒(鬯酒)来比喻圣德:"取百香之心","择于身者,尽为德音,发于事者,尽为润泽,积美阳芳香以通之天","其淳粹无择,与圣人一也"。

《香十德》是宋代书画家、文学家黄庭坚所作,作者根据香的特殊属性,道出了其在人天关系中的作用,对后世的香文化研究影响深远。

第三节　中国香疗的方法与应用

一、香疗调理与注意事项

香品防病疗疾,在我国已有五千年的历史。从出土的文物以及古代医药典籍中都可以清楚地看到这一现实。葛洪以"青木香、附子、石灰"制成粉末,涂敷以治疗狐臭;用苏合香、水银、白粉等做成蜜丸内服,治疗腹水;用鸡舌香、乳汁等煎汁以明目、治目疾。陶弘景以雄黄、松脂等制成药丸,用熏笼熏烧,"夜内火笼中烧之",以熏烟治"悲思恍惚"等症;用鸡舌香、藿香、青木香、胡粉制为药粉,置"内腋下"以疗狐臭。

葛洪还曾提出用香草"青蒿"治疗疟疾。20 世纪 70 年代,中国科学家从黄花蒿(古称青蒿)中提取出对疟疾有独特疗效的"青蒿素"。现在,国内外以青蒿素为基础开发的药物已成为世界上最重要的抗疟药物之一,挽救了无数生命并为阻止疟疾传播做出了重要贡献。

《本草纲目》《普济方》《肘后备急方》等许多中医典籍中都有用香品或以香药为主组方防病治病的内容。许多简便易行的防疫方法至今还在使用,如民间以焚烧艾草、白芷、藿香、薄荷等的方式来预防流感等传染性疾病,并且效果良好。

针对不同体质引发的疾病,可以根据需要进行各式各样的香疗调解。根据中医药学的理论,人的体质可以分成九种:平和体质——健康;阳虚体质——怕冷;阴虚体质——缺水;痰湿体质——肥胖;湿热体质——长痘;气郁体质——郁闷;气虚体质——疲乏;血瘀体质——长斑;特禀体质——过敏。

其他的香疗方法还有浸煮法、佩戴法、设挂法、涂敷法、食用法与日用类香品使用法,如使用香枕、香护膝、香器具等。

要使香品产生理想的养生祛病的功效,应注意以下几点:

(1)选择有特定配方的针对性较强的香品;

(2)选择大小适宜的用香空间;

(3)要达到足够的用香数量和频率,香气要保持足够的浓度;

(4)适当控制用香空间的空气流通,风速不宜太快,也不宜长时间封闭;

(5)选择恰当的用香时间,如身心放松时、安静时、睡觉时等。

二、香疗在生活中的运用

(一)常用香药

(1)沉香:其形成情况十分复杂,结香通常需数十年的时间,树脂含量高者更需数百年的时间。沉香香品高雅,而且十分珍贵,自古以来即被列为众香之首。其药用价值极高,是我国沿用历史悠久的珍贵中药,具有行气止痛、温中止呕、纳气平喘的作用,可用来治疗寒凝气滞、胸腹胀闷疼痛、胃寒呕逆、肾虚气逆喘息等。在传统香品中,沉香是必不可少的原料,具有和合众香之功,因此被尊为"香中阁老"。同时,沉香也是名贵的药材,又可制作佛像或摆件、饰品。由于沉香稀少而珍贵,历代以来是收藏界的珍品。

(2)檀香:其木材奇香,常作为高级器具、镶嵌、雕刻等用材。檀香独特的香味,具有安抚作用,对于冥想很有帮助,因而被广泛用在宗教仪式中。其药用来源为檀香科植物檀香树干的干燥心材。檀香木的刨片,可作为芳香健胃剂;树干和根部蒸馏可取得檀香油,含90%的檀香醇,是名贵的天然香料;制香和药用檀香的芯材,具有开胃止痛、镇定安神、行气温中、美容消斑的作用,有利于中枢神经的镇静,可以促进肌肤新陈代谢,修护受损的肌肤细胞,消除面部色斑等。

(3)龙涎香:是抹香鲸科动物抹香鲸肠内分泌物的干燥品。其味甘、气腥、性涩,具有行气活血、散结止痛、利水通淋、理气化痰等功效,可用于治疗咳喘气逆、心腹疼痛等症。龙涎香系各类动物香药中最名贵的一种,极为难得。龙涎香具有开窍化痰、活血、利气、通淋、生津的功效,可用于治疗咳喘气逆、胸闷气结、神昏气闷、癥瘕积聚、心腹诸痛、淋病等。

(4)麝香:为雄麝的肚脐和生殖器之间腺囊的分泌物,干燥后呈颗粒状或块状,有特殊的香气,可以制成香料,也可以入药。麝香是一种高级香料,如果在室内放一丁点,便会满屋清香。麝香是一种珍奇的动物香料,扩散性和诱发力极强,具有柔和而优雅的香气,良好的提香作用和极佳的定香能力,在调香中,如果缺少麝香等动物性香料,其香气就会缺乏动态情感。麝香具有开窍、辟秽、通络、散瘀之功能,主治中风、痰厥、惊痫、中恶、烦闷、心腹暴痛、跌打损伤、痈疽肿毒等。

全世界的香药有三千余种，可以应用入香的有四百多种。除上述介绍的主要香药以外，还有很多香药，如降真香、苏合香、龙脑香、安息香、丁香、乳香、木香等。受篇幅所限，在此不一一赘述。

(二)传统香疗的主要方法

1. 香药泡浴

自周朝以来，就流行香汤浴。所谓香汤，就是用中药佩兰煎的药水。其气味芬芳馥郁，有解暑祛湿、醒神爽脑的功效。诗人屈原在《九歌》里记述："浴兰汤兮沐芳华。"其弟子宋玉在《神女赋》中亦说："沐兰泽，含若芳。"从清代开始，药浴就作为一种防病治病的有效方法受到中医推崇。

在中医中，药浴法是外治法之一，即用药液或含有药液的水洗浴全身或局部的一种方法。其形式多种多样：全身洗浴称药澡；局部洗浴又有烫洗、熏洗、坐浴、足浴等，尤其以烫洗最为常用。药浴用药与内服药一样，亦需遵循处方原则，辨病辨证选药。根据体质、时间、地点、病情等因素，选用不同的方药，各司其职。煎药和洗浴的具体方法也有讲究：将药物粉碎后用纱布包好（或直接把药物放在锅内加水煎取亦可）。制作时，加清水适量，浸泡20分钟，然后再煮30分钟，将药液倒进盆内，待温度适度时即可洗浴。在洗浴中，其方法有先熏后浴之熏洗法，也有边擦边浴之擦浴法。

药浴药理概言之，系药物作用于全身肌表、局部、患处，并经吸收，循行经络血脉，内达脏腑，由表及里，因而产生效应。药浴洗浴，可起到疏通经络、活血化瘀、祛风散寒、清热解毒、消肿止痛、调整阴阳、协调脏腑、通行气血、濡养全身等养生功效。现代药理也证实，药浴有利于提高血液中某些免疫球蛋白的含量，增强肌肤的弹性和活力。

香药浴属于传统中医疗法中的外治法之一。使用该方法时，将水盛于器皿内，浸泡身体的某些部位或全身，利用水温对皮肤、经络、穴位的刺激和药物的透皮吸收，达到治疗疾病、养生保健的目的。不同于一般的洗浴、温泉浴等，香药浴是按照中医辨证施治的原则，根据不同的疾病，加入不同的药物，进行治疗，因药物不经胃肠破坏，直接作用于皮肤，并通过皮肤吸收进入血液，故较之内服药见效快，舒适，无任何毒副作用，也不会增加肝脏负担，因此被医学界誉为绿色疗法，越来越受到来访者的青睐。

我国最早的医方《五十二病方》中就有治婴儿癫痫的药浴方。《礼记》中讲"头有疮则沐，身有疡则浴"，《黄帝内经》中有"其受外邪者，渍形以为汗"的记载，香药浴的历史源远流长，起始于秦代，发展于汉唐，充实于宋明，成熟于清代。

香药浴又分为局部药浴和全身药浴两种，局部药浴多选用足部、小腿为浸泡部位，足部乃运行气血、联系脏腑、沟通内外上下经络的重要起止部位，足三阳与足三阴经均交接于此，足部有内脏及全身反射区，有五十二块骨头，六十余条肌肉，因此足部被誉为"人体的第二心脏"，而小腿的角质层较薄，且血管、神经、肌肉丰富，更利于药物透皮吸收。全身药浴是浸泡和熏蒸除头颈部外全身其他部位,适合治疗全身性疾患的药浴方法,作用面积更大,药物利用度更高。

皮肤是人体最大的器官,除有抵御外邪侵袭的作用外,还有分泌、吸收、渗透、排泄、感觉等多种功能。药浴疗法就是利用皮肤这一生理特性,起到治疗疾病的作用,其药理不外乎局部作用和整体作用两个方面。局部作用是通过药物直接作用于肌表以及肌肉、关节,改善皮肤、肌肉、关节的代谢,使其恢复功能,直接针对病位、病因发挥治疗作用;整体治疗是通过药物透皮吸收进入血液,通过调整全身阴阳气血,调整脏腑功能。

相关研究结果表明,药浴液中的药物离子通过皮肤、黏膜的吸收、扩散、辐射等途径进入体内,避免了肝脏首过效应,增加了病灶局部有效药物的浓度,直接针对病因、病位发挥治疗作用。同时湿热刺激引起局部的血管扩张,促进局部和周身的血液循环和淋巴循环,使新陈代谢旺盛,局部组织营养和全身机能得以改善,从而使疾病向愈。

古人所使用的香汤沐浴也是一种绿色环保、简便易行的保健养生方法,如道家的五香汤,千百年来深受人们欢迎。在清代医药档案中,慈禧太后、光绪皇帝御用的香发方、香皂方、香浴方等更是内容丰富。例如端午时节,人们会佩戴香囊就是香疗的一种体现。端午这天,人们会佩戴颜色各异、形状不同的香囊,香囊中放有丁香、山艾、细辛、甘松、白芷等中药,以达到"驱五毒"的功效。

2.香品食疗

药食同源是中国人根深蒂固的认知。但有民以食为天之说,却不存在民以药为天的说法。所以,健康饮食不单可以果腹,还可以吃得好,吃得健康,以达到防治疾病的目的。首先,我们来了解一下药补和食补的含义,食补就是通过调整平常饮食种类和方式等,以求维护健康、治疗疾病的一种方法。食补的含义有两个方面,一是补养虚衰之体,二是补充人体缺乏的某些营养成分,达到祛病延年、养生益寿的目的。药补就是通过吃相应的药物来达到补充某些营养成分和治疗疾病的目的。相对来说,药补针对性强,药效快。对于绝大部分的中国人来说烹饪方法丰富而且容易习得,很多种食物在某种程度上都是药物,小食物往往有大功效。食补是祖先留给我们的珍贵秘方,通过饮食的调养,同样可以获得健康。

3.香薰疗法

香薰疗法(也称芳香疗法),是将植物精油运用熏蒸、沐浴、按摩等方法,使植物的荷尔蒙经由皮肤和呼吸系统吸收,调节人体中枢神经系统、血液循环系统、内分泌系统、皮肤养护系统等,从而激发人体自身的治愈、平衡及再生功能。使身心恢复协调,消除忧郁、焦虑、烦闷、愤怒等情绪和疲劳感,获得一种身、心、灵皆舒畅的感觉。

纯天然的植物精油都有以下功能:气味芬芳,自然的芳香经由嗅觉神经进入脑部后,可刺激大脑前叶分泌出内啡肽及脑啡肽两种荷尔蒙,使精神呈现最舒适的状态。香薰疗法可防传染病、抗病毒、抗菌和抗微菌、防腐、消炎、抗神经痛、防止风湿、抗痉挛、解毒、抗忧郁、镇静、止痛、帮助消化、祛痰、除臭、利尿、促进伤口愈合、促进血液循环、促进细胞新陈代谢及增强细胞再生功能,让生命更美好。而某些精油能调理内分泌器官,促进荷尔蒙分泌,让人体的生理及心理活动获得良好的发展。精油可以说是植物的荷尔蒙,它拥有与人类类似的构成物质及生命能量。精油的分子极细,渗透力强,能有效地进入人体借由便尿、出汗、呼气等方式被排出。使用精油可以使人体组织更强壮、更具有活力。

4.香佩疗法

香佩疗法,又称佩戴疗法,为中医外治法之一。它是将药物制成香囊(香袋)或服器(如护膝、口罩、坎肩等)佩戴于身上用来防治疾病的一种治疗方法。香佩疗法可用于多种疾病的预防,如感冒、咳嗽、眩晕、心悸、痹症、失眠、鼻炎等病症。此法多使用具有芳香气味的药物,使人闻之心旷神怡,具有一定的调养身心的作用。

香佩疗法用药需遵循中医辨证论治的原则,审证求因,辨证用药,方可取得较为满意的效果。该法的治疗作用在于药物挥发之气味作用于口鼻、肌肤、经络穴位,经过气血经脉的循行而遍布全身,因而起到防治疾病的作用。现代药理研究结果表明,香佩疗法所精选的药物多含有挥发油类物质,具有消炎、抗菌、抗过敏及提高机体免疫能力和降血脂、改善血液循环等作用。

主题:放隐山林

时间:2017/5

地点:广东广州农业生态园

主角:台商吴先生,年龄60岁

吴先生于1990年进入广东,投资经商,专业从事装修设计及美容美发连锁行业。早年应酬频繁,抽烟喝酒打麻将,样样精通,没有感觉身体不舒服,可以自我调节身体机能。但近年,所有的病症开始一一浮现,幼年时期的小儿麻痹症最为严重,肌肉萎缩现象非常明显,已经影响行动!

香疗方案:

第一,从市区搬到山上居住。

首先提高生活质量,呼吸新鲜空气,饮天然山泉水,多吃天然有机蔬菜瓜果,改变不定时吃饭的习惯。

第二,利用香药泡浴。

在木桶内添加香药包,或滴上一二滴沉香精油,以促进血液循环,活血祛瘀通脉。

第三,进行花海整改,种植芳香花草园。

每天早晨及黄昏时刻,漫步在花草树木之间,静坐五分钟,听着虫鸣蛙叫,心灵宁静安逸。

香疗效果:

吴先生自从搬到山上居住后,每天清晨起来遛遛狗,散散步,逢人保持微笑!经过一年调治,他右腿肌肉萎缩的情况已经慢慢改善,多年的胃病肠炎,也很少发作。

思考与练习

1. 传统天然香如何分类?
2. 传统香为什么会有治未病之病的功效?
3. 闻香祛病的原理是什么?
4. 香疗在生活中的具体运用方法有哪些?

推荐书目:

1. 刘良佑.香学会典[M]东方香学研究会,2003.
2. 洪刍.香谱[M].北京:中华书局,1985.
3. 周嘉胄.香乘[M].北京:九州出版社,2014.
4. 傅京亮.中国香文化[M].济南:齐鲁书社,2018.
5. 陈云君.燕居香语[M].天津:百花文艺出版社,2010.

第十四章

正念与守神疗法

内容简介 内容简介 正念疗法已经成为新时期心身状态调节养生保健的重要方法之一。目前较成熟的正念疗法包括正念减压疗法、正念认知疗法及辩证行为疗法。目前,正念减压疗程已成为美国医疗体系内历史最悠久、规模最庞大的减压疗程之一,其对由心身压力过大导致的亚健康状态及心身疾病有良好的调节作用。守神疗法是持续性放松、意识专注的状态疗法,其善于运用意识能动性的力量,调节心身状态。守神疗法源自《黄帝内经》的理念,是正念疗法中西交融的产物和深化,是中国特色中医心理调节技术之一。

学习目标 1.了解正念和守神的概念、源起、发展和意义;

2.理解正念和守神的应用法则及常用方法、正念调节意识的作用,以及正念和守神与其他各种艺术疗法之间的关系;

3.掌握正念和守神的基本技巧,学会初步运用正念和守神调节自身和团体的心身状态。

第一节 正念疗法

一、正念疗法的内涵与分类

(一)正念疗法的内涵

正念疗法就是以"正念"为基础的心理疗法。正念疗法并不是一种心理疗法的特称,而是一系列心理疗法的合称。这一系列心理疗法都具有一个共同的特征,那就是以"正念"为方法基础。什么是"正念"?从字面上理解,"正"即端正、修正、正定,"念"即念头、想法、观念,合起来,"正念"即端正念头、全神贯注、专注精神等。"正念"这个概念最初源于佛教禅修,是从坐禅、冥想、参悟等发展而来,是一种自我调节的方法。

"正念"这个概念最初源于佛教禅修,从坐禅、冥想、参悟等发展而来,是一种自我调节的方法。在英语中,正念被翻译为"Mindfulness",有心灵丰满、充实的含义。正念是以一种特定的方式来觉察,即有意识地觉察(On Purpose)、活在当下(In the Present Moment)及不做判断(Nonjudgementally)。卡巴金(J. Kabat Zinn)认为,正念就是一种有意识地觉察、活在当下、不做判断的觉知力;有目的地将注意力集中于当下,不加评判地觉知一个又一个瞬间所呈现的体验而涌现出的一种觉知力。如果对当下不具正念,人们所从事的工作便是那些不自觉的和惯性反射的行为;如果没有正念,人们的生活便是被过去的经验所驱使的惯性生活。而正念则"能帮助我们从这种惯性又无知无觉的睡眠状态醒过来,从而能触及生活里自觉与不自觉的所有可能性"。因此,正念就是有目的地、有意识地关注、觉察当下的一切,而对当下的一切又都不做任何判断、任何分析、任何反应,只是单纯地觉察它、注意它。

所谓正念疗法,就是通过各种正念训练方法(如静坐、冥想、身体扫描等)达到一种高度觉知的、平衡的、放松的正念状态,从而达到缓解压力、消除极端情绪等而治愈疾病目的的心理疗法。正念疗法并不是一种心理疗法的特称,而是一系列心理疗法的合称,卡巴金将正念定义为是一种精神训练的方法。在这种精神训练中,其强调有意识地觉察当下、将注意力集中于当下,以及对当下的一切观念都不作评判。在现代心理学中,正念被发展成了一种系统的心理疗法。正念疗法的核心:一是活在当下,即将注意力集中于当下;二是不做评判,即对当下所呈现的所有观念均不做评价。正念疗法自从产生之日起,便呈现出了迅猛的发展势头。这不仅是由于美国的禅宗热潮的驱使,而且是因为心理咨询与治疗系统内部的需求。和其他心理治疗方法相比,正念疗法的独特之处在于:第一,主张治疗的目标是达到身心的全面健康,而不仅是消除疾病;第二,主张治疗的方式是主动地自我指导与自我疗愈,而不是被动地接受治疗。这两点都是当代心理治疗领域中出现的新的发展趋势,所以正念疗法在各界备受欢迎。

(二)正念疗法的分类

正念疗法是一种心理治疗的新方法,目前较成熟的正念疗法包括以下几种:"正念减压疗法"(Mindfulness-Based stress reduction),简称 MBSR;正念认知疗法(Mindfulness-Based Cognitive Therapy),简称 MBCT;辨证行为疗法(Dialectical Behaviour Therapy),简称 DBT;新发展起来的接纳与承诺疗法(Acceptance and Commitment Therapy),简称 ACT。每种方法的具体内容将在第三节中进行阐述。

其中,MBSR 主要用于心理压力及日常心理问题的治疗,使用范围比较广。而正念认知疗法、辨证行为疗法则具有更为具体的治疗对象。比如,正念认知疗法主要针对抑郁症来访者,尤其是有过抑郁症复发经历的来访者。对于抑郁症来访者来说,他们典型的特点是容易卷入过去的负面情绪中,难以释怀。所以正念认知疗法通过教导来访者练习觉察后,重点帮助来访者学会觉察自己的思维,并告知这只是大脑的一个思维过程,不代表现实意义,这对防止抑郁症的复发有着显著的临床疗效。事实证明,持续的正念认知治疗,可以帮助来访者摆脱冥想型思维模式,并且其标准化的干预程序也在抑郁症的临床治疗中得到检验。辨证行为疗法主要用于边缘型人格障碍的治疗。其主要治疗方法是将 MBCT 与佛教的冥想思想相结合,旨在帮助边缘型人格障碍来访者觉察和释放自己的负面情绪,这在临床治疗中也收到了显著的效果。相应的辩证行为疗法手册已出版。

二、正念疗法的源起与发展

"正念"一词源自佛教《四念处经》,距今有 2500 多年的历史,正念是原始佛教中僧侣们修行的方法。正念看似是佛教专属的方法,却在脱离宗教环境的日常生活中,仍能普度众生。正念被称作佛教禅修的心要,有时又被称为"观禅"或"内观禅",是为了达到"了生死、断烦恼,离苦得乐"目的所用的修行方法之一。西方学者常常将正念与禅定结合起来,称为"正念禅定"。禅定,也称沉思、静坐、打坐、冥想等。禅定是印度对于自修方式的一种描述性用语,最早来源于印度教、婆罗门教、佛教以及印度其他教派。时至今日印度以及世界上流行的瑜伽术,仍然以"禅定"作为自修的专门称谓。因此,禅定是各种自修方式的通行用语,它涉及瑜伽、气功、太极、推拿等多方面的内容,不仅仅是一种佛教用语,而不仅仅是一种禅宗用语。当然,在佛教与禅宗中,也存在着系统的、成熟的禅定方法,这也是西方学者总是以佛教徒作为研究被试的重要原因。

正念与禅定有什么关系呢?卡巴金认为:正念是禅宗禅修禅定的心要,正念是禅定的一部分,也是最为重要的一部分。在禅定中,最重要的并不是盘腿而坐等这样的行为规定,而是全神贯注、集中精神等这样的注意力训练,也就是正念。事实上,只要达到了精神上的正念,也就达到了禅定的所有效果。因此,有的时候禅定也可以指那些没有行为规定的精神集中行为,如在走路的时候将注意力集中于自己的步伐、抬腿、落脚等,这也是一种禅定,被称为"行禅"。

正念减压疗法是美国麻省理工学院分子生物学博士乔·卡巴金于 20 世纪 80 年代在美国麻省大学医学院所创立的,他将个人从东方多位禅师、瑜伽师、心灵导师学习到的静心安神、保健养生方法融会成一套现代化而不含宗教信仰较为简易且有系统性的静心减压方法。乔·卡巴金博士在工作当中,看到身患疾病的人们,每天痛苦地活着。而很多时候,医生只是根据他们的症状,开各种处方,却很少照顾到病人的心理状况。医疗界一直声称,人是个有机的整体,身体和心理是不可割裂的,是紧密相连的。但显然,医生在治病的过程中更看重患者的身体健康,而往往忽略患者的心理健康。鉴于此,卡巴金毅然决然地在医学院推行正念减压疗法,以弥补医疗体系的不足,更坚信病人心理状态会给生理疾病的治疗带来极大的影响;只有帮助来访者正确面对疾病,树立为自己负责的信念,治愈率才会显著提高。卡巴金创立正念减压疗法的最初目的是辅助临床治疗,教授病患掌握正念的方法,以此帮助他们正视疾病,挖掘内心的潜力,从烦恼与忧愁中跳出,运用自己的智慧重新认识自己,改善生命的质量和品质,从而更好地促进健康。

1979年以来,参加过卡巴金MBSR课程的人已逾数万,学员遍及各行各业。学员学成后又将其广泛传播,一时间减压诊所如雨后春笋般涌现。通过这个课程,学员可以提高自己的专注水平,与真实的自我建立联结,获得更多的积极情绪体验。减压课程除了有利于辅助治疗病人外,还为医学研究、医学教育、心理学研究和心理学教育搭建平台,使医务人员、心理疗法师掌握正念疗法的精髓,并提供MBSR的在职培训合格证。这样获得MBSR资格证书的人越来越多,正念得以在科学范围内推广。

卡巴金创立减压门诊后仍然没有停止学习,他经常不定期地在世界各地进行MBSR的研讨交流。他每年都会邀请有正念经验的人员举办关于正念的分享会,在这期间会诞生一些有关正念的最新治疗方法和一些新的想法。这些正念国际会议在医学领域及心理学领域的影响力越来越大,以至于卡巴金将其减压门诊扩展为正念中心,每年4月,在正念中心都会举办以正念为主题的学术研讨会。至今已成功举办了二十次正念大会,会议的硕果更助推人们认知正念的治疗能力和有效性。

当初,卡巴金说服医学院让他尝试用这类方法去指导一些医生缓解病人的痛苦与压力。多年的实践和科学研究得出的大量数据证明,正念减压不但可以有效地减轻患者精神上的痛苦与压力,而且可改善病患的精神状态,患者病情也随之明显好转。

1979年,卡巴金获马萨诸塞州医学院荣誉医学博士,应麻省大学邀请开设正念减压诊所。他设计了一套正念减压疗法,协助病人以正念静修的方式缓解压力、疼痛和疾病。正念减压疗法的英文全称Mindfulness-Based Stress Reduction(MBSR)就成为西方专业界认可的正统名称。

1995年,麻省大学再次邀请卡巴金博士成立"正念医疗健康中心",并继续进行更深入的医学临床研究,了解身心互动疗愈效果的方法与临床应用,增强对缓解慢性疼痛与压力引起的各种身体失调症状的治疗效果。至此,正念减压疗法越来越被人们所熟知,不但在医疗和健康机构成为治疗和保健方法之一,而且被广泛用于治疗各行各业的高压人群。

正念减压疗法意在辅助(而非取代)一般的医疗行为,其目的乃在教导病患运用自己内在的身心力量,为自己的身心健康积极地做一些他人无法替代的事——培育正念。参与疗程的病患通常患有不同的生理或心理疾病,包含头痛、高血压、背痛、心脏病、癌症、艾滋病、气喘、长期性疼痛、肌纤维瘤、皮肤病,与压力有关的肠胃病、睡眠失调、焦虑与恐慌症等。

卡巴金引导正念练习

减压门诊在为门诊病人开设疗程的同时，亦从事相关的医学研究，为医学院学生开立课程，给医护人员、心理疗法师、教育工作者提供各种与疗程相关的在职训练，发展成师资认证的方式，授予正念减压疗程的师资证照。门诊于1995年扩大为"正念中心"（Center for Mindfulness in Medicine, Health Care, and Society，简称CFM）。

2005年4月，正念中心召开第三届将正念疗程整合至医学、保健与社会之中（Integrating Mindfulness-Based Interventions into Medicine, Health Care, and Society）的年度学术研讨会，积极研究"正念疗法"的疗愈力量，并将之推广至医学、保健乃至教育学领域。至今，正念减压疗程已成为美国医疗体系内，历史最悠久、规模最庞大的减压疗程。据估计，截至2004年，美国、加拿大、英国等西方国家境内已有超过240家的医学中心、医院或诊所开设正念减压疗程，教导病人正念修行。目前，正念在中国心理学界和教育培训界迅速地发展，得到广泛的认可。

三、正念疗法的意义与功能

历经几千年的文明演变，正念愈加为大众所接受，已然发展成帮助我们缓解压力、远离愁苦、摆脱自动化思维的巧妙方法。正念是一种以平静的心态去接纳一切的方法。这种接纳不以个人好恶为标准，它是一种与好坏共生的能力。正念可以帮助我们远离痛苦，可以帮助我们体验更多的积极情绪，帮助我们体验当下的生活，帮助我们活得更真实、更自在。从前,正念练习是佛陀的一种修行方式,现在,正念已穿上常人的衣服,普度众生。各种心理学的临床研究结果也已证实,无论各类神经症的治疗,还是一般心理问题的辅导,又或是消减躯体的痛苦,正念都能如柔软的袈裟一般温柔地包裹人们,给人带来更多的安定与喜悦。

近年来,大量的科学研究表明,正念练习能对大脑的功能、结构产生影响。比如来自美国威斯康星大学情感神经科学实验室 Richard Davidson 博士团队的研究结果证明,处于典型痛苦状态的人,特别是抑郁、焦虑的人群,他们的大脑前额皮质右方的活动会比左方的活动更明显,经过正念训练后,这类人群的大脑左边出现了明显的活动。同时,经过正念训练后,他们的情绪得到了改善,更加专注于自己正在做的事情。

具体说来,正念疗法有如下功能。

1. 提高植物神经系统的功能

当心境处于静态中而精神又非过于昏沉或睡眠状态期间,大脑皮层的脑电活动显得高度有序化,耗能减弱,储能量活动及激活状态增强,可加速大脑皮层机能的修复,使疲劳修复所需时间比等睡眠时修复所需时间更短。由于植物神经系统功能潜能被激发,副交感神经系统兴奋,体内血管相应扩大,使血管容量增多,改善机体血液微循环。

2. 调整内分泌系统

内分泌腺直接或间接受控于神经系统,正念疗法能提高植物神经系统的兴奋性,从而改善内分泌系统的各方面功能,如提高血浆内催乳激素浓度及降低乳酸皮激素浓度,使蛋内质更新率下降,从而增强免疫力和延缓衰老;增强消化酶活性,使机体易于消化和吸收;胸腺分泌产生多种具有免疫功能的细胞,其产生的淋巴结里的巨噬细胞,有利于人体抗癌、防癌。

3. 调节呼吸系统

机体松弛、心无杂念时,呼吸自然,若能持续较长的时间,呼吸的速度、力度和深度都会逐渐变得慢、细和深长,使体内耗氧量和能量消耗减低,改善心肺循环,可增加机体精力,积蓄能量,对改善慢性呼吸道功能有很大帮助。

4. 改善血液循环系统

静息时的心率逐渐转慢,节律随之调至和顺,使心肌收缩力增强,从而调整心搏的输出量;另外,人在静息时对脑供血可起到双向调节作用,可减轻高血压或低血压来访者的病情;此外,还能改善毛细血管的通透性,使全身的血液循环更加通畅。

5. 激发神经细胞自组织的功能

在精神清静和无意识状态下大脑皮层会保持一定的兴奋性,若大脑皮层神经元的新陈代谢率仍保持旺盛,来自体内外的自然信息(含有精微物质,如气、光、声音等)在互相作用下,激发体内神经细胞自组织的功能,因此使整体机能达到最佳状态。其实练习精神专一、心无所念的静态最重要和最有针对性的目的是，舒解和减轻心理上的各种负面影响，如情绪过激、太低落或不平衡等。通过练习，来访者心境平和，情绪稳定，改善心态，适应现实处境，有助于来访者恢复身心健康。最近一些国家在这方面的研究已有较大发展，一些医院在进行针药治疗的同时，也采用与正念类似的心理物理治疗法，如美国的 New England Deaconess Hospital 已实行了十年以上，有些医院更将正念应用在癌症来访者身上，以改善其免疫功能。临床证明正念能起一定的效果，可延长来访者生命。

四、正念疗法的理论基础

在 20 世纪 70 年代初期，正念主要源于东方的静心安神、打坐冥想、禅修和印度的瑜伽练习。近代西方采纳类似的静心安神方法，经过不断改良、创新和简化，让现代人群更加容易接纳与学习这种方法。正念疗法在蓬勃发展的过程中，也显现出了一些理论缺失问题。比如，对自我态度的矛盾和对认知地位的模糊等，尤其是缺乏系统的理论基础。这些理论的缺失，阻碍了正念疗法的进一步发展，人们需要解决这一难题。

(一) 正念的心理机制

正念是对当下内外部刺激的持续注意和不评判接纳（Kabat-Zinn，2003）。正念可以提升个体的注意、记忆、情绪、觉察等各方面的能力。记忆、注意、觉察等基本认知能力的提升，将直接有助于个体对内外部刺激信息进行加工。而信息加工方式的变化对于改善抑郁症、焦虑症和注意力缺陷来访者的认知有很大影响，这可能是正念在临床应用中效果显著的一个原因。另外，情绪可能是正念能促进身心健康的一个重要调节变量。总之，正念的心理机制研究仍处于探索阶段。

第一，在感知觉方面，经过正念训练的个体，不同感觉通道感知灵敏度的变化有差异。比如，有的来访者对疼痛的感知敏感度降低，而对视觉的敏感度增加。产生这种差异主要是因为练习者所处的环境不同，适应环境的结果必然不同。而无论何种结果，正念训练的宗旨都是帮助个体更好地适应环境，从进化心理学来讲，就是通过正念训练帮助来访者更好地生存。相关研究结果表明，长期进行正念训练的个体对疼痛的敏感度显著降低，比如对热刺激引起的疼痛，正念训练组能够承受的强度显著大于对照组（Grant & Rainville，2009）。研究者们认为，通过正念训练，个体的基本感知能力发生了变化，并且对内外部环境更宽容、更易接受，可做到不评判地接纳，因而会导致对不良刺激的敏感度下降（Baer，2003）。

正念训练后，个体感受疼痛刺激的阈值降低了，对疼痛刺激的感受不如之前，但捕获快速出现的目标的能力明显提升。一项关于视知觉敏感性的研究印证了这个结论，经过三个月的强化正念训练，个体视力的敏锐性、准确性显著提高；觉察阈值及视觉辨别阈值显著降低。对于疼痛的敏感度降低，个体需要接纳压力、负面情绪等内外部刺激，正念训练个体以接纳的态度对待一切，要求个人承受痛苦，进而练就更强大的机体，这主要是"评价的接纳"在起作用。而对于视觉刺激,在闪光灯等的作用下,需要个体快速识别危险信号,检测目标信号个体进行,正念训练个体"对此时此刻的关注"时刻保持警醒,有清晰的觉察,能快速做出准确的反应,进而提升个体的身心健康水平。

第二,在注意力方面,正念要求个体对当下保持持续的注意。经过正念训练后,个体的注意力显著提高。有研究发现,对儿童进行正念训练,他们在完成任务时,可以显著提高其注意的稳定性以及对抗干扰刺激的能力(Linden,1973)。还有研究发现,正念训练不仅可以显著提高儿童的注意力,而且同样可以提高成人的注意力,从整体上提升认知功能(Tang et al.,2007;Tang & Posner,2009)。还有研究者采用实证研究,比如注意网络测试,去探察正念对注意的影响。注意网络测试主要从定向、警觉和执行功能这三个方面,考察正念对注意功能的影响。结果表明,正念训练可以有效改善注意不同层面的功能,从而使与注意相关的行为反应能力得到提升(Jhaet al.,2007)。总之,正念训练既可以提高个体的总体注意力,又可以改善注意子系统的功能。

第三,在记忆力方面,正念提出记忆不是对过去经历的回忆,而是要对当下的每个时刻都保持觉察和注意(Siegel et al.,2009)。经过正念训练的个体,其记忆能力也发生了变化。针对抑郁症来访者,有研究发现,正念可以减少其过度概括化记忆,从而防止不合理认知的干扰,还能将个体从对过去的回忆中带回现实,从根本上改善自传体记忆的特异性,对抑郁症治疗与预防有一定效果(Watkins,Teasdale,& Williams,2000)。Heeren,Van Broeck 和 Philippot 等人,以前人关于正念对抑郁症干预的研究为基础,考察正念在记忆的执行控制功能上的影响,发现正念组个体的自传体记忆功能得到显著改善,提高了认知灵活性,减少了概括化记忆(Heeren,Broeck,& Philippot,2009)。此外,对记忆容量的研究发现,高压力状态下,工作记忆容量会迅速减少,进而出现认知失灵和情感障碍,而经过正念训练的个体没有出现这种变化。实验结果还表明,在高压情境下,正念训练能有效保护工作记忆,避免记忆功能受损。

第四,在情绪方面,大量研究结果表明,经过正念训练的个体能有效地调整自己的情绪,显著提高情绪调节能力,增加正面情绪体验,增强同理心,减少负面情绪体验,减少攻击性行为,从而提升个体的生活满意度和幸福感(Carmody & Baer,2008)。还有针对社交焦虑症来访者的研究发现,来访者在正念觉察、不评判的接纳这两个分量表上的得分越高,其社交焦虑程度越低;正念水平总得分越高,来访者的表现也有改善(Roemeretal,2009)。此外,Erisman 等人将普通人群作为被试,在实验室环境中,采用电影剪辑出喜剧、正剧、悲剧三个不同影片,电影时长均一致,以此诱发个体情绪以考察经过正念训练的个体相比对照组个体的情绪反应和情绪调节能力的不同。结果显示,正念组看到积极情绪影片比对照组有更明显的正面情绪体验;看到混合情绪影片面比对照组表现出更适应的情绪调节力;看到负面情绪影片,和比对照组相比,负面情绪显著降低,表现出更强的接纳能力(Erisman & Roemer,2010)。更有研究者认为,正念不仅是一种调节情绪的方法，而且还可能会成为一种心理特质（A. Hayes & Feldman，2004）。总之，经过正念训练的个体，能显著增加积极情绪体验、增强对负面情绪的接纳能力。这种情绪调节能力，可能是正念临床疗效显著的一个重要因素。

（二）正念的脑机制

众多研究结果表明，经过专门学习且长期练习的有丰富正念经验的个体，他们大脑的神经生理活动、大脑功能甚至大脑结构，都与非正念训练者有显著差异。早期的相关研究大多集中在正念引起的交感和副交感神经功能的变化上，如考察呼吸、心跳、血压和皮肤电反应等生理指标的变化（Takahashi et al.，2005）。随着脑神经科学的快速发展，脑电图（EEG）、事件相关电位（ERP）和功能性磁共振成像（FMRI）等神经影像学技术在心理学方面的应用日益普遍，这在很大程度上为对正念脑机制的探求提供了证据。

第一，在脑电研究方面，关于正念脑电的研究主要是采用脑电图（EEG）和事件相关电位（ERP）这两种技术。其中，EEG是早期采用的技术，它主要考察大脑的自发性神经活动。目前，则主要采用ERP考察与认知有关的神经电活动。研究人员分别从EEG和ERP研究的角度描述与正念相关的神经元电活动，为对正念脑机制的探求奠定基础。

EEG是采用监测大脑皮层电信号来衡量脑皮层活动指标的方法，主要研究大脑的自发性神经活动，近年来在正念脑机制的研究领域，已被广泛运用。众多研究结果表明，与正念密切相关的脑电指标主要包括α波、θ波和γ波。α波是位于头后部的8至13Hz的脑波，常出现于个体闭目放松时；当有视觉刺激或集中注意力时，α波消失或减弱。另外，经过正念训练，个体情绪调节能力显著改善，具有更多的正向情绪体验。这一结论得到了脑电研究的证实，即对于正念个体的大脑α波进行观测发现，前额区α波的不对称变化，左侧活动显著增加（Davidson et al.，2003）。这与情绪偏侧化理论是一致的，积极情绪与大脑左半球相关。值得一提的是，研究在以抑郁症来访者为被试的实验中，也发现了大脑α波的不对称性（Barnhofer et al.，2007）。这为正念训练能改善情绪状态，增加积极情绪体验提供了神经心理学证据，前额区α波的不对称可能是正念临床效应的神经机制之一。总之，经过正念训练θ波和γ波出现显著变化，这表明正念可以激起大脑的电生理活动，并促进认知加工，有助于学习活动完成。

ERP主要考察与认知有关的神经元电活动。有关正念的ERP研究相对较少，目前处于起步阶段。有研究者采用经典的听觉oddball范式（80%用于标准刺激，10%用于oddball，10%用于分心的噪声，并且通过耳机呈现给受试者的所有刺激都不需要做出回应），选取平均具有多年正念经验的个体为被试，在正念和控制条件下进行脑电活动的记录（Cahn & Polich，2009）。结果表明，在正念状态下，额区的分心刺激引起P3a的振幅显著降低，说明个体对分心刺激的注意加工减少了，且正念练习时间越长，P3a的振幅越低。总之，神经电生理指标的支持，进一步证明了正念训练能增强个体抵抗分心的能力来提高注意品质。实验结果表明，正念训练能提高注意的稳定性和个体对刺激的警觉能力，这也进一步为正念能提高个体的觉察水平的实验提供了坚实的神经生理学支持。

第二，在磁共振研究方面。EEG 和 ERP 主要关注大脑的自发性神经活动，特别是与认知有关的神经元电活动。功能性磁共振成像（FMRI）是从功能和结构的角度探讨了正念的脑机制。近年来，应用 FMRI 探讨正念脑机制是个研究热点。脑功能的众多研究发现，正念与前额叶、扣带回等脑区的激活有关。对大脑结构的研究发现，长期进行正念练习，大脑内岛、海马、扣带回、前额叶皮层的皮质厚度或灰质密度会发生变化。以具有丰富正念经验、正念练习时间超过五年的个体为被试，运用 FMRI 技术，考察在观呼吸条件下，被试大脑结构和功能上的变化。结果发现，这些被试的大脑背外侧前额叶皮层、顶叶、海马或海马旁回、颞叶、前扣带回和纹状皮质的活动显著增强，表明正念能够激活相关脑区，对与认知相关的大脑结构产生影响（Lazar et al., 2000）。此外，在意识转换的背景下对有经验的正念练习者的研究发现，正念初学者随着正念经验的增加，其前额叶活动的增强，基底神经节也表现出同样增强的效应（Ritskes et al., 2004）。从以上综述可以看出，正念下脑功能激活的模式还没有确切的结论，各研究结果差别比较大，可能与被试的选取、实验任务的设置、实验设计的规范都有关系。对正念缓解疼痛的脑机制的研究表明，正念训练后，前扣带回、脑岛活动增加，前额叶活动减少。而这些脑区域活动的减弱减少又与执行控制、评估和情绪相关。因而，个体进行正念训练后，对疼痛刺激的敏感性降低（Grant et al., 2011；Zeidan et al., 2011）。对正念调节情绪的脑机制的研究发现，正念状态下，前额叶活动增加和杏仁核活动减少；正念中的个体，受到情绪刺激影响时，情绪反应减少。总之，正念训练后，脑岛和杏仁核这些大脑区域被激活，进一步验证了正念的临床研究结果，即正念能提高情绪调节能力，减少负性情绪体验。

在脑结构研究方面，正念经验丰富的个体，长期练习正念会导致局部脑区灰质密度和皮质厚度产生变化。它们主要是前脑岛、海马、前额叶皮质和前扣带回，这些脑区又与感觉加工、学习、记忆、注意过程以及情绪和情绪调节密切相关。前脑岛（AI）是处理感觉和意识加工的主要部位。长期的正念训练会导致 AI 灰质密度增加，皮质厚度增加。研究结果进一步证实，正念训练能提升个体的觉察水平，增强与自我联系，促进心理健康。长期的正念训练会使壳核灰质体积变大，为正念能提高个体的注意力、延缓认知衰老的速度提供证据支持（Pagnoni & Cekic，2007）。主管学习和记忆过程的大脑结构是海马和颞叶。这些研究结果表明，通过正念训练，个人的学习和记忆能力可以显著提高。长期进行正念训练的个体，其杏仁核、前额叶皮层和扣带回的结构灰质密度和皮质厚度等大脑结构发生显著变化，这些变化为正念调节个人情绪提供了实证证据。关于杏仁核的研究发现，对个体运用正念减压训练法，发现个体压力减少的同时，杏仁核灰质密度显著下降。

总之，长期的正念训练，可导致与感知力、注意力、记忆能力和情绪调节能力相关的脑结构发生变化，如前脑岛、海马、颞叶、前额叶皮质和扣带回等皮层厚度或灰质密度的改变，为进一步证明正念的临床功效提供神经生理基础。

五、正念疗法的主要方法

从前文论述可以看出,正念疗法主要有三种,包括"正念减压疗法""正念认知疗法"和"辨证行为疗法"。

(一)正念减压疗法

正念减压疗法也称正念减压疗程(Mindfulness-based stress reduction,简称MBSR)。正念减压疗法本身是用来缓解压力的一套严格、标准的团体训练课程,课程的核心步骤是正念冥想练习。1995年,马萨诸塞大学再次邀请卡巴金博士设立"正念医疗健康中心"。卡巴金开始进行关于身心互动疗愈效能的研究与相关临床应用,希望能借此有效缓解慢性疼痛与压力引起的种种失调症状。至此,正念减压疗法越来越被人们所熟知,并被广泛地应用。

正念减压疗法的具体方法是采取团体训练课程的形式。每个进入减压诊所的来访者都需要参加一个为期8周的团体训练课程,病患每周参与一次2.5~3小时的课程,学习以及实际练习培育正念的方法,并参与如何以"正念"面对生活中的压力与自身疾病的讨论。在8周的课程中,病患被要求每周末每天至少利用45分钟时间练习于课堂中所学得的正念修行知识。8周的课程包含一天(通常在第六周)7~8小时的禁语密集禅修训练。练习的内容是禅定等正念训练,具体方法为:首先被试为自己选择一个可以注意的对象,可以是一个声音,或者单词,或者一个短语,或者自己的呼吸、身体感觉、运动感觉;在选择完注意的对象之后,被试舒服地坐着,闭上眼睛,进行一个简单的腹部呼吸放松练习(不超过一分钟);然后,调整呼吸,将注意力集中于所选择的注意对象。被试在训练的过程中,头脑中出现了其他的一些想法、感受或者感情从而使被试的注意力出现转移,也无关紧要,只需要随时回到原来的节奏就可以。无论头脑中出现什么想法,都不用担心,只需要将注意力转移到呼吸上来,也不做任何评判。这样训练10~15分钟之后,静静地休息1~2分钟,然后再从事其他正常的活动。

8周正念课程代表作

正念减压疗程将"正念"视为"纯粹地注意当下每一秒所显露的身心经验",教导病患应以正确的态度来练习正念修行：

①不对自己的情绪、想法、病痛等身心现象作价值判断(Non-judging)，只是纯粹地觉察它们；

②对自己当下的各种身心状况保持耐心(Patience)，有耐性地与它们和平共处；

③常保"初学者之心"(Beginner's Mind)，愿意以赤子之心面对每一个身心事件；

④信任(Trust)自己，相信自己的智慧与能力；

⑤不努力(Non-striving)强求想要的(治疗)目的，只是无为地(non-doing)觉察当下发生的一切身心现象；

⑥接受(Acceptance)现状，愿意如实地观照当下自己的身心现象；

⑦放下(Letting go)种种好恶，只是分分秒秒地觉察当下发生的身心事件。

"正念减压疗法"的课程安排要求学员在明确正念训练的基本原则的前提下，基于上述的学习态度，掌握以下三种方法来进入正念训练。

1."坐禅"

坐禅的一般姿势是双腿盘坐，可以是单盘，也可以是双盘，背部挺直，从感觉舒适为好。观察随着呼吸而产生的腹部起伏运动，或者意守鼻端，观察鼻端与呼吸接触的感受。主要是将自己的意识用于观呼吸，在一呼一吸间，体验自己腹部或胸腔的变化。若不自觉地发生意识跳跃，也只是觉察它，再慢慢回到关注自己的呼吸上而已。在练习之初，我们的思维会跳跃，注意力常常转移，以致很难将注意力保持在某个点上。尽管我们努力去觉察呼吸，但大脑还是安静不下来，这是每个初学者都会遇到的情况。我们要做的就是坚持每天反复地练习。当情绪、想法出现时，我们只是觉察它，然后将注意力引回到腹部起伏的运动或鼻端；当疼痛出现时，鼓励病患观察身体的疼痛。

2."身体扫描"

来访者平躺或采取太空人卧姿，伴随每一口呼气和吸气去引导注意力，依序觉察身体不同部位的感受，一般先从左脚脚趾开始，再到整个躯体，最后至头顶。完成整体扫描后，来访者会感觉身体发热，好像全身的细胞都在呼吸，整个身体也更轻更自由了。面对妄想与疼痛的策略，观想疼痛随着呼吸离开身体。每次扫描身体后，最好让自己在安静的环境中停留一下，仿佛大脑跳出躯体在觉察身体一样。而后，下意识地轻轻地活动一下自己的手和脚，揉揉自己的脸，张开双眼回到当下。

3."正念瑜伽"

MBSR将"正念修行"与瑜伽动作结合，教导病患在练习瑜伽动作的同时，观照当下的身心现象，即在做一些瑜伽的拉伸动作时，关注觉察，包括呼吸、肌肉的紧张度、关节的灵活度等，时刻觉察当下的身心变化。配合瑜伽缓慢柔软的动作及不同姿势，觉察自己的呼吸在身体里流动带来的力量。不要试图去控制这股力量，只是集中注意力去觉察它，全身心地体验这个过程。

正念瑜伽代表作

除此三种主要的禅修练习之外,为将正念修行融入日常生活,MBSR 疗程亦教导"行禅"以及如何在日常生活中培育正念的技巧。

(二)正念认知疗法

正念认知疗法(Mindfulness-based Cognitive Therapy,简称 MBCT),是由泰斯德(J. Teasdale)等人融合了认知疗法与正念减压疗法而发展的一种用以主要解决长期抑郁症复发问题的一种心理疗法。之所以提出正念认知疗法,是因为越来越多的研究者主张将抑郁视作慢性的、毕生的、易复发的心理困扰。例如,有研究结果表明,康复的抑郁症来访者有 50% 的概率病情会复发,而那些有两次或多次抑郁经历的人则有 70% 到 80% 的概率再次患上抑郁症。这种高复发率,意味着传统的治疗抑郁症的方法必然存在着一些问题,因此需要发展一种新的可以预防抑郁症复发的治疗方法。

泰斯德及其同事研究发现,生活压力、烦躁不安的情绪、官能障碍的思维模式,与抑郁症的复发率有很强的相关性。因此,消除抑郁症复发隐患的一个好的方式就是,在出现生活压力、烦躁不安的情绪以及官能障碍的思维模式的时候,立即采取措施进行应对,防止抑郁症复发。因此,他提出了消除抑郁症复发的方法,首先要使人们认识到消极思维的出现预示着抑郁症可能复发;然后,通过某种方式使人们从易复发的消极思维流中解脱出来。泰斯德和他的同事发展了正念认知疗法来达到上面的目标。而正念训练可以在早期就觉察到能导致抑郁症复发的消极思维模式的存在,从而阻止抑郁症的复发。由此可见,正念认知疗法就是通过注意当下来提高个体的觉知力,及时地觉察到由于经验而形成的消极的行为与思维模式,并及时地加以处理,消除或缓解这些消极模式对当下的影响。

MBCT融合了"认知疗法"与"正念减压疗法"的成分来解决抑郁症复发的问题,正念训练使训练者"面对"而不是"逃避"潜在的困难。来访者被要求培养一种开放的、接受的态度来应对当前出现的想法与情绪。这都是通过打坐、静修或者冥想来完成的,其核心技术是集中注意力;觉察自己的身体与情绪状态;顺其自然;不做评判。这种正念练习促使大脑产生一种"能意识到的"觉醒模式,而不是一种习惯化、自动化了的浑然模式。

因此,正念训练可以在早期就觉察到能导致抑郁症复发的消极思维模式,从而阻止抑郁症复发。除此之外,还可以采取认知疗法的技术,加强关于抑郁症的思想与症状的心理教育,能够促使来访者更早觉察到这些体验,因而及时采取干预措施而防止抑郁症复发。总之,正念认知疗法提供了一种不同的方式,主张来访者正确认知消极情绪,以包容的态度接纳消极情绪,带着痛苦与紧张的情绪生活。

《抑郁症的正念认知疗法》书影

(三)辨证行为疗法

辨证行为疗法(Dialectical Behaviour Therapy,简称DBT),是由莱茵汉(Linehan)创立的用来治疗边缘性人格障碍的治疗方法。之所以将基于禅宗思想的正念作为辨证行为疗法的一个重要部分,是因为研究人员发现了传统认知与行为方法在治疗边缘性人格障碍(BPD)上的缺陷。莱茵汉认识到传统方法的最大缺陷在于非常强调"改变",而这在BPD来访者身上几乎是无效且不可能的。所以,他尝试改变传统的认知与行为方法,强调确认以及接受,而不是用改变来治疗BPD来访者。莱茵汉认为,BPD来访者的主要特征是不能容忍生活压力,不会接受自我。因此,治疗的核心便在于使他们能够容忍生活压力,学会接受自我。辨证行为疗法被设计用来治疗那些有极端行为的个体,其基本思想是主张通过学习"中道"思想而消除极端行为,并达到一种平衡状态。这就要强调佛教哲学的根本接受性原则,以及任何事情都是因缘和合而成的思想,帮助来访者认识到每一种行为都是可以按照逻辑推论出来的结果。

辨证行为疗法所采用的具体技术同样是来源于佛教禅修的正念方法。其程序是,在一年时间内每周开设 2~2.5 小时的课程,课程由 8 个来访者和 2 个帮助者组成。通过理解正念以及练习正念,在团体进行训练的过程中来培养来访者的觉察性与接受性,使他们学会如何识别自己心灵的不同状态。另外,除了这种正规的课堂训练之外,也要求来访者进行适量的家庭训练,可以将训练中的体验与感受与团队的其他成员进行交流。因此,与正念认知疗法有正式的冥想练习不一样,辨证行为疗法常常依赖于非正式的冥想练习,例如日常活动中的正念。之所以出现这种不同,主要是因为 BPD 来访者不可能进行长时间的静坐。

六、正念疗法的应用

(一)正念疗法的应用原则

正念疗法的应用原则主要包括注意当下、不作评判以及觉知三个方面。

1. 注意当下

注意当下,就是将注意力集中于现在,集中于现在所从事的工作与活动,集中于现在身体的感觉与姿势,集中于现在头脑中的想法与观念,集中于现在的情绪状态与感受。总之,就是要将人的注意力从对过去的回忆与对将来的幻想中拉回到当下,不去关注过去,不去关注将来,而只是关注当下的一切。注意当下就字面意义来说,就是要将注意力完全集中于当下;然而就其理论实质来说,却是要使注意力不集中于过去或者未来。

正念疗法的创始人卡巴金说过:"一旦了解当下即是,便可以舍下过去、未来,在当下的、此时此刻的状态中觉醒。"放下过去就是要依靠当下的觉知力,觉察到由于过往经验形成的那些不正常的行为模式与思维模式,并消除这些经验对现在的影响。泰斯德所倡导的正念认知疗法可以证明这一点。舍下未来主要是针对从事正念训练或禅定训练的人们所说。

正念疗法主张:无须外求,当下即是。换句话说,正念训练并不求改变自己,不求达到哪个境地,而只是单纯地去认识现状,仅仅就为这件事本身而做。在正念中,每一个境界都是特殊境界,每一个时刻都是特殊时刻。正念的目的就是正念,仅此而已。这一点,与中国禅宗的"不假外求"的思想是一致的。总之,注意当下,就其实质来说,就是要舍下过去,放下未来,从而提高对当下的觉知力、觉察力。

注意当下,最简单的方法是调息训练。调息,简单地讲,就是调理气息,使呼吸之气平和、协调,达到修持所规定的某种状态或效果。调息训练既不费时也不费力,只不过是转移一下注意力,将注意力转移到自己的呼吸上来:感觉每一次呼气,每一次吸气,并知道自己在呼气与吸气,感觉气流进入与离开身体的感觉,如是而已。早期的佛教徒在禅定的时候经常采用的一种方法是"安般守意",也是将注意力集中到当前的呼吸上来,并且一边注意自己的呼吸一边计量自己呼吸的次数,这样便能进入禅定的状态。调息训练究竟有何效用?实际上,调息就是让人们的注意力有个聚焦的目标,并且在觉知自己的调息时,能够提醒自己已然置身于此时此地,便能完全清醒地面对当下发生的一切。也就是注意当下。

注意当下对于心身状态的调节和改善,有非常重要的价值。在心理治疗领域中,无论精神分析疗法还是行为疗法,在分析心理疾病的致病原因时,都非常强调过往经验的作用。精神分析疗法认为心理疾病的成因在于过去的,尤其是童年的一些经历与遭遇,固着为一种情结存在于潜意识中,并以一种自己无法意识到的方式影响着当前的行为与思想,心理疾病的治疗就是要在当下挖掘并发现这些埋藏了的经历与遭遇;行为疗法认为心理疾病实质上就是一系列异常行为方式的集合,而这些异常的行为方式是在过往的经验中一次次地通过条件反射的方式逐渐形成的,而疾病的治疗就是要在现在重新训练正常的条件反射与行为方式来替代那些异常的条件反射与行为方式。因此,无论精神分析疗法,还是行为疗法,都主张心理疾病的根源不仅在于过往的经验,而且更重要的是在于对过往经验的固着或执着,心理疾病的治疗不是在于消除或改变过去的经历或遭遇的影响,而是在于在当下的心灵世界中消除对过往经历或遭遇的执着。注意当下,就是这样一种消除对过往经历与遭遇的执着的一种方式与方法。人们只要将注意力集中于当下,不再执着于过往的遭遇,不再执着于将来的幻想,便能使自己的心灵处于一种平和、平衡的状态,从而达到治疗心理疾病的目的。

2. 不作评判

不作评判有广狭两种意义。狭义的不作评判是指在正念训练中,不要评价自己的正念体验,不要与其他经验相比较,或与设定的期望与标准相比较。例如,在进行正念禅定训练时,人们的头脑中常常会浮现这样的一些想法:"这好无聊啊""这样有用吗""我怎么不能静下来""这种感觉真好"等。不作评判就是放下这些念头,暂停评判,让每一刻都如实存在,不去评价它是好是坏。因此,不作评判的第一种意思主要是针对自己的正念训练的,即不对自己的正念经验作任何评判。广义的不作评判指针对个体所从事的一切活动。因为正念训练不仅可以在规定的时间与地点里进行,而且可以在任何时间任何地点进行,所以广义的不作评判是应该在任何时间任何地点都予以遵守的原则。也就是说,当自己在从事某一项活动的时候,对头脑中所浮现的想法、观念均不作评价、不加批判。人们通常都是透过有色眼镜来看事情,如果对自己有利,便喜欢它;如果对自己不利,便厌恶它。因此,如果放弃对其进行好恶评价,实质上就是间接地摘下有色眼镜,而使得自己对当前一切觉察得清晰透明,不受过往经验的影响。总之,不作评判,就是指在将注意力集中于当下之时,对头脑中所浮现的任何想法与观念均不作评价与批判,而使其保持本来面目。

虽然不作评判与悬搁有着巨大的不同,但是它们之间的相同点也是不容忽视的,那就是都主张面向事情本身,保持事情的本来面目,使其不受经验的影响。注意当下与不作评判所要达到的目的,并不是要忘记过往的经验,而是要割断过往经验与当下之间的某种联系。使过去只存在于过去,当下只存在于当下,从而使过往经验不对当前的经验产生影响。因为对当前的观念与想法进行评判,实质上就是用过往的经验与评价标准来对比当前的观念与想法,不作评判就是要割断这种过去与现在的联系。

前文提及,无论精神分析疗法还是行为疗法都主张心理疾病的根源在于将过往的经历、遭遇、行为模式、思维模式固着于当前,从而使个体的当前行为、思想依然被束缚于过往的不正常行为模式与思维模式中而不得解脱,从而出现行为异常与心理疾病。不作评判就是要打破这种束缚。

固着于现在的,不仅是过往的不正常的、有害的行为模式与思维模式,而且还有那些正常的、有利的行为模式与思维模式。有利的经验是人们生存所不可或缺的,人们通过学习这些技能和经验能够从容地应对当前的生活,节省大量的精力。然而这些经验已经成为一种自动化的、习惯化的、不知不觉的模式引导着人们,使人们丧失了对当前的觉察力与觉知力,使人们的生活成为一种浑浑噩噩的生活。

3. 觉知

觉知实际上是正念的目的。前文所提正念训练的两大核心思想,即注意当下和不作评判,目的就是要使个体时刻保持一种高度的觉知力。高度的觉知力,就是指时时刻刻都知道自己当前的存在以及如何存在的。正念疗法认为,只要保持高度的觉知力,便能使个体打破那种自动化、习惯化的行为模式、思维模式的束缚;使个体能够时刻有好奇心、新鲜感,觉得时时刻刻都是全新的,而不是一直沉浸在过去的情绪、经验之中。并且,正念疗法认为高度的觉知力能够达到一种治疗的效果。例如,正念认知疗法(MBCT)的倡导者泰斯德便认为,正念认知疗法的机制在于正念训练可以在早期就觉察到导致抑郁症复发的消极思维模式的存在,从而阻止抑郁症复发。

值得注意的是,正念疗法所谓的"觉知"与禅宗所讲的"觉悟"的异同,这两者都是一种意识状态,确切地说,都是一种积极的、和谐的意识状态。但是,更需关注的是这二者的不同。正念所谓的觉知,只是一种意识状态,是一种让自己的注意力时刻集中于当下的意识状态,或者是一种全神贯注、专心致志的意识状态;而禅宗所讲的觉悟,却不仅仅是一种意识状态,更是一种精神境界。觉悟不是仅将注意力集中于当下便能做到的,还需要个体对世界、对自己有一种通透的理解,也就是说能够看清世界的本质。因此,觉知更多的是一种注意训练,是一种行为现象,其核心在于对训练方法的掌握;而觉悟更多的是一种精神修养,是一种认知现象,其核心在于对生活充满智慧地理解。

(二)正念疗法应用的基本特点

1.治疗目标——主张幸福健康观

正念疗法的第一个突出的特点在于它的治疗目标与传统心理治疗不同。可以说,传统心理治疗方法的目标在于治愈疾病。这就包括改变不合理的认知、改变不适应的行为、改变消极的情绪状态、改变消极的生活方式等。但是,这一切都只不过是努力将一个不正常的人变成一个正常的人。然而正念疗法的目标却不仅如此,正念疗法不仅要将那些不正常的人变成正常的人,而且还要将那些正常的人变成幸福的人。近年来积极心理学的兴起,从某种意义上来说,积极心理学的产生与飞速发展,也表明了现代的人们越来越不满足于只是成为一个正常的人,而是要求成为一个幸福的人。正因为如此,与传统心理治疗方法相比,正念疗法表现出了一系列的特点。它主张心理咨询与治疗的目标不应该仅仅是减轻或者消除疾病的症状,更重要的是帮助人们达到一种身心和谐的全面健康的状态;心理治疗不仅应该是一种治疗疾病的方法,而且还应该是一种培养健康的方法。而这种思想,符合了现代人的心理需求,那就是不仅要成为一个没有疾病的人,而且要成为一个健康幸福的人。很显然,穆克尔和哈泽尔的观点是有道理的。这种全面健康思想或幸福健康观越来越成为心理治疗领域的新趋势。

2.治疗方法——主张自我疗愈观

正念疗法的第二个特点在于它的治疗方法,即采取一种完全的自我疗愈观。所谓自我疗愈,就是指来访者主要依赖自己的力量,而不是依赖疗法师的力量来治愈自己的疾病。自我疗愈有两个特点:其一,来访者不再依赖疗法师;其二,来访者可以在日常生活中随时进行治疗。在传统的心理治疗中,医患关系或者咨访关系是很重要的。之所以很重要,是因为每一次治疗都是疗法师与来访者共同进行的,或采用谈话的方式,或采用行为训练的方式等。并且,在治疗过程中占据主导地位的一般都是疗法师,即使十分主张以来访者为中心的人本主义疗法也依然不能改变疗法师的主导地位。而正因为十分依赖疗法师,因此来访者在日常生活中无法单独完成实质性的治疗,最多只是完成一些家庭作业和复习训练。然而正念疗法则主张进行彻底的自我疗愈,来访者只需要最开始从疗法师处习得简捷的训练方法与要点之后,便可以一直在家中完成治疗。按照自己对时间的要求,以及自己的治疗情况,随时可以进行正念训练。

穆鲁克和哈特泽尔认为这种"自我指导"的思想也将成为心理治疗领域的一个新趋势。他们认为,现代的人们更愿意自己主导一切,即使是面对疾病(无论生理上的还是心理上的),他们也更愿意尽自己的努力解决所有的问题。事实上,人本主义心理学已经证明每个人都具有自我指导、自我疗愈、自我实现的潜能。因此,在心理咨询与治疗的过程中,完全可以给来访者更为开放的空间,更为广阔的自由,更为坚实的信任。只有这样,人们才能完全治愈自己,才能够预防疾病的产生。正念疗法的这种主张自我指导与自我疗愈的特点,也是当代心理治疗学发展的一个新的趋势。

(三)正念疗法应用的展望

科学心理学对于正念的研究越来越深入,对于正念减压疗法的疗效检验,成为许多临床心理学家所热衷的事情,他们也取得了不少重要的成果。因此,可以预知,在近一段时间内,科学心理学对于正念的研究还会更进一步地发展,可以从以下两个方面加以分析。

1. 正念将以更为科学的姿态进入心理学的研究领域

一方面,心理学会越来越认可正念的科学性。心理学研究者已经对正念的科学性进行了系统的检验,科学心理学家们已经不再将正念看作一种简单的宗教行为,而是看作一种有效的科学现象。可以预知,还会有越来越多的心理学研究者对正念的科学性与有效性,从不同的视角进行进一步的检验,而随着这些研究的进行,正念的科学性地位也会越来越受到人们的认可。另一方面,科学心理学会越来越完善正念的方法,使之成为一种更标准、更科学的精神训练方法。莱恩(J. D. Lane)等人的研究便是修改了MBSR中的不合理成分,将正念减压疗法发展成为一种更简单化、更标准化的训练程序。因此,随着心理学工作者对正念科学性的进一步检验,以及对正念方法的进一步完善,正念的科学性地位会越来越受到人们的认可,正念将以更为科学的姿态进入心理学的各个研究领域。

2. 以正念为基础的心理疗法越来越成为心理治疗领域的新趋势

随着一系列以正念作为思想基础的心理治疗方法的完善,正念将会在心理治疗领域占据越来越重要的位置。穆鲁克(C. J. Mruk)和哈特泽尔(J. Hartzell)就认为正念中所蕴含的"自我指导"思想以及对健康的新的看法,将成为心理治疗领域中一个新的趋势。他们认为,现代的人们更倾向于自己解决问题,而不是从疗法师那里被动地接受询问、审查以及建议;更倾向于在家中,在生活与工作中解决问题,而不是每周花额外的时间去拥挤的、冷冰冰的咨询室中排队。而主张自修自悟的正念,很显然能够帮助人们达成这样的愿望。另外,正念对于健康的理解也成为心理治疗领域中的新的趋势。传统精神医疗集中于收集有关疾病症状的信息,然后对这些症状进行诊断,进行治疗。但是以正念为基础的心理疗法则是集中于实现并维持全面健康的状态。传统健康护理只是针对疾病,而正念则不仅针对疾病,而且针对健康。

传统医疗的评价指标是症状或压力的减轻,而正念治疗的指标则是发展或维持最佳的健康。正念训练的主要目标,不仅是减轻压力,防止抑郁症复发,而且是使人们对生命有一种重新的认识,提升生活的境界,以获得全面健康。而这将是心理治疗领域发展的主要趋势。总之,正念在心理学中的发展前景是光明的,尤其是在心理治疗领域,正念将会成为重要的一部分。无论其自我指导、自我修行的主张，还是其关于全面健康的主张，都会成为心理治疗领域中崭新的发展方向。

案例一

多数国家都强调高科技快速发展，我国更是如此。然而随着城市化进程加快，人口迁移密集化、人际关系复杂化等因素导致人们压力大增，难以适应当下的生活，焦躁、忧虑等负面情绪增多，以致最后出现身心疾病。而正念疗法通过一系列的治疗，对症下药来缓解人们的负面情绪，做到未雨绸缪，防病治病，从而使人身心灵轻松愉悦，生活更有质量。

【主题】正念进食

【地点】某养生馆

【主角】养生馆经理周女士

【年龄】33岁

【说明】周女士是一位单身妈妈，有一个年幼的孩子需要照顾。刚到这间养生馆工作不到一个月后，就接手成为养生馆的经理，负责全馆七八间理疗和10位员工的日常工作。她感到压力大，没客源时急着找客源，有客户时又担心客户流失。每当感到工作有压力时，周女士就吃得多，吃得很快，时常吃撑了才会停止进食。而她那种职业对身体形象较为注重，谈话时能使客户很快感到放松也很重要。养生馆对员工的形象要求较高，周女士认为自己不良饮食行为会给养生馆带来不好的影响，想要解决这一问题。治疗师在了解了周女士的需求后，便设计了第一次疗法方案，以正念进食减压为开始疗程。

【正念进食治疗方案】

第一、安排一起煮食

在首次治疗中，治疗师负责准备一切食物材料，然后指导来访者如何配合完成部分烹饪食物的过程。在准备烹饪和烹饪的过程中，来访者可以练习正念煮食。需要注意的是，在首次治疗中，来访者不应做太多的工作，否则在进食时，来访者可能会由于前期的煮食而感到劳累，进而削弱正念进食的疗效。

第二、正念煮食

考虑到周女士平日以素食为主，因而治疗师设计了三道菜配汤面的煮食安排。这些食物包括5种色及5类植物，色香味俱全，且有消脂的功效。在治疗开始前，治疗师提前把需要长时期烹饪的材料准备好，如先煮好汤底，炒香什果仁等。周女士到来后，治疗师再指导她如何在洗菜和切菜。整个过程，治疗师让来访者保持放松，注意每个动作，尽量放慢动作，并于觉察自己当下的心情和当下身体的各种活动，尽量以平静的心态去接纳自己的心情和动作；让周女士注意当下,放空自我,只保持活动时的注意力及不时进行自我暗示,放松自我,以欣赏的态度去准备食物,保持理智去选择健康的食物。

第三、正念进食(刻意慢慢进食全过程)

正念进食主要指在进食时慢下来,少谈话或不说话,一口一口慢慢地咀嚼口中的食物,注意口腔的活动和觉察味道及质感等。无论味道的好坏,来访者要尽量放下主见,以平和的心态去接受任何味道,如咸味就是咸、酸就是酸或苦就是苦等。来访者只专注觉察,不作批判,若能培养感恩的心或愉悦的心就更好了。整个正念进食持续30分钟到60分钟。

第四、正念呼吸

餐后,治疗师指导周女士做8分钟的正念呼吸,可以使用坐、卧和站立的姿势,可随时进行练习。

第五、效果观察

经过首次的进食练习后,周女士很投入很热情地去做接下来的练习。两周后周女士的压力减小了,能够较理智地选择合适的食物,紧张、焦虑等负面情绪也少了。不久后,她也邀请治疗师去她的养生馆,指导她和她的团队学习正念减压,提高专注力。那时的周女士体型恢复正常,心情状况也改善了许多。她告诉治疗师自己几乎每天都会练习正念减压,尤其是正念呼吸。一年后,周女士已可以随时放松自我,从容地处理工作和人际关系,身体和心境都充满了活力。

案例二

现代社会生活节奏快,工作压力大,导致人们或多或少存在一定的身心问题。而现代医学已经证明,压力是疾病产生的主要原因之一。可见,缓解甚至是消除压力有助于减少疾病的发生率,甚至能够预防疾病的产生。

黄帝内经指出,疾病与压力有莫大的因果关系,而压力与情绪又有密切的因果关系,因此,我们的老祖宗很早就发展出各种静心安神法,如传统琴、棋、书画、音乐、太极拳、内功练气和导引等,来帮助减压、强身和调气。而"mbsr 正念减压"是目前西方医学界认可的、应用最多的减压方法之一。

【主题】正念减压

【地点】英国曼彻斯特

【主角】博士研究生曾先生

【年龄】26 岁

【说明】成绩优秀的曾先生在英国读大学的最后一年里,考上了博士学位,研究电子工程。曾先生家庭经济条件一般,父亲已退休,妈妈是幼儿园老师,当时仍上班。曾先生除了忙他的研究工作之外,还任大学学系实验室的兼职助理。同时,他还兼职了另一间公司网上运作营销的工作。他因好学助人的品质和乐观的生活态度,得到了周围师长朋友的喜欢。然而好景不长,但由于工作太多,曾先生想申请推迟一年完成他的博士论文时,家里因经济问题提出了反对意见。对此,曾先生觉得难受,情绪低落,失去了往日的乐观与积极态度。

当得知曾先生的情况后,除多次与他见面、安抚和开导他外,治疗师还在一周内连续指导曾先生练了3次正念减压,使曾先生恢复正常。为巩固疗效,治疗师鼓励曾先生定期参加小组集体正念减压练习,每周坚持做一晚1小时的动静态练习,包括打坐冥想、静心安神和柔和运动等。一年后,曾先生几乎每周都来参加小组练习。最后,曾先生不但顺利地完成了他的博士论文,而且因为他的积极态度和出色的学术能力,博士毕业时即被其大学聘任了相关科研职位。

【正念减压治疗方案】

第一、紧急正念减压疗法练习

面对曾先生压力大及情绪低落的情况,治疗师在适当的情况下,指导安排他练习40分钟的正念减压治疗。在练习前,治疗师了解了对方的身心状况,并向曾先生讲解选用的正念减压法。在练习时,治疗师首先让曾先生做1分钟的深度呼吸,然后做3分钟的正念放松呼吸,以减轻压力和减少杂念,随后,治疗师让曾先生再用身体扫描法,逐步放松身体各部位,使自己进入深度休息状态。最后,治疗师嘱咐曾先生回去随时练习正念减压,每天练习几次正念放松呼吸和最少做一次身体扫描。

经过第一期的1至3分钟正念呼吸法的重复练习后,曾先生掌握了如何随时创造一个短暂的空间。在这个空间中,他可以立时释放压力与缓解负面情绪,可以继续做他当前必须完成的任务。回家后,曾先生也很愿意练习身体扫描法。因为他说这方法可以帮助自己很快地放松下来。在睡觉前做这项练习更能帮助自己快速入睡,提升睡眠质量。

第二、第二次正念减压跟进放松疗法练习

为了尽快减轻曾先生的压力,治疗师第二天继续安排他做第二次正念减压放松疗法练习。练习开始时,治疗师要求曾先生重复练习3分钟呼吸放松法,之后便指导曾先生做5分钟呼吸放松练习。在曾先生稍感放松后,治疗师指导曾先生做正念运动,练习几式动态中的柔和动作20分钟。此时的曾先生感到更放松了,跟着引领他练习了15分钟的正念打坐,因帮助提高自己觉察内在的情绪与思维的能力,学会运用技巧,重返当时练习的注意力状态。之后,治疗师便结束了此次的治疗。

第三、学习正念冥想

三天后,虽然曾先生的实际困难仍未被完全解决,但经过 6 天的正念减压练习,他以前乐观的态度与开朗的性格渐渐回来了。这次治疗师让曾先生自己练习 3 分钟正念呼吸后,便指导他一起练习 10 分钟的有氧柔和运动,速度偏慢,精神集中于身体的主要活动部位,专注于呼吸与动作的配合等。正念运动练习不仅增加了曾先生的气血循环,帮助其快速转移负面情绪,帮助其关注自己的身体和呼吸,以减轻压力,远离烦恼,在动中求静和练习时保持对自己内在变化的察觉。

动态练习结束休息 5 分钟后,治疗师带领曾先生进行了 20 分钟的正念冥想。治疗师首先让曾先生选择一道他记忆中觉得能让自己放松的风景,然后进行正念冥想减压练习。在这项练习中,曾先生联想到的风景是他自己最喜欢及感到最有安全感的地方。这不但可以帮助他开发思维潜能,而且能帮助他接触内心深入的宁静境界。这一刻静心的安宁、自在和喜悦等体验,吸引着曾先生愿意继续进行正念冥想减压练习,向内探索信任及好奇,并不断培养自己的正能量。

曾先生在做了第一次正念呼吸和身体扫描练习后,他的压力大与情绪低落的情况得到了明显的改善。由于亲身体验到正念练习带来的一些好处,曾先生更有信心继续进行练习了。在第二次练习中,曾先生主要学习正念运动,练习有氧的柔和慢速运动,以快速转移自己的杂念与烦恼,同时放松身体,帮助血气循环。随后,治疗师引领他练习正念打坐,学会随时察觉自己,创造空间,转化负情绪,进入宁静状态,进而缓解压力。第三次的正念运动练习后,曾先生已经能快速地把负能量转为中性能量,感觉运动后自己的压力减轻了,身体也很轻松自在。最后练习的正念冥想,使曾先生感到精神上有所安慰、心灵获得解放和自由,获得了喜悦。

第二节　守神疗法

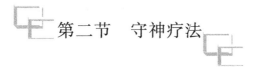

正念归守神,正念之法,源自东方,成于西方,又反哺东方。我们"宁静致远"挖掘中医文化宝藏,必可得之深髓,服务社会,服务大众心身健康。"抛砖引玉",正念融归"状态观",放松减压,回归自我,内在连接,内外环境合于当下,通心身之网,启动心能源,静极生动,意识能动而"心能"展现,由此入"守神"之道也。

在信息网络发达的时代,信息流巨大,同时各种变化之境象更是层出不穷。物质文明的高度发展,也需要精神文明的高度发展来契合。人心一方面为外境,另一方面为内欲所迷,耗散心能而不知,逐成各种病根。《素问》早有云:"恬淡虚无,真气从之,精神内守,病安从来。"欲得"恬淡虚无"之境,需要"精神内守",由此我们提炼了守神这一概念,并整理了相关理论与技术。

一、守神的概念

守神(Mindholding)是指放松状态下的持续性意识关注,其蕴含了中国传统医学及中华心学的核心内涵,强调了意识的重要性,重视如何有序化地运用意识,将意识主动地运用到善的方向上去,用到协同有序优化的方向上,以帮助心身系统获得发展。守神,这一概念正式出现在2022年科学出版社出版的《中国传统康复技术》,而具体理论渊薮于钱学森在20世纪80年代提出的人体功能态。2021年,俞梦孙院士采用钱学森系统观介绍了健康最新的概念,即健康是身体处于稳态、有序性的状态,其本质是模拟或满足人体系统功能态中可使自身走向更高稳态水平的过渡态条件,这是未来医学本质——广义健康的概念。对于疾病,无论是当前出现的疾病,还是慢性病,我们的身体只要回到有序的状态,很多疾病就可以被治愈。意识能动性主导的心身系统有序化,是守神的内核。

王阳明先生提倡"致良知",认为对自身的格物就是为善去恶。而人体状态学对阳明心学进行了提炼和创新,认为对自身的格物是"致良知,善用意",即善于运用意识去为善。而"守神"的最终目的就是调节身心状态,提升心境,获得创新力和创造力,迎接崭新的未来。

正念与守神,有很多相似和关联之处,也有不同之处。"守神"是广阔升华后的正念,正念是守神的基础。两者结合,巧妙地阐释了中国特色心理学。

二、守神的经典源流

(一)神

清代陈昌治刻本《说文解字》对神字解释说:"天神,引出万物者也。从示申。食邻切。"从字体演化角度来看,"神"本作"申","申"字是闪电的象形,为"神"字的字源。由此看来,神字的初始意义是天地间变化莫测的雷电现象。后人造字,加"示"作"神"。"示"是与祭祀紧密联系在一起的,所以"神"字从"申"这一神秘自然现象的单纯意义就与神祇崇拜的社会意义相联系,进而产生了哲学上的"神"。中医学中"神"的概念源于古代哲学思想,对其解释最早见于《黄帝内经》,意义颇为广泛,大致可归结为以下几点。

①代表自然现象的产生及其运动变化规律。如《素问·阴阳应象大论》:"神在天为风,在地为木。"

②人体生命活动的总称。如《素问·五常政大论》曰:"根于中者,命曰神机,神去则

机息。"《灵枢·本神》载:"生之来谓之精,两精相搏谓之神。"生命初始,父母两精相搏,神随之而生,两神相抟,合而成形。《灵枢·天年》曰:"人之始生……以母为基,以父为楯,失神者死,得神者生也。"父母的先天之精合化生神,神先于身生,神至虚至灵,关乎人之生死。

③代指人体生命活动的外在体现。《素问·移精变气论》曰:"得神者昌,失神者亡。"《灵枢·天年》曰:"百岁,五脏皆虚,神气皆去,形骸独居而终矣。"当身体虚极,形体机能丧失时,神便离形骸而去。

④统言人为人的精神、情志意识活动。如《灵枢·五色》:"积神于心,以知古今。"《素问·六节藏象论》所言:"气和而生,津液相成,神乃自生。"

⑤专指某脏腑的功能活动。如《素问·宣明五气》:"五脏所藏,心藏神。"《素问·本病论》:"脾神失守……肾神失守……五神易位。"《素问·灵兰秘典论》:"心者,君主之官,神明出焉。"《素问·脉要精微论》:"头者,精明之府。"

⑥精血气的互词。如《灵枢·九针十二原》:"所言节者,神气之所游行出入也。"《素问·八正神明论》中说:"血气者,人之神。"

⑦指人体内的正气。如《灵枢·小针解》:"神客者,正邪共会也,神者,正气也;客者,邪气也。"

⑧指人体内的经脉之气。如《灵枢·刺疾真邪》:"凡刺寒邪日以温,徐徐外来致其神。"

⑨人体服药后的反应力。如《素问·汤液醪醴论》:"行弊血尽而功不立者何?岐伯曰:神不使也。"

⑩精巧、神妙之意。如《灵枢·邪气脏腑病行》:"按其脉,知其病,命曰神。"

⑪指荒诞、迷妄之神。如《素问·五脏别论》曰:"拘于鬼神者,不可与言至德。"

《针灸甲乙经》重"神"思想贯穿于全卷。卷首《精神五脏论》主要论述了神与五脏的关系,五脏所藏的精气神是针刺起效的根本,脏腑是生命的后天之本,五脏病形应明察慎调。《针灸甲乙经》卷之五《针道第四》载:"凡刺之真,必先治神""粗守形,工守神。神乎神,客在门""专意一神,必一其神,以移其神""神在秋毫,属意病者""迎之随之,以意和之""神属勿去,知病存亡""血气者,人之神,不可不谨养""神无营于众物""用针之要,勿忘养神"等表述几乎涵盖了《黄帝内经》中所有针刺治神、守神条文的精神。

(二)守神

《玉篇》解释"守神"的"守"字为"收也,视也,护也";"守神"之"守",《传》曰:"收,聚也。"故"守神"可解释为《庄子·刻意》里讲到的"纯素之道,唯神是守,守而勿失,与神为一"。

守神一词在《黄帝内经》中有几个含义,其中《素问·上古天真论》所云之"真人者提挈天地,把握阴阳,呼吸精气,独立守神"描述了真人的状态,这里的守神可以理解为持续让"神"保持在"一"的状态,即"元神"主导的状态。而《灵枢·九针十二原》中"粗守形,上守神"的"守神",《灵枢·小针解》将其解释为"上守神者,守人之血气有余不足,可补泻也",将"守神"立意于患者的气血,临床可随气血的变化开展针刺补泻的手法,要求守神者做到"耳不闻,目明心开,而志先,慧然独悟,口弗能言,俱视独见。适若昏,昭然独明,若风吹云,故曰神"。《灵枢·小针解》是最早解释"守神"的含义文献,历代《黄帝内经》注家对"守神"的注解多尊崇《灵枢·小针解》之义。如杨上善《黄帝内经太素·九针要解》"守血气中神明,故工也"(《黄帝内经太素》中"上守神"作"工守神"),张介宾《类经·九针之要》"上工察神气于冥冥也",张志聪《黄帝内经灵枢集注·九针十二原》"上守神者,守血气之虚实而行补泻也",马莳《黄帝内经灵枢注证发微·九针十二原》"上工则守人之神,凡人之血气虚实,可补可泻,一以其神为主"。

王冰将"守神"解释为"专其精神,寂无动乱",要求医患双方均应在治疗疾病时做到"神定而气随"。对于此观点,古代医者一脉相承,把"守神"当作百世不移的临床追求,但多数强调的是医者守神。现代医者对"守神"解释渐呈多元化,高等中医院校教材《针灸医籍选读》对"守神"的解释是:上守神,指把握病人的气血变化。神即血气,在古人看来,气血是人体生命的根本,病人的疾病均可在气血变化上有所反应,针刺就是要了解病人气血变化情况,以判断疾病的虚实。此观点与古代医家一脉相承,与《灵枢·小针解》的解释相去未远。但有些教材将"神"直接理解为血气,似亦未得《灵枢》本意。而更多医者对于"守神"的理解多与"治神""本神"等同,将"神"理解为精神活动。新世纪全国高等中医药院校规划教材《刺灸法学》将"守神"和"治神"理解为一个概念,本书则认为"治神法又称守神法,是通过病人精神调摄和医生意念集中等,使针下得气甚而气至病所,提高临床疗效的方法"。它从医者和患者在针刺过程中的精神状态的角度认识"治神"。这样"治神"具有操作前的"定神",操作中的"守神""移神"和"治神守气"及术后"养神"等含义。

(三)针刺守神

《黄帝内经》全篇把"守神"思想作为临床施行针刺治疗的重点原则之一。《灵枢经》开篇《九针十二原》即提出了针刺"守神"的概念,认为"小针之要……粗守形,上守神",强调了医者在进行针刺时,不仅要关注形体的变化,还要把握患者的神气状态。《黄帝内经素问·宝命全形论》亦称:"凡刺之真,必先治神",指出医者在进行针刺治疗时,必须先调治患者的神气,使其安定、平静,以便其更好地接受针刺治疗。《灵枢经·本神》曰:"凡刺之法,必先本于神",强调了针刺治疗必须以患者的神气状态为基础,医者需根据患者的神气盛衰来选择针刺方法和手法。明代马莳《黄帝内经灵枢注证发微》中也说:"欲行针者,当守其神",也强调了针刺之时"守神"的重要性。根据《黄帝内经》的解释可知,针刺"守神"思想中"神"有两层含义,一是针对主宰人体生命活动的机能状态和精神状态,即人体的正气而言;二是针对疾病的发生发展规律而言。由此来说,"守神"一方面代表针刺过程中要守护正气,《灵枢经·小针解》:"上守神者,守人之血气有余不足,可补泻也⋯神者,正气也。"另一方面针刺治疗要遵循疾病的发生发展规律,行恰当的针刺之法。针刺守神,其涵盖医师和患者两方面,既要求医师专注体察针下感觉,并根据患者神气变化施以不同手法,也要求患者专心体会针刺感觉,配合医师促使气至病所,以期获得针刺的最佳疗效。医患双方均要在针刺前、针刺中、针刺后"守神"。

1. 医者守神

《灵枢·九针十二原》云:"方针刺之时,心在悬阳及与两卫,神属勿去,知病存亡。"进针时"神在秋毫,属意病者,审视血脉,刺之无殆",医生将实施针刺时,要聚精会神,静心凝志,观察患者鼻与两眉之间的神气与色泽,从而测知疾病的虚实、正气的盛衰。

《素问·宝命全形论》言:"是故用针者,察观病人之态,以知精神魂魄之存亡得失之意。"医者需审察病人的神气盛衰,以决定针刺是补是泻,这是医者治病的第一要着。医者进针时要把注意力集中在微细的针端,"手如握虎,如临深渊",注意观察病人血脉,进针时避开它,就不会出现危险。医者在针刺时要提高手脑的互感性,在行针过程中,把意志和精神高度集中在手中指下,准确地辨别针刺的具体感应和患者的全身变化,目无他视,手如握虎,心无外想,神气相随,气至病所。

《灵枢·终始》言:"深居静处,占神往来,闭户塞牖,魂魄不散,专意一神,精气不分毋闻人声,以收其精,必一其神,令志在针。"在治疗过程中,医者运针调气,也要把握住心,使神不外驰。

《灵枢·邪客》:"持针之道,欲端以正,安以静。"针刺时,医者必须端正态度,心神安静,精神集中。

马莳《黄帝内经灵枢注证发微》曰:"凡刺家真要之法,必先正己之神气,盖惟神气既肃,而后可专心用针也。"医生施术时要注意力高度集中,将心思意念全部放在针下,以求为患者治病时做到"目无外视,手如握虎,心无内慕";医者针刺技术要娴熟,持针牢稳。

《素问·徵四失论》:"精神不专,志意不理,外内相失,故时疑殆。"假如医者在操作中注意力不集中,三心二意,针刺效果一定会受到影响,甚至会造成不良的后果。

《灵枢经·根结》说:"故曰用针之要,在于知调阴与阳,调阴与阳,精气乃光,合形与气,使神内藏。故曰上工平气,中工乱脉,下工绝气危生,故曰下工不可不慎也。必审五脏变化之病,五脉之应,经络之虚实,皮肤之柔粗,而后取之也。"《灵枢经·胀论》亦言:"泻虚补实,神去其室,致邪伤正,真不可定,粗之所败,谓之夭命补虚泻实,神归其室,久塞其空,谓之良工。"这些论述表明,针刺"守神"都要求医者依据疾病的发生发展规律,正确辨证地施治。

《针道自然逆顺》曰:"用针之要,在于知调,调阴与阳,精气乃光,合形与气,使神内藏。"强调医者在施术时要把握时机,做到平心静息、争分夺秒,专注恳切地默察体会经气往来的逆顺,气至的虚实盛衰变化。

《针道终始》载:"凡刺之法,必察其形气……深居静处,占神往来,闭户塞牖,魂魄不散,专意一神……必一其神,令志在针","浅而留之,微而浮之,以移其神,气至乃休"。在针刺操作中,环境切勿嘈杂,医者瑶摒弃外界干扰,全神贯注地使自身经气凝聚于针,密意感受指下针气,观察患者神态,掌握针下气至的动静,清静细微地审察俞穴中气机的反应,以知虚实、别邪气。

2. 患者守神

较早论及患者守神的是明代的杨继洲,其在《针灸大成》中注解《标幽赋》:"凡用针者,必使患者精神已朝,而后方可入针,既针之,必使患者精神方定,而后施针行气。"说明患者神志安定时,医者才能施针,即在患者守神状态下实施针刺,这时针下的气行现象才容易出现,未安而勿刺。

《针灸大成·针刺秘要》中指出:"定神,谓医与病人各正自己之神,神不定勿刺,神已定可施。"医者在实施针刺前须定神,进针须守神,行针须移神治神,且患者同时也须守神、养神。针刺守神,是指针刺得气后慎守经气的过程。在针刺得气后,医生和患者双方仍应注意力集中,心神凝聚,守气勿失。患者守神,要求患者在医者施术时精神集中,放松入静,将注意力集中于针尖,随医者的诱导想象有气感向病所流动,静心意守,以意领气使针感达到病变之处,"神行则气行"。

《医宗金鉴》载:"凡下针,要病人神气定,息数匀,医者亦如之,关机最密,切勿太忙。"针刺前,医患双方要注重守神,以医者的"神"合于患者的"神",做到气血平和,精神专直,达到医患合一,神气相随。

《灵枢·本藏》言:"志意者,所以御精神,收魂魄,适寒温,和喜怒者也……志意和则精神专直,魂魄不散,悔怒不起,五藏不受邪矣。"针刺时,患者要平心静气、专心致志体会针下感觉使"志意和"。

《灵枢·口问》言:"针石者,道也,精神越,志意散,故病不愈。"针刺的感应是由患者主观获得的一种感受,针刺能否发挥作用与病人的心神状态是分不开的。若在针刺半途患者放弃意守,针感也随之消失。医者首先要耐心听取病人诉说心身痛苦,积极鼓励病人树立战胜疾病的信心,努力建立一种良好的信任感,同时医者也要将自己所选的穴位、所用的针具、所施的手法、所产生的针刺感觉告诉患者,让患者排除顾虑与恐惧感,全身心地放松,摒弃杂念,将思想有意识地高度集中在病所,仔细体察针下的感应,做到"经气已至,慎守勿失,深浅在志,远近若一"。

《素问·针解》篇认为:"必正其神,欲瞻病人目,制其神,令气易行也。"张景岳对此注释曰:"目者,神之窍。欲正病者之神,必瞻其目,制彼精神,令无散越,则气为神使,脉道易行也。"这就是说针治中,医者要注意观察患者的眼睛,引导其精神专一,意守病所,使经气畅达,以调节其阴阳。

《金针梅花诗抄》说:"用针者人也。医者之精神治,则造化通,料事明,决断果,使之临危则不乱,卒遇大恐而不能惊。病者之精神治,则思虑蠲,气血定,使之信针不移,信医不惑,则取效必宏,事半而功可倍也。"在针刺治疗过程中,医患双方都要静气而"守神",初次接受针刺治疗的患者或多或少地有恐惧心理,有全身肌肉紧张等现象。在实施针刺之,消除病人的恐惧心理,树立病人的治疗信心是针术操作顺利的必要条件。

《素问·上古天真论》:"恬淡虚无,真气从之,精神内守,病安从来?"医者在操作过程中不仅要注重治神,也要重视出针后患者的养神,大喜大悲大怒大忧不利于疾病的康复。患者应保持内心的宁静、淡泊,使真气得以顺畅运行,精神得以内守,进而预防疾病的发生。

《素问·小针解》:"调气在于终始一者,持心也。"石学敏院士在临床针刺中强调"治神"的重要性,形成以脑统神、以神统针、以针调神的治神学术思想,强调针以守神为首务,效以神应为保证,重视针刺调神,医者治神、患者守神,认为只要医患之间密切配合,把调神、治神、守神三者有机结合起来,神与气相随,定能取得意想不到的临床效果。

由此总结看来,古中医对于守神是非常重视的,望诊之首即是"望神",脉象诊断中也强调"脉来有神",治疗中甚至有"得神者昌""失神者亡"的论述。

三、守神的方法

守神的方法具体有静息守神和动态守神两种。

(一)静息守神

静息守神是人们在独立安静状态下完成的,遵循两个原则,即"持续性放松意识专注"和"善于运用意识进行身心协同有序和优化",人们在坐立卧行等不同形体状态均可以进行静息守神。

(二)动态守神

动态守神是与各种具体调节方法结合在一起进行的,人们可以在生活的各个场景中进行动态守神。

下面,我们以 GSMT 三个意象阶段为案例对守神的方法进行阐述。

GSMT(状态导向音乐疗法)通过治疗师组建中正、和谐的内外环境及拓展意象,去引导来访者重塑身体意象,借助不同治疗形式、结合三个意象阶段促进来访者心身合一。

(1) 回归身心——安神归形

第一阶段是安神归形阶段,治疗师引导来访者回归身心,观察自己的内在或看到自然的存在,以养心安神、疏肝调气为主。此阶段结合内化式 GSMT 和外化式 GSMT,帮助来访者调节形体和呼吸,收回眼神,觉察自己,让自己的意识觉醒,形神归一。来访者通过自选音乐的聆听、自选乐器的演奏,把注意力从外界转移到当下,或者通过团队用元音哼鸣的方式使自己快速进入自我形体连接的状态。Polka Linda 等人研究发现当听者大脑在处理相对集中的元音时,听者的认知需求会降低,这可以让听者放下心中杂念,融入当下。安神归形配合经络穴位的作用可以帮助来访者解决身体痛症、失眠等问题,从而让全身渐进放松,达到镇静宁神、自我回归内观、自在而渐平和的状态。

(2)调和接纳——安神调气

第二阶段是安神调气的阶段,本阶段以健脾运土为主要干预目标。此阶段我们以外化式 GSMT 为主,以玉为主要观想对象,调节气机舒畅心怀,逐渐疏导负面情绪,培养正面情绪,以达神气相合的效果。东汉许慎《说文解字》云:"玉,石之美者。有五德,润泽以温,仁之方也;䚡理自外,可以知中,义之方也;其声舒扬,专以远闻,智之方也;不桡而折,勇之方也;锐廉而不忮,絜之方也。"杨伯达、朱怡芳等的研究也发现,从古代开始就有玉石与医学相互融合的现象。《吕氏春秋》提出,"玉有五色",玉可以与五态、五行相结合。受文化背景等的影响,中国人在有负面情绪时,倾向于用躯体性症状来表达内心的感受,将躯体作为释放负面情绪和能量的通道。如果此时,我们结合安神调气,再借助隔玉灸法、音乐疗法补充精气和正气,从身心角度同时借助相同物象调节自我,则可以达到柔筋健骨、强壮脏腑、心身阴阳调和之效。

(3)平和创造——神形相合

第三阶段是神形相合的阶段,此阶段以安神定志、调和气血、舒缓情绪、增强免疫力为主要干预目标。此阶段,我们可以根据个人需求来选择状态音乐治疗形式,配合音乐引导意象,修复生命的裂痕,重建生命,让意象如溪流般再生创造,从心开始如同莲花般出淤泥而不染,从而获得一种精神放松愉悦的意境,达到人与自然的和谐,充分调动自我康复能力,陶冶情操觉悟智慧的境界。

四、守神的应用

1. 守神在中医心身五音状态治疗技术 GSMT 在意识障碍昏迷促醒中的应用

中医认为昏迷意识障碍患者处于形神分离状态时,需要予以养神、复神和调神治疗。

中医心身五音状态治疗技术 GSMT 针对病患昏迷意识障碍的情况,从病患听觉和身体微细震动的渠道出发输入信息,作用于潜意识领域的脑功能信息网络,让病患被动守神,调动低耗散优化状态,促使显态意识系统自组织疗愈起作用。

五音通五脏,GSMT 状态音乐治疗技术聚集五脏藏神的心能,激活潜在意识觉醒节点,协同有序优化人体的结构—功能—意识,帮助病患重建意识系统。这一过程具体涉及大脑皮层、边缘系统、丘脑、网状上行激活系统、自主神经系统等,重点涉及前额叶区神经可塑性主导下的全脑—全身意识信息网络重组。

GSMT 状态音乐治疗技术源自《黄帝内经》中的"守神""五脏相音"和"移精变气"等理论。经过广州中医药大学余瑾教授的深度挖掘整理,在现代系统科学和人体状态学指导下,形成"辨态施乐"和"理法方乐",按照"君臣佐使"原则,把握状态音乐元素感知的"升降浮沉"和"寒热温凉"心理生理耦合属性,最终组成"状态乐药方",其中"君"音为人声引导语,"臣"音为主乐器音如古琴音,"佐"辅助乐器音为颂钵音,"使"音为自然声如海浪声等。

状态音乐定制遵循"低阻抗、意念介入"的中医心理 TIP 法则,使患者放松身心,引导患者持续地放松意识专注和能动性地转化情景意象状态,在"音乐守神-低耗散优化状态"中,调节心身状态,激活意识能动性,促进形神合一,达到心身康复这一目标。昏迷促醒基地中的大量实践证明,状态音乐定制效果显著。前期基础科学研究表明,人体在低耗散优化状态下,其大脑前额叶皮质 PFE 深度功能有所改善,脉搏变异率(PRV)和局部血流的耦合指数情况也得到了改善,人体自愈功能提升,意识状态的改善特别显著。

2. 守神在芳香疗法中的应用——状态香疗 GSAT

状态香疗 GSAT 一般用药用伽楠沉香,第一步闻香,选用特制药用伽楠态香,感受香和身体的存在:形。第二步感受香使我们产生的情绪:气。第三步感受这个香带来的一种意境:神。

每次的感受以三个深呼吸一组(形自在,气自在,神自在),做三组以上。感受自在的身体、自在的情绪、自在的意识流意境,进入轻漫柔状态。

3. 守神与导引术结合

"宇宙在乎手,万化生乎身。"眼随手动,手随腰动,腰随心动,心意在中,运用守神法则,我们可以操练各种导引术,同时配合使用状态香道和状态音乐,能获得更好的效果。比如,香云环导引术具体实施步骤如下。

(1)开合

从正反手开始,轻松浪漫柔和的转动,先进行开合呼吸。

(2)画圈

双手呈现顺逆时针方向的运动,成一个圆圈。

(3)单环

双手画圈成环,正手"美人照镜",反手"静水流深",两手交换练习。

(4)双环

由一个横卧的"8"开始,轻松浪漫柔和转动,双手呈现顺逆时针方向的运动,反复交叉分合。然后逐一练习上下的"8",前后的"8",以及各个方向的"8"。如同"莫比乌斯环",如无限符号,也如音符,反复旋转,如鱼龙之游,一动无有不动,动中守神,如同香云烟雾,袅袅升华旋转无穷。

(5)圆满

双手合抱,在身前、肚脐、胸口、印堂均可,圆满如一,守神养气。

正念疗法源自禅修,守神源自中医和心学。正念在科学界诞生,经过一系列的发展,成为心理科学的重要调节方法。守神在中医界中产生,以系统科学人体状态学为指导,重视意识能动性的应用,更深入地把握意识的力量。两者的结合,相得益彰,成为中国特色艺术疗法的核心之一。

正念悟空,把握当下;守神放松,善于运用意识。正念强调基础之根,守神重视延伸和应用,二者从不同角度地去调节心身状态。守神可以与各种艺术及艺术疗法之间有密切的互动。正念静心,为意识的内在觉醒,正如艺术中"留白",所谓"大音希声"正是此意。守神得其用,意识能动性的应用无穷无尽,为各种艺术疗法形式的表达提供更宽阔的空间,所谓"无为而无不为"也。

思考与练习

1. 正念与意识、心身状态之间的关系是什么?
2. 正念疗法的基本原则与特点是什么?
3. 守神与意识、心身状态之间的关系是什么?
4. 守神疗法的基本原则与方法是什么?

推荐书目

1. [美]乔·卡巴金著,王俊兰译. 正念:此刻是一枝花[M]. 北京:机械工业出版社,2015.
2. [英]马克·威廉姆斯、丹尼·彭曼著,刘海清译. 正念禅修:在喧嚣的世界中获取安宁[M]. 北京:九州出版社,2013.
3. [英]马克·威廉姆斯、[英]约翰·蒂斯代尔、[加]辛德尔·西格尔、[美]乔·卡巴金著,童慧琦、张娜译. 穿越抑郁的正念之道[M]. 北京:机械工业出版社,2015.

参考文献

[1]高颖、李明、杨广学.艺术心理治疗[M].济南:山东人民出版社.2007.

[2]余瑾.中西医结合康复医学[M].北京:科学出版社,2017.

[3]杨玉辉.一种新的自然科学分类方法[J].科学技术与辩证法,2006(5).

[4]智库办公室.钱学森智库的缘起、形成和发展[J].中国航天,2018(2).

[5]曾向阳.意识科学中的研究纲领及其方法论探析[J].广东社会科学,2010(6).

[6]李剑锋.人工智能的未来[J].中国图书评论,2016(11).

[7]杨玉辉.关于中医学双重超越发展战略的探讨[J].中国软科学,2005(5).

[8]刘焕兰、范睿."全养生"理念在健康产业发展中的应用及对策研究[J].中医药导报,2014(10).

[9]Edward E. Smith,Susan Nolen-Hoeksema,Barbara L. Fredrickson,Geoffrey R. Loftus,Atkinson & Hilgard's Intrlduction to Psychology,14/e[M],2006年.

[10](英)梅塞德斯·帕夫利切维奇.音乐治疗理论与实践[M].北京:世界图书出版公司,2006.

[11]高天.音乐治疗学基础理论[M].北京:世界图文出版公司,2007.

[12]张鸿懿.音乐治疗学基础[M].北京:中国电子音像出版社,2000.

[13]高天.音乐治疗导论[M].北京:军事医学科学出版社,2006.

[14]高天.接受式音乐治疗方法[M].北京:中国轻工业出版社,2011.

[15]侯艳.论音乐治疗的基本方法及其操作[J].黄钟,2013(2).

[16]吴继红、万瑛.音乐治疗中的情绪与认知[J].黄钟,2006(3).

[17]张鸿懿.发展中的音乐治疗[J].中央音乐学院学报,2000(2).

[18]Bruscia & Maranto. The Projective Musical Stories of Child Molesters, and Rapists[J]. The first conference of the National Coalition of Arts Therapy Associations, Novermber 5,1985,New York City.

[19]Bruscia, K. Advanced Competencies in Music Therapy[J]. Music Therapy:Journal of the American Association for Music Therapy,1986,6(1).

[20]Bruscia, K. Improvisational Models of Music Therapy[M]. Springfield, IL:Charles C. Thomas Publishers,1987.

[21]Bruscia,K. Songs in psychotherapy[J]. Proceeding of the Fourteenth National Conference of the Australian Music Therapy Association,Melbourne,Victoria,1988.

[22] Bruscia, K. Defining Music Therapy[M]. Gilsum NH:Barcelona Publishers,1989.

[23]Burn D & Woolrich,J. The Bonny Method of guided imagery and music. In Darrow,A. et. al.(Eds.)Introduction to approaches in music therapy[J]. Washington DC:American Music Therapy Association,Inc,2004.

[24]Burn D & Woolrich,J. The Bonny Method Guided Imagery and Music. In A. A. Darrow,(Eds.)In Darrow, A. et. al.(Eds.)Introduction to approaches in music therapy[J]. American Music Therapy Association,Inc,2004.

[25]陈卉.歌唱艺术[M].北京:清华大学出版社,2011.

[26][美]丹吉洛.用声音打通经络[M].长春:吉林文史出版社,2007.

[27]傅惜华.古典戏曲声乐论著丛编[M].北京:音乐出版社,1957.

[28]胡结续.音乐与保健医疗[M].北京:中国文联出版社,2004.

[29]赵廉政,陈以国.传统中医五音疗法的研究进展[J].中华中医药杂志,2016(11).

[30]Irwin,E. Drama therapy with the handicapped. In Shaw, A. M. & Stevens, C. J. (Eds.) Drama, theatre and the handicapped[J]. Washington DC:American Theatre Association,1979.

[31]Landy, R. Handbook of educational drama and theatre[M]. Westport, Connecticut:Greenwood,1982.

[32][英]多洛丝·兰格丽.戏剧疗法[M].重庆:重庆大学出版社,2016.

[33][美]蕾妮·伊姆娜.演出真实的生命戏剧治疗的过程、技术及展演[M].北京:北京师范大学出版社,2018.

[34]Robert J. Landy.戏剧疗法:概念、理论与实务[M].台北:台北市心理出版社股份有限公司,2010.

[35]Jennings,S. (Ed.)Dramatherapy, Theory and Practice[J]. London and New York:Routledge,1992.

[36]Jones, P. Drama as therapy:theatre as living[J]. London:Routledge,1996.

[37][英]卡洛琳·凯斯,[英]苔萨·达利.艺术治疗手册[M].南京:南京出版社,2006.

[38][美]尼古拉斯·玛札.诗歌疗法理论与实践[M].南京:东南大学出版社,2013.

[39]保罗·尼欧等.感知互动表达性治疗.台湾:台湾心灵工坊文化事业股份有限公司,2016.

[40][瑞士]卡尔·荣格.心理学与文学[M].南京:译林出版社,2014.

[41][英]T. S.艾略特.荒原[M].上海:上海译文出版社,2012.

[42][法]米歇尔·福柯等.文字即垃圾:危机之后的文学[M].重庆:重庆大学出版社,2016.

[43][奥]赖纳·马利亚·里尔克.里尔克法文诗全集[M].北京:商务印书馆,2016.

[44]贝尔纳·斯蒂格勒等.人类纪里的艺术:斯蒂格勒中国美院讲座[M].重庆:重庆大学出版社,2016.

[45]陈毅平.自制美学:关于艺术与趣味的观察[M].重庆:重庆大学出版社,2017.

[46]童敏.个案辅导——传统辅导模式和后现代主义取向辅导模式的超越与结合[M].北京:社会科学文献出版社,2007.

[47]Cooper Lesser 著,库少雄译.临床社会工作实务——一种整合的方法[M].上海:华东理工大学出版社,2005.

[48]邱鸿钟.艺术心理评估与绘画治疗[M].广州:广东高等教育出版社,2014.

[49]冯海燕.曾留守职高生疏离感的现状调查及绘画治疗的干预研究[D].昆明:云南师范大学,2015.

[50]王新起.恶性血液病住院患者心理健康状态及其绘画疗法干预的研究[D].济南:山东大学,2018.

[51]李科生.工读学生攻击性绘画治疗的初步研究[D].长沙:湖南师范大学,2016.

[52]王鹏.绘画对农村留守儿童情感问题治疗的个案研究[D].长沙:湖南师范大学,2012.

[53]孙培.绘画疗法促进幼儿心理健康发展的个案研究[D].济南:山东师范大学,2011.

[54]苏哲.绘画疗法对初中生低自尊的干预研究[D].重庆:重庆师范大学,2016.

[55]Nigrosh, L. Low Fire: Other ways to work with clay[M]. Worcester, MA: Davis Publications,1980.

[56]Macks, R. Clay as a healing medium for anorexic and bulimic clients[J]. Pratt Institute Creative Arts Therapy Review,1990,(11).

[57]Brock, M. The therapeutic use of clay[J]. British Journal of Occupational Therapy,1991,54(1).

[58] Allen, P. "Artist-in-residence: An alternative to 'clinification' for art therapists".[J] Art Therapy: Journal of the American Art Therapy Association,1992,(9).

[59]Case, C. & Dalley, T. The handbook of art therapy[M]. New York, NY: Routledge,1992.

[60] Golomb, C. & McCormick, M. Sculpture: The development of three dimensional representation in clay[J]. Visual Arts Research,1995,21(1).

[61]Goryl, F. "Research findings: Art therapists' preferences utilizing artistic media". [J] Proceedings of the American Art Therapy Association 27th Annual Conference, San Diego, CA,1995.

[62]David Henley. Clayworks in art therapy plying the sacred circle[M]. Jessica Kingsley Publishers,2002.

[63]M Sholt, T Gavron. "Therapeutic qualities of clay-work in art therapy and psychotherapy: A review"[J]. Taylor & Francis ,Journal of the American Art Therapy Association ,Volume 23, 2006,Issue 2.

[64]Berger, A. & DeSwaan, C. B. Healing pain: The innovative, breakthrough plan to overcome your physical pain and emotional suffering. Emmaus, PA: Rodale, Inc,2006.

[65]Young-Sil Bae, PhD, RN1 and Dong-Hee Kim, PhD, RN2. " Effects of Clay Manipulation on Somatic Dysfunction and Emotional Distress in Patients With Parkinson's Disease"[J]. Journal of Evidence-Based Integrative Medicine,2008,(23).

[66] Buchalter Susan. Art Therapy Techniques and Applications [M]. Jessica Kingsley Publishers,2009.

[67] Cornelia Elbrecht. Trauma Healing at the Clay Field: A sensorimotor art therapy approach[M]. Jessica Kingsley Publishers,2012.

[68] Parisa Rahmania, Naeimeh Moheb. The effectiveness of clay therapy and narrative therapy on anxiety of pre-school children: a comparative study[J]. Procedia-Social and Behavioral Sciences,2010,Volume 5, Pages 23－27.

[69]刘建新、于晶. 沙盘师训练与成长——体验式团体沙盘疗法实用教程[M]. 北京:化学工业出版社,2017.

[70]刘建新、于晶. 沙盘师实践与成长——体验式团体沙盘疗法操作手册[M]. 北京:化学工业出版社,2016.

[71]度阴山. 知行合一王阳明[M]. 南京:江苏凤凰文艺出版公司,2018.

[72][美]Barbara Labovitz Boik,E. Anna Goodwin 著,田宝伟等译,沙游治疗——心理疗法师实践手册[M]. 北京:中国轻工业出版社,2012.

[73][美]布莱德威,曾仁美等译. 沙游:非语言的心灵疗法[M]. 南京:江苏教育出版社,2010.

[74]高岚、申荷永. 沙盘游戏疗法[M]. 北京:中国人民大学出版社,2012.

[75]茹思·安曼著,张敏等译. 沙盘游戏中的治愈与转化:创造过程的呈现[M]. 北京:中国人民大学出版社,2012.1.

[76][瑞士]卡尔夫著,高璇译. 沙游在心理治疗中的作用[M]. 北京:中国轻工业出

版社,2015.3.

[77]Sharon Chaiklin,Hilda Wengrower. The Art and Science of Dance Movement Therapy:Life is Dance[M]. New York:Routledge,2009.

[78]Eden Davies. Beyond Dance:Laban's Legacy of Movement Analysis[M]. New York:Routledge,2006.

[79][英]Bonnie Meekmus. 舞动治疗[M]. 重庆:重庆大学出版社,2017.

[80]庞佳. 特殊儿童舞动治疗[M]. 南京:南京师范大学出版社,2015.

[81]李宗芹. 倾听身体之歌——舞蹈治疗的发展与内涵[M]. 台北:心灵工坊文化事业股份有限公司,2001.

[82]李宗芹. 非常爱跳舞——创造性舞蹈的心体验[M]. 台北:心灵工坊文化事业股份有限公司,2002.

[83]李微笑. 舞动治疗的缘起[M]. 北京:中国轻工业出版社,2014.

[84]李微笑. 舞动治疗入门[M]. 北京:中国轻工业出版社,2018.

[85]董奇、陶沙. 动作与心理发展[M]. 北京:北京师范大学出版社,2004.

[86]刘青弋. 现代舞蹈的身体语言教程[M]. 北京:中国人民大学出版社,2011.

[87]朱金富. 中国心理治疗本土化:从理论到实践[M]. 北京:人民卫生出版社,2011.

[88]盛乐. 身体语言密码大全集[M]. 北京:新世界出版社,2012.

[89]张雯. 舞动心理团体辅导对大学生心理健康发展的实验研究[D]. 北京师范大学博士学位论文,2007.

[90]邓璨. 舞动治疗对大学生抑郁情绪的干顶研究[D]. 南昌:江西师范大学,2016.

[91]李珉珉. 舞动疗法及其应用探索研究[D]. 济南:山东师范大学,2013.

[92]周宇. 舞蹈治疗的回顾、现状与展望[J]. 北京舞蹈学院学报,2016(1).

[93]杨世忠,刘焕兰. 中医养生学[M]. 北京:人民卫生出版社,2011.

[94]宋乃光. 传统运动疗法[M]. 北京:中国中医药出版社,2001.

[95]范晓清. 艺术养生指南[M]. 北京:人民军医出版社,2005.

[96]封一平. 一杯好茶养身心:养好身心百病消[M]. 合肥:安徽科学技术出版社,2017.

[97]王福顺,傅文青. 中医情绪心理学[M]. 北京:中国中医药出版社,2015.

[98]林青,南菱. 茶医生[M]. 北京:人民军医出版社,2007.

[99]程磐基,郑东升. 家庭实用药茶[M]. 上海:上海科学技术出版社,2004.

[100]刘硕. 益寿延年药茶家庭制作[M]. 北京:华艺出版社,2004.

[101]黄志浩,茶与中国传统文化[J]. 无锡南洋学院学报,2006(2).

[102]彭聃龄. 普通心理学.[M]. 北京:北京师范大学出版社,2012.

[103]吴树良.茶疗小偏方喝出大健康[M].北京:中国医药科技出版社,2013.

[104]郑春英.中华茶艺[M].北京:清华大学出版社,2011.

[105]关剑平.茶与中国茶文化[M].杭州:浙江人民出版社,2003.

[106]陈文华.中华茶文化基础知识[M].北京:中国农业出版社,1999.

[107]范增平.中华茶艺学[M].北京:台海出版社,2000.

[108]董学友.茶叶检验与茶艺[M].北京:中国商业出版社,2004.

[109]童启庆.习茶.[M].杭州:浙江摄影出版社,1996.

[110]刘双.明代茶艺中的饮茶环境[J].信阳师范学院学报(5).2011(2).

[111]林治.中国茶艺[M].北京:中华工商联合出版社,2000.

[112]詹罗九.名泉名水泡好茶[M].北京:中国农业出版社,2003.

[113]覃红利,覃红燕.表演型茶艺解说的美学分析[J].湖南农业大学学报,2004(5).

[114]于观亭.中国茶经[M].北京:外文出版社,2008.

[115]林轮良,何立峰.有关提神的茶疗[J].茶叶,1997(4).

[116]汪芬、黄宇霞.正念的心理和脑机制[J].心理科学进展,2011(11).

[117]李燕.正念疗法:传统与现代、东方与西方的共构[J].宗教心理学,2017.

[118]辛晓芸,严顺琴,孙越异等.正念研究对中医师承研究的启示[J].时珍国医国药.2017(4).

[119]熊韦锐.正念疗法的人性论迷失与复归[D].长春:吉林大学,2011.

[120]顾瑛琦.正念的去自动化心理机制及临床干预效果研究[D].上海:华东师范大学,2018.

[121][美]乔·卡巴金著,王俊兰译.正念:此刻是一枝花[M].北京:机械工业出版社,2015.

[122][英]马克·威廉姆斯、丹尼·彭曼著,刘海清译.正念禅修:在喧嚣的世界中获取安宁[M].北京:九州出版社,2013.

[123][英]马克·威廉姆斯、[英]约翰·蒂斯代尔、[加]辛德尔·西格尔、[美]乔·卡巴金著,童慧琦、张娜译.穿越抑郁的正念之道[M].北京:机械工业出版社,2015.